Die Pflicht zur Begründung von Verwaltungsentscheidungen nach dem deutschen und englischen Recht und ihre Europäisierung

Europäische Hochschulschriften
Publications Universitaires Européennes
European University Studies

Reihe II
Rechtswissenschaft

Série II Series II
Droit
Law

Bd./Vol. 4617

PETER LANG
Frankfurt am Main · Berlin · Bern · Bruxelles · New York · Oxford · Wien

Katharina Towfigh

Die Pflicht zur Begründung von Verwaltungsentscheidungen nach dem deutschen und englischen Recht und ihre Europäisierung

PETER LANG
Internationaler Verlag der Wissenschaften

Bibliografische Information der Deutschen Nationalbibliothek
Die Deutsche Nationalbibliothek verzeichnet diese Publikation in der Deutschen Nationalbibliografie; detaillierte bibliografische Daten sind im Internet über <http://www.d-nb.de> abrufbar.

Zugl.: Münster (Westfalen), Univ., Diss., 2006

D 6
ISSN 0531-7312
ISBN 978-3-631-57133-0

www.peterlang.de

Meinen Eltern

Vorwort

Die vorliegende Arbeit hat im Dezember 2006 der Rechtswissenschaftlichen Fakultät der Westfälischen Wilhelms-Universität Münster als Dissertation vorgelegen.

Mein besonderer Dank gilt Prof. Dr. Stefan Kadelbach, LL.M. für die Betreuung dieser Dissertation. Er hat das Thema angeregt und damit meinen Blick auf einen Bereich des Europarechts gelenkt, der in besonderem Maße von den unterschiedlichen Rechtstraditionen der Mitgliedstaaten der Europäischen Union geprägt ist. Weiterhin möchte ich Herrn Prof. Dr. Janbernd Oebbecke für die interessierte Begleitung der Arbeit und die rasche Erstellung des Zweitgutachtens herzlich danken.

Den Mitarbeitern der Bodleian Law Library in Oxford/England danke ich für die vielfältige Unterstützung im Rahmen meines Forschungsaufenthaltes in England. Sie waren bei der Literaturrecherche auf dem Gebiet des englischen Verwaltungsrechts eine große Hilfe.

Besonderer Dank gilt meinen Eltern, Gertrud und Wolfgang Rusch. Sie haben die Entstehung dieser Arbeit nicht nur finanziell ermöglicht, sondern stets mit großem Interesse begleitet und unterstützt.

Meinem Vater danke ich für die vielen fruchtbaren Diskussionen und die wertvolle Zeit, die er in die Korrektur des Manuskripts investierte. Seine Anmerkungen haben an vielen Stellen der Arbeit dazu beigetragen, Unklarheiten zu beseitigen.

Meinen Schwiegereltern, Dr. Nicola Towfigh und Prof. Dr. Hossein Towfigh danke ich für ihre stete Hilfsbereitschaft und gerade in der Endphase der Dissertation für die großartige Betreuung unseres Sohnes. Dadurch wurde der Abschluss der Promotion in einem überschaubaren zeitlichen Rahmen erst möglich.

Schließlich möchte ich meinem Mann, Dr. Emanuel Vahid Towfigh danken. Ohne ihn wäre diese Arbeit nicht entstanden, denn er hat mich zu einer Promotion ermutigt. Von ihm habe ich während der Bearbeitung zahlreiche Anregungen und Hilfestellungen erhalten, die zum Gelingen der Dissertation wesentlich beigetragen haben. Neben seiner eigenen Arbeit an einer Dissertation hat er mit großem Einsatz das Manuskript durchgesehen und durch seine fundierten Vorschläge verbessert. Er hat mich stets im gerade erforderlichen Maß daran erinnert, nicht das Ziel aus den Augen zu verlieren und die Arbeit zu einem guten Schluss zu bringen. Dafür bin ich ihm sehr dankbar.

Münster, im Juni 2007

Inhaltsverzeichnis

Einleitung

Die Pflicht zur Begründung von Verwaltungsentscheidungen ist eine zentrale Vorschrift rechtsstaatlicher Verwaltungsverfahren: dies gilt sowohl für das deutsche als auch für das englische Recht. Auch das Gemeinschaftsrecht sieht eine Pflicht zur Begründung von Entscheidungen der Verwaltung vor, und so nimmt die vorliegende Arbeit auch die Frage in den Blick, ob aufgrund des Gemeinschaftsrechts ein Bedürfnis für die Anpassung der mitgliedstaatlichen Begründungspflichten an gemeinschaftsrechtliche Vorgaben besteht.

In den ersten zwei Teilen der Arbeit wird die Begründungspflicht im deutschen und im englischen Recht in ihrer vom Gemeinschaftsrecht unabhängigen nationalen Ausgestaltung umfassend dargestellt. Bewusst wird dabei auf eine Verbindung des mitgliedstaatlichen Rechts mit dem Gemeinschaftsrecht verzichtet, die dem dritten Teil der Arbeit vorbehalten bleibt.

Im ersten Teil der Arbeit werden in diesem Sinne die Grundlagen der Begründungspflicht, wie sie im deutschen Recht ausgestaltet ist, erläutert. Der Schwerpunkt liegt hierbei auf der Begründungspflicht für Verwaltungsakte nach § 39 VwVfG; es sind jedoch auch Verwaltungsakte einzubeziehen, deren Begründungspflicht auf einer spezialgesetzlichen Regelung beruht. Schließlich wird untersucht, ob aus verfassungsrechtlichen Gründen eine Begründungspflicht auch für jene Verwaltungsentscheidungen besteht, für die sie nicht positiv-rechtlich normiert wurde. Die vorliegende Arbeit stellt erstmalig die Begründungspflicht im deutschen Verwaltungsrecht umfassend unter Berücksichtigung aller Handlungsformen der Verwaltung dar:[1] Neben dem Verwaltungsakt werden auch Planungsentscheidungen, Realakte, innerbehördliche Maßnahmen, Verwaltungsprivatrecht und legislatives Handeln der Verwaltung auf ihre Begründungsbedürftigkeit hin untersucht. Da die Begründungspflicht im deutschen Verwaltungsrecht besonders ausgeprägt und dogmatisch durchdrungen ist, nimmt die erschöpfende Ermittlung ihrer Charakteristika im Vergleich zu den nachfolgenden Teilen der Arbeit größeren Raum ein.

Die im zweiten Teil erfolgende Untersuchung der Rechtslage zur Begründungspflicht im englischen Recht stellt keine umfassende Analyse des Rechts Großbritanniens dar, das schottische und das walisische Recht bleiben unberücksichtigt. Es handelt sich dabei um die erste systematische Darstellung zur Begründungspflicht für Verwaltungsentscheidungen im englischen Recht. Da sich die Verwaltungsentscheidungen einer formalen Typisierung entziehen, muss die

---

[1] Die von *Müller-Ibold* verfasste Untersuchung zur Begründungspflicht im europäischen Gemeinschaftsrecht und dem deutschen Recht befasst sich im Wesentlichen nur mit der Begründungspflicht für Verwaltungsakte.

Untersuchung von den möglichen Rechtsgrundlagen für eine Begründungspflicht ausgehen. Nach der Vorstellung der einzigen gesetzlich verankerten Begründungspflicht im *Tribunals and Inquiries Act 1992* wird entsprechend der englischen Rechtstradition die Frage einer Begründungspflicht auf der Grundlage des *Common Law* erörtert.

Diese völlig losgelöst vom Gemeinschaftsrecht erfolgende ausführliche Auseinandersetzung mit den Grundsätzen des mitgliedstaatlichen Rechts zeigt unterschiedliche Ausprägungen ein und desselben Prinzips und offenbart gleichzeitig verbindende und trennende Merkmale. Dies ist eine wichtige Voraussetzung, um im dritten Teil der Arbeit der Frage der Europäisierung der Begründungspflicht im deutschen und englischen Recht nachgehen zu können. Hierzu erfolgt zunächst eine Bestimmung des jeweiligen Verhältnisses der nationalen Rechtsordnungen Deutschlands und Englands zum Gemeinschaftsrecht. Von diesem Verhältnis hängt die Wirkungsweise der unterschiedlichen europäisierenden Faktoren im mitgliedstaatlichen Recht ab; diese werden exemplarisch an einigen Europäisierungsprozessen erörtert.

Daneben ist auch eine Betrachtung der Begründungspflicht erforderlich, wie sie im EGV für den Bereich des Gemeinschaftsrechts verankert ist und sich an die Organe der Gemeinschaft richtet. Sie gibt Aufschluss darüber, welche Anforderungen das Gemeinschaftsrecht an das Verwaltungshandeln seiner Organe stellt.

Die Untersuchung mündet schließlich in die Bearbeitung des dritten Teilbereichs des eingangs dargelegten Forschungsprogramms und untersucht die Europäisierung der Begründungspflicht im deutschen und englischen Verwaltungsrecht. Durch die in den ersten beiden Teilen erfolgte isolierte Betrachtung der Begründungspflicht nach mitgliedstaatlichem Recht lässt sich dies orientiert an den dort gewonnen Erkenntnissen zu Grundlagen, Funktionen und konkreter Ausgestaltung der Begründung und einer Berücksichtigung der Anforderungen der Begründungspflicht, wie sie die Organe der Gemeinschaft betrifft, beurteilen. Bislang fehlt es an einer Analyse, welche die Pflicht zur Begründung von Verwaltungsentscheidungen als für die Durchführung eines Verwaltungsverfahrens wichtiges Prinzip in den Blick nimmt und auf seine Harmonisierungsfähigkeit und –bedürftigkeit hin untersucht. Die Pflicht zur Begründung von Verwaltungsentscheidungen ist für eine solche Untersuchung gut geeignet, da ihr im deutschen, im englischen und auch im europäischen Verwaltungsrecht ein hoher Stellenwert zukommt und sie jeweils ihr Fundament in grundlegenden Verfassungsprinzipien findet. Gleichzeitig sind aber die strukturellen Unterschiede der drei in Rede stehenden Rechtsordnungen trotz des eng gewählten *tertium comparationis* so groß, dass ein Vergleich Aufschluss über verschiedene Europäisierungsmechanismen verspricht.

Erster Teil

Die Pflicht zur Begründung von Verwaltungsentscheidungen im deutschen Recht

A. Verfassungsrechtliche Grundlegung der Begründungspflicht

Eine Pflicht zur Begründung behördlicher Entscheidungen ist als Bestandteil eines ordentlichen Verwaltungsverfahrens bereits seit dem Ende des 19. Jahrhunderts anerkannt.[2] In Preußen war es im Wesentlichen die Rechtsprechung des Preußischen Oberverwaltungsgerichts, die eine Pflicht zur Begründung polizeilicher Anordnungen entwickelte,[3] während z.B. im badischen, württembergischen und sächsischen Recht eine Begründungspflicht gesetzlich geregelt war.[4]

Durch Inkrafttreten des Grundgesetzes im Jahre 1949 wurde ein im Wesentlichen von den Grundrechten geprägtes Wertesystem geschaffen, das darauf abzielte, den Bürger durch ein System subjektiver Rechte vor Eingriffen der staatlichen Gewalt zu schützen.[5]

Schutzbedürftigkeit besteht vor allem im Bereich staatlichen Verwaltungshandelns, da dies in aller Regel die individuellen Rechte, insbesondere die Grundrechte der Bürger tangiert.[6] Hier erweist sich, ob die öffentliche Gewalt die Leitbilder, Strukturprinzipien und Wertentscheidungen des Grundgesetzes respektiert.[7] Dies durch eine entsprechende Ausgestaltung des Verwaltungsverfahrens abzusichern, ist Aufgabe und Verpflichtung des Gesetzgebers.[8] Im Verwaltungsverfahren konkretisieren sich die dem verwaltenden Staat von Verfassungs wegen auferlegten Pflichten und die korrespondierenden verfassungsrechtlich garantierten Rechte des Bürgers.[9]

Die für das Verwaltungsverfahren bedeutsamen Rechte und Pflichten gründen sich auf eine Reihe von Normen bzw. Prinzipien des Grundgesetzes. Dazu gehört zunächst das Rechtsstaatsprinzip, welches eine Verfahrensausgestaltung

---

[2] *Lücke,* Begründungszwang und Verfassung, S. 5 ff.
[3] PrOVGE 7, 252, 255; 30, 109, 111.
[4] *Jellinek*, Gesetz, Gesetzesanwendung und Zweckmäßigkeitserwägung, S. 233 f.; *Malorny,* Begründungspflicht, S. 8.
[5] *Hesse,* Verfassungsrecht, S. 129 f.
[6] *Wahl/Pietzcker,* VVdStRL 41 (1983), 151, 166.
[7] *Werner,* DVBl. 1959, 527, 529; *Pitschas,* in: *Konrad,* Grundrechtsschutz und Verwaltungsverfahren, Internationaler Menschenrechtsschutz, S. 47; *Lübbe-Wolf,* in: *Schwarze u. Graf Vitzthum (Hrsg.),* FS Simson, S. 137.
[8] *BVerfGE* 53, 30, 60.
[9] *Kopp,* Verfassungsrecht, S. 55.

fordert, die dem Einzelnen ein Mindestmaß an Fairness garantiert.[10] Die einzelnen Grundrechte als subjektive Rechte kommen durch ihre Ausstrahlungswirkung auf das Verfahrensrecht zur Geltung, was eine verfassungskonforme Auslegung der Verfahrensvorschriften verlangt.[11] Neben der Rechtsweggarantie aus Art. 19 IV GG und dem Grundsatz der Gesetzmäßigkeit der Verwaltung aus Art. 20 III GG kommt der Würde des Menschen aus Art. 1 GG eine wichtige Rolle zu. Schließlich ist bei Verfahrenshandlungen, die eine Teilhabe des Bürgers fordern, das Demokratieprinzip unverzichtbare Grundlage.

Aus diesen Grundsätzen haben Rechtsprechung und Lehre eine Vielzahl von Verfahrensregeln des Verwaltungsverfahrens abgeleitet,[12] wobei die Zuordnung der Verfahrensregeln zu einem der Grundsätze im Einzelnen umstritten ist.[13] Vor Inkrafttreten des Verwaltungsverfahrensgesetzes im Jahre 1976 war diese Anknüpfung an verfassungsrechtliche Grundsätze und Prinzipien erforderlich, um die Regeln des Verwaltungsverfahrens an die Verfassung anzubinden, und ihnen somit ein positiviertes Fundament zu geben.[14] Heute sind die verfassungsrechtlichen Überlegungen erforderlich, um Rang und Bedeutung der einzelnen Verfahrenselemente aufzuzeigen, ihren Sinn und Zweck herauszuarbeiten, einen Maßstab für die Verfassungskonformität der Verfahrensnormen zu liefern und im Einzelfall eine verfassungskonforme Auslegung zu ermöglichen.

So vielfältig die Möglichkeiten einer Anknüpfung von Verfahrensregeln an verfassungsrechtliche Grundsätze sind, so vielfältig ist auch die verfassungsrechtliche Verortung der Begründungspflicht. Hier wurde und wird auf die unterschiedlichsten verfassungsrechtlichen Prinzipien zurückgegriffen, um diese Begründungspflicht verfassungsrechtlich herleiten zu können.[15]

I. Die Herleitung der Begründungspflicht aus dem Rechtsstaatsprinzip

Unter den Anknüpfungsmöglichkeiten der Begründungspflicht an verfassungsrechtliche Grundlagen ist die Anknüpfung an das Rechtsstaatsprinzip wohl die prominenteste, aber auch die im Einzelnen umstrittenste. Dies ist der Vielschichtigkeit des Rechtsstaatsprinzips und seiner Zusammensetzung aus unterschiedlichen, jeweils für sich genommen bereits grundlegenden Verfassungsprinzipien geschuldet.

---

[10] *Dolzer*, DÖV 1985, 9, 13.
[11] *BVerfGE* 53, 30, 65.
[12] *Becker*, in: *Sprung*, Entscheidungsbegründung, S. 107.
[13] *Ule/Laubinger*, Verwaltungsverfahrensrecht, § 1 Rn. 6 ff.
[14] *Ossenbühl*, NVwZ 1982, 465, 467.
[15] *Becker*, in: *Sprung*, Entscheidungsbegründung, S. 108 ff.; *Schick*, JuS 1971, 1, 3; *Scheffler*, DÖV 1977, 767, 768; *Dolzer*, DÖV 1985, 9, 12 f.; *Gern/Schönhoff*, VBlBW 1985, 43.

Das Rechtsstaatsprinzip ist eine der wichtigsten Leitideen des Grundgesetzes.[16] Dennoch, bzw. gerade deswegen ist es aufgrund der Komplexität des Rechtstaatsprinzips schwierig, dieses im Rahmen einer Definition zu beschreiben. Die Schwierigkeiten bei der begrifflichen Erfassung des Rechtsstaatsprinzips haben verschiedene Gründe. Zum einen ist bereits die normative Grundlage des Rechtsstaatsprinzips unklar. Nur Art. 28 I 1 GG nennt den Rechtsstaat, füllt diesen Begriff aber nicht inhaltlich aus, sondern setzt seine Existenz voraus.[17] Das *BVerfG* knüpft das Rechtsstaatsprinzip an die Art. 20 III, Art. 1 III, Art. 19 IV und Art. 28 I 1 GG an.[18] Das Verfassungsrecht bestehe nicht nur aus den einzelnen geschriebenen Grundsätzen, sondern ergebe sich auch aus den die einzelnen Sätze verbindenden Leitideen und Grundsätzen.[19]

Damit wird eine weitere Schwierigkeit bei der Begriffsklärung hervorgerufen. Das Rechtsstaatsprinzip als Staatszielbestimmung setzt sich aus einer Vielzahl geschriebener und ungeschriebener Rechtsgrundsätze zusammen, die bereits das vorverfassungsrechtliche Gesamtbild geprägt haben, von dem der Verfassungsgeber ausgegangen ist.[20] Zu den geschriebenen Rechtsgrundsätzen gehören zum Beispiel die Menschenwürdegarantie des Art. 1 I GG, die Rechtsweggarantie nach Art. 19 IV GG, der Gewaltenteilungsgrundsatz des Art. 20 II 2 GG und der Grundsatz der Gesetzmäßigkeit der Verwaltung nach Art. 20 III GG.[21] Auch die Grundrechte werden zu den geschriebenen Rechtsgrundsätzen gezählt, die das Rechtsstaatsprinzip ausmachen.[22] Die ungeschriebenen Rechtsgrundsätze, die den Begriff des Rechtsstaatsprinzips mit Inhalt füllen, sind im Wesentlichen durch die Rechtsprechung des *BVerfG* geprägt worden, welches diese Konkretisierung als eine seiner Aufgaben betrachtet.[23] Der Verhältnismäßigkeitsgrundsatz,[24] der Bestimmtheitsgrundsatz,[25] das Rückwirkungsverbot[26] und die Garantie eines rechtsstaatlichen Verfahrens, welches an den Geboten der Fairness orientiert ist,[27] sind wohl die wichtigsten dieser Rechtsgrundsätze. Das Rechts-

---

16 *BVerfGE* 2, 380, 381; *Herzog,* in: *Maunz/Dürig,* GG, Art. 20, Rn. 58; *Kopp,* Verfassungsrecht, S. 54.
17 *Calliess,* Rechtsstaat und Umweltstaat, S. 39.
18 *BVerfGE* 2, 380, 403.
19 *BVerfGE* 2, 380, 403.
20 *BVerfGE* 2, 380, 403; s. auch *Schmidt-Aßmann,* in: *Isensee/Kirchhof,* HStR, Bd. I, § 24 Rn. 3 (Fn. 11).
21 *Stern,* Staatsrecht I, § 20 II 2; für weitere s. *Sachs,* in: *Sachs,* GG, Art. 20 Rn. 77.
22 *Sobota,* Rechtsstaat, S. 65 f.
23 *BVerfGE* 45, 187, 246.
24 *BVerfGE* 7, 377, 407 f.; 89, 69, 84.
25 *BVerfGE* 48, 210, 222.
26 *Sachs,* in: *Sachs,* GG, Art. 20 Rn. 131 ff.
27 *BVerfGE* 3, 377, 381; 37, 57, 65; 38, 105, 113.

staatsprinzip setzt sich darüber hinaus aus dem formellen Rechtsstaatsverständnis und dem materiellen Rechtsstaatsverständnis zusammen.[28] Das formelle Rechtsstaatsverständnis stützt sich auf die typischen Formelemente des Rechts, die das staatliche und gesellschaftliche Leben durch Verfahren, Entscheidungskompetenzen und gesetzliche Entscheidungsvorgaben ordnen.[29] Nach dem materiellen Rechtsstaatsverständnis wird die Gesetzgebung an die höherrangige Verfassung und die Beachtung der Grundrechte gebunden, und somit das staatliche Handeln auch inhaltlich beeinflusst.[30]

Das Rechtsstaatsprinzip in seiner Vielschichtigkeit und Vielfältigkeit wird im Rahmen der verfassungsrechtlichen Herleitung der Pflicht zur Begründung von Verwaltungsentscheidungen in ebenso vielfältiger Weise als verfassungsrechtliche Grundlage herangezogen.[31] So wird sie sowohl vom Grundsatz der Gesetzmäßigkeit der Verwaltung aus Art. 20 III GG, als auch dem Gebot der Rechtssicherheit und dem Gewaltenteilungsprinzip abgeleitet.

1. Die Gesetzmäßigkeit der Verwaltung nach Art. 20 III GG

Der Grundsatz der Gesetzmäßigkeit der Verwaltung, der in Art. 20 III GG normativ verwurzelt ist, bindet die Verwaltung an Recht und Gesetz. Vorrang und Vorbehalt des Gesetzes binden die Verwaltung, die Gesetze, Verordnungen und insbesondere Grundrechte zu beachten.[32] Nach dem Vorrang des Gesetzes ist die Verwaltung verpflichtet, die Gesetze anzuwenden, und nicht gegen sie zu verstoßen.[33] Der Vorbehalt des Gesetzes verbietet der Verwaltung grundsätzlich ein Tätigwerden ohne gesetzliche Grundlage.[34] Die Verwaltung hat das Vorliegen der Voraussetzungen der Ermächtigungsgrundlage sorgfältig zu prüfen und ein eventuell eingeräumtes Ermessen ordnungsgemäß auszuüben.[35] Die Begründungspflicht lässt sich aus diesem Grundsatz ableiten, da er Verfahrensregeln verlangt, die es der Verwaltung ermöglichen, diesen Anforderungen des Rechtsstaatsprinzips zu genügen und „richtige" Entscheidungen zu treffen.[36] Die Begründungspflicht stellt eine solche Verfahrensregel dar, die es der Verwaltung ermöglicht, ihre Entscheidung sorgfältig vorzubereiten und gegenüber dem Bür-

---

[28] *Kunig,* Rechtsstaatsprinzip, S. 25.

[29] *Calliess,* Rechtsstaat und Umweltstaat, S. 38 f.

[30] *Schmidt-Aßmann,* in: *Isensee/Kirchhof,* HStR, Bd. I, § 24 Rn. 19.

[31] Vgl. *Malorny,* Begründungspflicht, S. 46 ff.

[32] *Eisenberg,* Anhörung, S. 110.

[33] *Ossenbühl,* in: *Isensee/Kirchhof,* HStR, Bd. III, § 62 Rn. 4.

[34] *Sachs,* in: *Sachs,* GG, Art. 20 Rn. 113.

[35] *Voucko,* Begründungspflicht, S. 39.

[36] *Ule,* DVBl. 1963, 475, 477; *ders.,* VerwArch 62, 114, 130; *Malorny,* Begründungspflicht, S. 49; *Koenig,* AöR 117, 513, 520 f.; *Ule/Laubinger,* Verwaltungsverfahrensrecht, § 1 Rn. 10; *Eisenberg,* Anhörung, S. 110.

ger zu rechtfertigen. Damit sind die Entscheidungen in hohem Maße geeignet, die vom Verfassungsgeber mit Normierung des Art. 20 III GG intendierten Zwecke der Selbstkontrolle der Verwaltung und des Schutzes des Bürgers vor Verwaltungswillkür zu verwirklichen.

2. Gebot der Rechtssicherheit

Des Weiteren wird die Begründungspflicht aus dem rechtsstaatlichen Gebot der Rechtssicherheit, bzw. der Vorhersehbarkeit und Messbarkeit staatlichen Handelns, hergeleitet.[37] Dieses Gebot ist ebenfalls ein wesentliches Element des Rechtsstaatsprinzips[38] und verpflichtet die Verwaltung, das Verfahren so zu gestalten, dass es für den Bürger vorhersehbar ist.[39] Außerdem muss es dem Bürger möglich sein, sich auf eine einmal getroffene Entscheidung verlassen zu können. Die Beurteilung, ob die behördliche Entscheidung in ihrer dem Bürger bekannt gegebenen Form in Bestandskraft erwachsen kann, oder ob Rechtsmittel einzulegen sind, ist im Wesentlichen von der Begründung der Entscheidung abhängig. Erst mit Hilfe der Begründung wird der Adressat in die Lage versetzt, die Entscheidung in allen ihren Einzelheiten beurteilen zu können.[40]

Gegen diese verfassungsrechtliche Anknüpfung der Begründungspflicht kann angeführt werden, dass es Aufgabe des Gesetzgebers sei, sicherzustellen, dass das Verwaltungshandeln für den Bürger messbar und vorhersehbar ist,[41] die Verwaltung ist hier jedoch gleichermaßen in der Pflicht.

3. Gewaltenteilungsprinzip

Der Herleitung der Begründungspflicht aus dem Gewaltenteilungsprinzip liegt der Gedanke zugrunde, dass die Gesetzmäßigkeit der Verwaltung sichernde Verfahrensregeln auch dem Gebot der Gewaltenteilung dienen, weil so sichergestellt ist, dass die Verwaltung ihre Aufgaben in einem gewaltenteiligen Staat ordnungsgemäß und vollständig erfüllt.[42] Der Gewaltenteilungsgrundsatz erfordert Begründungen für Verwaltungsentscheidungen, um zu verhindern, dass ein Verwaltungsentscheidungen überprüfendes Gericht verwaltend tätig werden muss. Eine Begründung dient auch dazu, den durch die Behörde ermittelten Sachverhalt zu dokumentieren und dadurch zu verhindern, dass sich das Gericht

---

[37] *Kopp,* Verfassungsrecht, S. 137; *Häberle,* in: FS Boorberg Verlag, S.47, 80; *Demeter,* Begründungspflicht, S. 12 f.
[38] *BVerfGE* 2, 380, 403; 60, 253, 268 f.
[39] *Kopp,* Verfassungsrecht, S. 131.
[40] *Demeter,* Begründungspflicht, S. 13.
[41] *Schwab,* Begründungspflicht, S. 5.
[42] *Kopp,* Verfassungsrecht, S. 235.

mit der erstmaligen Sachverhaltsermittlung beschäftigen muss, die insbesondere bei Ermessensentscheidungen in vergleichbarer Form nicht möglich ist.[43]

4. Fazit

Gerade im Hinblick auf die Schwierigkeiten, das Rechtsstaatsprinzip in einer Definition zu erfassen und seine zahlreichen Aspekte zusammenzuführen, ist diese Aufspaltung der Anknüpfung der Begründungspflicht konsequent. Für die Herleitung der Pflicht zur Begründung von Verwaltungsentscheidungen sind alle Anknüpfungen von Bedeutung. Die Einhaltung des Grundsatzes der Gesetzmäßigkeit der Verwaltung nach Art. 20 III GG wird durch eine Begründungspflicht begünstigt, welche die Behörde nicht nur verpflichtet die gesetzlichen Grundlagen zu ermitteln und deren Tatbestandsvoraussetzungen zu prüfen, sondern auch den Entscheidungsprozess und sein Ergebnis dem Bürger mitzuteilen. In der Folge dessen ist für den Bürger die Verknüpfung des Gebotes der Rechtssicherheit mit der Begründungspflicht von Bedeutung, garantiert diese ihm doch eine Möglichkeit zur Beurteilung seiner Position und der Erfolgsaussichten eines möglichen Rechtsmittels. Zweckmäßigkeit, Effektivität und Effizienz des Verwaltungshandelns werden durch die Anbindung der Begründungspflicht an den Gewaltenteilungsgrundsatz gefördert, indem sie eine gegenseitige Kontrolle der Gewalten durch transparente Entscheidungen ermöglicht.

Eine Festlegung auf eine der dargestellten Möglichkeiten der Anknüpfung der Begründungspflicht im Rahmen des Rechtsstaatsprinzips würde daher zu kurz greifen und der Komplexität des Rechtsstaatsprinzips nicht gerecht werden und kann daher nicht erfolgen. Gerade die Vielfalt der Anknüpfungsmöglichkeiten ist ein Zeichen für die feste Verankerung und die Bedeutung der Begründungspflicht im Rechtsstaatsprinzip.

II. Die Herleitung der Begründungspflicht aus dem Anspruch auf rechtliches Gehör, Art. 103 GG

Auch aus dem Anspruch auf rechtliches Gehör aus Art. 103 GG wird die Begründungspflicht der Verwaltung abgeleitet.[44] Art. 103 I GG gilt für gerichtliche Verfahren und dient dazu, sicherzustellen, dass gerichtliche Entscheidungen nicht an einem Verfahrensfehler leiden, der darauf beruht, dass der Sachvortrag der Parteien nicht zur Kenntnis genommen, bzw. nicht berücksichtigt wurde.[45]

Es bestehe ein untrennbarer Zusammenhang zwischen rechtlichem Gehör und Begründungspflicht, der darauf beruhe, dass das rechtliche Gehör unvollständig

[43] *OVG Koblenz*, DVBl. 1958, 835; *Kopp*, Verfassungsrecht, S. 240.
[44] *Wendt*, JA 1980, 25, 31; *Malorny*, Begründungspflicht, S. 66 ff.
[45] *BVerfGE* 50, 32, 35.

wäre, bräuchte die Behörde die Gründe ihrer Entscheidung nicht mitzuteilen.[46] Die Begründung sei die Fortsetzung der durch das rechtliche Gehör eingeleiteten Beziehungen zwischen der Behörde und dem Bürger.[47] Dem wird entgegengehalten, dass bei Anerkennung dieses Zusammenhanges der Art. 103 I GG eine unzulässige Auslegung erfahre, da das Grundgesetz nur die Anhörung, nicht aber ihre Umsetzung in eine Begründung erfordere.[48] Darüber hinaus sei der Grundsatz des rechtlichen Gehörs im Verwaltungsverfahren kein auf Art. 103 I GG beruhender Grundsatz, sondern als ein Gebot der Rechtsstaatlichkeit anerkannt und finde seine Grundlage im Rechtsstaatsprinzip und in der Menschenwürdegarantie des Art. 1 GG.[49]

III. Die Herleitung der Begründungspflicht aus Art. 19 IV GG

Art. 19 IV GG gewährleistet den Zugang zu den Gerichten, aber auch die Wirksamkeit des Rechtsschutzes.[50] Der Bürger hat einen Anspruch auf eine möglichst wirksame gerichtliche Kontrolle des Staatshandelns.[51] Der Anwendungsbereich des Art. 19 IV GG ist zwar auf den gerichtlichen Rechtsschutz begrenzt, hat aber insofern Auswirkungen auf das Verwaltungsverfahren, als das Verwaltungsverfahren nicht zu einer Vereitelung oder unzumutbaren Erschwerung des gerichtlichen Rechtsschutzes führen darf.[52] Auf diesen engen Zusammenhang zwischen der Rechtsschutzgarantie des Art. 19 IV GG und dem Verwaltungsverfahren stellt auch die Herleitung der Begründungspflicht aus Art. 19 IV GG ab.

Bei der Herleitung der Begründungspflicht aus Art. 19 IV GG werden die Entscheidungsbegründung und der gerichtliche Rechtsschutz als Einheit betrachtet. Die Begründung sei eine vorwirkende Annexgarantie zu den Garantien des Art. 19 IV GG.[53] Effektiver Rechtsschutz sei nur möglich, wenn der Bürger in der Lage ist, die Erfolgssaussichten eines Rechtsstreits abzuschätzen.[54] Die Angst vor drohendem Fristablauf würde in vielen Fällen dazu führen, dass unter Umständen sinnlose Rechtsbehelfe eingelegt werden, da es für den Bürger im Vorfeld mangels einer Begründung nicht möglich war, die Erfolgsaussichten zu

---

46 *Malorny,* Begründungspflicht, S. 68.
47 *Voucko,* Begründungspflicht, S. 43 f; *Schick,* JuS 1971, 1, 3.
48 *Dolzer,* DÖV 1985, 9, 13.
49 *Schmel,* Massenverfahren, S. 231; *Müller-Ibold,* Begründungspflicht, S. 150; *Degenhart,* in: *Sachs,* GG, Art. 103 Rn. 5.
50 *BVerfGE* 84, 34, 49.
51 *BVerfGE* 35, 382, 401.
52 *BVerfGE* 69, 1, 49; *Hofmann,* NVwZ 1995, 740, 744.
53 *Dolzer,* DÖV 1985, 9, 13.
54 *Schick,* JuS 1971, 1, 3; *Becker,* in: *Sprung,* Entscheidungsbegründung, S. 108; *Badura,* in: *Erichsen/Ehlers,* Allgemeines Verwaltungsrecht, § 38 Rn. 9.

beurteilen.[55] Überflüssige Klagen sind einem effektiven Rechtsschutzsystem nicht förderlich, da unter Effektivität neben der Rechtzeitigkeit des Rechtsschutzes auch die Vermeidung überflüssiger Kosten fällt. Auch sind eine gerichtliche Nachprüfung und die Feststellung über Rechtmäßigkeit oder Rechtswidrigkeit in vielen Fällen nur möglich, wenn die Motive der Behörde bekannt sind.[56] Dies gilt besonders für Verwaltungsentscheidungen, die als Ermessensentscheidungen ergehen, oder bei denen der Verwaltung ein gerichtlich nur eingeschränkt überprüfbarer Beurteilungsspielraum eingeräumt wird.[57] Im Gegensatz zu gebundenen Entscheidungen sind diese für den Bürger in besonderem Maße undurchsichtig und damit hinsichtlich der Einschätzung seiner Rechtsschutzmöglichkeiten riskanter.[58]

IV. Die Herleitung der Begründungspflicht aus der Menschenwürdegarantie des Art. 1 I GG

Aus der Menschenwürdegarantie des Art. 1 I GG lässt sich die Begründungspflicht ebenfalls herleiten. Die Menschenwürdegarantie des Art. 1 I GG soll den Bürger davor schützen, zum bloßen Objekt des staatlichen Handelns zu werden.[59] Staatliche Maßnahmen haben sich an der Würde des Menschen auszurichten.[60] Ein mit einer Begründung versehener Verwaltungsakt respektiere den Persönlichkeitswert des Betroffenen, und der Bürger werde als Rechtssubjekt angesprochen.[61] Der Bürger habe im Vorfeld der Entscheidung in vielerlei Art und Weise an der Sachverhaltsaufklärung mitgewirkt und sei gewissermaßen zum „Partner" der Verwaltung geworden;[62] ein Zurückhalten der Entscheidungsgründe würde die Person und die Würde des Bürgers missachten.[63]

V. Fazit: Die Verfassungsrechtliche Herleitung der Begründungspflicht

Die Betrachtung der Herleitungsmöglichkeiten aus dem Rechtsstaatsprinzip hat gezeigt, dass dort eine Festlegung auf die eine oder andere verfassungsrechtliche Ausprägung nicht angezeigt ist und zu kurz greift. Dieser Befund hat auch für die übrigen dargestellten Möglichkeiten der verfassungsrechtlichen Herleitung der Begründungspflicht Gültigkeit. Trotz unterschiedlicher Bezeichnungen und Argumentationslinien haben sie ihren gemeinsamen Kern im Rechtsstaatsprin-

---

[55] *Malorny,* Begründungspflicht, S. 73.
[56] *Becker,* in: *Sprung,* Entscheidungsbegründung, S. 108.
[57] *Malorny,* Begründungspflicht, S. 76.
[58] *Scheffler,* DÖV 1977, 767, 769.
[59] *BVerfGE* 5, 85, 204; 7, 198, 205; 27, 1, 6; 50, 166, 176; *Dürig,* AöR 81 (1956), 117, 127.
[60] *v. Walcke-Wulffen,* Begründungszwang, S. 21.
[61] *Demeter,* Begründungspflicht, S. 4; *v. Walcke-Wulffen,* Begründungszwang, S. 21.
[62] *Demeter,* Begründungspflicht, S. 5.
[63] *Kopp,* Verfassungsrecht, S. 47 f.

zip. So ist die Herleitung aus Art. 103 I GG bei genauer Betrachtung viel eher eine Herleitung aus dem Rechtsstaatsprinzip: Der Anspruch auf rechtliches Gehör im Verwaltungsverfahren mag sich an Art. 103 I GG orientiert haben, da Art.103 I GG aber für das Verwaltungsverfahren nicht gilt, findet er seine Grundlage im Rechtsstaatsprinzip und der Menschenwürdegarantie des Art. 1 I GG. Diese ist neben dem Rechtsstaatsprinzip ein Grundpfeiler des Verfassungsrechts, der das Verwaltungsrecht maßgeblich geprägt hat, und zusätzlich einen Bestandteil des Rechtsstaatsprinzips bildet.[64]

Eine verfassungsrechtliche Herleitung der Begründungspflicht kann sich demnach nicht auf einen einzelnen verfassungsrechtlichen Grundsatz, auf ein einzelnes grundgesetzliches Prinzip oder ein einzelnes Grundrecht festlegen: Die einzelnen Herleitungen geben nur unvollständig Aspekte der verfassungsrechtlichen Fundierung der Begründungspflicht wieder, so dass eine Beurteilung im Einzelnen bezüglich der Richtigkeit der Herleitungen müßig ist. Erst die Zusammenschau der genannten Herleitungen mit ihrer im Einzelnen festzustellenden Konzentration auf das Rechtsstaatsprinzip und der darin enthaltenen Menschenwürdegarantie charakterisieren die verfassungsrechtliche Grundlage der Begründungspflicht umfassend.

B. Funktionen der Begründung

Neben der verfassungsrechtlichen Fundierung der Begründungspflicht geben auch die Funktionen der Begründung Aufschluss über ihre Bedeutung. Die Funktionen der Begründung lassen sich im Wesentlichen auf die oben genannten Verfassungsprinzipien zurückführen, was die These nur unterstreicht, dass es die eine, ausschließlich richtige verfassungsrechtliche Herleitung nicht gibt, sondern es sich vielmehr um eine breit angelegte, verschiedene Grundrechte und dem Grundgesetz zugrunde liegende Prinzipien einschließende, verfassungsrechtliche Grundlage handelt.[65]

Es sind im Wesentlichen vier Funktionen der Begründung anerkannt, und zwar die Befriedungs- oder Akzeptanzfunktion, die Rechtsschutzfunktion, die Klarstellungs- und Beweisfunktion und die Kontrollfunktion.[66] Diese gelten nicht alternativ, sondern kumulativ, wobei es im Einzelfall möglich ist, dass die eine oder andere Funktion eine nur untergeordnete Rolle spielt.[67]

---

[64] *Kunig*, Rechtsstaatsprinzip, S. 78.

[65] S.o. Erster Teil, A.V., S. 10.

[66] *Becker*, in: *Sprung*, Entscheidungsbegründung, S. 108; *Dolzer*, DÖV 1985, 9, 10.

[67] *Foerster*, VR 1984, 265, 267; *Dolzer* DÖV 1985, 9, 12; *Lücke*, Begründungszwang und Verfassung, S. 72.

I. Die Befriedungs- oder Akzeptanzfunktion

Die Begründung hat zunächst einmal die Funktion, die Akzeptanz der Entscheidung durch den betroffenen Adressaten zu fördern.[68] Durch die Darlegung der Gründe, welche die Behörde zu ihrer Entscheidung bewogen haben, wird die Akzeptanz derselben durch den Adressaten erhöht. Der Bürger ist eher geneigt, die Entscheidung zu akzeptieren.[69] Mit Hilfe der Begründung soll er von der Recht- und Zweckmäßigkeit der Entscheidung überzeugt werden.[70] Eine ausführlich begründete Entscheidung ist für den Bürger nachvollziehbar und kann dazu beitragen, einen eventuellen Vorwurf der Willkür zu entkräften.[71]

II. Die Rechtsschutzfunktion

Die zentrale Funktion der Begründung ist die Rechtsschutzfunktion.[72] Insbesondere in der Rechtsprechung des *BVerfG* und des *BVerwG* wird sie betont, denn nur, wenn der Bürger die Gründe für eine Entscheidung erfahre, sei er in der Lage, seine Rechte zu verteidigen.[73]

In erster Linie dient diese Funktion also den Interessen des Betroffenen, dem durch die Begründung die Durchsetzung seiner Rechte erleichtert wird.[74] Durch die Begründung wird der Bürger in die Lage versetzt, die Erfolgsaussichten eines gerichtlichen Rechtsbehelfs realistisch einschätzen zu können.[75] Aber auch die Nachprüfungsmöglichkeiten des Gerichts bzw. der Widerspruchsbehörde werden durch die Begründung verbessert, und der verfassungsrechtlich gewährleistete effektive Rechtsschutz kann gewährt werden. Insbesondere bei Ermessensentscheidungen ist eine sorgfältige Begründung für den effektiven Rechtsschutz erforderlich. Die Kontrollmöglichkeiten des Gerichts sind bei Ermessensentscheidungen wegen der eingeschränkten Kontrolldichte grundsätzlich beschränkt.[76] Trotz aller Entwicklungen in der Rechtsprechung hin zu einer umfangreicheren Kontrolle auch bei Ermessensentscheidungen und der Kritik hieran,[77] ist in diesen Fällen die gerichtliche Kontrolle darauf beschränkt, Ermes-

---

[68] *Ule*, VerwArch 62, 114, 131; *Dolzer*, DÖV 1985, 9, 10; *Gern/Schönhoff*, VBlBW 1985, 43.
[69] *P. Stelkens/U. Stelkens*, in: *Stelkens/Bonk/Sachs*, VwVfG, § 39 Rn. 6.
[70] *Malorny*, Begründungspflicht, S. 89; *Lücke*, Begründungszwang und Verfassung, S. 72.
[71] *Ule*, VerwArch 62, 114, 130.
[72] *Malorny*, Begründungspflicht, S. 92.
[73] *BVerfGE* 6, 32, 44; 50, 287, 290; 69, 1, 49; *BVerwG* DVBl. 1982, 198. 197; NVwZ 1986, 918, 921; VGH Mannheim NVwZ 1989, 978, 981; OVG Münster NVwZ – RR 1995, 667, 669.
[74] *Ule*, DVBl. 1968, 781, 785.
[75] *W.-R. Schenke*, VBlBW 1982, 313, 324.
[76] *Schwab*, Begründungspflicht, S. 19.
[77] *Püttner*, in: *Götz/Klein/Starck*, Die öffentliche Verwaltung S. 131, 132; *Kopp*, ebd. S. 146, 158.

sensfehler zu identifizieren.[78] Es ist die Verwaltung, die in unmittelbarem Kontakt mit dem Bürger steht, über die notwendigen Fachkenntnisse verfügt und dadurch in der Lage ist, auf individuell verschiedene Situationen zu reagieren. Dem wird durch die eingeschränkte Kontrolldichte Rechnung getragen. Die einer Überprüfung zugänglichen Ermessensfehler können aber nur erkannt werden, wenn die Behörde in der Begründung den Bürger über die Ermessensausübung informiert hat.

III. Die Klarstellungs- und Beweisfunktion

Die Klarstellungs- und Beweisfunktion der Begründung unterstreicht die Bedeutung und Wichtigkeit der Rechtsschutzfunktion. Dadurch, dass die Begründung den Inhalt der Entscheidung erklärt und die angestellten Untersuchungen und den ermittelten Sachverhalt offen legt, ist sie unverzichtbar für die Eingrenzung und Festlegung des Streitgegenstandes.[79] Im Widerspruchsverfahren oder einem Rechtsstreit vor Gericht kann auf diesen Sachverhalt zurückgegriffen werden und gerade bei Ermessensentscheidungen wird die Überprüfung der Entscheidung überhaupt erst effektiv möglich.[80]

IV. Die Kontrollfunktion

Die Kontrollfunktion der Begründung einer Verwaltungsentscheidung umfasst zwei Aspekte: Zum einen ist die Begründung ein wichtiger Bestandteil der Selbstkontrolle der Verwaltung, zum anderen ist sie für die Rechts- und Zweckmäßigkeitskontrolle im Rahmen eines eventuell erforderlichen Widerspruchsverfahrens von großer Bedeutung.[81]

Nach Art. 20 III GG ist die Verwaltung zu gesetzmäßigem Verhalten verpflichtet. Die Pflicht zur Begründung von Entscheidungen zwingt die Behörde dazu, sich über die rechtlichen und tatsächlichen Gründe für die Entscheidung Klarheit zu verschaffen und damit das eigene Tun zu kontrollieren.[82] Dadurch ist die Gesetzmäßigkeit des Verwaltungshandelns gesichert, da die Behörde daran gehindert wird, unüberlegt zu handeln.[83]

Neben dem Zweck der Selbstkontrolle der entscheidenden Behörde dient die Begründung aber noch einem weiteren Kontrollzweck: Im Widerspruchsverfahren dient sie dazu, der Widerspruchsbehörde die Überprüfung der Verwaltungsentscheidung unter Berücksichtigung der besonderen Sachkenntnis der Aus-

---

[78] *BVerwGE* 11, 95, 97; 19, 149, 153; *Rennert*, in: *Eyermann/Fröhler*, VwGO, § 114, Rn. 1.
[79] *Dolzer*, DÖV 1985, 9, 10; *Hufen*, Fehler im Verwaltungsverfahren, Rn. 294.
[80] S.o. zur Rechtsschutzfunktion Erster Teil, B.II, S. 12.
[81] *Malorny*, Begründungspflicht, S. 84.
[82] *Ule*, DVBl. 1968, 781, 785.
[83] *Lücke*, Begründungszwang und Verfassung, S. 39.

gangsbehörde zu erleichtern. Diese ist vielfach aufgrund räumlicher, aber auch inhaltlicher Nähe zum Entscheidungsgegenstand mit diesem vertrauter und kann durch die Begründung sicherstellen, dass ihr Rechtsstandpunkt von der Widerspruchsbehörde berücksichtigt wird.

V. Fazit

Die Funktionen der Begründung sind eng mit denjenigen verfassungsrechtlichen Grundsätzen verknüpft, die das Fundament der Begründungspflicht darstellen. Besonders deutlich wird dies bei der Rechtsschutzfunktion der Begründung, die im Prinzip die praktische Umsetzung der im Verwaltungsverfahren wichtigen Rechtsweggarantie des Art. 19 IV GG darstellt. Art. 19 IV GG, der zwar unmittelbar nur das gerichtliche Verfahren betrifft, garantiert auch ein geordnetes Verwaltungsverfahren, solange es als Voraussetzung für gerichtlichen Rechtsschutz erforderlich ist.[84] Die Begründungspflicht als Verfahrensregel des Verwaltungsverfahrens schafft neben anderen Verfahrensregeln die Voraussetzung für eine effektive gerichtliche Überprüfung. Darüber hinaus bietet das Verwaltungsverfahren einen vorbeugenden Schutz, während der gerichtliche Rechtsschutz hingegen immer reaktiv und nachträglich und dadurch in manchen Fällen ungenügend ist.[85] Mit diesem Bezug auf die Rechtsweggarantie des Art. 19 IV GG und damit auch allgemeiner rechtsstaatlicher Grundsätze findet sich bei der Rechtsschutzfunktion, aber auch bei den übrigen Begründungsfunktionen, der gleiche verfassungsrechtliche Schwerpunkt wieder, der auch die verfassungsrechtliche Ableitung der Begründungspflicht dominiert und prägt. Die Kontrollfunktion der Begründung steht in engem Zusammenhang mit dem Grundsatz der Gesetzmäßigkeit der Verwaltung aus Art. 20 III GG.[86] Die Befriedungs- und Akzeptanzfunktion der Begründung unterstreicht die Bedeutung der Menschenwürdegarantie des Art. 1 I GG für das Verwaltungsverfahren. Durch die Bemühungen der Verwaltung, der Entscheidung zu größtmöglicher Akzeptanz zu verhelfen, wird der Gefahr begegnet, den Bürger im Rahmen des Verfahrens zu übergehen, seine Interessen nicht mit einzubeziehen und ihn damit zum bloßen Objekt des hoheitlichen Handelns zu degradieren. Hierdurch wird der vorrangige Zweck der Begründung deutlich: Die Begründung als solche hat insbesondere Nutzen für den Adressaten der Verwaltungsentscheidung. Es ist für ihn von Vorteil, die Erfolgsaussichten eines Rechtsbehelfs einschätzen zu können, ebenso wie es ihm nützt, den genauen Sachverhalt und den Gang des Verfahrens nachvollziehen zu können. Sowohl die Funktionen der Begründung als auch die verfassungsrechtlichen Grundlagen sind nach diesem Zweck ausgerichtet.

---

[84] *Kopp,* Verfassungsrecht, S. 149.

[85] *W.-R. Schenke,* VBlBW 1982, 313, 314.

[86] S.o.: Erster Teil, B.III; S. 13.

Mit dieser Verbindung von Verfassungs- und Verwaltungsrecht gewinnt die dogmatische und dadurch sehr theoretische Diskussion zu den verfassungsrechtlichen Grundlagen der Begründungspflicht an Praxisbezug. Es hat sich auch schon vor der Einführung des § 39 VwVfG nicht auf die Begründung einer Entscheidung ausgewirkt, ob sie nun auf der Grundlage des Rechtsstaatsprinzips oder der Menschenwürdegarantie des Art. 1 I GG ergangen ist. Durch die enge Verbindung der Begründungsfunktionen mit den verfassungsrechtlichen Grundlagen kristallisiert sich jedoch noch deutlicher heraus, dass die Pflicht zur Begründung von Verwaltungsentscheidungen auf einer Vielzahl von verfassungsrechtlichen Prinzipien fußt, die kumulativ herangezogen werden sollten, um die verfassungsrechtliche Bedeutung der Begründungspflicht zu beurteilen.[87] Die Begründungsfunktionen stellen gewissermaßen das rechtstatsächliche Gegenstück der Praxis zur dogmatischen Herleitung dar. Die verfassungsrechtlichen Grundlagen der Begründungspflicht spiegeln sich in den Begründungsfunktionen wider, und auch wenn nicht explizit auf die verfassungsrechtlichen Prinzipien hingewiesen wird, sind sie doch durch die Funktionen der Begründung präsent und beeinflussen das Handeln der Entscheidungsträger.

C. Rechtliche Bedeutung der Begründung im Verwaltungsverfahren

I. Doppelfunktionalität der Begründung

Bei der Begründung von Verwaltungsentscheidungen handelt es sich um eine so genannte „doppelfunktionale Verfahrenshandlung",[88] da sie ihre Wirkungen sowohl auf materieller als auch auf formeller Ebene entfaltet.[89] Sie ist zum einen ein formelles Erfordernis, d.h. eine fehlende Begründung führt zur formellen Rechtswidrigkeit der Verwaltungsentscheidung. Zum anderen wirkt sie sich auf die materielle Seite der Verwaltungsentscheidung aus und kann zur materiellen Rechtswidrigkeit der Entscheidung führen.[90]

1. Die Begründung als formelles Erfordernis

Der § 39 VwVfG regelt die Rolle der Begründung als Formerfordernis bei Erlass eines Verwaltungsaktes. Ein Verstoß gegen diese Formvorschrift führt zu dessen Rechtswidrigkeit.[91] § 39 VwVfG verpflichtet die Behörde, die wesentlichen tatsächlichen und rechtlichen Gesichtspunkte anzugeben, die zu der Ent-

---

[87] S.o.: Erster Teil, A.V; S. 10.

[88] *Hill,* Fehlerhaftes Verfahren, S. 327; *Axmann,* Nachschieben von Gründen, S. 23.

[89] *Hill,* Fehlerhaftes Verfahren, S. 325.

[90] *Badura,* in: *Erichsen/Ehlers,* Allgemeines Verwaltungsrecht § 38 Rn. 40.

[91] *BVerwGE* 61, 200, 211; 75, 119, 121; *Lampert,* DVP 2000, 390; *Brischke,* DVBl. 2002, 429.

scheidung geführt haben.[92] Für die formelle Rechtmäßigkeit einer Entscheidung genügt es, dass die Behörde überhaupt Erwägungen zur Sachverhaltsermittlung und Rechtsanwendung mitteilt, auf den Inhalt dieser Ausführungen kommt es nicht an. Allein entscheidend ist, dass sachverhaltsbezogene und rechtliche Ausführungen gemacht werden.[93]

2. Die Begründung als materielles Erfordernis

Der materielle Aspekt der Begründung wird von der Formvorschrift des § 39 VwVfG nicht erfasst. Dieser geht aber unmittelbar darauf zurück, dass eine Begründungspflicht verfassungsrechtlich geboten ist, um einerseits die Verwaltung zu gesetzmäßigem Handeln im Sinne des Art. 20 III GG anzuhalten,[94] und andererseits dem Adressaten einer Verwaltungsentscheidung gem. Art. 19 IV GG einen wirksamen Rechtsschutz dadurch zu gewähren, dass er die sachliche und rechtliche Richtigkeit der behördlichen Maßnahme überprüfen kann.[95] Diese verfassungsrechtlichen Gebote erfüllt eine Begründung nur, wenn sie den entscheidungserheblichen Sachverhalt vollständig wiedergibt, die einschlägigen Rechtsgrundlagen nennt, und deren fehlerfreie Auslegung sowie deren richtige Anwendung auf den Sachverhalt erkennen lässt.[96]

II. Auswirkungen der Doppelfunktionalität der Begründung

Die Doppelfunktionalität der Begründung hat über die reine begriffliche Unterscheidung hinaus, insbesondere in den Fällen, in denen ein Verfahrensfehler geheilt, bzw. eine materiell unzureichende Begründung verbessert werden soll, Auswirkungen. Andererseits ist die Trennung zwischen einer formell ungenügenden und einer materiell ungenügenden Begründung nicht immer in dieser Deutlichkeit möglich. Im Rahmen der Fehlerlehre sind Überschneidungen möglich: Eine formell fehlerhafte Begründung kann gleichzeitig zur Rechtswidrigkeit des Verwaltungsaktes wegen materieller Mängel führen,[97] vor allem dann, wenn es sich bei dem formellen Fehler um die Unterschreitung der Mindestanforderungen des § 39 VwVfG handelt.[98]

Die Unterscheidung zwischen formellen und materiellen Fehlern ist indes für die Möglichkeiten der Fehlerheilung bedeutsam, da hier die unterschiedlichen

---

[92] *Schoch,* DÖV 1984, 401, 402; *R. P. Schenke,* JuS 2000, 230.

[93] *W.-R. Schenke,* NVwZ 1988, 1; *Horn,* Die Verwaltung 25 (1992), 203, 205; *Axmann,* Nachschieben von Gründen, S. 23.

[94] S.o.: Erster Teil, A.I.1; S. 6; *Rupp,* Nachschieben von Gründen, S. 14; *Axmann,* Nachschieben von Gründen, S. 74.

[95] *Schoch,* DÖV 1984, 401, 403; *Schwab,* Begründungspflicht, S. 3.

[96] *BVerwG* NVwZ 1999, 303; *Schoch,* DÖV 1984, 401, 403; *Brischke,* DVBl. 2002, 429.

[97] *Schoch,* DÖV 1984, 401, 405; *Lampert,* DVP 2000, 390, 391.

[98] *Hufen,* Fehler im Verwaltungsverfahren, Rn. 318.

Rechtsinstitute des Nachschiebens von Gründen und der Nachholung einer Begründung gegeneinander abgegrenzt werden müssen.

Leidet ein Verwaltungsakt an einem Verfahrensfehler, der zur formellen Rechtswidrigkeit führt, so sieht das Verwaltungsverfahrensgesetz in § 45 VwVfG die Möglichkeit vor, unter bestimmten Voraussetzungen die Begründung nachzuholen.[99] Materielle Mängel der Begründung können durch ein Nachschieben von Gründen im Verwaltungsgerichtsstreit behoben werden.[100]

1. Formell fehlerhafte Begründungen und ihre Korrektur

Die Begründung ist formell fehlerhaft, wenn sie ganz oder teilweise fehlt, sich darin erschöpft, den Gesetzestext zu wiederholen oder lediglich aus abstrakten Formeln ohne Fallbezug besteht. In diesen Fällen ist die Begründung unverständlich: sie verstößt gegen § 39 VwVfG. Damit ist der Verwaltungsakt formell rechtswidrig, aber grundsätzlich nicht nichtig.[101] Diese Rechtswidrigkeit kann jedoch durch eine unter den Voraussetzungen des § 45 I Nr. 2 VwVfG nachgeholte Begründung geheilt werden.[102] Der Möglichkeit der Nachholung einer Verfahrenshandlung liegt der Gedanke zugrunde, dass ein Verwaltungsakt, der dennoch in der Entstehung mangelhaft war, in der Sache rechtmäßig sein kann, und daher auch rechtmäßig bleiben soll.[103] Die Heilungsvorschrift des § 45 VwVfG dient der Verfahrenseffizienz, denn sie stellt gegenüber der Aufhebung und der Neuentscheidung den einfacheren Weg dar, gültige und inhaltlich fehlerfreie Verwaltungsentscheidungen zu erhalten, unabhängig davon, ob es sich um gebundene Entscheidungen oder Ermessensverwaltungsakte handelt.[104] Das Gesetz zur Beschleunigung von Genehmigungsverfahren (GenBeschlG) änderte den § 45 VwVfG in diesem Sinne, so dass es nun möglich ist, Verfahrenshandlungen noch bis zum Ende der Tatsacheninstanz des Verwaltungsgerichtsverfahrens mit heilender Wirkung nachzuholen.[105]

---

[99] *Schoch,* DÖV 1984, 401, 405; *v. Danwitz,* Jura 1994, 281, 286.

[100] *v. Mutius,* FS Menger, S. 575, 598; vgl. zu den Risiken einer Entwertung der Verfahrensgarantien durch umfangreiche Heilungsmöglichkeiten: *Sodan,* DVBl. 1999, 729, 732; *Laubinger,* in: *König/Merten,* Verfahrensrecht in Verwaltung und Verwaltungsgerichtsbarkeit, S. 66 *Brischke,* DVBl. 2002, 429, 430.

[101] *BVerwGE* 31, 222, 223; *Ule/Laubinger,* Verwaltungsverfahrensrecht, § 58 Rn. 8.

[102] *Hufen,* Fehler im Verwaltungsverfahren, Rn. 318.

[103] *Axmann,* Nachschieben von Gründen, S. 24.

[104] *Schwab,* Begründungspflicht, S. 121; *Axmann,* Nachschieben von Gründen, S. 25; *Hufen,* Fehler im Verwaltungsverfahren, Rn. 595.

[105] *Schmitz/Wessendorf,* NVwZ 1996, 955, 957; *Sodan,* DVBl. 1999, 729 ff.; *Brischke,* DVBl. 2002, 429; *Badura,* in: *Erichsen/Ehlers,* Allgemeines Verwaltungsrecht § 38 Rn. 12.

Ist eine Heilung der Fehler nicht möglich, ist der Verwaltungsakt rechtswidrig und kann, solange er nicht unanfechtbar geworden ist, vom Verwaltungsgericht aufgehoben werden.[106]

2. Materiell fehlerhafte Begründungen und ihre Korrektur

Eine Begründung kann auf materieller Ebene an unterschiedlichen Mängeln leiden. Sie ist zum Beispiel dann fehlerhaft, wenn die Entscheidungsgründe unvollständig und lückenhaft sind oder wenn die Entscheidung auf einer falschen Begründung beruht.[107] Ist die Verwaltungsentscheidung wegen einer sachlich unrichtigen Begründung rechtswidrig, so ist die Frage, ob und wenn ja wie dieser Fehler beseitigt werden kann. Eine Anwendung der Heilungsvorschrift des § 45 VwVfG kommt nicht in Betracht, da diese nach dem Wortlaut nur für Form- und Verfahrensfehler gilt,[108] es sich bei der sachlich unrichtigen Begründung aber gerade nicht um einen Formfehler handelt. Die Rechtsfigur des Nachschiebens von Gründen ist von der Rechtsprechung für die Korrektur einer materiell-rechtlich fehlerhaften Begründung durch eine Alternativbegründung entwickelt worden.[109] Besteht keine Alternative zur bereits gegebenen Begründung, die materiell rechtmäßig wäre, so bleibt es bei der materiellen Rechtswidrigkeit der Entscheidung.[110]

Das Rechtsinstitut des Nachschiebens von Gründen ermöglicht es der Behörde, noch nach Erlass des Verwaltungsaktes[111] solche Gründe nachzuschieben, die bereits im Zeitpunkt der Entscheidung vorlagen, und damit eine Begründung zu ergänzen oder eine fehlende Begründung nachzuholen, solange die davon betroffene Verfügung inhaltlich nicht verändert und der Betroffene dadurch in seiner Rechtsverteidigung beeinträchtigt wird.[112] Seit der Einführung des § 114 S. 2 VwGO[113] ist auch eine Ergänzung der Ermessenserwägungen möglich, deren Zulässigkeit lange umstritten war.[114] Im Rahmen des Nachschiebens

---

[106] *Hill*, Fehlerhaftes Verfahren, S. 96; *Hufen*, Fehler im Verwaltungsverfahren, Rn. 505.

[107] *Axmann*, Nachschieben von Gründen, S. 51.

[108] *Hill*, Fehlerhaftes Verfahren, S. 327; *Schäfer*, in *Obermayer*, VwVfG, § 45 Rn. 19.

[109] *R. P. Schenke*, VerwArch 1999, 232, 235; *Axmann*, Nachschieben von Gründen, S. 49; *Hufen*, Fehler im Verwaltungsverfahren, Rn. 318.

[110] *R. P. Schenke*, VerwArch 1999, 232, 236.

[111] In Einzelheiten str., s. *Axmann*, Nachschieben von Gründen, S. 65 f. m.w.N.

[112] *BVerwGE* 10, 37, 44; 11, 170; OVG NW OVGE 17, 115; *Schwab*, Begründungspflicht, S. 139; *Badura*, in: *Erichsen/Ehlers*, Allgemeines Verwaltungsrecht, § 38 Rn. 41.

[113] 6. VwGO-Änderungsgesetz vom 1. 1. 1997.

[114] *BVerwG* DÖV 1967, 62, 63; *BVerwG* NVwZ 1999, 425, 428; *Lampert*, DVP 2000, 390, 391; *Brischke*, DVBl. 2002, 429, 430; kritisch: *R. P. Schenke*, VerwArch 1999, 232, 256f; *ders.*, JuS 2000, 230.

von Gründen wird also die mangelhafte Begründung ergänzt, um so der materiellen Rechtswidrigkeit der Entscheidung zu entgehen.

Dies ist ein entscheidender Unterschied zur Fehlerheilung nach § 45 VwVfG, die einen ursprünglich formell rechtswidrigen Verwaltungsakt in einen rechtmäßigen umwandelt.[115] Eine Korrektur der Begründung und damit eine Erhaltung des Verwaltungsaktes ist durch das Nachschieben von Gründen immer dann möglich, wenn der Fehler nicht so erheblich ist, dass das Recht objektiv verletzt wird.[116] Einen weiteren signifikanten Unterschied des Nachschiebens von Gründen von der Fehlerheilung nach § 45 VwVfG stellt die dogmatische Grundlage der Rechtsfigur des Nachschiebens von Gründen dar. Das Nachschieben von Gründen wird als eine verwaltungsprozessrechtliche Rechtsfigur eingeordnet, da die Fragestellung des Nachschiebens von Gründen erst im Prozess relevant wird und die materielle Rechtmäßigkeit des Verwaltungsakts betrifft.[117]

3. Korrektur von Begründungen, die zugleich formell und materiell fehlerhaft sind

Es ist möglich, dass die Begründung eines Verwaltungsakts gleichzeitig an einem formellen und einem materiellen Fehler leidet.[118] Eine fehlende Begründung kann zum Beispiel ein Indiz für die Ermessensfehlerhaftigkeit der Entscheidung sein, die zur materiellen Rechtswidrigkeit der Entscheidung führt.[119] In diesen Fällen ist es erforderlich, jeden Fehler für sich gesehen zu beheben, da das Nachholen einer formell fehlerhaften Begründung sich nach § 45 VwVfG nicht auf den materiellen Fehler auswirkt; hier ist vielmehr auch ein Nachschieben einer materiell ordnungsgemäßen Begründung erforderlich.[120] Allerdings kann die materielle Rechtswidrigkeit unbeachtlich sein, wenn der Verwaltungsakt schon wegen formeller Rechtswidrigkeit aufgehoben werden muss.[121]

III. Fazit

Die Folgen des besonderen Rechtscharakters der Begründung als doppelfunktionale Verfahrenshandlung zeigen sich am deutlichsten in der im Einzelnen stark

---

[115] *Müller-Ibold,* Begründungspflicht, S. 230; *Ule/Laubinger,* Verwaltungsverfahrensrecht, § 58 Rn. 16.

[116] *Badura,* in: *Erichsen/Ehlers,* Allgemeines Verwaltungsrecht, § 38 Rn. 43.

[117] *Schoch,* DÖV 1984, 401, 409; *Horn,* Die Verwaltung 25 (1992), 203, 2089; *Axmann,* Nachschieben von Gründen, S. 71 m.w.N. zur a.A; *Jäde,* Verwaltungsverfahren, Rn. 40.

[118] *Hufen,* Fehler im Verwaltungsverfahren, Rn. 317.

[119] OVG Berlin, OVGE 14, 24 ff.; *Bettermann,* in: *Müller,* FS Huber, S. 25, 49; *Hufen,* Fehler im Verwaltungsverfahren, Rn. 318 a.

[120] *Axmann,* Nachschieben von Gründen, S. 28.

[121] *Axmann,* Nachschieben von Gründen, S. 51; *Rupp,* Nachschieben von Gründen, S. 16; *Müller-Ibold,* Begründungspflicht, S. 232; *Hufen,* Verwaltungsprozessrecht, § 24, Rn. 23.

umstrittenen Fehlerlehre,[122] deren detaillierte Darstellung Rahmen und Zielsetzung dieser Arbeit überschreiten würde. Demnach ist in jedem Falle festzuhalten, dass die Begründung eines Verwaltungsaktes eine formelle und eine materielle Ebene aufweist, und welche Konsequenzen und Auswirkungen diese Doppelfunktionalität nach sich zieht. Es hat sich gezeigt, dass die Doppelfunktionalität der Begründung wesentlich ist für die Zuordnung der Fehler des Verwaltungsaktes zu einer Heilungsmöglichkeit: Der formellen Begründung ist das Nachholen der Begründung unter den Voraussetzungen des § 45 VwVfG zugeordnet, der materiellen Begründung das Rechtsinstitut des Nachschiebens von Gründen.

Zusammenfassend kann festgehalten werden, dass in gleichem Maße, wie die formelle und die materielle Ebene der Begründung auseinander zuhalten sind, auch das Nachholen der Begründung nach § 45 I Nr. 2 VwVfG und das Rechtsinstitut des Nachschiebens der Begründung sauber voneinander abzugrenzen und zu trennen sind. Sie haben jeweils ihren eigenen Anwendungsbereich und unterscheiden sich in Art und Weise der Fehlerbehebung. Es hat sich gezeigt, dass diese Trennung sogar in den Fällen bedeutsam ist, in denen der Verwaltungsakt sowohl an formellen als auch an materiellen Fehlern leidet. Es ist nicht möglich, nur einen der beiden Fehler zu beseitigen, sondern ein sowohl formell als auch materiell fehlerhafter Verwaltungsakt kann bereits dann vom Verwaltungsgericht aufgehoben werden, wenn die Heilung nur eines der beiden Fehler fehlschlägt.

D. Begründungspflichtige Maßnahmen

Die Verwaltung ist verpflichtet, unterschiedliche Maßnahmen und Entscheidungen zu begründen. Die wichtigste Entscheidungsart bilden hierbei die Verwaltungsakte, aber auch Planungsentscheidungen, die nicht Verwaltungsakt sind, und weitere Verwaltungsentscheidungen können oder sollten durch die Verwaltung begründet werden.

I. Gesetzliche Pflicht zur Begründung von Verwaltungsakten nach § 39 VwVfG

1. Gang der Untersuchung

Verwaltungsakte lassen sich auf unterschiedliche Art und Weise kategorisieren. Neben der Kategorisierung nach der Rechtswirkung und nach der Rechtsgebundenheit des Verwaltungsaktes, lassen sich die Verwaltungsakte nach ihrem Inhalt, ihrer Abhängigkeit von anderen Verwaltungsakten, ihrer zeitlichen Wir-

[122] Vgl. die Lit. bei *Sodan*, DVBl. 1999, 729, Fn. 17.

kung, ihrer Form, der Vollständigkeit und der Endgültigkeit ihrer Regelung unterscheiden.[123] Die vorliegende Untersuchung wird sich denjenigen Verwaltungsakten widmen, die nach ihrer Rechtswirkung und nach dem Grad der Rechtsgebundenheit der Verwaltung unterschieden werden können. Sie sind auf ihre Unterschiede und Besonderheiten im Hinblick auf die bei ihnen erforderliche Begründung zu untersuchen. Dabei wird als Ausgangspunkt die gröbste Kategorisierung der Verwaltungsakte (begünstigend – belastend) gewählt. Bei den Verwaltungsakten, die nach der Rechtsgebundenheit der Verwaltung unterschieden werden können, sind gebundene Entscheidungen, Ermessensverwaltungsakte und Verwaltungsentscheidungen mit Beurteilungsspielraum auf ihre Gemeinsamkeiten und Unterschiede bei der Pflicht zur Begründung zu untersuchen.

2. Anwendungsbereich des § 39 VwVfG

Für Verwaltungsakte nach § 35 VwVfG ist in § 39 VwVfG eine Pflicht zur Begründung von schriftlichen oder schriftlich bestätigten Verwaltungsakten normiert. Bereits vor Inkrafttreten des Verwaltungsverfahrensgesetzes war dieser Grundsatz anerkannt, wurde aber auf belastende Verwaltungsentscheidungen begrenzt.[124] Die Regelung des § 39 VwVfG hat diese unterschiedliche Behandlung von belastenden und begünstigenden Verwaltungsakten nicht übernommen, sondern geht über die der Kodifizierung vorausgehende Rechtsprechung des *BVerfG* hinaus.[125] Allerdings wird dieser große Anwendungsbereich des § 39 VwVfG durch die allgemeinen Vorschriften über den Anwendungsbereich des Verwaltungsverfahrensgesetzes, §§ 1 und 2 VwVfG, eingeschränkt. Die Begründungspflicht nach § 39 VwVfG gilt nur im Rahmen eines dem Verwaltungsverfahrensgesetz unterfallenden und auf den Erlass eines Verwaltungsaktes gerichteten Verwaltungsverfahrens.[126] Dies schließt eine anderweitig abgeleitete Begründungspflicht für die aufgrund dieser Vorschriften aus dem Anwendungsbereich des Verwaltungsverfahrensgesetzes ausgeschlossenen Verwaltungsentscheidungen zwar nicht grundsätzlich aus, diese Frage wird jedoch noch zu untersuchen sein. Eine weitere Einschränkung stellen die Spezialvorschriften dar, die ebenfalls eine Pflicht zur Begründung von Verwaltungsentscheidungen in ihrem Anwendungsbereich statuieren und daher gegenüber der allgemeinen Regelung des § 39 VwVfG vorrangig sind.[127] Zu diesen Vorschriften zählen z.B. § 80 III 1 VwGO, § 10 VII BImSchG und § 31 I 2 AsylVfG, die vergleichbare

[123] *Achterberg,* Allgemeines Verwaltungsrecht, § 21 Rn. 67 ff.
[124] *Schwab,* Begründungspflicht, S. 2; s.o. Erster Teil, A, S. 3.
[125] *Müller-Ibold,* Begründungspflicht, S. 163 f.; *P. Stelkens/U. Stelkens,* in: *Stelkens/Bonk/Sachs,* VwVfG, § 39 Rn. 17.
[126] *Liebetanz,* in: *Obermayer,* VwVfG, § 39 Rn. 10.
[127] *Kamphausen/Kampmann,* BauR 1986, 403, 408.

Anforderungen an eine Begründung stellen wie § 39 VwVfG; es gibt jedoch auch spezialgesetzliche Regelungen, deren Anforderungen von denen des § 39 VwVfG abweichen.[128]

3. Allgemeine Anforderungen an Inhalt und Umfang der Begründung nach § 39 VwVfG

In § 39 VwVfG hat der Gesetzgeber allgemeine Kriterien für Inhalt und Umfang der Begründung eines Verwaltungsakts kodifiziert. Die Regelung des § 39 VwVfG differenziert dabei in § 39 I 2 VwVfG bezüglich des Inhalts der Begründung nicht nach der Art des Verwaltungsaktes, sondern hier wird von der Behörde ganz allgemein und für alle Verwaltungsakte einheitlich verlangt, die „wesentlichen tatsächlichen und rechtlichen Gründe mitzuteilen," die sie zu ihrer Entscheidung bewogen haben.[129] Eine darüber hinausgehende Sonderregelung findet sich nur bezüglich der Ermessensentscheidungen, für die in § 39 I 3 VwVfG das zusätzliche Erfordernis der Darlegung der Ermessenserwägungen geregelt ist. Diese allgemeine Umschreibung der Anforderungen an eine Begründung ist erst im Laufe des Gesetzgebungsverfahrens eingefügt worden. § 30 I des Musterentwurfs eines Verwaltungsverfahrensgesetzes (EVwVerfG 1963), bei dem es sich noch nicht um einen parlamentarischen Gesetzentwurf, sondern um den Entwurf eines eigens hierfür gebildeten Fachausschusses handelte,[130] sah eine solche Regelung zunächst nicht vor, sondern verlangte lediglich, schriftlich erlassene oder schriftlich bestätigte Verwaltungsakte auch schriftlich zu begründen.[131] In der Begründung zu diesem Musterentwurf wurde eine gesetzliche Regelung von Inhalt und Umfang der Begründung mit dem Argument abgelehnt, aufgrund der Einzigartigkeit der Fälle und der daraus folgenden individuell unterschiedlichen Begründungsintensität sei eine verallgemeinernde Regelung diesbezüglich nicht möglich.[132] Diese Argumentation traf in der Literatur auf große Kritik und führte zu der noch heute gültigen Formulierung des § 39 I 2 VwVfG, die einen allgemeinen Hinweis auf den Umfang der Begründung enthält.[133] Die Kritiker stellten in Anlehnung an das österreichische AVG 1950 darauf ab, dass trotz der Einzigartigkeit der Fälle eine Richtschnur notwendig sei, die die Behörde verpflichtet, zumindest die Tatsachen und die Rechtsvorschriften zu nennen, die der Entscheidung zugrunde liegen.[134]

---

[128] § 73 III VwGO.

[129] *P. Stelkens/U. Stelkens*, in: *Stelkens/Bonk/Sachs*, VwVfG, § 39 Rn. 19.

[130] *Ossenbühl*, SKV 1966, 297.

[131] Vgl. § 30 des EVwVerfG 1963, in: Musterentwurf, S. 23.

[132] Musterentwurf, S. 145.

[133] *Ule/Becker*, Verwaltungsverfahren im Rechtsstaat, S. 44; *Spanner*, JZ 1970, 671, 673; *Malorny*, Begründungspflicht, S. 95.

[134] *Ule/Becker*, Verwaltungsverfahren im Rechtsstaat, S. 44 f.

Der konkrete Inhalt einer Begründung ist, wie bereits erwähnt, in hohem Maße vom Einzelfall abhängig, denn die Begründung soll den Adressaten, aber auch ein Gericht in die Lage versetzen, den konkreten Bescheid zu überprüfen.[135] Daran orientiert sich auch § 39 I 2 VwVfG, indem er nur allgemein eine Darlegung der „wesentlichen" tatsächlichen und rechtlichen Gründe für die Entscheidung verlangt. Es ist dieses Merkmal, das die Einzigartigkeit einer jeden Begründung unterstreicht, denn die Bestimmung darüber, was „wesentlich" ist, kann nur im konkreten Einzelfall erfolgen.

Die von der Behörde mitzuteilenden tatsächlichen Gründe umfassen Angaben zur Sachlage, zur Sachverhaltsfeststellung und zum Vorgang der Sachverhaltsermittlung, folglich alle Tatsachen, von deren Vorliegen die Behörde bei ihrer Entscheidung ausgegangen ist.[136] In den meisten Fällen beschränkt sich die Behörde auf solche Gründe, die eine Entscheidung tragen, die also in besonderem Maße geeignet sind, die Auffassung der Behörde überzeugend wiederzugeben und damit ihren Standpunkt zu unterstreichen.[137]

Die rechtlichen Erwägungen beinhalten eine Nennung der Rechtsvorschriften, die der Entscheidung zugrunde liegen. Über die bloße Nennung hinaus kann es auch erforderlich sein, die Vorschrift zur besseren Verständlichkeit zu erläutern, bzw. eine Fundstelle mitzuteilen, an der die Rechtsvorschrift nachgelesen werden kann.[138] Der Betroffene soll in der Lage sein zu erkennen, ob die Vorschriften fehlerfrei angewendet wurden.[139]

Innerhalb dieses von § 39 I 2 VwVfG abgesteckten Rahmens kann die Behörde im Einzelfall die Anforderungen an Inhalt und Umfang der Begründung variieren. Es verbleibt der Behörde somit ein ausreichender Spielraum, um auf die Besonderheiten eines jeden Einzelfalls einzugehen und alle Eigenheiten der speziellen Situation berücksichtigen zu können. Die Anforderungen an die Begründung werden der Art der Entscheidung und des Verwaltungsverfahrens angepasst, ebenso ist bei der Bestimmung von Inhalt und Umfang der Begründung darauf zu achten, dass der Adressat ausreichend über die der Entscheidung zugrunde liegenden tatsächlichen und rechtlichen Erwägungen informiert wird, um ihm die Einlegung eines Rechtsmittels und die Beurteilung der Erfolgsaussichten zu ermöglichen.[140]

---

[135] *BVerwGE* 84, 375, 388; *VGH Kassel*, NVwZ-RR 1997, 57, 58.
[136] *Schwab*, Begründungspflicht, S. 30.
[137] *Lampert*, DVP 2000, 390.
[138] *Foerster*, VR 1984, 265, 271; *Schwab*, Begründungspflicht, S. 31.
[139] *Schwab*, Begründungspflicht, S. 33.
[140] *Badura*, in: *Erichsen/Ehlers*, Allgemeines Verwaltungsrecht § 38 Rn. 11.

4. Inhalt und Umfang der Begründung bei begünstigenden und belastenden Verwaltungsakten

Bei einer Kategorisierung von Verwaltungsakten nach ihren Auswirkungen auf den Adressaten stehen sich der begünstigende und der belastende Verwaltungsakt als solche Ausgestaltungen dieses Rechtsinstituts gegenüber, die den Adressaten in unterschiedlicher Weise betreffen.

a) Die Begründung eines belastenden Verwaltungsaktes

Eine Pflicht zur Begründung belastender Verwaltungsakte wurde nicht nur vom Bundesverfassungsgericht in der *Elfes*-Entscheidung[141] schon frühzeitig gefordert, auch in der Literatur wurde die Angabe von Gründen für die Entscheidung bei einer den Adressaten belastenden Verwaltungsentscheidung für unerlässlich gehalten.[142] Ein Verwaltungsakt ist dann für den Adressaten belastend, wenn durch ihn ein Recht des Adressaten beseitigt wird oder die Entscheidung einen rechtlich erheblichen Nachteil begründet oder bestätigt.[143] Eine solche Belastung führt praktisch immer zu einer Beschränkung der grundrechtlich geschützten Sphäre des Adressaten, zumindest seiner allgemeinen Handlungsfreiheit aus Art. 2 I GG. Dieser Gefahr für die Grundrechte des Bürgers soll die Begründung entsprechend ihren Funktionen und ihrer verfassungsrechtlichen Gebotenheit begegnen. Die Pflicht zur Begründung belastender Verwaltungsakte knüpft daher eng an Art. 19 IV GG und das Gebot des effektiven Rechtsschutzes an.[144] Daraus folgt, dass die Begründung hier besonders ausführlich sein muss, um dem Adressaten die Entscheidung nicht nur verständlich, sondern auch leicht nachprüfbar zu machen. Die Rechtsgrundlagen für den Eingriff müssen vollständig genannt, die Auslegung ihrer Tatbestandsvoraussetzungen, falls für das Verständnis erforderlich, muss erläutert, und die Subsumtion des Sachverhaltes unter die Rechtsnormen nachvollziehbar dargestellt werden. Dies erfordert auch eine Wiedergabe des entscheidungsrelevanten Sachverhaltes, die geeignet ist, Missverständnisse aus dem Weg zu räumen und dem Adressaten und gegebenenfalls dem überprüfenden Gericht einen objektiven Zugang zum Sachverhalt und der darauf beruhenden belastenden behördlichen Entscheidung zu ermöglichen.

---

[141] *BVerfGE* 6, 32, 44. s.o.: Erster Teil, A; S. 3.
[142] *Zschacke,* NJW 1954, 413; *Becker,* Verwaltungsverfahren in Theorie und Gesetzgebung, S. 180.
[143] *Achterberg,* Allgemeines Verwaltungsrecht, § 21 Rn. 87.
[144] *Foerster,* VR 1984, 265, 268 f.

b) Die Begründung eines begünstigenden Verwaltungsaktes

Anknüpfend an die verfassungsrechtlichen Grundlagen und die Funktionen der Begründung stellt sich die Frage, warum die Begründung eines begünstigenden Verwaltungsaktes überhaupt geboten sein könnte. Eine begünstigende Verwaltungsentscheidung stellt grundsätzlich keinen Eingriff dar, und betrifft den Adressaten folglich auch nicht nachteilig in seinen Rechten. Eine Begründung scheint unter Berücksichtigung ihrer Funktionen auf den ersten Blick nicht erforderlich.[145] Vor Inkrafttreten des Verwaltungsverfahrensgesetzes war die Rechtslage in diesem Punkt unklar, was im Ergebnis dazu führte, dass praktisch alle schriftlichen Verwaltungsakte begründet wurden.[146] Das VwVfG hat diese Frage nun geklärt. Durch die Formulierung des Gesetzgebers, Verwaltungsakte seien zu begründen, werden sowohl die belastenden, als auch die begünstigenden Verwaltungsakte von § 39 VwVfG erfasst und unterliegen dem Begründungszwang.[147] Nur bei Vorliegen eines der in § 39 II VwVfG genannten Fälle kann die Verwaltung unabhängig von der Art des Verwaltungsaktes von einer Begründung absehen.[148]

Die Begründung eines begünstigenden Verwaltungsaktes hat sich in jedem Fall an den verfassungsrechtlichen Grundlagen und den Funktionen der Begründung zu orientieren.[149] Die beschriebenen verfassungsrechtlichen Grundlagen der Begründungspflicht verlangen auch bei begünstigenden Verwaltungsakten, dass die Begründung den Adressaten in die Lage versetzen soll, die Rechtmäßigkeit der Entscheidung beurteilen zu können. Aber nicht nur im Verhältnis zwischen der erlassenden Behörde und dem unmittelbaren Adressaten ist die Begründung verfassungsrechtlich geboten, sondern auch im Verhältnis der Behörden untereinander, etwa wenn eine übergeordnete Behörde zuständige Widerspruchsbehörde ist. Der Grundsatz der Gesetzmäßigkeit der Verwaltung nach Art. 20 III GG verlangt eine auch für andere mit der Angelegenheit befasste Behörden nachvollziehbare Entscheidung, die durch eine Begründung nach § 39 VwVfG erreicht werden kann.

Aus dem Charakter des § 39 VwVfG als allgemeiner und unterschiedslos geltender Begründungspflicht lassen sich nur wenige Rückschlüsse auf Inhalt und Umfang der Begründung bei begünstigenden Verwaltungsakten ziehen. Da ein Verwaltungsakt in der Regel nicht allein begünstigend ist, sondern vielmehr darüber hinaus einer weiteren Kategorisierung unterfällt, hat sich der genaue

---

[145] S.o.: Erster Teil, B.V; S. 14.
[146] *Eisenberg*, Anhörung, S. 153.
[147] *Ule/Laubinger*, Verwaltungsverfahrensrecht, § 52 Rn. 1; *Liebetanz*, in: *Obermayer*, VwVfG, § 39 Rn. 15.
[148] *Eisenberg*, Anhörung, S. 153.
[149] *Badura*, in: *Erichsen/Ehlers*, Allgemeines Verwaltungsrecht, § 38 Rn. 11.

Umfang und Inhalt der Begründung im Wesentlichen an der weiteren Einordnung und ihren speziellen Auswirkungen zu orientieren. § 39 VwVfG stellt insofern lediglich klar, dass bezüglich des Inhalts und Umfanges der Begründung eines Verwaltungsakts kein Unterschied zwischen belastenden und begünstigenden Verwaltungsakten zu machen ist.

5. Inhalt und Umfang der Begründung bei gebundenen Entscheidungen, Ermessensentscheidungen und Entscheidungen mit Beurteilungsspielraum

Die Rechtsnormen, die als Ermächtigungsgrundlagen einer Verwaltungsentscheidung zugrunde liegen, sind zweigliedrig aufgebaut und setzen sich aus dem Tatbestand und der Rechtsfolge zusammen.[150] In der Regel wird eine Entscheidung nach dem „wenn – dann" Prinzip getroffen: Wenn der Tatbestand vorliegt, dann tritt die gesetzlich vorgeschriebene Rechtsfolge ein.[151]

Sowohl auf der Tatbestands- als auch auf der Rechtsfolgenseite einer Norm können der Verwaltung jedoch ausfüllungsbedürftige Spielräume gewährt sein: Spielräume der Verwaltung auf der Tatbestandsseite einer Ermächtigungsgrundlage sind unbestimmte Rechtsbegriffe, zu deren Ausfüllung der Verwaltung unter Umständen ein Beurteilungsspielraum eingeräumt ist;[152] ein Spielraum der Verwaltung auf der Rechtsfolgenseite einer Ermächtigungsgrundlage ist das Verwaltungsermessen.[153]

Zudem gibt es Ermächtigungsgrundlagen, die der Verwaltung auf der Rechtsfolgenseite gerade kein Ermessen einräumen, also keinen Spielraum enthalten. In diesen Fällen ist die Verwaltung bei Vorliegen des Tatbestandes bereits durch die Ermächtigungsgrundlage auf der Rechtsfolgenseite durch eine gesetzlich vorgeschriebene Rechtsfolge in ihrer Handlungsfreiheit eingeschränkt, die Verwaltung ist also in besonderem Maße durch den Gesetzgeber gebunden, und nur eine bestimmte Entscheidung der Verwaltung ist zulässig.[154] Die strikte Bindung der Verwaltung an die durch das Gesetz vorgeschriebene Rechtsfolge dient der Rechtssicherheit insbesondere in solchen Fällen, in denen die Belange der Allgemeinheit oder die Interessen eines Einzelnen in besonderem Maße berührt

---

[150] *Maurer,* Allgemeines Verwaltungsrecht, § 7 Rn. 2.
[151] *Ossenbühl,* in: *Erichsen/Ehlers,* Allgemeines Verwaltungsrecht § 10 Rn. 1.
[152] *Wolff/Bachof/Stober,* Verwaltungsrecht, Band 1 § 31 Rn. 13.
[153] *BVerwGE* 72, 38, 53; *Cattepoel,* VerwArch 71 (1980), 140; *Varadinek,* Ermessen, S. 102; *Diekötter,* Verfahrensfehler, S. 54; *Sachs,* in: *Stelkens/Bonk/Sachs,* VwVfG, § 40 Rn. 32 m. w. N.; zum früheren Verständnis eines Ermessens auch auf der Tatbestandsseite vgl. *Koch,* Unbestimmte Rechtsbegriffe, S. 172; *Bullinger,* JZ 1984, 1001 ff.
[154] *Wolff/Bachof/Stober,* Verwaltungsrecht, Band 1 § 31, Rn. 5.

sind und eine Berechenbarkeit der Verwaltung erstrebenswert ist.[155] Diese Bindung der Verwaltung schließt aber nicht aus, dass die Ermächtigungsgrundlage auf der Tatbestandsseite durch die Verwendung unbestimmter Rechtsbegriffe der Verwaltung einen gewissen Gestaltungsspielraum einräumt.[156] Insbesondere im Hinblick auf die Sachverhaltsermittlung verbleiben der Verwaltung bei gebundenen Entscheidungen oftmals Auslegungsspielräume, die verhindern, dass das System der gesetzlich gebundenen Verwaltung starr und unfähig ist, auf individuelle Bedingungen zu reagieren.[157]

a) Die Begründung einer gebundenen Entscheidung

Von den gebundenen Verwaltungsentscheidungen gehen aufgrund ihrer relativen Bestimmbarkeit für den Bürger geringere Gefahren eines Eingriffs in grundrechtlich geschützte Rechtspositionen aus. Aufgrund der gesetzlichen Bestimmung der Rechtsfolge kommt es nur in den seltensten Fällen zu Entscheidungen, die den Bürger unvorbereitet treffen und ihn überraschen. Dies wirkt sich auch auf die Begründung einer solchen Entscheidung aus, deren Anforderungen sich an den verfassungsrechtlichen Grundlagen der Begründung und ihren Funktionen zu orientieren haben.

Gebundene Entscheidungen unterliegen der vollen gerichtlichen Kontrolle, so dass die Begründung, wie es § 39 I 2 VwVfG verlangt, alle rechtlichen und tatsächlichen Grundlagen der Entscheidung darlegen muss.[158] Die Begründung darf sich nicht darin erschöpfen, bloß die rechtliche Grundlage der Entscheidung zu nennen, sondern gerade im Hinblick auf ihre Funktionen muss auch bei gebundenen Entscheidungen eine Auseinandersetzung mit den Einzelheiten des konkreten Falls erfolgen.[159]

Die Darlegung der tatsächlichen Gründe für die Entscheidung ist in besonderem Maße abhängig von den Umständen des Einzelfalls. Insofern stimmen die Anforderungen an die Begründung bei einer gebundenen Entscheidung mit denen bei belastenden Verwaltungsentscheidungen überein. Der Umfang der Begründung ist abhängig von der Tragweite und Intensität der angestellten Ermittlungen zur Sachverhaltsaufklärung im konkreten Einzelfall.[160] Das bedeutet, dass in der Begründung eines gebundenen Verwaltungsakts die Kenntnis bzw. Un-

---

155 *Henneke*, in: *Knack*, VwVfG, § 40 Rn. 15.

156 *Schroeder-Printzen*, Leitsätze, Rn. 275; *Ehlers*, in: *Erichsen/Ehlers*, Allgemeines Verwaltungsrecht, § 1 Rn. 26.

157 *Forsthoff*, Verwaltungsrecht, Band I S. 101.

158 *Malorny*, Begründungspflicht, S. 99; *Dolzer*, DÖV 1985, 9, 13; *Kamphausen/Kampmann*, BauR 1986, 403, 409.

159 *Dolzer*, DÖV 1985, 9, 13; *Kamphausen/Kampmann*, BauR 1986, 403, 409.

160 *Malorny*, Begründungspflicht, S. 101.

kenntnis der Beteiligten von Einzelheiten des Sachverhalts zu berücksichtigen und entsprechend zu würdigen ist.

Die besonders enge Verbindung zwischen den Umständen des Einzelfalls und dem Inhalt und Umfang der Begründung wird bei gebundenen Entscheidungen insbesondere durch die Kontrollfunktion der Begründung verlangt: Aufgrund der Bindung der Verwaltung an die gesetzlich bestimmte Rechtsfolge muss sichergestellt sein, dass sowohl bei der Wahl der Ermächtigungsgrundlage als auch bei der Subsumtion keine Fehler unterlaufen. Zwar sind gebundene Entscheidungen für den Adressaten zunächst vorhersehbarer, durch die Beschränkung der Verwaltung auf die gesetzlich vorgegebene Rechtsfolge besteht aber kaum die Möglichkeit, flexibel auf besondere Umstände zu reagieren. Die Verpflichtung der Behörde zu besonderer Sorgfalt kann verhindern, dass sich die Verwaltung irrtümlich auf eine gesetzlich vorgegebene Rechtsfolge beschränkt glaubt.

b) Die Begründung bei Ermessensverwaltungsakten

Ermessensentscheidungen beruhen auf einem der Behörde durch die Ermächtigungsgrundlage auf deren Rechtsfolgenseite eingeräumten Spielraum.[161] Dieser Spielraum ermöglicht der Verwaltung eine Wahl zwischen mehreren möglichen Handlungsvarianten,[162] was in der Praxis dazu führt, dass die Entscheidung für den Adressaten im Vorfeld nicht vollständig vorhersehbar ist. Darüber hinaus können im Nachhinein Unklarheiten darüber bestehen, welche Ermessenserwägungen die Behörde bei der Entscheidung angestellt hat. Das Bedürfnis des Adressaten nach einer Erläuterung des Inhalts und des Ganges der Entscheidung ist bei Ermessensverwaltungsakten dementsprechend besonders groß.

aa) Die Ausübung von Ermessen durch die Verwaltung

Die Ermächtigung der Verwaltung, Ermessensentscheidungen zu treffen, steht in engem Zusammenhang mit dem Grundsatz der Gesetzmäßigkeit der Verwaltung nach Art. 20 GG und erfährt daraus ihre verfassungsrechtliche Legitimierung.[163] Darüber hinaus ist die Ermessensausübung eine wichtige Ausprägung des Gewaltenteilungsgrundsatzes. Während der Gesetzgeber darauf beschränkt ist, Normen abstrakt-generell zu formulieren, ist es die Aufgabe der Verwaltung, im Wege des Gesetzesvollzugs dadurch Einzelfallgerechtigkeit zu schaffen, dass sie auf die Besonderheiten des Einzelfalls eingeht und eine dem Gesetzeszweck

---

[161] *Cattepoel*, VerwArch 71 (1980), 140; *Stelkens*, Verwaltungsverfahren, Rn. 425; *Diekötter*, Verfahrensfehler, S. 54.

[162] *Forsthoff*, Verwaltungsrecht, Band 1 S. 84.

[163] *Ule*, VerwArch 76 (1985), 9, 11; zur Diskussion über die Verfassungsmäßigkeit des Ermessens vgl. nur *v. Mutius*, Jura 1987, 92, 97.

entsprechende Entscheidung treffen kann.[164] Der Gesetzeszweck, den die Behörde ihrer Entscheidung zugrunde legen soll, ist wiederum durch den Gesetzgeber bestimmt, so dass die Behörde in dieser Hinsicht gebunden ist. Sie darf keine zweckwidrigen Entscheidungen treffen.[165] Damit ist das Ermessen wesentlich vom verfassungsrechtlich determinierten Verhältnis von Gesetzgebung und Verwaltung geprägt und Ausdruck der Unabhängigkeit der Gewalten voneinander.[166]

Die Ermächtigung der Verwaltung zur Ausübung des Ermessens, wird in der Regel durch die Formulierung der Ermächtigungsgrundlage angezeigt: Eine Ermessensvorschrift ist in der Regel konditional formuliert und an einer „kann-", „soll-" oder „darf-"Formulierung auf der Rechtsfolgenseite der Norm zu erkennen.[167] Diese Kenntlichmachung der Ermessensvorschriften ist erforderlich, um dem Grundsatz der Gesetzmäßigkeit der Verwaltung zu genügen, der ein Tätigwerden der Verwaltung außerhalb gesetzlicher Regelungen verbietet.[168] Daneben enthält eine Ermessensnorm in gewissem Maße eine Zweckbestimmung des Gesetzgebers, die der Verwaltung gleichsam als Orientierung an die Hand gegeben ist.[169] Diese Zweckbestimmung ist für die Verwaltung ein wichtiger Wegweiser, da es gerade bei Ermessensentscheidungen darauf ankommt, unter mehreren möglichen die zweckmäßigste und sachgerechteste Entscheidung zu treffen. Dabei sind in einer Abwägung die öffentlichen Belange, aber auch die Interessen des einzelnen Beteiligten zu berücksichtigen.[170] Durch die Ermächtigung zur Ausübung von Ermessen ist die Verwaltung in der Lage, rechtskonkretisierend tätig zu werden und flexibel auf die sich ständig verändernden Lebensbedingungen und die Besonderheiten des Einzelfalls zu reagieren. Dadurch wird dem abstrakt-generell formulierten Gesetz und dessen Zweck in besonderem Maße zur Geltung verholfen.[171]

Eine ordnungsgemäße Ermessenssausübung durch die Verwaltung ist von großer Bedeutung für die Rechtmäßigkeit der Verwaltungsentscheidung. Fehler bei der Ermessensausübung haben die Rechtswidrigkeit der Verwaltungsentscheidung zur Folge. Die Ermessensnorm selbst, aber auch allgemeine verfassungs-

---

164 *Starck,* in: *Franßen/Redeker/Schlichter/Wilke (Hrsg.),* FS Sendler, S. 167, 172; *Hain/Schlette/Schmitz,* AöR 122 (1997), 32, 35.

165 *Henneke,* in: *Knack,* VwVfG, § 40 Rn. 47.

166 *Laub,* Ermessensreduzierung, S. 5; *Bullinger,* JZ 1984, 1001.

167 *Herzog,* in: EvStL, Ermessen; *Ule/Laubinger,* Verwaltungsverfahrensrecht, § 55, Rn. 2; *Varadinek,* Ermessen, S. 103.

168 *Sachs,* in: *Sachs,* GG, Art. 20 Rn. 115.

169 *Cattepoel,* VerwArch 71 (1980), 140, 150; *Meyer,* in: *Meyer/Borgs,* VwVfG § 40 Rn. 8.

170 *Hain/Schlette/Schmitz* AöR 122 (1997), 32, 36; *Sachs,* in: *Stelkens/Bonk/Sachs,* VwVfG, § 40 Rn. 13.

171 *Starck,* FS Sendler, S. 167, 169; *Hain/Schlette/Schmitz,* AöR 1997, 32, 35.

rechtliche Grundsätze ziehen der Verwaltung Grenzen, innerhalb derer sie ihr Ermessen auszuüben hat.[172] Der Verhältnismäßigkeitsgrundsatz,[173] der Gleichheitssatz nach Art. 3 GG[174] und die Selbstbindung der Verwaltung[175] sind die wichtigsten verfassungsrechtlichen Grenzen der Ermessensbetätigung der Behörde. Weitere Ermessensfehler sind die Ermessensüberschreitung, die Ermessensunterschreitung (auch als *Ermessensnichtgebrauch* bezeichnet) und der Ermessensfehlgebrauch.[176] Eine Ermessensüberschreitung liegt dann vor, wenn die Behörde eine Rechtsfolge wählt, die nicht mehr innerhalb des von der Ermächtigungsnorm vorgegebenen Rahmens liegt.[177] Eine Ermessensunterschreitung liegt dann vor, wenn die Behörde irrtümlich davon ausgegangen ist, sie sei in ihrer Entscheidung gebunden und daraufhin kein Ermessen ausübt.[178] Ein Ermessensfehlgebrauch der Behörde liegt dann vor, wenn die Entscheidung nicht dem Gesetzeszweck entspricht und die Behörde sachfremde Erwägungen zugrunde gelegt hat.[179]

bb) Die besondere Regelung des § 39 I 3 VwVfG

Die Begründung der Verwaltungsentscheidung ist von großer Bedeutung für die Ermessensausübung, denn für das überprüfende Gericht stellt die Begründung die einzige Möglichkeit dar, die Ermessensausübung nachzuvollziehen und zu bewerten. Mit einer den Anforderungen genügenden Begründung kann die Verwaltung zur Aufrechterhaltung ihrer Entscheidung beitragen, indem sie dem Gericht alle erforderlichen Informationen zukommen lässt. Nicht selten ist es eine unzureichende Begründung, die zur Rechtswidrigkeit und damit zur gerichtlichen Aufhebung einer Ermessensentscheidung führt.[180]

Die Regelung des § 39 I 3 VwVfG für die Begründung von Ermessensentscheidungen bestimmt zusätzlich zu der Regelung des § 39 I 2 VwVfG, dass die Gesichtspunkte, von denen die Behörde bei der Ausübung ihres Ermessens ausgegangen ist, in der Begründung erkennbar sein müssen. Diese erhöhten Anforderungen für die Begründung eines Ermessensverwaltungsaktes haben ihre Grundlage unter anderem darin, dass Ermessensentscheidungen nur einer einge-

---

[172] *Henneke*, in: *Knack*, VwVfG, § 40 Rn. 40.
[173] *Gerhardt*, in: *Schoch/Schmidt-Aßmann/Pietzner*, VwGO, § 114 Rn. 26.
[174] *Henneke*, in: *Knack*, VwVfG § 40 Rn. 53.
[175] *Di Fabio*, VerwArch 86 (1995), 214, 223.
[176] *v. Mutius*, Jura 1987, 92, 99; vgl. auch *Alexy*, JZ 1986, 701, 702; *Maurer*, Allgemeines Verwaltungsrecht, § 7 Rn. 19 ff.
[177] *Wolff/Bachof/Stober*, Allgemeines Verwaltungsrecht, Band 1 § 31 Rn. 46.
[178] *Pietzcker*, JuS 1982, 106, 108.
[179] *Gerhardt*, in: *Schoch/Schmidt-Aßmann/Pietzner*, VwGO § 114 Rn. 15.
[180] *Redeker*, FS Scupin, S. 861, 872.

schränkten gerichtlichen Überprüfung zugänglich sind.[181] Die gerichtliche Überprüfung einer Ermessensentscheidung erschöpft sich in einer Rechtskontrolle der behördlichen Entscheidung und lässt die Ermessensausübung durch die Behörde unberücksichtigt, da Zweckmäßigkeitsgesichtspunkte einer gerichtlichen Überprüfung nicht zugänglich sind.[182] Eine inhaltliche Auseinandersetzung mit den Ermessenserwägungen der Behörde findet nicht statt, da sich das Gericht auf die Überprüfung zu beschränken hat, *ob* überhaupt ein Ermessen ausgeübt worden ist, und die Behörde nicht fälschlicherweise von einer Bindung ausgegangen ist.[183] Ohne eine Angabe von Gründen ist aber selbst diese eingeschränkte Überprüfung der Ermessensentscheidung sowohl für das Gericht als auch für den betroffenen Adressaten nicht möglich.[184] Die Bedeutung der Begründung für Ermessensentscheidungen ist daher gerade unter Rechtsschutzgesichtspunkten nicht zu unterschätzen; aber auch die Befriedungsfunktion verlangt eine Begründung, die dem Bürger eine Einschätzung der Sach- und Rechtslage erlaubt.

(1) Entstehungsgeschichte des § 39 I 3 VwVfG

Die besondere Bedeutung der Begründung bei Ermessensentscheidungen war in der Rechtsprechung auch vor Inkrafttreten des Verwaltungsverfahrensgesetzes trotz einzelner Widersprüche in der Rechtsprechung des *BVerwG* grundsätzlich erkannt und berücksichtigt worden.[185] Zwar enthielt auch die Rechtsprechung keine eindeutigen Kriterien zu Umfang und Inhalt einer Begründung, es wurde aber grundsätzlich von der Verwaltung verlangt, ihre Ermessenserwägungen und die Abwägung der widerstreitenden Interessen erkennbar darzulegen.[186] Im 1963 veröffentlichten Musterentwurf eines Verwaltungsverfahrensgesetzes (EVwVerfG 1963) wurde diese besondere Stellung der Ermessensverwaltungsakte im Hinblick auf die Begründungspflicht jedoch noch nicht berücksichtigt; dort wurde nur festgelegt, dass schriftliche Verwaltungsakte schriftlich zu begründen seien. Diese knappe Formulierung wurde in der Literatur vielfach kritisiert[187] und im nachfolgenden Entwurf des Verwaltungsverfahrensgesetzes von 1970[188] als Reaktion auf die Kritik an der ursprünglichen Formulierung ergänzt. Für die

---

[181] *Redeker*, FS Scupin, S. 861, 871; *Starck*, FS Sendler, S. 167, 175.
[182] *BVerwGE* 22, 215, 218; *Herzog*, in: EvStL, Ermessen.
[183] *Starck*, in: *Franßen/Redeker/Schlichter/Wilk (Hrsg.)*, FS Sendler, S. 167, 176.
[184] *Scheffler*, DÖV 1977, 767, 771.
[185] *BVerwGE* 22, 215, 217; *BVerwGE* 8, 234, 238; *BVerwG* MDR 1959, 331; *BVerwG* DVBl. 1962, 562, 563; *Schick*, JuS 1971, 1, 5; *Becker*, in: *Sprung*, Entscheidungsbegründung, S. 114.
[186] *BVerwGE* 22, 215, 217.
[187] *Ule/Becker*, Verwaltungsverfahren im Rechtsstaat, S. 44; *Feneberg*, DVBl. 1965, 222, 223; a.A. *Sendler*, AöR 94 (1969) 130, 149.
[188] BT-Drucksache VI/1173.

Begründung einer Ermessensentscheidung wurde nunmehr gefordert, dass die Behörde ihre Ermessenserwägungen erkennen lassen soll.[189] Aber auch diese Formulierung wurde in der Literatur für unzureichend gehalten, da es dem Rechtsschutzsuchenden in keiner Weise dienlich sei zu wissen, *dass* die Behörde ihr Ermessen ausgeübt hat, sondern für ihn komme es im Wesentlichen darauf an, *wie* die Ermessensbetätigung der Behörde ausgestaltet sei.[190] Nach Ansicht einiger Vertreter der Literatur berücksichtigte der Gesetzentwurf die ständige Rechtsprechung des *BVerwG* zur Begründungspflicht bei Ermessensverwaltungsakten nicht.[191] Die endgültige und bis heute nicht veränderte Fassung der Kodifizierung der Begründungspflicht setzte sich auf Anregung des Innenausschusses des Bundestages durch und beinhaltet nun in § 39 I 3 VwVfG für die Behörde die Verpflichtung, bei Ermessensverwaltungsakten in der Begründung die Gesichtspunkte erkennen zu lassen, von denen sie sich bei der Ausübung ihres Ermessens hat leiten lassen.[192]

(2) Der Inhalt der Regelung des § 39 I 3 VwVfG

§ 39 I 3 VwVfG selber gibt der Verwaltung wie auch schon die allgemeine Regelung in Satz 2 des § 39 I VwVfG keine konkreteren Maßstäbe bezüglich Inhalt und Umfang der Begründung an die Hand. Die Wichtigkeit einer Begründung wird durch die gesetzliche Regelung der Begründung einer Ermessensentscheidung zwar unterstrichen, doch praktische Hinweise und Hilfestellungen für die Ausformung der Begründung sucht man auch hier vergeblich. Daher ist es erforderlich, die Regelung, ausgehend vom Sinn und Zweck der Begründung, mit Inhalt zu füllen. Hieraus könnten sich Kriterien ergeben, die den Inhalt und den Umfang der Begründung einer Ermessensentscheidung konkretisieren können.

Zunächst verdient die Ausgestaltung des § 39 I 3 VwVfG als Soll-Vorschrift und die darauf folgende kritische Auseinandersetzung mit der Norm in Literatur und Rechtsprechung besondere Aufmerksamkeit. Soll-Vorschriften engen den Ermessensspielraum der Verwaltung dergestalt ein, dass die Verwaltung nur dann von der gesetzlich vorgegebenen Rechtsfolge abweichen kann, wenn es sich um einen atypischen Fall handelt.[193] Für § 39 I 3 VwVfG bedeutet dies, dass bei Ermessensentscheidungen eine Begründung grundsätzlich zu erfolgen

---

[189] BR-Drucksache 269/70; BT-Drucksache VI/1173, S. 47 f.

[190] *Ule/Becker*, Verwaltungsverfahren im Rechtsstaat, S. 48 schon bezüglich des Entwurfs von 1963; *Welck, v.* ZRP 1971, 124, 125;

[191] *Rupp*, ZRP 1971, 233.

[192] *P. Stelkens/U. Stelkens*, in: *Stelkens/Bonk/Sachs*, VwVfG § 39 vor Rn. 1.

[193] *OVG Münster*, DVBl. 1953, 377; *BVerwGE* 49, 16, 23; *Wolff/Bachof/Stober*, Verwaltungsrecht, Band 1, § 31 Rn. 34; *Maurer*, Allgemeines Verwaltungsrecht, § 7 Rn. 11; *Beuermann*, Intendiertes Ermessen, S. 31.

hat, in Ausnahmefällen von einer Begründung aber abgesehen werden kann. Wie mit dieser Soll-Vorschrift umgegangen werden soll und wie die atypischen Fälle zu bestimmen sind, war lange Zeit umstritten. Die Rechtsprechung hat sich auf den Standpunkt gestellt, diese Soll-Vorschrift sei praktisch wie eine Muss-Vorschrift zu behandeln.[194] Dies bedeutet, dass im Regelfall eine Begründung erforderlich ist und Ausnahmen nur in den in § 39 II VwVfG bereits genannten Fällen möglich sind. Diese Betrachtungsweise ist aufgrund der besonderen rechtsstaatlichen Bedeutung der Begründung überzeugend und führt dazu, dass nur in besonderen, gesetzlich bestimmten Ausnahmefällen von einer Begründung abgesehen werden kann, etwa wenn ein Geheimhaltungsinteresse besteht.[195] Auch in der Literatur stieß die Formulierung des § 39 I 3 VwVfG als Soll-Vorschrift auf Kritik.[196] Eine Soll-Vorschrift werde der großen Bedeutung der Begründung für den Betroffenen und für die Rechtsmittelinstanz nicht gerecht.[197] Auch stellt die Begründung entgegen vereinzelt geäußerter Befürchtungen[198] keine Überforderung der Verwaltung dar, sondern ist vielmehr ihren Funktionen entsprechend gerade bei Ermessensentscheidungen im Interesse der Verwaltung an einer Beständigkeit ihrer Entscheidungen erforderlich.[199] Die Fälle, in denen tatsächlich die Effizienz der Verwaltung leidet und die Begründung eine Überforderung der Verwaltung darstellt, werden von den Ausnahmen des § 39 II VwVfG, und hier insbesondere der Nr. 2 aufgefangen, so dass die durch die Formulierung als Soll-Vorschrift bewirkte Einschränkung des Anwendungsbereichs des § 39 I 3 VwVfG umso überflüssiger erscheint.

Aus der Formulierung des § 39 I 3 VwVfG als Soll-Vorschrift allein ergeben sich noch keine Anhaltspunkte für Inhalt und Umfang der Begründung einer Ermessensentscheidung. Nach dem Wortlaut der Vorschrift soll die Verwaltung zusätzlich zu den in § 39 I 2 VwVfG geforderten rechtlichen und tatsächlichen Gründen auch diejenigen Gesichtspunkte nennen, von denen sie bei der Ausübung ihres Ermessens ausgegangen ist.

(a) Der Umfang der Begründung

Anhaltspunkte für den Umfang der Begründung können sich daraus ergeben, dass Ermessensentscheidungen in besonderem Maße Einzelfallentscheidungen sind.[200] Die Begründung einer Ermessensentscheidung hat dabei den Zweck, die

---

[194] *BVerwG* DÖV 1982, 77; *BVerwG* ZBR 1982, 87; *OVG Mannheim* NVwZ 1983, 554;
[195] *BVerwGE* 84, 375, 389.
[196] *Scheffler,* DÖV 1977, 767, 771; *Maurer,* JuS 1976, 485, 489; *Ule,* DVBl. 1976, 421, 428; *Schenke,* VBlBW 1982, 313, 324; *Schwab,* DÖD 1994, 80.
[197] *Maurer,* JuS 1976, 485, 489; vgl. Erster Teil, B.II; S. 12.
[198] *Kratzer,* BayVBl. 1965, 15, 16.
[199] *Scheffler,* DÖV 1977, 767, 771.
[200] S.o.: Erster Teil, D.I.5.b)aa); S. 28.

Ermessenausübung der Verwaltung für den Adressaten, aber auch für Dritte transparent zu machen. Dies muss sich in der Begründung widerspiegeln, bzw. dieser Zweck muss durch die Begründung erreicht werden. Eine zu knappe Begründung kann diese Zwecke vereiteln, während eine angemessen ausführliche Begründung diesem Zweck nur förderlich sein kann.

Betrachtet man Verwaltung und Gerichtsbarkeit als sich komplementär gegenüberstehende Instanzen, so ist die Konsequenz der eingeschränkten gerichtlichen Überprüfbarkeit von Ermessensentscheidungen eine besonders detaillierte und umfangreiche Begründung. Der Mangel an Tiefe bei der gerichtlichen Überprüfung ist durch eine umfassende Offenlegung der Verwaltungstätigkeit auszugleichen. Bei einem parallelen Verhältnis von Verwaltung und Gerichtsbarkeit wäre die Folge der eingeschränkten Überprüfbarkeit eine nur oberflächliche Begründung der Ermessensentscheidung.[201] Gegen eine solche parallele Betrachtungsweise sprechen jedoch rechtsstaatliche Erwägungen. Es ist nur schwer mit Art. 19 IV GG vereinbar, dem Bürger bei einer unter Umständen nur schwer berechenbaren Verwaltungsentscheidung die ohnehin schon beschränkten Kontrollmöglichkeiten durch das Gericht mit Herabsetzung der Anforderungen an die Begründung noch zusätzlich zu erschweren. Je größer der Ermessensspielraum der Verwaltung ist, desto ausführlicher muss wegen der geringen gerichtlichen Kontrolldichte die Begründung ausgestaltet sein.[202] Diese Faustformel folgt aus den Funktionen der Begründung, denn nur eine ausführliche Begründung kann die Akzeptanz einer Ermessensentscheidung fördern und bietet der Verwaltung bei der Ermessensausübung die grundgesetzlich auferlegte nötige Selbstkontrolle.[203]

(b) Der Inhalt der Begründung

Der Inhalt einer Begründung ist stark vom Charakter der Ermessensentscheidungen als Einzelfallentscheidungen geprägt, so dass eine schematische Betrachtung der inhaltlichen Anforderungen nicht möglich ist, sondern auch berücksichtigen muss, um welches Rechtsgebiet des Besonderen Verwaltungsrechts es sich handelt.[204]

Zu den Mindestanforderungen an die Begründung einer Ermessensentscheidung gehört es, dass durch sie erkennbar wird, dass die Verwaltung ihr Ermessen

---

[201] *v. Walcke-Wulffen*, Begründungszwang, S. 80f; *Dolzer*, DÖV 1985, 9, 14; *Schwab*, DÖD 1994, 80, 81.
[202] *BVerwGE* 61, 105, 111; *Schwab*, DÖD 1994, 80, 81; *Scheffler*, DÖV 1977, 767, 771; *Müller-Ibold*, Begründungspflicht, S. 215.
[203] *BVerwGE* 61, 105, 111.
[204] *BVerwGE* 22, 215, 217.

überhaupt betätigt hat.[205] Dem Adressaten muss klar werden, dass der Entscheidung ein Abwägungsvorgang zugrunde liegt und die Behörde einen gewissen Spielraum hatte, damit er auf die eingeschränkte Kontrolldichte durch das Gericht vorbereitet ist. Inhaltlich muss sich die Verwaltung in der Begründung mit dem Ermächtigungszweck, der Sachlage und den abzuwägenden Belangen auseinandersetzen und diese darlegen. Auf eine detailgetreue Darlegung aller Einzelheiten kommt es nicht an, ausreichend ist es, wenn der Entscheidungsprozess der Verwaltung als solcher anhand der Begründung nachvollziehbar wird.[206] Im Wesentlichen kommt es darauf an, den die Ermessensentscheidung prägenden Abwägungsvorgang transparent zu machen, so dass die Behörde in der Begründung auch nur solche Gesichtspunkte anzugeben verpflichtet ist, die in diesem Abwägungsvorgang eine Rolle spielten, sei es, weil sie ihr vorgetragen wurden oder weil sie für sie erkennbar waren.[207] Eine nur formelhafte Aneinanderreihung von unter Umständen bedeutsamen rechtlichen Gesichtspunkten ist hier nicht ausreichend; diese Gesichtspunkte müssen in jedem Fall mit den besonderen Fakten des zu begründenden Falles ausgefüllt werden.[208] Schließt der in Rede stehende Verwaltungsakt einen Entscheidungsprozess ab, der keinerlei Besonderheiten enthielt, also nur in geringem Ausmaß Einzelfallcharakter hat, so entbindet dies die Verwaltung nicht davon, diesen Entscheidungsprozess zu dokumentieren. Der bloße Hinweis, es handele sich um einen typischen Fall ohne Besonderheiten, ist für eine Begründung nicht ausreichend.[209] Die Begründung muss in jedem Fall die Auseinandersetzung der Behörde mit der Rechtsgrundlage und dem ermittelten Sachverhalt erkennen lassen. Für die Begründung heißt dies, dass dem Adressaten mitgeteilt werden muss, warum sich die Behörde in seinem konkreten Fall für die eine und nicht für eine andere, gleichermaßen rechtmäßige Alternative entschieden hat.[210]

Diese auf den ersten Blick sehr weit gehenden Anforderungen an die Begründung erfahren eine Einschränkung dadurch, dass die Behörde nicht verpflichtet ist, alle Gründe en détail anzugeben.[211] Nur die tragenden Gründe der Entscheidung sind zwingend anzugeben. Erwägungen, die zwar im Rahmen der Ermessensausübung eine Rolle spielten, aber ohne Einfluss auf die endgültige Entscheidung geblieben sind, bedürfen keiner Darlegung in der Begründung. Im Interesse einer handlungsfähigen Verwaltung ist diese Einschränkung erforderlich, denn zu hohe Anforderungen an eine Begründung können die Verwaltung

---

[205] *BVerwGE* 57, 1, 6.
[206] *BVerwGE* 62, 330, 340; *Dolzer,* DÖV 1985, 9, 15; *Schwab,* DÖD 1994, 80.
[207] *Scheffler,* DÖV 1977, 767, 771; *Foerster,* VR 1984, 265, 269; *Schwab,* DÖD 1994, 80, 81.
[208] *BVerwG* NVwZ 2001, 1410, 1413.
[209] *BSG* MDR 1987, 700.
[210] *BVerwG* NJW 1972, 885.
[211] *BVerwGE* 22, 215, 217; *Foerster,* VR 1984, 265, 269.

überfordern und vom Erlass eines Verwaltungsaktes Abstand nehmen lassen.[212] Diese Kriterien zur Begründung einer Ermessensentscheidung sind somit wesentlich geprägt von den Bemühungen, die Interessen und Bedürfnisse des Adressaten an einer rechtsstaatlichen Anforderungen genügenden Begründung mit dem Interesse der Verwaltung an einer möglichst effektiven Handlungsweise in Einklang zu bringen.

Zusammenfassend kann festgestellt werden, dass bei der Begründung einer Ermessensentscheidung die Behörde verpflichtet ist, ausführlich und verständlich den zugrunde liegenden Abwägungsvorgang darzustellen. Im Wesentlichen müssen sich der Umfang und der Inhalt der Begründung daran orientieren, was für das Gericht erforderlich ist, um innerhalb des ohnehin schon eingeschränkten Kontrollumfangs die Entscheidung effektiv auf ihre Rechtmäßigkeit hin zu überprüfen.

cc) Konsequenzen für die einzelnen Ermessensarten

Der Spielraum der Verwaltung ist bei den speziellen Ausprägungen des Ermessens wie zum Beispiel der Ermessensreduzierung und dem intendierten Ermessen unterschiedlich weit, was den Schluss nahe legt, dass sich dies auf den Inhalt und den Umfang der Begründung auswirkt.

(1) Entschließungs- und Auswahlermessen

Stellt die Ermächtigungsnorm nicht erst die Rechtsfolge in das Ermessen der Verwaltung, sondern bereits die Entscheidung darüber, ob ein Tätigwerden der Verwaltung überhaupt erforderlich ist, so liegt ein Fall des Entschließungsermessens vor.[213] Räumt eine Norm der Verwaltung mehrere Handlungsalternativen ein, so spricht man von Auswahlermessen.[214] Der Verwaltung ist damit praktisch ein zweistufiges Ermessen eingeräumt. In der Regel räumen Ermächtigungsnormen entweder ein Entschließungs- oder ein Auswahlermessen ein.[215] Anders die polizeilichen Generalklauseln, die wegen des in der Gefahrenabwehr geltenden Opportunitätsprinzips der Verwaltung sowohl ein Entschließungs- als auch ein Auswahlermessen einräumen.[216] Zunächst steht die Entscheidung der Behörde, *ob* im konkreten Fall überhaupt Maßnahmen ergriffen werden sollten,

---

[212] *Schwab*, DÖD 1994, 80, 83.

[213] *Waechter*, VerwArch 88 (1997), 298, 313; *Wolff/Bachof/Stober*, Allgemeines Verwaltungsrecht, Band 1 § 31 Rn. 35.

[214] *Henneke*, in: *Knack*, VwVfG, § 40, Rn. 34; *Rachor*, in: *Lisken/Denninger*, Polizeirecht, F 113.

[215] *Hain/Schlette/Schmitz* AöR 122 (1997), 32, 38.

[216] S. § 8 PolG NW; § 14 OBG NW.

im Ermessen der Behörde, und anschließend ist ihr auch ein Ermessen bezüglich des *Inhalts* der Entscheidung eingeräumt.

Das Entschließungs- und Auswahlermessen stellen im Hinblick auf den Entscheidungsspielraum der Verwaltung keine eigenen Ermessenskategorien dar. Es ist vielmehr herkömmliches Verwaltungsermessen, dessen einzige Besonderheit darin besteht, dass es der Verwaltung auf zwei Ebenen innerhalb einer Verwaltungsentscheidung eingeräumt wird. Es ist in keiner Weise eingeschränkt oder ausgeweitet, so dass sich gegenüber den oben gemachten Ausführungen zum Ermessen im Hinblick auf die Begründung keine Besonderheiten ergeben. Die Anforderungen des § 39 I 3 VwVfG[217] gelten sowohl im Rahmen des Entschließungs- als auch des Auswahlermessens uneingeschränkt.

(2) Ermessensreduzierung und Entscheidungsbegründung

(a) Ermessensreduzierung

Die Ermessensreduzierung, auch Ermessensschrumpfung genannt, ist eine Einschränkung des Verwaltungsermessens, die insbesondere im Recht der Gefahrenabwehr ihren Anwendungsbereich hat.[218] Bei einer Ermessensreduzierung ist es nicht der durch die Norm eingeräumte Spielraum, der an Reichweite einbüßt, sondern die Umstände eines konkreten Einzelfalles können zu einer Reduzierung des Ermessens führen.[219] Diese Reduzierung des Ermessens ist in unterschiedlicher Intensität denkbar.[220]

Ist der Behörde sowohl ein Entschließungs- als auch ein Auswahlermessen eingeräumt, besteht die Möglichkeit einer abgestuften Ermessensreduzierung. Dies bedeutet, dass die Behörde zwar keine Wahl mehr hat, *ob* sie überhaupt einschreitet, weil nur ein Einschreiten rechtmäßig ist, ihr aber ein Spielraum hinsichtlich des Wie verbleibt.[221]

Der Ermessensspielraum der Verwaltung kann sich im Einzelfall aber auch derart verengen, dass nur eine ganz bestimmte Entscheidung der Verwaltung pflichtgemäß und rechtmäßig ist.[222] Die Ermessensreduzierung auf Null ist der „Extremfall" der Ermessensreduzierung: In diesen Fällen hat sich der Handlungsspielraum der Verwaltung derart reduziert, dass es nur noch eine Möglich-

---

[217] S.o. Erster Teil, D.I.5.b)bb)(2); S. 32.
[218] *Henneke*, in: *Knack*, VwVfG § 40 Rn. 73 m.w.N.
[219] *Hain/Schlette/Schmitz*, AöR 122, (1997) 32, 39.
[220] *Gern*, DVBl. 1987, 1194.
[221] *BVerwGE* 11, 95, 97; *Wilke*, in: *Achterberg/Krawietz/Wyduckel (Hrsg.)*, FS Scupin, S. 831, 832; *Brinktrine*, Verwaltungsermessen, S. 154.
[222] *BVerwGE* 78, 40, 46.

keit gibt, eine rechtmäßige Entscheidung zu treffen.[223] Jede andere Handlungsalternative der Verwaltung wäre rechtswidrig.[224] Der Ermessenspielraum der Behörde kann sich auf unterschiedliche Weise verengen. Der praktisch bedeutsamste Fall einer Verengung des Ermessens sind entgegenstehende Grundrechte.[225] Das *BVerwG* hat unter anderem den Schutz von Ehe und Familie aus Art. 6 GG,[226] die Kunstfreiheit aus Art. 5 III GG,[227] das Grundrecht auf Eigentum aus Art. 14 GG[228] und die Chancengleichheit der Parteien aus Art. 21 I, Art. 3 I GG, § 5 PartG[229] als ermessensreduzierend anerkannt. Auch die Selbstbindung der Verwaltung ist ein Grundsatz, der gestützt auf Art. 3 I GG das Ermessen zu reduzieren geeignet ist.[230] Im Hinblick auf die Kriterien, die zu einer Begrenzung des Ermessens führen können, ist die Rechtsprechung uneinheitlich. Einigkeit besteht nur insoweit, als das Ermessen der Verwaltung nicht leichtfertig reduziert werden darf.[231] Eine Ermessensreduzierung ist zum Beispiel nur dann möglich, wenn das Fehlen einer vertretbaren Entscheidungsalternative offensichtlich ist.[232] Im Polizei- und Ordnungsrecht können nur Umstände besonderer Intensität und Schwere und Gefahren für bedeutende Rechtsgüter eine Ermessensreduzierung rechtfertigen.[233] Das *OVG Saarlouis* hat es in einer Entscheidung sogar für ausreichend gehalten, bei jeder Rechtsverletzung eine Ermessensreduzierung anzunehmen, wegen der Weite des Kriteriums ist diese Auslegung jedoch abzulehnen.[234]

Die Ermessensreduzierung wirft indessen im Hinblick auf den Gewaltenteilungsgrundsatz einige Fragen auf. Bedenkenswert ist bei Ermessensreduzierungen, dass diese praktisch zu einer gebundenen Entscheidung der Verwaltung führen, was in der Folge zu einer umfassenden Kontrolle der Entscheidung durch die Gerichte führt;[235] eine solche Verschiebung der Verantwortung von

---

[223] *Gern,* DVBl. 1987, 1194, 1197; s. auch den Begriff *Ermessensreduzierung auf Eins* bei *Menger/Erichsen,* VerwArch 58 (1967) 171, 179.
[224] *Di Fabio,* VerwArch 86 (1995), 214, 215.
[225] *Hain/Schlette/Schmitz,* AöR 122 (1997), 32, 41; *Pietzcker,* JuS 1982, 106, 108; *Gern,* DVBl. 1987, 1194, 1197; *Laub,* Ermessensreduzierung, S. 34.
[226] *BVerwGE* 67, 177, 183; 80, 249, 255.
[227] *BVerwG* NJW 1987, 1836, 1837.
[228] Vgl. *VGH Mannheim,* BauR 1990, 595, 596.
[229] *BVerwGE* 47, 280, 282.
[230] *OVG Münster* NVwZ 1986, 134, 135; *Di Fabio,* VerwArch 86 (1995), 214, 223.
[231] *Steinberg,* NJW 1984, 457, 463.
[232] *BVerwGE* 46, 89, 94.
[233] *BVerwGE* 11, 95, 97; 214, 218; *Martens,* JuS 1962, 245, 247; *Di Fabio,* VerwArch 86 (1995), vgl. *Drews/Wacke/Vogel/Martens,* Gefahrenabwehr, § 24 8 m.w.N.
[234] *OVG Saarlouis,* NVwZ 1983, 685.
[235] *Kopp,* in: *Götz/Klein/Starck,* Die öffentliche Verwaltung zwischen Gesetzgebung und richterlicher Kontrolle, S. 146, 153f.

der Exekutive auf die Judikative ist unter dem Gesichtspunkt der Gewaltentrennung zumindest fragwürdig.[236] Darüber hinaus handelt die Verwaltung bei einer vorschnellen Annahme einer Ermessensreduzierung offensichtlich entgegen der Vorstellungen des Gesetzgebers, der eigentlich eine Ermessensentscheidung als Ergebnis einer Ermessensbetätigung der Verwaltung vorgesehen hatte.[237] Diesem Konflikt kann in gewissem Umfang ausgewichen werden, indem die Anwendung der Ermessensreduzierung auch aus rechtsstaatlichen Gründen restriktiv gehandhabt wird.

(b) Die Begründung in Fällen einer Ermessensreduzierung

Der Begründung nach § 39 VwVfG kommt bei der Ermessensreduzierung die wichtige Aufgabe zu, ein rechtsstaatswidriges Ausufern der Ermessensreduzierung zu verhindern. Durch die Verpflichtung der Behörde, ihre Ermessenserwägungen darzulegen, wird sie die Entscheidung bezüglich einer Ermessensreduzierung aufgrund ihrer umfassenden Ermittlungen treffen. Dies verringert die Gefahr einer willkürlichen Annahme einer Ermessenreduzierung. Bedeutsam ist dies unter dem Aspekt einer sich selbst kontrollierenden Verwaltung. Um die Akzeptanz der Entscheidung zu erhöhen, muss die Begründung dem Betroffenen auch darlegen, warum das Ermessen in seinem Fall auf nur eine Handlungsalternative reduziert ist.[238]

Es kann sich für die Begründung auch nichts anderes daraus ergeben, dass es sich bei der Entscheidung praktisch um eine gebundene Entscheidung handelt.[239] Auch wenn im Ergebnis der Behörde keine Handlungsalternativen zur Verfügung standen, so ist diese Erkenntnis doch das Ergebnis einer umfassenden Ermessensbetätigung der Verwaltung. Es besteht damit gerade in Fällen einer Ermessensreduzierung auf Null im Rahmen der Regelung des § 39 VwVfG ein Bedürfnis für eine umfassende Begründung der Entscheidung, wie sie bei Ermessensentscheidungen von § 39 I 3 VwVfG gefordert wird.

---

236 *Püttner*, in: *Götz/Klein/Starck*, Die öffentliche Verwaltung zwischen Gesetzgebung und richterlicher Kontrolle, S. 131, 132; *Gerhardt*, in: *Schoch/Schmidt-Aßmann/Pietzner*, VwGO, § 114 Rn. 27.

237 *Di Fabio*, VerwArch 86 (1995), 214, 216.

238 *P. Stelkens/U. Stelkens*, in: *Stelkens/Bonk/Sachs*, VwVfG § 39 Rn. 40.

239 Vgl. *Laub*, Ermessensreduzierung, S. 25 ff.

(3) Intendiertes Ermessen und Entscheidungsbegründung

(a) Die Rechtsfigur des intendierten Ermessens

Die Rechtsfigur des intendierten Ermessens wurde zunächst vom *BVerwG* entwickelt; sie ist heute trotz anhaltender Kritik in der Literatur[240] anerkannt.

Bislang waren es vor allem Soll-Vorschriften, die das Ermessen der Behörde dergestalt einschränkten, dass sie nur in Ausnahmefällen ein Abweichen von der gesetzlich geregelten Rechtsfolge erlaubten.[241] Dieser Einschränkung des Ermessens stand das vom Gesetzgeber eingeräumte „freie" Ermessen der Verwaltung gegenüber, dessen Grenzen lediglich durch das geltende Recht gezogen werden.[242] Diese Freiheit der Verwaltung hat das *BVerwG* mit der Schöpfung des Rechtsinstituts vom intendierten Ermessen einzuschränken versucht.[243] Zunächst im Bereich des Ordnungsrechts entwickelt, wurde diese Rechtsfigur auch auf andere Rechtsgebiete übertragen.[244] Typische Anwendungsbereiche des intendierten Ermessens sind die Abbruchverfügung und die Nutzungsuntersagung im Baurecht.[245] Inzwischen durchziehen die Normen, deren Ermessen eine gesetzgeberische Intention zugrunde liegt, nahezu alle Bereiche des besonderen Verwaltungsrechts.[246] Das Besondere gegenüber dem freiem Ermessen besteht darin, dass nach Auffassung des *BVerwG* in bestimmten Fällen bei Ermessensvorschriften die Richtung der Ermessenbetätigung bereits vom Gesetz vorgegeben ist.[247] Der „Normalgebrauch" der Norm ist bereits aus ihr selbst erkennbar.[248] Das bedeutet, dass eine bestimmte Rechtsfolge vom Gesetzgeber bereits gewollt ist, und nur in Ausnahmefällen von dieser Rechtsfolge abgewichen werden kann.[249] Das Vorliegen der Tatbestandsvoraussetzungen zieht ohne eine gesonderte Abwägung der widerstreitenden Interessen die gesetzlich vorgegebene Rechtsfolge nach sich.[250]

Damit ähnelt das intendierte Ermessen dem Ermessen aufgrund einer Soll-Vorschrift und legt die Frage nahe, warum es einer weiteren Ermessensform noch bedarf. Trotz aller Ähnlichkeiten sind die Unterschiede zwischen dem Er-

---

[240] Vgl. nur *Volkmann,* DÖV 1996, 282; *Sachs,* in: *Stelkens/Bonk/Sachs,* VwVfG, § 40 Rn. 30.
[241] S.o.: Erster Teil, D.I.5.b)aa), S. 28.
[242] *Volkmann,* DÖV 1996, 282; vgl. zu Ermessensgrenzen Erster Teil, D.I.5.b)aa), S. 28.
[243] *BVerwGE* 39, 231; 44, 333; 79, 274, 282.
[244] *Schwabe,* DÖV 1998, 147.
[245] *Jäde,* ThürVBl. 1993, 82, 84, 87.
[246] Z.B. § 4 ZDG; § 135 BauGB; § 48 II 4 VwVfG.
[247] *BVerwGE* 72, 1, 4.
[248] *Lampert,* DVP 2000, 390, 391.
[249] *BVerwGE* 79, 274, 282; *Beuermann,* Intendiertes Ermessen, S. 33.
[250] *Jäde,* ThürVBl. 1993, 82, 87; *Schwabe,* DÖV 1998, 147; *Borowski,* DVBl. 2000, 149.

messen als Folge einer Soll-Vorschrift und dem intendierten Ermessen beträchtlich. Der Unterschied besteht zunächst darin, dass der Wortlaut einer Soll-Vorschrift diese als solche kennzeichnet, während das intendierte Ermessen im Wortlaut der Ermächtigungsnorm grundsätzlich nicht angelegt ist.[251] Es ist vielmehr die Aufgabe des Rechtsanwenders, die Norm durch Auslegung als solche zu identifizieren.[252] Ein weitaus bedeutenderer Unterschied besteht aber darin, dass die Behörde bei der Anwendung einer Soll-Vorschrift gerade die *normierte* Rechtsfolge zu wählen hat, während es in den Fällen eines intendierten Ermessens darum geht, diejenige Rechtsfolge zu wählen, welche der *Intention* des Gesetzgebers am ehesten entspricht, selbst wenn die normierte Rechtsfolge eine andere ist.[253]

Auch zur Ermessensreduzierung wird dem intendierten Ermessen eine besondere Nähe nachgesagt. Die Ermessensreduzierung ist jedoch eine Einschränkung des Ermessens im konkreten Einzelfall, während in Fällen eines intendierten Ermessens die Verwaltung ungeachtet etwaiger Alternativen für alle Regelfälle einheitlich die intendierte Rechtsfolge zu wählen hat.[254] So äußert sich der Unterschied zwischen dem intendierten Ermessen und der Ermessensreduzierung darin, dass bei der Ermessensreduzierung ein Ermessen grundsätzlich besteht, welches durch besondere Umstände des Einzelfalls eingeschränkt wird. Eine Norm mit intendiertem Ermessen hingegen ist bereits für die Regelfälle eingeschränkt.[255] Die Ermessenreduzierung ist gleichsam das Ergebnis eines Abwägungsvorganges, an dessen Ende die Erkenntnis steht, nur eine bestimmte Ermessensentscheidung könne rechtmäßig sein.[256] Im Unterschied zu den Fällen des intendierten Ermessens übt die Verwaltung bei einer Ermessensreduzierung auf Null ihr Ermessen vollumfänglich aus, gelangt dann aber zu einem Ergebnis, welches die Entscheidung wie eine gebundene Verwaltungsentscheidung aussehen lässt.[257]

Die Kritik in der Literatur an der Rechtsfigur des intendierten Ermessens richtet sich vor allem gegen den unter Umständen ausufernden Anwendungsbereich.[258] Aufgrund einer fehlenden Kennzeichnung derartiger Vorschriften bestehe gerade wegen der Zweckgerichtetheit von Ermessensvorschriften die Gefahr, dass in

[251] *Borowski*, DVBl. 2000, 157.
[252] *Pabst*, VerwArch 93 (2002), 540, 546.
[253] *Beuermann*, Intendiertes Ermessen, S. 35.
[254] *Pabst*, VerwArch 93 (2002), 540, 545; *Gerhardt*, in: *Schoch/Schmidt-Aßmann/Pietzner*, VwGO § 114 Rn. 27.
[255] *Laub*, Ermessensreduzierung, S. 21.
[256] *Beuermann*, Intendiertes Ermessen, S. 38.
[257] *Di Fabio*, VerwArch 86 (1995) 214, 215.
[258] *Volkmann*, DÖV 1996, 282, 287; *Sachs*, in: *Stelkens/Bonk/Sachs*, VwVfG § 40 Rn. 30.

Zukunft bei einer Vielzahl von Ermessensnormen der Handlungsspielraum aufgrund einer vermeintlichen Intention des Gesetzgebers eingeschränkt werde.[259] Es bestehe die Gefahr, dass die Grenzen zwischen Kann- und Sollvorschrift durch Vorschriften, die ein intendiertes Ermessen einräumen, verschwimmen.[260]

Auch verfassungsrechtlich bestehen Bedenken. Das intendierte Ermessen steht in engem Zusammenhang sowohl mit der Legislative, deren Intention bei der Normauslegung entscheidend ist, als auch mit der Exekutive, die im Regelfall der Intention entsprechend zu Handeln verpflichtet sein soll. Damit sind jeweils die zentralen Aufgabenbereiche der Gewalten Legislative und Exekutive betroffen. Diese unterscheiden sich dadurch, dass das Tun der Exekutive im Gegensatz zur Legislative darauf gerichtet ist, Einzelfallgerechtigkeit zu schaffen. Bei der Anwendung einer Norm mit intendiertem Ermessen durch die Exekutive bleibt aber gerade dieses Charakteristikum der Verwaltungstätigkeit auf der Strecke. Sobald es sich um einen Regelfall handelt, steht allein der Normzweck im Vordergrund, die Prüfung des Einzelfalls wird überflüssig.[261] Gleichwohl hält die Rechtsprechung an dieser Rechtsfigur fest, so dass sie hier trotz der berechtigten Kritik gerade wegen ihrer Besonderheiten hinsichtlich der Begründung näher untersucht werden soll.

(b) Die Begründung einer Verwaltungsentscheidung bei intendiertem Ermessen

Die eigentliche Bedeutung des intendierten Ermessens liegt darin, die Begründungslast der Verwaltung abzumildern und die Anforderungen an die Begründung zu reduzieren.[262] Liegt einer behördlichen Entscheidung intendiertes Ermessen zugrunde, so ist es nach dem *BVerwG* ausreichend, wenn die Begründung die gesetzliche Ermächtigung nennt, auf der die Entscheidung beruht, und zusätzlich darauf hinweist, dass es sich bei dem vorliegenden Fall um einen Regelfall handelt, dem keine besonderen Umstände zugrunde liegen.[263] Der Hinweis auf das Fehlen besonderer Umstände ist wichtig, um zu verhindern, dass für den Adressaten der Eindruck entsteht, die Behörde habe ein ihr eingeräumtes Ermessen übersehen. Die Folge hiervon wäre die Ermessensfehlerhaftigkeit der Entscheidung.[264] Auf diese Weise soll darüber hinaus verhindert werden, dass von der Behörde allzu leichtfertig ein intendiertes Ermessen angenommen wird.

---

[259] *Volkmann,* DÖV 1996, 282, 287; *Liebetanz,* in: *Obermayer,* VwVfG § 40 Rn. 16.
[260] *Erbguth,* JuS 2002, 333, 334; *Maurer,* Allgemeines Verwaltungsrecht, § 7 Rn. 12.
[261] *Volkmann,* DÖV 1996, 282, 285.
[262] *Wolff/Bachof/Stober,* Allgemeines Verwaltungsrecht, Band 1 § 31 Rn. 34a.
[263] *BVerwGE* 72, 1, 6; 82, 356, 363; 105, 55, 57; *BVerwG* NVwZ 1987, 601, 603; *Lampert,* DVP 2000, 390, 391; *Pabst,* VerwArch 93 (2002), 540, 542.
[264] *Beuerman,* Intendiertes Ermessen, S. 165.

Diese geminderten Anforderungen an die Begründung beruhen einzig und allein auf der Regelhaftigkeit der Ermessensausübung, die eine detaillierte Auseinandersetzung entbehrlich machen soll.[265]

Sobald die Umstände jedoch vom Regelfall abweichen, ist es erforderlich den Sachverhalt zu ermitteln, eine Abwägung der widerstreitenden Interessen vorzunehmen und diese Erwägungen in der Begründung zu dokumentieren.[266] Bei diesen atypischen Fällen unterscheidet sich die Begründung nicht mehr von der in § 39 I 3 VwVfG geforderten Begründung einer Ermessensentscheidung.[267] Allerdings ist die Behörde nicht verpflichtet, die Atypik eines Falles selber zu ermitteln, bzw. vor Anwendung der Regelfolge auszuschließen. Es ist die Aufgabe des Betroffenen, die Behörde darauf aufmerksam zu machen, dass dem Fall besondere Umstände zugrunde liegen, die zu einer Abweichung vom Regelfall führen.[268]

Diese unterschiedlichen Anforderungen an die Begründung lassen sich damit erklären, dass in den intendierten Regelfällen die Behörde ihr Ermessen praktisch nicht betätigt. Sie stellt lediglich fest, dass der Regelfall vorliegt, stellt darüber hinaus aber keinerlei Erwägungen an. Dies hängt damit zusammen, dass die Verwaltung nicht verpflichtet ist, nach atypischen Umständen zu forschen. Durch die Vorgabe der Handlungsmöglichkeit der Verwaltung in der Ermächtigungsgrundlage entfällt beim intendierten Ermessen ein wesentlicher Aspekt der Ermessensausübung, nämlich die Wahl zwischen mehreren Handlungsalternativen.

Gerade die nur rudimentär vorhandene Begründung bei einem Regelfall wirft die Frage auf, ob eine derartige Begründung noch den Funktionen der Begründung entspricht. Eine Begründung, die nur den Hinweis enthält, es gebe keine besonderen Umstände, die ein Abweichen vom Regelfall erfordern, ist kaum geeignet, die Akzeptanz zu fördern. Es ist nicht unwahrscheinlich, dass eine Vielzahl von Betroffenen den eigenen Fall für einzigartig hält und sich durch den lapidaren Hinweis, es handele sich um einen Regelfall, nicht ernst genommen fühlt. Gerade für die Akzeptanz einer Verwaltungsentscheidung sind die Verfahrenshandlungen von großer Bedeutung, und die Minimierung der Anforderungen an das Verwaltungsverfahren, wie sie durch den Rückzug der Verwaltung auf den Regelfall praktisch erfolgt, wird den Interessen und Bedürfnissen des Betroffenen nicht gerecht.[269] Das Abstellen auf den Charakter des § 39 I 3 VwVfG als Soll-Vorschrift lässt sich im übrigen auch nicht als Argu-

---

265 *Volkmann,* DÖV 1996, 282, 284.
266 *Borowski,* DVBl. 2000, 149, 160.
267 S.o.: Erster Teil, D.I.5.b)bb)(2); S. 32.
268 *Borowski,* DVBL. 2000, 149, 156; *Pabst,* VerwArch 93 (2002), 540, 543.
269 *Volkmann,* DÖV 1996, 282, 287.

ment heranziehen, die Einschränkung der Begründungspflicht in Fällen des intendierten Ermessens zu rechtfertigen, wird doch sowohl in der Rechtsprechung als auch der Literatur die Regelung des § 39 I 3 VwVfG wie eine Muss-Vorschrift behandelt, deren Ausnahmen im Absatz 2 des § 39 VwVfG normiert sind.[270] Die Rechtsschutzfunktion hingegen steht der nur schwach ausgeprägten Begründung bei Fällen des intendierten Ermessens nicht entgegen. Zugunsten der nur kurzen Begründung bei intendiertem Ermessen muss angeführt werden, dass es sich bei einer Verwaltungsentscheidung, der eine gesetzgeberische Intention zugrunde liegt, nicht um eine „klassische“ Ermessensentscheidung handelt; der Spielraum der Verwaltung ist stark eingeschränkt und damit das Bedürfnis nach einer ausführlichen Begründung geringer.

(c) Fazit

Zusammenfassend kann festgehalten werden, dass in den Fällen, in denen es sich um einen Regelfall des intendierten Ermessens handelt, die Begründung lediglich den Anforderungen des § 39 I 2 VwVfG genügen muss: es ist ausreichend, wenn sie einen Hinweis auf die Tatbestandserfüllung enthält und darüber hinaus feststellt, dass es sich um einen Regelfall handelt, der keine Umstände einbezieht, die eine andere Entscheidung rechtfertigen könnten. Bei atypischen Fällen hat sich die Begründung an § 39 I 3 VwVfG zu orientieren und muss die Anforderungen erfüllen, die allgemein für Ermessensentscheidungen gelten.

(4) Verfahrensermessen und Entscheidungsbegründung

(a) Verfahrensermessen

Das Verwaltungsverfahren nach dem Verwaltungsverfahrensgesetz ist geprägt von einer Flexibilität, die es der Verwaltung in besonderem Maße ermöglicht, auf die konkrete Situation einzugehen und Besonderheiten des Einzelfalls zu berücksichtigen. Die Generalklausel des § 10 VwVfG gibt dieser Flexibilität ein Fundament und räumt der Verwaltung ein zusätzliches Ermessen auf der Verfahrensebene der Entscheidung ein.[271] Dieses Verfahrensermessen steht neben dem die materielle Seite der Entscheidung betreffenden Ermessen und ermöglicht der Verwaltung eine flexible Verfahrensgestaltung durch die Einräumung eines Entscheidungsspielraumes bezüglich der Einleitung aber auch der Durchführung des Verwaltungsverfahrens.[272] Das Ermessen bekommt dadurch für das Verwaltungsverfahren eine erhebliche gestaltende Bedeutung[273] und leistet dar-

---

[270] So aber *Beuermann*, Intendiertes Ermessen, S. 164.

[271] *BVerwG* NJW 1991, 442, 443; *Schoch*, Die Verwaltung 25 (1992), 21, 36.

[272] *Hill*, DÖV 1987, 885, 891; *Lange*, NJW 1992, 1193, 1194; *Brinktrine*, Verwaltungsermessen, S. 85; *Knack*, Verwaltungsverfahrensgesetz, § 10 Rn. 8.

[273] *Hill*, NVwZ 1985, 449.

über hinaus einen wichtigen Beitrag zur Erreichung eines der Ziele des Verwaltungsverfahrensgesetzes, welches darin besteht, die Effizienz der Verwaltung zu steigern.[274]

Zusätzlich zu diesem in § 10 VwVfG allgemein eröffneten Ermessen sind einzelne Verfahrenshandlungen der Verwaltung im Verwaltungsverfahrensgesetz als Ermessensvorschriften formuliert, so dass der Verwaltung auch für konkrete Verfahrenshandlungen ein gewisser Spielraum gewährt ist.[275] Diese Ermessensvorschriften im „klassischen" Sinne sprechen ebenso wie der Wortlaut des § 10 VwVfG, der auf eine zweckmäßige Durchführung des Verwaltungsverfahrens hinweist, wesentlich dafür, das Verfahrensermessen als einen Unterfall des Ermessens nach § 40 VwVfG einzuordnen. Die hier angesprochenen Zweckmäßigkeitsgesichtspunkte sind prägender Bestandteil auch der materiellen Ermessensausübung.[276] Dementsprechend wird das Verfahrensermessen nicht anders behandelt als das auf der Rechtsfolgen-Seite der Entscheidung auszuübende Ermessen.[277] Der Spielraum der Verwaltung, aber auch die verfassungsrechtlich und in § 40 VwVfG vorgegebenen Grenzen des Ermessens sind zu berücksichtigen.[278] Das Verfahrensermessen der Behörde leistet gerade durch die Berücksichtigung von Zweckmäßigkeitserwägungen innerhalb der anerkannten Ermessensgrenzen einen wichtigen Beitrag zu rechtstaatlichem Verwaltungshandeln, wie es verfassungsrechtlich gefordert wird und im Verwaltungsverfahrensgesetz seinen Niederschlag gefunden hat.[279] Es liegt daher nahe, diese für ein rechtsstaatliches Verwaltungshandeln so bedeutende Ermessensart auch im Hinblick auf die rechtsstaatlich ebenfalls bedeutsame Begründung zu betrachten.

(b) Verfahrensermessen und Begründung

Die weitgehend anerkannten strukturellen Gemeinsamkeiten zwischen Verfahrens- und materiellem Ermessen prägen auch die Diskussion in Bezug auf eine Pflicht zur Begründung von Verwaltungsentscheidungen, denen die Ausübung eines Verfahrensermessens zugrunde liegt. Einer Untersuchung der grundsätzlichen Gebotenheit der Begründung schließt sich die Beantwortung der Frage an, ob das einfache Recht, und hier namentlich der für materielle Ermessensentscheidungen geltende § 39 I 3 VwVfG, als Rechtsgrundlage für eine unter Umständen gebotene Begründung geeignet ist.

---

[274] *v. Mutius*, NJW 1982, 2150, 2151.
[275] Vgl. §§ 26 I, 28 II, 29 II, 39 II VwVfG.
[276] *Maurer*, Allgemeines Verwaltungsrecht, § 7 Rn. 13.
[277] *Mandelartz*, DVBl. 1983, 112, 114; *Hill*, NVwZ 1985, 449, 450; a.A. *Schwab*, Begründungspflicht, S. 69.
[278] *P. Stelkens/Schmitz*, in: *Stelkens/Bonk/Sachs*, VwVfG § 10 Rn. 17.
[279] S.o.: Erster Teil, A; S. 3.

Für die Begründung einer Entscheidung, der eine materielle Ermessensausübung zugrunde liegt, werden sowohl die verfassungsrechtliche Gebotenheit als auch die Anwendbarkeit des § 39 I 3 VwVfG bejaht.[280] Die Anforderungen an die Begründung einer Ermessensentscheidung sind durch die Regelung in § 39 I 3 VwVfG hoch angesetzt. Die Behörde ist aufgrund dieser Vorschrift verpflichtet, alle tatsächlichen und rechtlichen Gesichtspunkte darzulegen, die der Entscheidung zugrunde liegen.

Für das Verfahrensermessen werden diese Anforderungen zum Teil als zu hoch beurteilt. Der endgültigen Verwaltungsentscheidung gehe ein Entscheidungsprozess voraus, der sich aus einer Vielzahl von formellen Ermessensentscheidungen zusammensetzt, die nicht alle gleich bedeutend für die Entscheidung, beziehungsweise für die Rechtsposition des Adressaten seien.[281] Der mit einer Begründung verbundene Aufwand der Verwaltung wird als Argument gegen eine grundsätzliche Gebotenheit ins Feld geführt. Eine generelle Begründungspflicht sei für die Verwaltung aufgrund der großen Anzahl an Verfahrenshandlungen im Rahmen eines Verwaltungsverfahrens unerfüllbar und grundsätzlich unzumutbar.[282] Dem steht auf der anderen Seite die gerade für den Adressaten der Entscheidung sehr bedeutende Rechtsschutzfunktion der Begründung gegenüber, die seinen Interessen dienen soll.[283] Die Rechtsschutzfunktion als wohl wichtigste Begründungsfunktion kann in ihrer Bedeutung für die Rechtsstaatlichkeit des Verfahrens kaum überschätzt werden.[284] Die Verfahrensrechte des Adressaten, die das Verwaltungsverfahrensgesetz normiert, dienen der Gewährleistung eines rechtsstaatlichen Verwaltungsverfahrens und sind daher mehr als nur bloße „Formalitäten".[285] Die Entscheidung der Verwaltung, von einer in ihrem Ermessen stehenden Verfahrenshandlung abzusehen wird daher in der Regel nicht leichtfertig, sondern nach Abwägung aller widerstreitenden Interessen erfolgen. Diese der Entscheidung zugrunde liegenden Erwägungen müssen für den Adressaten jedoch erkennbar sein, um ihm die Möglichkeit zu geben, seine Rechtsposition zu beurteilen und unter Umständen die Erfolgsaussichten eines Rechtsbehelfs abschätzen zu können. Auch ein überprüfendes Gericht ist auf die Begründung angewiesen, um feststellen zu können, ob die Ausübung des Verfahrensermessens zu einer formellen Rechtswidrigkeit der Verwaltungsentscheidung führt. Das Absehen von einer Verfahrenshandlung, auch wenn sie im Ermessen der Verwaltung steht, kann unter Umständen rechtswidrig sein. Diese

---

280 Vgl. Erster Teil, D.I.5.b); Seite 28 ff.

281 *P. Stelkens/Schmitz* in: *Stelkens/Bonk/Sachs,* VwVfG § 10 Rn. 19.

282 *P. Stelkens/U.Stelkens,* in: *Stelkens/Bonk/Sachs,* VwVfG § 39 Rn. 27.

283 S.o. Erster Teil, B.II; S. 12.

284 *Mandelartz,* DVBl. 1983, 112, 115.

285 *Weides,* JA 1984, 648; *v. Danwitz,* Jura 1994, 281, 282.

Feststellung ist dem Gericht nicht möglich, wenn es nicht die Gründe der Verwaltung kennt.[286] Auch unter dem Aspekt der Befriedungsfunktion ist die Begründung einer Ermessensentscheidung im Rahmen des Verwaltungsverfahrens geboten. Die Begründung gibt der Behörde die Möglichkeit, den Bürger von vornherein davon zu überzeugen, dass ihr Handeln das sachgerechte Ergebnis einer sorgfältigen Abwägung und nicht willkürlich ist.[287]

Diese Bedeutung der Verfahrenshandlungen für den Rechtsschutz des Adressaten wird in der Literatur teilweise nicht erkannt.[288] Art. 19 IV GG gewährleiste einen effektiven Rechtsschutz nur im Rahmen des materiellen Rechts, knüpfe also ausschließlich an materielle Rechtsverletzungen an. Aus einer Verfahrensentscheidung der Verwaltung könne sich aber keine Beschwer des Adressaten ergeben, da von ihr keine abtrennbare unmittelbare Rechtswirkung im Sinne einer Rechtsbeeinträchtigung ausgehe.[289] Diese Beurteilung wird der Rolle der Verfahrenshandlungen für die rechtsstaatliche Durchführung des Verfahrens jedoch nicht gerecht. Die Begründung einer Verwaltungsentscheidung, die das Ergebnis einer Ausübung von Verfahrensermessen ist, ist aus rechtsstaatlichen Gesichtspunkten und unter Berücksichtigung der Funktionen der Begründung geboten.

Eine spezielle Rechtsgrundlage zur Begründungspflicht der Verwaltung bei Verfahrensermessen besteht im Verwaltungsverfahrensgesetz nicht. Damit liegt es nahe, eine Anwendbarkeit der in § 39 I VwVfG allgemein geregelten Begründungspflicht ins Auge zu fassen.

Gegen eine Anwendbarkeit des § 39 I 3 VwVfG könnte sprechen, dass die Norm nach Wortlaut und Systematik nur eine Pflicht zur Begründung von Verwaltungsakten vorsieht. Hierauf baut die Argumentation des *VGH Mannheim* auf, der die Anwendbarkeit des § 39 I 3 VwVfG mit dem Argument verneint, der Begründungszwang des § 39 I 3 VwVfG bestünde allein für die Behördenentscheidung, die durch den Verwaltungsakt selbst getroffen werde, aber nicht für einzelne Verfahrenshandlungen die den Weg dieser Verwaltungsentscheidung geebnet haben.[290] Hierin wird der *VGH Mannheim* unterstützt mit dem Argument, § 39 I 3 VwVfG verlange in erster Linie die Begründung der Entscheidung und nicht des Weges zur Entscheidung.[291] Er stelle eine Konkretisierung des § 39 I 1 und 2 VwVfG dar und könne daher nur materiell-rechtliche Maß-

286 *Mandelartz*, DVBl. 1983, 112, 115.
287 *Mandelartz*, DVBl. 1983, 112, 115.
288 *Schwab*, Begründungspflicht, S. 69.
289 *Schwab*, Begründungspflicht, S. 67.
290 *VGH Mannheim*, DÖV 1981, 971.
291 *P. Stelkens/U.Stelkens*, in: *Stelkens/Bonk/Sachs*, VwVfG § 39 Rn. 27.

nahmen umfassen.[292] Die Unterschiede zwischen dem von § 39 I 3 VwVfG und § 40 VwVfG umfassten materiellen Recht und dem Verfahrensrecht seien nicht nur unter Rechtsschutzgesichtspunkten erkennbar, so dass nach dieser Ansicht bereits der Grundannahme der Gleichsetzung von Verfahrensermessen mit materiellem Ermessen nicht zugestimmt wird. Dementsprechend können auch die für die Begründung von Ermessensentscheidungen geltenden Anforderungen nicht auf das Verfahrensermessen übertragen werden.[293] Selbst wenn man die Gebotenheit der Begründung für Verfahrensentscheidungen in bestimmten Fällen anerkennt, ist der Rückgriff auf die Regelung des § 39 I 3 VwVfG nach dieser Ansicht nicht erforderlich. Eine Begründungspflicht ließe sich ohne größere Schwierigkeiten aus den verfassungsrechtlichen Vorgaben ableiten. Die Verfassung, und nicht § 40 VwVfG, stelle die Grundlage des Verfahrensermessens dar, so dass der „Kunstgriff" über § 39 I 3 VwVfG nicht nur nicht möglich, sondern auch nicht erforderlich sei.[294] Ausgehend von den Funktionen der Begründung ist ein Rückgriff auf die verfassungsrechtliche Fundierung und Gebotenheit jederzeit ebenso möglich wie die Anwendung von speziellen gesetzlichen Begründungspflichten.[295]

Dem widerspricht die Mehrzahl der Obergerichte und der Autoren in der Literatur, die gerade in den Fällen, in denen die Verwaltung von der Durchführung einer bestimmten Verfahrenshandlung, wie zum Beispiel der Anhörung, absieht, eine Begründung entweder in direkter oder aber entsprechender Anwendung des § 39 I VwVfG für erforderlich hält.[296] Der Entscheidung über die Nichtdurchführung einer Verfahrenshandlung geht in der Regel eine Ermessensausübung voraus, deren Inhalt dem Adressaten mitgeteilt werden sollte. Gerade die überwiegend anerkannte Gleichbehandlung von Verfahrensermessen und materiellem Ermessen erfordert eine grundsätzliche Darlegung der Ermessenserwägungen.[297] Es überzeugt nicht, die Ablehnung dieser Gleichbehandlung auf § 40 VwVfG zu stützen, gelten die Ermessensgrundsätze doch nicht allein für Verwaltungsakte, sondern stellen einen Maßstab für das gesamte Handeln der Verwaltung im Rahmen eines Verwaltungsverfahrens dar.[298] Das Gewicht der

---

[292] *Günther*, ZBR, 1985, 321, 324.

[293] *Schwab*, Begründungspflicht, S. 69.

[294] *Schwab*, Begründungspflicht, S. 69.

[295] *VGH Mannheim*, DÖV 1981, 971, 973.

[296] *OVG Münster*, NVwZ 1982, 326; *OVG Münster*, NJW 1978, 1764, 1765; *Mandelartz*, DVBl. 1983, 112, 114; *Rothkegel*, DÖV 1982, 511, 513; *Weides*, JA 1984, 648, 654; *Hill*, NVwZ 1985, 449, 455; *Kamphausen/Kampmann*, BauR 1986, 403, 411; *Kopp/Ramsauer*, VwVfG, § 28 Rn. 45.

[297] *Mandelartz*, DVBl. 1983, 112, 114; *Kamphausen/Kampmann*, BauR 1986, 403, 411; *Kopp/Ramsauer*, VwVfG, § 39 Rn. 25.

[298] *Rothkegel*, DÖV 1982, 511, 513.

Gründe, die eine Begründung auch von Verfahrenshandlungen für geboten halten, stützt diese Ansicht. Der Rückgriff auf Verfassungsprinzipien allein kommt einem Rückschritt in die Zeiten vor Inkrafttreten des Verwaltungsverfahrensgesetzes gleich, die aus guten Gründen mit der Kodifizierung des Verwaltungsverfahrens überwunden wurde.[299]

(c) Fazit

Ermessensentscheidungen der Verwaltung, die Verfahrenshandlungen betreffen, also das Ergebnis eines Verfahrensermessens sind, unterliegen wie schon das materielle Ermessen einer verfassungsrechtlich gebotenen Begründungspflicht, die ihre Konkretisierung in der einfachrechtlichen Vorschrift des § 39 I 3 VwVfG findet. Die strukturellen Gemeinsamkeiten von materiellem Ermessen und Verfahrensermessen wirken sich dahingehend aus, dass für Inhalt und Umfang der Begründung gleichermaßen die hohen Anforderungen des § 39 I 3 VwVfG gelten.

(5) Auswirkungen von Ermessensrichtlinien/Verwaltungsvorschriften auf die Begründung

(a) Die Verwaltungsvorschriften

In den vorangegangenen Abschnitten sind die unterschiedlichen Ermessensarten und die daraus resultierenden unterschiedlichen Anforderungen an die Begründung dieser Entscheidungen thematisiert worden. Das diesen Entscheidungen vorausgehende konkrete Handeln der Verwaltung stützt sich in vielen Fällen auf Verwaltungsvorschriften, die als abstrakt-generelle Regelungen der Exekutive die innere Organisation und das Handeln der Verwaltung gestalten.[300] Diese Verwaltungsvorschriften lassen sich in organisatorische und verhaltenslenkende Verwaltungsvorschriften unterteilen.[301] Mit ihren Vorgaben an die Verwaltung für die Anwendung der Gesetze sind sie wesentlicher Bestandteil des Gesetzesvollzugs, ihre Bedeutung im Bereich der Leistungsverwaltung zeigt aber auch die Ausweitung der Verwaltungsvorschriften in Bereiche, in denen es an gesetzlichen Vorgaben mangelt.[302] Die Befugnis der Exekutive zum Erlass solcher Verwaltungsvorschriften findet sich in den Art. 84 II, 85 II, 86 S.1 GG und in den Landesverfassungen und ist im Rahmen der Organisations- und Geschäfts-

[299] Vgl. *Ule,* DVBl. 1976, 421 f.; *v. Danwitz,* Jura 1994, 281, 282.
[300] *Kautz,* GewArch 2000, 230; *Erichsen/Klüsche,* Jura 2000, 540; *Guckelberger,* Die Verwaltung 35 (2002), 61, 62.
[301] *Kautz,* GewArch 2000, 230, 231.
[302] *Ellwein,* Verwaltungsvorschriften, S. 30; *Rogmann,* Bindungswirkung von Verwaltungsvorschriften, S. 16.

leitungsgewalt der Exekutive eigen.[303] Charakteristisches Merkmal der Verwaltungsvorschriften ist es, dass sie zunächst nur den Amtswalter binden, also unmittelbar lediglich im Innenbereich der Verwaltung ihre Wirkung entfalten.[304] Eine direkte Außenwirkung wird verneint, denn eine Verwaltungsvorschrift kann eine Bindung von Verwaltung und Bürger nicht bewirken, solange es sich bei ihr nicht um Recht und Gesetz im Sinne des Art. 20 III GG handelt.[305] Eine viel diskutierte[306] eventuelle mittelbare Außenwirkung einer Verwaltungsvorschrift wird inzwischen nicht mehr grundsätzlich abgelehnt, sie bedarf jedoch einer eigenen Rechtfertigung, um auf diese Weise eine Bindung des Bürgers oder der Gerichte zu bewirken.[307]

Die den Entscheidungen zugrunde liegende Ermessensbetätigung der Verwaltung stützt sich häufig auf so genannte Ermessensrichtlinien, die als Verwaltungsvorschrift dem einzelnen Amtswalter die abstrakten Kriterien der Ermessensbetätigung für den Regelfall vorgeben.[308] Sie sind zwar Bestandteil des Innenrechts, wirken aber insofern nach außen, als sie Leitlinien für die administrative Ermessensausübung darstellen; von diesen darf die Verwaltung nicht ohne Grund abweichen, wenn ihre Ermessensausübung nicht zweckwidrig und damit fehlerhaft werden soll.[309] Bei diesen Ermessensrichtlinien handelt es sich um eine besondere Ausprägung der verhaltenslenkenden Verwaltungsvorschriften,[310] die zwar keine direkte Außenwirkung haben, deren Auswirkungen den Bürger aber faktisch treffen, so dass sie zumindest mittelbar Außenwirkung entfalten.[311] Diese mittelbare Außenwirkung der Ermessensrichtlinien wird dogmatisch angeknüpft an den Grundsatz der Selbstbindung der Verwaltung aufgrund des Art. 3 I GG.[312] Der Gleichheitssatz des Art. 3 I GG gebietet es der Verwaltung, das Ermessen in gleich gelagerten Fällen auf die gleiche Weise auszuüben.

---

[303] *Ossenbühl,* Verwaltungsvorschriften, S. 543 f.; *Erichsen/Klüsche,* Jura 2000, 540, 542; *Guckelberger,* Die Verwaltung 35 (2002) S. 61, 62.

[304] *BVerwGE* 31, 149, 153; *Kautz,* GewArch 2000, 230, 231; *Leisner,* in: *Franke,* FS Fürst, S. 185, 186.

[305] *BVerwGE* 58, 45, 51; *Rieger,* Ermessen und innerdienstliche Weisung, S. 120; *Schmalz,* Allgemeines Verwaltungsrecht, Rn. 721; *Ossenbühl,* in: *Erichsen/Ehlers,* Allgemeines Verwaltungsrecht, § 6 Rn. 42.

[306] Vgl. nur *Rogmann,* Bindungswirkung von Verwaltungsvorschriften, S. 29 ff.

[307] *Hamann,* VerwArch 73 (1982), 28, 29; *Wolff/Bachof/Stober,* Verwaltungsrecht Band I, § 24 Rn. 27; *Maurer,* Allgemeines Verwaltungsrecht, § 24 Rn. 20 f.

[308] *BVerwGE* 66, 268, 269; *Hamann,* VerwArch 73 (1982), 28.

[309] *Lange,* NJW 1992, 1193, 1196.

[310] *Kautz,* GewArch 2000, 230, 231.

[311] *BVerwGE* 58, 45, 49; *Guckelberger,* Die Verwaltung 35 (2002), 61, 66.

[312] *Wallerath,* Selbstbindung, S. 35 f.; *Jarass,* JuS 1999, 105, 107; *Ossenbühl,* in: *Isensee/Kirchhof,* HStR, Bd. III, § 65 Rn. 45; *ders.,* in: *Erichsen/Ehlers,* Allgemeines Verwaltungsrecht § 6 Rn. 48.

Dies setzt voraus, dass die Verwaltung durch ihr eigenes rechtmäßiges Handeln eine bestimmte Verwaltungspraxis zur Regel gemacht hat, an die sie nun durch Art. 3 I GG grundsätzlich gebunden ist.[313] Ein Abweichen von dieser Verwaltungspraxis ist nur möglich, wenn sich die Fälle erheblich unterscheiden.[314] Diese mittelbare Außenwirkung hat zur Folge, dass sich der Bürger dann vor Gericht zwar nicht auf die Verwaltungsvorschrift, aber doch auf Art. 3 I GG berufen und eine Gleichbehandlung einfordern kann.[315]

(b) Die Begründungspflicht bei einer Entscheidung aufgrund Verwaltungsvorschrift

Auch wenn Ermessensrichtlinien keine eigenständige Ermessensart darstellen, so sind sie doch ein wichtiger Aspekt der Verwaltungspraxis und beeinflussen als Teil der Ermessenskonkretisierung das Ergebnis einer Ermessensentscheidung.[316] Daher können sie im vorliegenden Kontext Bedeutung für die Herausarbeitung der unterschiedlichen Anforderungen an die Begründung einer Ermessensentscheidung haben. Durch die Ermessensrichtlinie wird dem Amtswalter vorgegeben, auf welche Art und Weise Entscheidungen getroffen werden sollen.[317] Die Anwendung einer solchen Ermessenrichtlinie befreit ihn aber nicht von der Pflicht, Ermessen auszuüben und den Abwägungsvorgang darzulegen.[318] Das Ermessen wird vielmehr in einer dem Gesetzeszweck entsprechenden Art und Weise gelenkt.[319] Für die Begründung einer mit Hilfe von Ermessensrichtlinien ergangenen Entscheidung bedeutet dies, dass auf die Verwaltungsvorschrift hingewiesen werden und dem Adressaten dargelegt werden muss, warum in diesem Fall die Verwaltungsvorschrift einschlägig ist.[320] Ein Abweichen von den Vorgaben der Ermessensrichtlinie ist nur dann möglich, wenn ein sachlicher Grund für diese Abweichung besteht, der in der Begründung genannt werden muss.[321]

Es zeigt sich hier also eine vergleichbare Systematik wie bei der Begründungspflicht im Rahmen des intendierten Ermessens.[322] Die Rechtsgrundlage gibt die Behandlung des Regelfalls vor. Sei es, weil die Verwaltungsvorschrift die Vor-

---

313 *Wallerath,* Selbstbindung, S. 93; *Götz,* FS *BVerwG* S. 245; *Vogel,* FS Thieme, S. 605, 608.

314 *Ossenbühl,* Verwaltungsvorschriften, S. 527; *Wallerath,* Selbstbindung, S. 55; *Vogel,* FS Thieme, S. 605, 608.

315 *Guckelberger,* Die Verwaltung 35 (2002), 61, 66.

316 *Lange,* NJW 1992, 1193, 1195.

317 *Lange,* NJW 1992, 1193, 1195.

318 *OVG Münster,* NVwZ 1984, 600; *Schwab,* DÖD 1994, S. 80.

319 *BVerwGE* 66, 268, 270.

320 *VGH Mannheim,* KStZ 1991, 110, 111.

321 *BVerwGE* 33, 233, 239.

322 S.o.: Erster Teil, D.I.5.b)cc)(3)(b); S. 42.

gehensweise des Amtswalters eindeutig bestimmt, oder weil wie im Fall des intendierten Ermessens der Ermächtigungsgrundlage eine Intention des Gesetzgebers zugrunde liegt. Die Begründung kann sich in diesen Regelfällen auf die Feststellung beschränken, besondere Umstände lägen nicht vor, während in den atypischen Fällen der Begründungsaufwand insofern größer ist, als dass die Behörde die Besonderheiten des Falles darzustellen verpflichtet ist.

dd) Ermessensausübung als Voraussetzung der Begründung oder Bestimmung des Umfangs der Begründung?

Zu Beginn der Untersuchung der verschiedenen Ermessensarten und der Begründung der daraus resultierenden Entscheidungen war die These aufgestellt worden, dass zwischen der Weite des Ermessensspielraumes und dem Umfang der Begründung ein enger Zusammenhang dergestalt bestehe, dass sich beide gegenseitig bedingen. Je weiter der Entscheidungsspielraum der Verwaltung, desto höher sollten zugunsten des Adressaten der Verwaltungsentscheidung die Anforderungen an Inhalt und Umfang der Begründung sein.[323] Von der Bestätigung dieser These abhängig ist die Beantwortung der Frage, ob darüber hinaus das Verhältnis zwischen der Ermessensbetätigung der Verwaltung und der Begründung derart umschrieben werden kann, dass die Ermessensbetätigung Voraussetzung für die Begründung, oder „nur" Hilfsmittel zur Bestimmung des Umfangs der Begründung ist.

Für die Ermessenskategorie der Ermessensreduzierung bestätigte sich, wenn auch nicht auf den ersten Blick erkennbar, diese These. Der bei einer Ermessenreduzierung im Ergebnis sehr enge Ermessensspielraum der Verwaltung ist im konkreten Fall das Ergebnis einer gründlichen Ermessensbetätigung. Erst die Ermessensbetätigung der Verwaltung bringt die Einschränkung des Ermessens, bezogen auf den Inhalt der Entscheidung „ans Licht", so dass in der Begründung diese Ermessensbetätigung auch darzulegen ist. Der Ermessenspielraum der Verwaltung ist mithin in seinem der Begründungspflicht unterliegenden Teil nicht eingeschränkt, so dass sich auch Inhalt und Umfang der Begründung an den Allgemeinen Anforderungen des § 39 I 3 VwVfG orientieren müssen.

Beim intendierten Ermessen liegt die Bestätigung der untersuchten These schon eher auf der Hand. Hier wird das Ermessen bereits durch die Ermächtigungsgrundlage eingeschränkt, der Spielraum der Verwaltung ist anders als bei der Ermessensreduzierung von vornherein begrenzt. Dementsprechend hat sich gezeigt, dass die Anforderungen an die Begründung nur gering sind. Bei Vorliegen des intendierten Regelfalles kann sie sich auf die Nennung der Ermächtigungsgrundlage und das Vorliegen des Regelfalles beschränken. Der Umfang der Be-

---

[323] S.o.: Erster Teil, D.I.5.b)cc); S. 36.

gründung ist also aufgrund des engen Handlungsspielraums der Verwaltung denkbar gering.

Das Verfahrensermessen wiederum ist eigentlich keine Ermessenskategorie mit einem eigenen, vom „klassischen" Ermessen abweichenden Spielraum der Verwaltung. Demzufolge unterscheidet sich die Begründung in ihrem Umfang auch nicht vom Regelfall des § 39 I 3 VwVfG.

Keine Ermessenskategorie im eigentlichen Sinne sind ferner die Ermessensrichtlinien, die ein Hilfsmittel der Verwaltung darstellen.[324] Nichtsdestotrotz haben sie erhebliche Auswirkungen auf die Ermessensausübung der Verwaltung und sind damit auch für die Begründung der Entscheidung von Bedeutung. Eine Ermessenrichtlinie schränkt die Möglichkeiten des Amtswalters vergleichbar dem intendierten Ermessen ein, es ist daher nur folgerichtig, dass die Begründung in diesen Fällen dem Adressaten die Ermessensrichtlinie und die Gründe für die Anwendbarkeit derselben darlegt.

Aus diesen Ergebnissen lässt sich zunächst die Bestätigung der eingangs genannten These ableiten, dass zwischen der Ermessensbetätigung der Verwaltung und dem Umfang der Begründung ein Zusammenhang besteht und sie sich gegenseitig bedingen. Nicht ableiten lässt sich aber, dass die Ermessensausübung die Voraussetzung für die Begründung darstellt. Wäre dies der Fall, müsste zunächst eine Pflicht zur Begründung von Verwaltungsentscheidungen die nicht im Ermessen der Behörde stehen, verneint werden. Dass aber auch für solche Verwaltungsentscheidungen eine Begründungspflicht besteht wurde bereits gezeigt.[325] Die Ausführungen haben vielmehr deutlich gemacht, dass die Ermessensbetätigung der Verwaltung den Umfang der Begründung bestimmt, indem § 39 I 3 VwVfG von der Verwaltung verlangt, in der Begründung das niederzulegen, was zuvor in der Ermessensbetätigung abgewogen wurde.

c) Inhalt und Umfang der Begründung bei Verwaltungsentscheidungen mit Beurteilungsspielraum

aa) Der Beurteilungsspielraum

Das im vorhergehenden Abschnitt dargestellte Ermessen der Verwaltung ist davon geprägt, dass der Verwaltung auf der Rechtsfolgenseite einer Norm ein Spielraum gewährt ist, den sie in einer den Anforderungen des konkreten Einzelfalls entsprechenden Art und Weise zwar außerhalb des gerichtlichen Kontrollbereichs, jedoch innerhalb der anerkannten Grenzen ausfüllen kann. Auch auf der Tatbestandsseite der Norm gibt es einen Bereich, in dem die Verwaltung

---

324 S.o.: Erster Teil, D.I.5.b)cc)(5); S. 49.

325 S.o.: Erster Teil, D.I.5; S. 26.

zur Ausfüllung eines Spielraums befugt ist. Es ist der so genannte Beurteilungsspielraum, der eine dem Ermessen vergleichbare Funktion erfüllt, nämlich die Konkretisierung offener Normen durch die Verwaltung.[326] Diese strukturellen Gemeinsamkeiten zwischen dem Ermessen auf der Rechtsfolgenseite und dem Beurteilungsspielraum auf der Tatbestandsseite legen den Schluss nahe, dass Verwaltungsentscheidungen, die aufgrund eines nur eingeschränkt überprüfbaren Beurteilungsspielraumes ergehen ebenso sorgfältig begründet werden müssen wie Ermessensentscheidungen.

Die Lehre vom Beurteilungsspielraum der Verwaltung auf der Tatbestandsseite der Norm wurde erstmals von *Bachof* in den fünfziger Jahren entwickelt.[327] Er gestand der Verwaltung bei der Ausfüllung unbestimmter Rechtsbegriffe einen gerichtlich nicht überprüfbaren Bereich zu, innerhalb dessen die Verwaltung selbständig den konkreten Fall unter den unbestimmten Rechtsbegriff subsumieren konnte.[328] Lediglich die abstrakten Grenzen der Auslegung des unbestimmten Rechtsbegriffs unterlagen der gerichtlichen Kontrolle.[329] Einen ähnlichen Ansatz verfolgt auch die *Vertretbarkeitslehre* von *Ule.*[330] Diese setzte den Schwerpunkt auf die Wertung der Verwaltung. In Grenzfällen könne die Verwaltung aus mehreren rechtmäßig möglichen Entscheidungen die besonders geeignete auswählen, und die gerichtliche Kontrolle ist darauf beschränkt, die Vertretbarkeit dieser Entscheidung zu überprüfen.

Der zur Konkretisierung unbestimmter Rechtsbegriffe eingeräumte Beurteilungsspielraum der Verwaltung begegnet gerade im Hinblick auf die nur eingeschränkt mögliche gerichtliche Überprüfung Vorbehalten. Die Rechtsweggarantie des Art. 19 IV GG verlangt grundsätzlich eine volle gerichtliche Kontrolle belastender Verwaltungsentscheidungen.[331] Nur unter besonderen Umständen ist eine Beschränkung der gerichtlichen Kontrolle zulässig.[332] Diesen Umständen will die *normative Ermächtigungslehre* Rechnung tragen und geht daher grundsätzlich von einer vollen gerichtlichen Überprüfbarkeit auch der Anwendung unbestimmter Rechtsbegriffe aus. Die Konkretisierung unbestimmter Rechtsbegriffe sei grundsätzlich Sache der Gerichte und ein unbestimmter Rechtsbegriff ziehe nicht automatisch einen Beurteilungsspielraum der Verwaltung nach

---

[326] *Herdegen,* JZ 1991, 747, 748.

[327] *Bachof,* JZ 1955, 97 ff; *Cattepoel,* VerwArch 71 (1980), 140.

[328] *Bachof,* JZ 1972, 641, 644.

[329] *Wolff/Bachof/Stober,* Verwaltungsrecht, Band 1 § 31 Rn. 14 f.

[330] *Ule,* GS Jellinek, S. 309 ff; *Ule,* VerwArch 76 (1985), 1, 15.

[331] *BVerfGE* 15, 275, 282; 35, 382, 401; 51, 304, 312; *BVerwG* NVwZ 1991, 568, 569; *Schmidt-Aßmann/Groß,* NVwZ 1993, 617, 620; *Beaucamp,* JA 2002, 314, 315.

[332] *BVerfGE* 64, 261, 279; *Pieroth/Kemm,* JuS 1995, 780, 781; *Krüger/Sachs,* in: *Sachs,* GG Art. 19 Rn. 132.

sich.[333] Es sei vielmehr Voraussetzung, dass dem entsprechenden Gesetz eine Ermächtigung der Verwaltung zu einer letztverbindlichen Entscheidung zu entnehmen ist.[334] Damit zeige sich, dass nicht der Spielraum, sondern die Ermächtigung das entscheidende Merkmal ist, an dem die Letztentscheidungsbefugnis der Verwaltung anknüpft um einen ausfüllungsbedürftigen Spielraum anzuzeigen.[335] Es ist damit die Aufgabe des Gesetzgebers, die Ermächtigung zur Ausfüllung eines Spielraumes einzuräumen. Eine Ermächtigung der Verwaltung zur Ausfüllung eines vom Gesetzgeber eingeräumten Spielraumes ist unter anderem daran zu erkennen, dass nach dem erkennbaren Willen des Gesetzgebers die Entscheidung wesentlich der Sachkunde der Behörde bedarf und aufgrund metajuristischer Erwägungen zu treffen ist.[336] Die Norm ist unter Berücksichtigung des Gesamtzusammenhanges auszulegen und ein Beurteilungsspielraum aufzuspüren.[337] Ein auf diese Weise in einer Norm des materiellen Rechts anerkannter und von der Verwaltung ausgefüllter Beurteilungsspielraum kann in Anlehnung an die Kontrollmaßstäbe bei Ermessensentscheidungen nur daraufhin gerichtlich überprüft werden, ob die Verwaltung von einem zutreffenden und vollständig ermittelten Sachverhalt ausgegangen ist, die allgemein gültigen Prüfungs- und Beurteilungsmaßstäbe beachtet hat und sich nicht von sachfremden Erwägungen hat leiten lassen.[338] Das Verfassungsrecht und allgemeine Rechtsgrundsätze bilden die Grenzen, innerhalb derer die Verwaltung über den Beurteilungsspielraum verfügt.[339]

In der Regel muss die Ermächtigung der Verwaltung zur Ausfüllung eines unbestimmten Rechtsbegriffs im Sinne der normativen Ermächtigungslehre erst durch Auslegung der Norm ermittelt werden.[340] In der Rechtsprechung hat sich zusätzlich eine Reihe von Fallgruppen herausgebildet, bei deren Vorliegen ein von den Gerichten nur eingeschränkt überprüfbarer Beurteilungsspielraum der Verwaltung nahe liegt.[341] Hierunter fallen Entscheidungen eines pluralistisch besetzten Gremiums,[342] Entscheidungen mit planerischem Charakter,[343] Ent-

---

333 *Schmidt-Aßmann/Groß*, NVwZ 1993, 617, 621; *Grupp*, FS Blümel, S. 139, 145.
334 *BVerfGE* 61, 82, 111; *Pieroth/Kemm*, JuS 1995, 780, 781.
335 *Schmidt-Aßmann*, in: *Maunz/Dürig*, GG, Art. 19 IV Rn. 184.
336 *Grupp*, FS Blümel, S. 139, 151.
337 *Rozek*, NVwZ 1992, 343.
338 *Berg*, Verwaltungsrechtliche Entscheidung, S. 145; *Beaucamp*, JA 2002, 314, 319; *Schmidt-Aßmann*, in: *Maunz/Dürig*, GG, Art. 19 IV Rn. 192.
339 *Günther*, NWVBl 1991, 181, 184; *Hofmann*, NVwZ 1995, 740, 741.
340 *Schmidt-Aßmann/Groß*, NVwZ 1993, 617, 623.
341 *Berg*, Verwaltungsrechtliche Entscheidung, S. 145; *Grupp*, FS Blümel, S. 139, 146.
342 *BVerwGE* 39, 197, 204.
343 *BVerwG* NVwZ 1991, 568, 569.

scheidungen, deren Komplexität besonderen Sachverstand erfordert,[344] Entscheidungen, die in besonderem Maße auf der Bewertung einer nicht gleichermaßen wiederholbaren Situation beruhen, wie z.B. Prüfungsentscheidungen[345] und Entscheidungen der Verwaltung, die besonders stark von einer Wertung geprägt sind.[346]

In all diesen Fällen sind Ausnahmen von der Regel der vollständigen gerichtlichen Überprüfung von Verwaltungsentscheidungen nach Art. 19 IV GG möglich, und der Verwaltung kann ein Beurteilungsspielraum eingeräumt sein, soweit dieser im Rahmen der oben genannten Grenzen bleibt.

bb) Die Begründung einer Entscheidung mit Beurteilungsspielraum

Die strukturellen Gemeinsamkeiten von Beurteilungsspielraum und Ermessenspielraum der Verwaltung[347] können bei der Erarbeitung der Anforderungen an eine Begründung nach § 39 I VwVfG im Falle einer Verwaltungsentscheidung mit Beurteilungsspielraum hilfreich sein.

Bei Ermessensentscheidungen ist die nur geringe gerichtliche Kontrolle der Entscheidung ein wesentlicher Grund dafür, dass § 39 I 3 VwVfG die Anforderungen an Inhalt und Umfang der Begründung hoch ansetzt. Für eine Verwaltungsentscheidung, die darauf beruht, dass die Verwaltung selbständig und nur eingeschränkt überprüfbar einen unbestimmten Rechtsbegriff konkretisiert hat, bedarf es unter Umständen einer vergleichbar detaillierten Begründung.

Inhalt und Umfang der Begründung sind unter anderem davon abhängig, auf welche Rechtsgrundlage die Begründung gestützt werden kann. § 39 I VwVfG bietet hier zwei Anknüpfungsmöglichkeiten: Zum einen die „generelle“ Begründungspflicht nach § 39 I 2 VwVfG, und zum andern die „speziell“ für Ermessensentscheidungen geltende Regelung des § 39 I 3 VwVfG.[348]

Eine Anknüpfung des Inhalts und Umfangs der Begründung an § 39 I 2 VwVfG würde der Besonderheit der eingeschränkten Kontrolldichte bei Verwaltungsentscheidungen mit Beurteilungsspielraum nicht gerecht werden. Der Beurteilungsspielraum der Verwaltung stellt eine nur unter besonderen Umständen mögliche Ausnahme der Rechtsschutzgarantie des Art. 19 IV GG dar.[349] Dieser Mangel an gerichtlicher Kontrolle muss ausgeglichen werden durch besonders sorgfältiges und für den Adressaten nachvollziehbares Verwaltungshandeln. In einem sol-

---

[344] *Beaucamp,* JA 2002, 314, 316.
[345] *BVerfGE* 84, 34, 49 f.
[346] *Berg,* Verwaltungsrechtliche Entscheidung, S. 145.
[347] Vgl. *Herdegen,* JZ 1991, 747.
[348] S. o.: Erster Teil, D.I.3; S. 22.
[349] *Krüger/Sachs,* in: *Sachs,* GG, Art. 19 IV Rn. 146.

chen Fall kann eine Begründung, die nach § 39 I 2 VwVfG nur die tatsächlichen und rechtlichen Gründe darzulegen hat, diesen verfassungsrechtlich gebotenen Ausgleich nicht leisten. Eine solche vergleichsweise oberflächliche Begründung wird den Funktionen der Begründung nicht gerecht.[350] Eine Begründung, die den Bürger nicht darüber aufklärt, dass die Entscheidung aufgrund eines der Verwaltung eingeräumten Spielraumes erfolgt ist, kann nicht befriedend wirken. Im Gegenteil schürt sie Misstrauen, ob alles mit rechten Dingen zugegangen ist, und wirft die Frage auf, was die Behörde zu verbergen hat. Ebenso wenig wird der Bürger darüber aufgeklärt, dass die gerichtliche Kontrolle eingeschränkt ist. Die gerade in diesem Fall bedeutsame Rechtsschutzfunktion kommt nicht zum Tragen.[351] Der Adressat des Verwaltungsaktes ist nicht in der Lage, die Möglichkeiten eines gerichtlichen Rechtsschutzes realistisch einzuschätzen. Nicht weniger gefährdet ist die Kontrollfunktion. Sie dient der Selbstkontrolle der Verwaltung, die jedoch nicht effektiv ist, wenn die Verwaltung in einem sensiblen Bereich wie der weitgehend unkontrollierten Ausfüllung eines Spielraums nicht zu einer sorgfältigen Überprüfung ihrer Entscheidung durch Formulieren einer detaillierten Begründung angehalten wird. Die Anknüpfung der Begründung an die Regelung des § 39 I 2 VwVfG im Falle eines Beurteilungsspielraumes kommt also aufgrund der zahlreichen genannten Risiken für die Interessen des Adressaten nicht in Betracht.

Es stellt sich die Frage, ob für die Begründung § 39 I 3 VwVfG als Rechtsgrundlage geeignet ist. Eine direkte Anwendung des § 39 I 3 VwVfG auf Verwaltungsentscheidungen mit Beurteilungsspielraum scheint vom Wortlaut der Norm ausgeschlossen zu sein.[352] § 39 I 3 VwVfG formuliert den Anwendungsbereich ausdrücklich für Ermessensentscheidungen. In Betracht kommen könnte jedoch eine analoge Anwendung des § 39 I 3 VwVfG auch auf Entscheidungen mit Beurteilungsspielraum. Für eine solche Analogie ist es erforderlich, dass der zu prüfende aber gesetzlich nicht geregelte Fall eine planwidrige Regelungslücke darstellt und auf einer mit dem gesetzlich geregelten Fall vergleichbaren Interessenlage beruht.[353]

§ 39 VwVfG enthält in keinem seiner Absätze einen Hinweis auf die Begründung einer Verwaltungsentscheidung mit Beurteilungsspielraum. Die Beurteilungsspielräume werden weder ausdrücklich in den Anwendungsbereich einbezogen, noch ausdrücklich ausgeschlossen. Dies und die zum Zeitpunkt der Kodifizierung des Verwaltungsverfahrensgesetzes nicht vorhersehbare „Popularität" des Beurteilungsspielraumes sprechen dafür, diese Lücke als planwidrig zu qua-

---

350 S. o.: Erster Teil, B; S. 11.
351 *Günther,* NWVBl 1991, 181, 184.
352 *Günther,* NWVBl 1991, 181, 184.
353 *Schmalz,* Methodenlehre, Rn. 383 f.

lifizieren.[354] Erst im Laufe der Jahre wuchsen die Bedeutung und vor allem die tägliche Anwendung des Beurteilungsspielraumes. Darüber hinaus ist es für die Bejahung einer Analogie erforderlich, dass die Interessenlage im geregelten und im ungeregelten Fall vergleichbar ist. Die erhöhten Anforderungen an die Begründung einer Ermessensentscheidung nach § 39 I 3 VwVfG haben ihren Grund in der nur eingeschränkten gerichtlichen Kontrolle von Ermessensentscheidungen.[355] Die Beschränkung der Gerichte auf eine Kontrolle der Ermessensausübung erfordert zum Schutz des Adressaten eine ausführliche Begründung der Entscheidung.[356] Diese Erwägungen lassen sich auch für Verwaltungsentscheidungen mit Beurteilungsspielraum bejahen. Der Verwaltung ist auf der Tatbestandsseite ein Spielraum eingeräumt, den sie weitgehend frei von gerichtlicher Kontrolle auszufüllen berechtigt ist. Die Gerichte sind auf eine Fehlerkontrolle beschränkt, die nur die Einhaltung der Grenzen der Beurteilungsermächtigung überprüft.[357] Es ist für den Adressaten folglich in besonderem Maße erforderlich, die Aussichten eines Rechtsbehelfs im Vorfeld abschätzen zu können. In dieser Situation befindet er sich in gleichem Maße bei einer Ermessensentscheidung, so dass die vergleichbare Interessenlage zu bejahen ist.[358] Eine analoge Anwendung des § 39 I 3 VwVfG auf Verwaltungsentscheidungen mit Beurteilungsspielraum ist folglich angezeigt.[359]

Die Anforderungen an die Begründung einer Verwaltungsentscheidung mit Beurteilungsspielraum sind demzufolge entsprechend der Vorgaben des § 39 I 3 VwVfG hoch anzusetzen.[360] Die Mechanismen und Wechselwirkungen, welche die Begründung einer Ermessensentscheidung prägen, sind auch bei Beurteilungsspielräumen gültig, so dass Inhalt und Umfang der Begründung folgendermaßen auf den Punkt gebracht werden können: Je weiter der eingeräumte Beurteilungsspielraum ist, desto eingehender muss die Entscheidung begründet werden.[361] Diese Gemeinsamkeit setzt sich auch in der Rechtsprechung fort, die ohne eine explizite Stellungnahme zur Rechtsgrundlage die Anforderungen an die Begründung einer Entscheidung mit Beurteilungsspielraum nicht von denen unterscheidet, die an die Begründung einer Ermessensentscheidung gestellt werden. Die Begründung muss der nur eingeschränkt möglichen Kontrolle durch die

---

354 *Günther,* NWVBl 1991, 181, 184.
355 S.o.: Erster Teil, D.I.5.b)dd); S. 52.
356 *OVG Magdeburg,* LKV 1994, 60, 62.
357 S.o.: Erster Teil, D.I.5.c)aa); S. 53.
358 *OVG Magdeburg,* LKV 1994, 60, 62.
359 *Kopp/Ramsauer,* VwVfG, § 39 Rn. 28.
360 *Kellner,* DÖV 1972, 801, 803; *Günther,* NWVBl 1991, 181, 184.
361 *Koenig,* AöR 117 (1992), 513, 538.

Gerichte Rechnung tragen und aus diesem Grund die Beurteilungsmaßstäbe erkennen lassen, die der Entscheidung zugrunde liegen.[362]

Im Ergebnis sind an die Begründung einer Verwaltungsentscheidung mit Beurteilungsspielraum die gleichen Anforderungen zu stellen, wie an die Begründung einer Ermessensentscheidung. Entscheidungen mit Beurteilungsspielraum müssen in der Begründung die tatsächlichen Umstände, die der Entscheidung zugrunde gelegt wurden ebenso darlegen, wie den Abwägungsvorgang und die angewendeten Kriterien um die – zwar nur eingeschränkt aber doch grundsätzlich mögliche – gerichtliche Überprüfung der Entscheidung zu ermöglichen.[363]

cc) Exkurs: Sonderfall der Begründung einer Prüfungsentscheidung

Prüfungsentscheidungen sind seit jeher ein besonderer Anwendungsfall der Dogmatik zum Beurteilungsspielraum.[364] Wie keine zweite Entscheidungsart der Verwaltung sind Prüfungsentscheidungen von den besonderen Merkmalen eines Beurteilungsspielraumes geprägtes Verwaltungshandeln: Die besondere Fachkunde der Prüfer und die grundsätzliche Unwiederholbarkeit einer Prüfungssituation mit den subjektiven Eindrücken der Prüfer gerade bei mündlichen Prüfungen sind nur zwei Aspekte, die die Notwendigkeit eines Beurteilungsspielraumes bei Prüfungsentscheidungen unterstreichen.[365] Dies hat in der frühen Rechtsprechung des *BVerwG* dazu geführt, dass dieses die gerichtliche Kontrolle von Prüfungsentscheidungen darauf beschränkte, die Einhaltung von Verfahrensvorschriften, die Beachtung allgemein anerkannter Bewertungsmaßstäbe und die Willkürfreiheit der Entscheidung zu kontrollieren.[366] Der fachliche Bereich der Prüfung unterlag vollständig dem Beurteilungsspielraum des Prüfers und war daher der Kontrolle der Verwaltungsgerichte entzogen.[367] Nur in extremen Fällen, in denen sich die Willkür des Prüfers geradezu aufdrängte, war eine fachlich-inhaltliche Prüfung der Entscheidung im Rahmen einer Willkürprüfung möglich.[368] Dieser Rechtsprechung des *BVerwG* wurde 1991 durch zwei Entscheidungen des *BVerfG* eine Absage erteilt, da sie insbesondere bei Prüfungen, die den Berufszugang beschränken, nicht mit Art. 19 IV GG vereinbar sei.[369] Die Grenzen des prüfungsrechtlichen Beurteilungsspielraumes wurden weiter gezogen um der besonderen Bedeutung der Grundrechte im Prüfungsrecht

---

[362] *BVerwGE* 39, 197, 204; 91, 24, 44; *BVerwG* DVBl. 1982, 29, 31.
[363] *VG Berlin*, NJW 1973, 1148, 1150; *Grupp*, FS Blümel, S. 139, 147.
[364] *Pietzcker*, JZ 1991, 1084.
[365] *Zimmerling/Brehm*, Prüfungsrecht, Rn. 353 f.
[366] *BVerwG* NJW 1959, 1842; s. auch *Koenig*, VerwArch 83 (1992), 351, 353; *Michaelis*, VBlBW 1997, 441.
[367] *Becker*, Prüfungsrecht, S. 54; *Michaelis*, VBlBW 1997, 441.
[368] *Koenig*, VerwArch 83 (1992), 351, 353.
[369] *BVerfG* NJW 1991, 2005; *BVerfG* NJW 1991, 2008.

Rechnung zu tragen.[370] Praktische Schwierigkeiten des Gerichts bei der Nachprüfung einer wissenschaftlich-fachlichen Antwort des Prüflings allein können eine Einschränkung des Grundrechts aus Art. 19 IV GG nicht rechtfertigen.[371] Einzig prüfungsspezifische Wertungen liegen weiterhin außerhalb des Kontrollbereichs der Gerichte.[372] Bei diesen prüfungsspezifischen Wertungen handelt es sich um diejenigen situationsgebundenen Bewertungen der Prüfer, die die Benotung der Arbeit, gerade im Vergleich zu anderen Prüflingen betreffen, ebenso wie die Einschätzung des Schwierigkeitsgrades der Prüfung.[373] Diese Wertungen entziehen sich einer gerichtlichen Kontrolle, da leicht die Gefahr eine Verzerrung der Bewertungsmaßstäbe und damit eine Verletzung der Chancengleichheit besteht.[374]

Diese Besonderheiten des Beurteilungsspielraumes bei Prüfungsentscheidungen werfen die Frage auf, ob sich als Konsequenz dieses eingeschränkten Beurteilungsspielraumes die Kriterien für die Begründung einer solchen Prüfungsentscheidung von denen einer „einfachen" Verwaltungsentscheidung mit Beurteilungsspielraum unterscheiden.

(1) Die gesetzliche Grundlage einer Begründung bei Prüfungsentscheidungen

Entscheidungen der Verwaltung, die im Rahmen eines Prüfungsverfahrens ergehen, werden nur eingeschränkt von den Vorschriften des Verwaltungsverfahrensgesetzes erfasst. So schließt § 2 III Nr. 2 VwVfG unter anderem die Anwendung des § 39 VwVfG auf Prüfungsentscheidungen ausdrücklich aus. Diese vielfach kritisierte und für verfassungswidrig gehaltene Ausnahme von der Begründungspflicht[375] beruht unter anderem auf den Besonderheiten einer Prüfungssituation, denn die Bewertung setzt sich aus einer Vielzahl von persönlichen und unwiederholbaren Eindrücken der Prüfer zusammen, so dass eine Begründung unter Umständen nur mit großem Aufwand gegeben werden kann.[376] Diese Sichtweise schlug sich zunächst auch in der Rechtsprechung des *BVerwG* nieder. Die wegen der Besonderheiten des Prüfungsverfahrens nicht erforderliche Begründung müsse auch nicht aus allgemeinen rechtsstaatlichen Gesichtspunkten auf einer anderen Grundlage als § 39 VwVfG erfolgen.[377] Die für Prü-

---

[370] *Seebass,* NVwZ 1992, 609, 611; *Rozek,* NVwZ 1992, 343.

[371] S. auch *Eisvogel,* Bundesverfassungsgerichtsrechtsprechung zum Prüfungsrecht, S. 53 f.

[372] *BVerfG* NJW 1991, 2005; *BVerfG* NJW 1991, 2008, 2010.

[373] *Niehues,* Schul- und Prüfungsrecht, Bd. 2, Rn. 406.

[374] *Koenig,* VerwArch 83 (1992), 351, 269; *Eisvogel,* Bundesverfassungsgerichtsrechtsprechung zum Prüfungsrecht, S. 70.

[375] *Malorny,* Begründungspflicht, S. 139 f, m.w.N.

[376] *Dolzer,* DÖV 1985, 9, 14.

[377] *BVerwG* NVwZ 1988, 437, 438.

fungen charakteristische Vielzahl und Vielgestaltigkeit erlaube es nicht, einen einheitlichen Maßstab für Begründungen zu finden.[378] Diese Rechtsprechung hat das *BVerwG* 1992 im Zuge der geänderten Rechtsprechung des *BVerfG* zu Prüfungsentscheidungen aufgegeben,[379] und anknüpfend an die neuen Kriterien zur gerichtlichen Überprüfung von Prüfungsentscheidungen[380] eine Begründung auch für Prüfungsentscheidungen gefordert, da nur auf diese Weise die verfassungsrechtlich geforderte gerichtliche Überprüfung möglich sei. Das *BVerwG* hat sich damit einer zu diesem Zeitpunkt bereits vertretenen Ableitung einer Begründungspflicht aus Art. 19 IV GG angeschlossen.[381] Das Grundrecht auf effektiven Rechtsschutz verlangt, dass der zum Schutz der Grundrechte erforderliche effektive Rechtsschutz gerade in grundrechtsrelevanten Bereichen seine Wirkung entfalten kann.[382] Das Prüfungsrecht ist wegen seiner direkten Auswirkungen auf die freie Berufswahl nach Art. 12 I GG eine in besonderem Maße grundrechtsrelevante Materie. Daher ist es erforderlich, neben dem effektiven Rechtsschutz auch dem Gebot des Grundrechtsschutzes durch Verfahrensgestaltung in besonderem Maße zur Geltung zu verhelfen, wenn ein effektiver Grundrechtsschutz zunächst wegen des Vorliegens eines Beurteilungsspielraumes ausgeschlossen, bzw. eingeschränkt ist.[383]

Eine Reihe von Prüfungsordnungen sehen inzwischen ein Widerspruchsverfahren als Kontrollverfahren für Prüfungsentscheidungen vor,[384] der Prüfling ist jedoch bei einem Widerspruch gegen eine Prüfungsentscheidung verpflichtet, diesen zu begründen.[385] Hierzu ist er nur in der Lage, wenn auch die von ihm angegriffene Prüfungsentscheidung begründet ist.[386] Nicht nur diese einzelnen Regelungen in den verschiedenen Prüfungsordnungen zeigen, dass ein grundsätzliches Bedürfnis nach einer Pflicht zur Begründung auch von Prüfungsentscheidungen besteht und verfassungsrechtlich geboten und an Art. 19 IV GG anzubinden ist.

---

[378] *BVerwG* NVwZ 1988, 437, 438.
[379] *BVerwG* NVwZ 1993, 677, 678.
[380] *BVerfG* NJW 1991, 2005; *BVerfG* NJW 1991, 2008.
[381] S. *VGH Mannheim,* VBlBW 1991, 312; *Neufelder,* BayVBl. 1974, 335, 336; *Bellgardt,* Konkurrentenklage, S. 124; *Kröpil,* JuS 1989, 243, 246 m.w.N. zur untergerichtlichen Rechtsprechung.
[382] *BVerwG* NVwZ 1993, 677, 678; *Schnapp/Henkenötter,* NWVBl. 1998, 41.
[383] *Schwab,* Begründungspflicht, S. 90; *Zimmerling/Brehm,* NVwZ 1997, 451, 453.
[384] Z.B: JAG NW; BbgJAG.
[385] *BVerwGE* 92, 132, 138.
[386] *Muckel,* RdJB 1995, 398, 405.

(2) Die Begründung einer Prüfungsentscheidung bei schriftlichen Prüfungen

Die Begründung einer Prüfungsentscheidung muss, wie bereits dargestellt, den Prüfling in die Lage versetzen, Einwände gegen die Leistungsbewertung substantiiert vorbringen zu können.[387] An diesen Vorgaben haben sich auch Inhalt und Umfang der Begründung zu orientieren. Die Begründung muss den Prüfling in die Lage versetzen, die wesentlichen Bewertungsvorgänge und Gedankengänge des Prüfers nachzuvollziehen und außerdem erkennen lassen, welcher Sachverhalt und welche allgemeinen Bewertungsmaßstäbe der Entscheidung zugrunde liegen.[388] Bei schriftlichen Prüfungen muss die Begründung schriftlich erfolgen.[389] Dadurch entspricht die Begründung der Klarstellungsfunktion und fördert die Selbstkontrolle des Prüfers. Bezüglich der innerhalb des Beurteilungsspielraumes des Prüfers stehenden prüfungsspezifischen Wertungen sind die Anforderungen an die Begründung strenger, denn sie allein ermöglicht die einzig mögliche Kontrolle daraufhin, ob die Grenzen des gerichtlich nicht überprüfbaren Beurteilungsspielraumes eingehalten wurden.[390]

Grundsätzlich sind die Anforderungen an die Begründung einer Prüfungsentscheidung aber nicht sehr hoch angesetzt. Eine Prüfungsbewertung setzt sich neben den direkten Anmerkungen an einer schriftlichen Prüfungsarbeit unter anderem auch aus den persönlichen Erfahrungen und Vorstellungen der Prüfer zusammen, die nur schwer in einer schriftlichen Begründung verständlich zu machen sind. Eine Begründung ist daher bereits dann ausreichend, wenn sie ihr Ziel erreicht und den Prüfling in die Lage versetzt seine Rechte wahrzunehmen, selbst wenn sie knapp gefasst ist.[391]

(3) Die Begründung einer Prüfungsentscheidung bei mündlichen Prüfungen

Die Notwendigkeit einer Begründung für die Prüfungsentscheidung bei mündlichen Prüfungen wurde von der Rechtsprechung lange Zeit offen gelassen und auch in der Literatur nur vereinzelt diskutiert.[392] Ein Bedürfnis für eine Begründung besteht bei mündlichen Prüfungen aber in gleichem Maße wie bei schriftlichen, geht man davon aus, dass die Begründung das geeignete Mittel ist, das

---

[387] *Michaelis,* VBlBW 1997, 441, 444.
[388] *Michaelis,* VBlBW 1997, 441, 444.
[389] *BVerwG* NVwZ 1993, 677, 679.
[390] *Muckel,* RdJB 1995, 398, 405.
[391] *BVerwG* NVwZ 1993, 677, 679.
[392] *BVerwG* NVwZ 1993, 677, 679; *Malorny,* Begründungspflicht, S. 141; *Niehues,* Schul- und Prüfungsrecht, Bd. 2 Rn. 281; *Michaelis,* VBlBW 1997, 441, 444; *Muckel,* RdJB 1997, 190, 191.

bestehende Defizit im Bereich des gerichtlichen Rechtsschutzes einer Entscheidung mit Beurteilungsspielraum aufzufangen.[393] Ebenso wie bei schriftlichen Prüfungen muss der Prüfling bei einer mündlichen Prüfung in der Lage sein, seine durch die Prüfung berührten Grundrechte wirksam zu schützen und Eingriffe abzuwehren.[394] Dies kann er nur, wenn ihm durch die Begründung ein Einblick in die Bewertung seiner Prüfungsleistung ermöglicht wird. Dies bedeutet aber nicht, dass an die Begründung der Bewertung einer mündlichen Prüfung die gleichen Anforderungen zu stellen sind wie an die Begründung einer schriftlichen Prüfung.

Im Interesse der Funktionsfähigkeit der Prüfungsbehörde und um den Besonderheiten einer mündlichen Prüfung Rechnung zu tragen, besteht der Anspruch auf eine Begründung nur dem Grunde nach.[395] Es ist die Aufgabe des Prüflings, diesem Anspruch zur Geltung zu verhelfen, indem er darlegt, mit welchem konkreten Begehren er eine Begründung verlangt.[396] Das Verlangen einer Begründung muss zeitnah erfolgen und eingehend spezifizieren, weshalb der Prüfling seinen Anspruch geltend machen will. Eine pauschale Kritik an der Prüfungsnote ist hierbei nicht ausreichend.[397]

Die Begründung der Bewertung einer mündlichen Prüfung ist in besonderem Maße von den Umständen des Einzelfalls abhängig. Charakteristisch für eine mündliche Prüfung ist es, dass das Ergebnis unmittelbar im Anschluss an die Prüfung bekannt gegeben wird und sich nicht auf eine umfangreiche Dokumentation stützen kann, sondern von den unmittelbaren Eindrücken der Prüfer bestimmt ist, zumal eine umfassende Dokumentation der mündlichen Prüfung durch Tonband- oder Videoaufzeichnungen von der Rechtsprechung für nicht erforderlich gehalten wird.[398] Dem Begehren eines Prüflings auf Begründung der Entscheidung kann also nur entsprochen werden, wenn es unmittelbar im Anschluss an die Prüfung, nach Ansicht der Literatur auf jeden Fall aber innerhalb von zwei Monaten, erfolgt.[399] Die aufgrund eines derartigen Begehrens gegebene Begründung muss unterschiedliche Interessen in Ausgleich bringen: Zum einen das Interesse des Prüflings an einem effektiven Schutz seiner Grundrechte und zum anderen das Interesse der Prüfungsbehörde nur in zumutbarem,

[393] *Guhl*, Prüfungen im Rechtsstaat, S. 245; *Schick*, JuS 1971, 1, 4; s. auch o.: Erster Teil, D.I.5.c)bb); S. 56.
[394] *BVerwG* NJW 1996, 2670, 2671.
[395] *Muckel*, RdJB 1997, 190, 191.
[396] *BVerwG* NJW 1996, 2670, 2672.
[397] *Zimmerling/Brehm*, Prüfungsrecht, Rn. 405.
[398] *BVerwG* NJW 1996, 2670, 2672; *Dolzer*, DÖV 1985, 9, 14; *Michaelis*, VBlBW 1997, 441, 444.
[399] *Zimmerling/Brehm*, Prüfungsrecht, Rn. 405.

die Funktionsfähigkeit nicht beeinträchtigenden Maße verpflichtet zu werden.[400] Daher ist nicht in jedem Falle eine schriftliche Begründung erforderlich.[401]

6. Die Begründung einer Kollegialentscheidung

a) Die Kollegialentscheidung

Im Gegensatz zur Legislative ist die Exekutive überwiegend monokratisch organisiert. Die Vorteile dieses Systems liegen in der Effizienz und Schnelligkeit dieser Handlungsweise.[402] Dennoch folgt aus dem Demokratieprinzip auch für die Exekutive das Erfordernis der Möglichkeit polykratischer Entscheidungsfindung durch Kollegialorgane.[403] Ein gleichberechtigtes Zusammenwirken mehrerer führt unter Umständen zu Entscheidungen mit einer höheren Richtigkeitsgewähr als monokratisch gefällte Entscheidungen.[404] Insbesondere in der kommunalen Selbstverwaltung finden sich Kollegialorgane, die auf kommunaler Ebene verschiedene Interessengruppen und Bevölkerungsschichten an der Verwaltung beteiligen.[405] Breites Wissen bildet so die Basis der zu treffenden Entscheidung und ist damit ein Mittel zur Qualitätssicherung, aber auch zur Gewährleistung der Vielfalt der Entscheidungen.[406] Ein wichtiges Merkmal einer Kollegialentscheidung ist allgemein das Mehrheitsprinzip. Entscheidungen des Kollegialorgans müssen von einer Mehrheit der Beteiligten befürwortet werden.[407] Dieses Mehrheitsprinzip wirft für die Begründungspflicht nun eine Reihe von Fragen auf. Bei Entscheidungen, die einstimmig getroffen werden, stellt sich nur die Frage nach einer grundsätzlichen Begründungspflicht. Schwieriger wird es jedoch, wenn die Entscheidung zwar von der Mehrheit des Kollegiums unterstützt wird, es jedoch auch erhebliche Gegenpositionen entweder zur gesamten Entscheidung oder zu einzelnen Argumenten gab. Sollen abweichende Meinungen Teil der Begründung werden oder spielen sie vom Zeitpunkt der Beschlussfassung an keine Rolle mehr? Die Beantwortung dieser Frage hängt wohl davon ab, wie weit man den Rahmen der Begründung zieht. Soll nur die Entscheidung begründet werden, so spielen die abweichenden Meinungen keine Rolle. Soll die

---

400 *BVerwG* NJW 1996, 2670, 2672; *Zimmerling/Brehm*, Prüfungsrecht, Rn. 404.
401 *BVerwG* NJW 1996, 2670, 2672; *Kischel*, Die Begründung, S. 251.
402 *Dagtoglou*, Kollegialorgane und Kollegialakte, S. 28.
403 *Dolzer*, DÖV 1985, 9, 16; *Achterberg*, Allgemeines Verwaltungsrecht, § 5 Rn. 36.
404 *Berggreen*, Die „dissenting opinion", S. 90; *Achterberg*, Allgemeines Verwaltungsrecht, § 5 Rn. 36.
405 *Berggreen*, Die „dissenting opinion", S. 91; *Dagtoglou*, Kollegialorgane und Kollegialakte, S. 29; zu den verschiedenen Organenn vgl. *Groß*. Kollegialorgane, S. 61 ff.
406 *Schneider*, Beschlussfähigkeit und Beschlussfassung von Kollegialorganen, S. 39.
407 *BVerfGE* 91, 148, 166; *Epping*, DÖV 1995, 719, 720.

Begründung aber den Entscheidungsprozess nachzeichnen, so wären die abweichenden Meinungen wesentlicher Bestandteil einer Begründung.

b) Die gesetzliche Grundlage einer Begründungspflicht

Die Frage nach Möglichkeit und Praktikabilität einer Begründung von Entscheidungen, die von Kollegialorganen getroffen werden, ist für den Bereich der rechtsprechenden Gewalt durch die Gerichtspraxis längst entschieden und unstrittig anerkannt.[408] Im Bereich der Verwaltung ist die Möglichkeit einer solchen Begründung und die konkrete Ausgestaltung zumindest umstritten.[409] So sind in der frühen Rechtsprechung immer wieder Entscheidungen von Kollegialorganen, wie zum Beispiel Personalgutachterausschüssen, für „unbegründbar" erklärt worden.[410] Mit der Kodifizierung des Verwaltungsverfahrens hatte es der Gesetzgeber in der Hand, die Frage der Begründungspflicht bei Kollegialentscheidungen eindeutig zu klären. § 39 VwVfG nennt Kollegialentscheidungen indes nicht, was jedoch nicht bedeutet, dass sie aus dem Anwendungsbereich des § 39 VwVfG herausfallen. Insbesondere da in der Rechtsprechung das Problem der Begründung von Kollegialentscheidungen bereits aufgetaucht war, kann man davon ausgehen, dass der Gesetzgeber die in der o.g. Entscheidung vom *BVerwG* angenommene Ausnahme von der Begründungspflicht in den Ausnahmenkatalog des § 39 VwVfG aufgenommen hätte, wenn er von einer Unbegründbarkeit von Kollegialentscheidungen ausgegangen wäre.[411] Entscheidungen von Kollegialgremien, die Verwaltungsakte sind, unterfallen den allgemeinen Vorschriften des Verwaltungsverfahrensgesetzes.[412] Dementsprechend steht einer grundsätzlichen Anwendung des § 39 VwVfG auf Kollegialentscheidungen nichts im Wege.

c) Ausgestaltung der Begründung einer Kollegialentscheidung

Eine besondere Fragestellung der im Wesentlichen unbestrittenen Begründungspflicht von Kollegialentscheidungen[413] ist diejenige nach dem „Schicksal" einer Minderheitsmeinung. Die Begründung einer Kollegialentscheidung wird in der Regel vom Vorsitzenden des Gremiums gegeben.[414] Es ist aber wichtig, dass die Begründung trotzdem dem Gremium zurechenbar bleibt. Der Vorsitzende ist damit nicht frei in der Formulierung seiner Begründung, sondern darauf ange-

---

408 *Kischel,* Die Begründung, S. 360.
409 *Dolzer,* DÖV 1985, 9, 16.
410 *BVerwGE* 12, 20, 27.
411 *Gern/Schönhoff,* VBlBW 1985, 43, 44; *P. Stelkens/U. Stelkens,* in: *Stelkens/Bonk/Sachs,* VwVfG § 39 Rn. 18.
412 *Groß,* Kollegialprinzip, S. 294.
413 *Schwab,* Begründungspflicht, S. 83.
414 *Groß,* Kollegialprinzip, S. 294; *Kischel,* Die Begründung, S. 361.

wiesen, dass die von ihm gegebene Begründung von der Mehrheit der Kollegiumsmitglieder unterstützt wird.[415] Im Zweifelsfall ist es erforderlich, einen Beschluss des Kollegiums hinsichtlich des Inhalts der Begründung herbeizuführen.[416] Der Wille einer Mehrheit wird innerhalb eines kollegialen Organs als der Wille des Kollegiums betrachtet.[417] Eine Darlegung der Minderheitsmeinung in der Begründung ist aus mehreren Gründen nicht erforderlich: Zum einen widerspricht eine solche Begründung dem Effizienzprinzip des § 10 S. 2 VwVfG.[418] Eine Begründung, die alle abweichenden Meinungen enthält, ist nicht nur sehr umfangreich, ihre Erstellung ist für das Kollegialorgan auch mit einem sehr großen Aufwand verbunden, der durch den geringen Nutzen einer derartig aufwendigen Begründung nicht zu rechtfertigen ist.[419] Zum anderen sollen in der Begründung die die Entscheidung „tragenden Gründe" dargelegt sein.[420] Ein der Entscheidung vorausgegangener Willensbildungsprozess kann nicht als tragender Grund einer Entscheidung betrachtet werden. Der Willensbildungsprozess geht natürlich einer Kollegialentscheidung voraus und ist auch insofern Bestandteil der Begründung, als es für die Entscheidung von Bedeutung ist. Abweichende Meinungen tragen die Entscheidung jedoch nicht, so dass es nicht erforderlich ist, sie in die Begründung aufzunehmen.[421] Durch die Beschlussfassung wird ein einheitlicher Wille des Organs festgestellt und es kommt auf die Minderheitsvoten nicht mehr an. Eine Berücksichtigung der Minderheitsvoten in der Begründung widerspräche zudem der Befriedungsfunktion der Begründung.

Eine weitere im Zusammenhang mit Kollegialentscheidungen auftretende Problemstellung ist die Frage einer Begründung bei einer Entscheidung, die in einer nichtöffentlichen Sitzung getroffen wurde. So sieht zum Beispiel § 35 GO NW eine Ausnahme vom Grundsatz der Öffentlichkeit bei Sitzungen des Gemeinderats vor. Bei Beschlussfassung in nichtöffentlicher Sitzung stehen sich das Interesse des Kollegialorgans an der Nichtöffentlichkeit und das Begründungserfordernis gegenüber. Diese beiden Prinzipien sind in ihrem Sinn und Zweck gegeneinander abzuwägen, im Einzelfall ist eine Entscheidung darüber zu treffen, ob eine Begründung erfolgen kann oder nicht.[422] Einer Begründung steht also nicht zwingend entgegen, wenn eine Sitzung nicht öffentlich ist: Es kommt auf die Interessenlage im Einzelfall an.

---

415 *Kischel*, Die Begründung, S. 361.

416 *Groß*, Kollegialprinzip, S. 294.

417 *Berggreen*, Die „dissenting opinion", S. 94; *Dolzer*, DÖV 1985, 9, 16; *Schneider*, Beschlussfähigkeit und Beschlussfassung von Kollegialorganen, S. 137.

418 S. *P. Stelkens/Schmitz*, in: *Stelkens/Bonk/Sachs*, VwVfG § 10 Rn. 20.

419 *Schwab*, Begründungspflicht, S. 83 f.

420 *P. Stelkens/U. Stelkens*, in: *Stelkens/Bonk/Sachs*, VwVfG, § 39 Rn. 18.

421 I.E. so auch *Schwab*, Begründungspflicht, S. 83.

422 *Gern/Schönhoff*, VBlBW 1985, 43, 44.

7. Fazit

Die Untersuchung der Ausgestaltung der gesetzlichen Begründungspflicht nach § 39 VwVfG hat gezeigt, wie eng die gesetzliche Regelung an den verfassungsrechtlichen Grundlagen und den Funktionen der Begründung anknüpft und vom Zweckverständnis der Begründung geprägt ist. Die Orientierung an den Funktionen der Begründung erfolgt bruchlos und konsequent. Die Bedeutung der Begründung für den Grundrechtsschutz des Adressaten eines zu begründenden Verwaltungsaktes wird dabei immer im Auge behalten.

Ob bei der Unterscheidung zwischen begünstigenden und belastenden Verwaltungsakten, den verschiedenen Ermessensarten oder dem Beurteilungsspielraum: Die Unterschiede bei Inhalt und Umfang der Begründung sind nur gering; wenn aber Unterschiede bestehen, so lassen sie sich zurückführen auf die Grundgedanken und Prinzipien der Begründungspflicht und aus diesen Prinzipien heraus erklären.

Der erste der Begründung zugrunde liegende Grundgedanke ist die Bedeutung der Individualität einer Begründung. Die Begründung eines Verwaltungsaktes muss individuell gestaltet werden und entzieht sich einer Pauschalisierung. Dies gilt für alle Arten von Verwaltungsakten. Nur in den seltensten Fällen wird es der Verwaltung möglich sein, eine vorgefertigte Begründung in mehreren Fällen anzuwenden. Ein entscheidendes Merkmal des Verwaltungshandelns – die Möglichkeit, Einzelfallgerechtigkeit zu schaffen – findet sich hier bei der Begründung eines Verwaltungsaktes wieder und ist eines der Prinzipien der Begründung, an denen sich Unterschiede in Inhalt und Umfang der Begründung festmachen lassen.

Der zweite der Begründung zugrunde liegende Grundgedanke ist die Schaffung eines Ausgleichs zwischen Exekutive und Judikative. Ein weiter Entscheidungsspielraum der Verwaltung geht einher mit einer geringen gerichtlichen Kontrolldichte.[423] Um dieses Defizit an Rechtsstaatlichkeit auszugleichen, sind die Anforderungen an die Begründung höher, wenn der Spielraum der Verwaltung größer und damit die Intensität gerichtlicher Überprüfbarkeit geringer ist. Die Begründung ist somit gewissermaßen ein Bindeglied zwischen der Exekutive und der Judikative und darauf ausgerichtet, in diesem Verhältnis einen Ausgleich zu schaffen. Diese ausgleichende Beziehung zwischen dem Entscheidungsspielraum der Verwaltung und der gerichtlichen Kontrolldichte findet sich bei allen angesprochenen Verwaltungsakten und zeigt sich besonders deutlich beim intendierten Ermessen und dem Beurteilungsspielraum. Bei einem der Intention des Gesetzgebers entsprechenden Regelfall verbleibt der Verwaltung praktisch kein Spielraum, mit der Folge der Verpflichtung nur zu einer sehr

---

[423] *Müller-Ibold*, Begründungspflicht, S. 215.

knappen Begründung.[424] Bei einem Beurteilungsspielraum hingegen verbleibt der Verwaltung ein weiter Handlungsspielraum, der gerichtlich nur sehr eingeschränkt überprüfbar ist; ihr Handeln innerhalb dieses Freiraums muss die Behörde gründlich begründen.[425]

Eine weitere Aufgabe der Begründung ist es, einen Ausgleich zwischen den bei einer Verwaltungsentscheidung zwangsläufig widerstreitenden Interessen zu erreichen. Inhalt und Umfang der Begründung sind insbesondere bei Kollegialentscheidungen davon geprägt, dass unterschiedliche Interessen berücksichtigt und in Ausgleich gebracht werden müssen.

Der Begründungspflicht nach § 39 VwVfG liegen also trotz der vielfältigen Ausformungen des Verwaltungsaktes Prinzipien zugrunde, anhand derer eine Bestimmung von Inhalt und Umfang der Begründung möglich ist.

II. Die Pflicht zur Begründung von Entscheidungen in besonderen Verwaltungsverfahren

1. § 69 II 1 VwVfG

Neben dem allgemeinen nichtförmlichen Verwaltungsverfahren nach §§ 9, 10 VwVfG ist in den §§ 63 ff. VwVfG ein sog. förmliches Verwaltungsverfahren vorgesehen. Das förmliche Verwaltungsverfahren kommt in Fällen zur Anwendung, die für den Einzelnen oder die Allgemeinheit einschneidende Auswirkungen haben und aus diesem Grund ein sorgfältiges Verfahren mit besonderen Formvorschriften erfordern.[426] Es ist jedoch mit dem allgemeinen Verwaltungsverfahren insofern verbunden, dass gemäß § 63 II VwVfG die Vorschriften des allgemeinen Verwaltungsverfahrens heranzuziehen sind, soweit es an einer eigenen Regelung innerhalb der das förmliche Verwaltungsverfahren betreffenden Vorschriften fehlt.[427] Für das förmliche Verwaltungsverfahren enthält § 69 II 1 VwVfG eine selbständige Regelung hinsichtlich einer Begründungspflicht, die aber für die Bestimmung der inhaltlichen Anforderungen der Begründung mangels einer eigenen Regelung nach § 63 II VwVfG auf § 39 VwVfG zurückgreift.[428] Allerdings gilt § 39 VwVfG nicht uneingeschränkt. Hinsichtlich der in § 39 II VwVfG geregelten Ausnahmen von der Begründungspflicht findet sich in § 69 II 1 2. Hs. VwVfG eine eigene Regelung,

---

[424] S.o.: Erster Teil, D.I.5.b)cc)(3)(c); S. 44.

[425] S.o.: Erster Teil, D.I.5.c)bb); S. 56.

[426] *Stelkens*, LKV 1991, 409; *Erath*, Förmliche Verwaltungsverfahren, S. 42 f; *Maurer*, Allgemeines Verwaltungsrecht, § 19 Rn. 4.

[427] *Kopp/Ramsauer*, VwVfG, § 63 Rn. 1.

[428] *Sachs*, in: *Stelkens/Bonk/Sachs*, VwVfG, § 69 Rn. 13.

die nur zwei der Ausnahmeregelungen für das förmliche Verwaltungsverfahren übernimmt.

2. § 35 SGB X

Die im Sozialgesetzbuch X zusammengefassten Regelungen des Sozialverwaltungsverfahrens kommen dort zur Anwendung, wo die Verwaltung in Ausführung der Sozialleistungsbereiche tätig wird.[429] Als eigenständiges Gesetz zur Regelung des Verwaltungsverfahrens ist es zwar weitgehend an die Vorschriften des allgemeinen Verwaltungsverfahrens angelehnt, einzelne Vorschriften sind an die Eigengesetzlichkeiten des Sozialverwaltungsverfahrens angepasst, so dass sie den besonderen Anforderungen des Sozialrechts gerecht werden.[430] So steht das Sozialgesetzbuch X gewissermaßen als dritte „Säule" neben dem Verwaltungsverfahrensgesetz des Bundes und der Abgabenordnung. Für den Bereich des Sozialrechts fasst es die zuvor an vielen Stellen verstreut zu findenden Vorschriften des Sozialverwaltungsverfahrens zusammen und vereinheitlicht sie.[431] Das Sozialrecht ist ein wichtiger Bereich des Rechts der öffentlichen Leistungsverwaltung und dient der Verwirklichung sozialer Gerechtigkeit.[432] Es erfüllt damit die Ansprüche, die das in Art. 20 I GG als Staatszielbestimmung ausgeformte Sozialstaatsprinzip stellt, indem der Staat sich verpflichtet, für soziale Gerechtigkeit und soziale Sicherheit zu sorgen.[433]

Ein wichtiger Unterschied zwischen dem Sozialverwaltungsverfahren und dem allgemeinen Verwaltungsverfahren betrifft zum Beispiel die Bestandskraft von Verwaltungsakten, die im SGB X speziell geregelt ist, um den besonderen Vertrauensschutzinteressen der Beteiligten im Bereich des Sozialrechts Rechnung tragen zu können.[434]

Die Begründungspflicht im Sozialverwaltungsverfahren ist in § 35 SGB X geregelt. Ein Unterschied zwischen der Begründungspflicht nach § 39 VwVfG und § 35 SGB X besteht darin, dass in § 35 I 3 SGB X die Regelung bezüglich der Ermessensverwaltungsakte als Muss-Vorschrift formuliert ist.

Diese Änderung der entsprechenden Regelung des SGB X gegenüber dem Verwaltungsverfahrensgesetz erfolgte als Folge der Rechtsprechung des Bundesso-

---

[429] *Straub*, Sozialverwaltungsverfahren, S. 26.
[430] *Pickel*, Allgemeiner Teil, S. 19; *Pitschas*, JuS 1983, 434, 435; *Stober*, SGb 1990, 225, 228.
[431] BT-Drucksache 8/2034 S. 29; *Krause*, NJW 1981, 81, 82; *Pitschas*, JuS 1983, 434, 435.
[432] *Rüfner*, Sozialrecht, S. 11; *Eichenhofer*, Sozialrecht, Rn. 6 f.
[433] *BVerfGE* 94, 241, 263; *Rüfner*, Sozialrecht, S. 27; *Waltermann*, Sozialrecht, Rn. 13.
[434] *Pitschas*, JuS 1983, 434, 435; *Waltermann*, Sozialrecht, Rn. 21; vgl. auch BT-Drucksache 8/4022 S. 79 f.

zialgerichts.[435] So hatte das Bundessozialgericht bereits vor der Kodifikation des § 35 SGB X in frühen Entscheidungen verlangt, dass die einer Entscheidung zugrunde liegenden Ermessenserwägungen erkennbar sein müssen.[436] Auch nach der Kodifikation haben sich die Anforderungen an eine Begründung nicht geändert. Die Begründung einer Ermessensentscheidung muss zum einen erkennen lassen, dass die Behörde ihr Ermessen betätigt hat, zum anderen ist es erforderlich darzulegen, welche Ermessenserwägungen konkret angestellt wurden.[437] Damit entsprechen die Anforderungen an die Begründung im Wesentlichen den Grundsätzen, die auch für Begründungen nach § 39 I VwVfG gelten.[438] So wie sich der Inhalt der erforderlichen Begründung trotz der unterschiedlichen Formulierung im VwVfG und im SGB X nicht nennenswert unterscheidet, sind auch die gleichen Funktionen der Begründung die Grundlage für die Kodifikation gewesen. Das Bundessozialgericht stützt die Notwendigkeit einer Begründung ebenfalls auf den Aspekt der Selbstkontrolle der Verwaltung und das besondere Bedürfnis der Befriedung durch Verwaltungsentscheidungen.[439] Die Gemeinsamkeiten sind mithin größer als die Unterschiede, was aber unweigerlich die Frage hervorruft, warum der Gesetzgeber trotz der vielen Gemeinsamkeiten in einem auf den ersten Blick entscheidenden Punkt unterschiedliche Formulierungen gewählt hat. Ein Grund könnten die Besonderheiten des sozialrechtlichen Verwaltungsverfahrens gegenüber dem allgemeinen Verwaltungsverfahren sein. Wie bereits dargestellt reagiert die Kodifikation des sozialrechtlichen Verwaltungsverfahrens in besonderer Weise auf die Anforderungen und Merkmale des Sozialrechts. In der Regel ist der in ein sozialrechtliches Verwaltungsverfahren involvierte Bürger aufgrund seiner schwachen Stellung in besonderer Weise schutzbedürftig. Die Formulierung als Muss-Vorschrift war unter diesen Gesichtspunkten erforderlich, denn nur so konnte sichergestellt werden, dass die Verwaltungsentscheidungen in angemessener Art und Weise begründet werden. Eine klare Bestimmung der Kriterien einer Begründung war im Hinblick auf die besonderen Bedürfnisse des sozialrechtlichen Verwaltungsverfahrens geboten.

Ein weiterer Unterschied zwischen der Begründungspflicht nach dem Verwaltungsverfahrensgesetz und der Begründungspflicht nach dem Sozialgesetzbuch X findet sich in § 35 III SGB X. § 35 III SGB X räumt dem Bürger die Mög-

---

[435] BT-Drucksache 8/4022 S. 82; *Krause*, in: *Krause/v. Mutius/ Schnapp/Siewert*, GK-SGB X 1, § 35 Rn. 9; *Bielefeld*, Verfahrensrecht, S. 62.

[436] *BSG* 3, 209, 216; 11, 102, 116; 27, 34, 38; *Schroeder-Printzen*, Sozialrecht, Rn. 985 f.

[437] *BSG* SozR 1200 § 48 Nr 11; *Pickel*, Allgemeiner Teil, S. 80; *Straub*, Sozialverwaltungsverfahren, S. 95.

[438] Vgl. dazu oben: Erster Teil, D.I.5.b)bb)(2); S. 32.

[439] *BSG* 11, 102, 117; *Straub*, Sozialverwaltungsverfahren, S. 93; *Krause*, in: *Krause/v. Mutius/Schnapp/Siewert*, GK-SGB X 1, § 35 Rn. 3; s.o. Erster Teil, B.V, S. 14.

lichkeit ein, auch im Falle einer aufgrund des § 35 II Nr. 1-3 SGB X entbehrlichen Begründung innerhalb eines Jahres nach Bekanntgabe des Verwaltungsaktes eine solche zu verlangen. Der Grund für diese Sonderregelung ist das besondere Interesse des Bürgers an einer umfassenden Information bezüglich des Verwaltungsaktes. Dieses Interesse des Bürgers ist höher zu bewerten als das Interesse der Verwaltung an der Verfahrensvereinfachung.[440] Diese Gewichtung der widerstreitenden Interessen zugunsten des Bürgers hat ihren Ursprung ebenfalls in den Besonderheiten des sozialrechtlichen Verwaltungsverfahrens. Der Bürger hat wie bereits dargelegt im sozialrechtlichen Verwaltungsverfahren eine schutzwürdigere Position als im allgemeinen Verwaltungsverfahren.

Abgesehen von diesen beiden Abweichungen in § 35 SGB X ergeben sich für das sozialrechtliche Verwaltungsverfahren keine Unterschiede zur bereits dargestellten Begründungspflicht nach § 39 VwVfG. Und selbst die unterschiedliche Formulierung bezüglich der Begründung eines Ermessensverwaltungsaktes wirkt sich praktisch nicht aus, da sich im Anwendungsbereich des VwVfG die Soll-Vorschrift praktisch ebenfalls zu einer Muss-Vorschrift entwickelt hat.

3. § 121 AO

Für den Bereich des steuerrechtlichen Verwaltungsverfahrens sieht die Abgabenordnung als Verfahrensgesetz für die Verwaltung von Steuern[441] in § 121 AO eine Pflicht zur Begründung allgemeiner Steuerverwaltungsakte vor. Diese Begründungspflicht unterscheidet sich von der allgemeinen Begründungspflicht nach § 39 VwVfG in mehreren Punkten. Zunächst einmal finden sich in § 121 I AO keine näheren Anhaltspunkte zu Inhalt oder Umfang der Begründung.[442] Auf eine den Inhalt oder Umfang der Begründung konkretisierende Formulierung vergleichbar der Forderung nach Darlegung der „wesentlichen tatsächlichen und rechtlichen Gründe“ in § 39 I VwVfG wurde bewusst verzichtet, da nach Ansicht des Gesetzgebers jeder Einzelfall seine ganz eigenen Anforderungen an eine Begründung stellt.[443] Für die Bestimmung des Inhalts und des Umfanges der Begründung sind im Rahmen der Auslegung der Vorschrift unter anderem Sinn und Zweck der Vorschrift maßgeblich. Wie bei der allgemeinen Begründungspflicht nach § 39 VwVfG ist auch im Steuerrecht der Rechtsschutzgedanke maßgeblich.[444] Der Betroffene soll durch die Begründung in die Lage versetzt werden, die Rechtmäßigkeit des Verwaltungsaktes zu über-

---

[440] *Bielefeld*, Verfahrensrecht, S. 62 f; *Engelmann*, in: *v. Wulffen*, SGB X § 35 Rn. 17; BT-Drucksache 8/4022, S. 82.
[441] *Jakob*, Abgabenordnung, § 1 Rn. 1.
[442] *NdsFG* EFG 1985, 474, 475.
[443] BT-Drucksache 6/1982, S. 140
[444] *NdsFG* EFG 1985, 268, 269; s.o.: Erster Teil, B.II; S. 12.

prüfen.[445] Ein weiteres Kriterium zur Bestimmung von Inhalt und Umfang der Begründung ist im Rahmen des steuerrechtlichen Verwaltungsverfahrens der Empfängerhorizont.[446] Inhalt und Umfang der Begründung haben sich am Verständnis des Adressaten zu orientieren, wobei die Finanzbehörde auf einen durchschnittlichen Empfänger abstellt und Vorwissen des Adressaten berücksichtigen kann.[447] Das Abstellen auf den Empfängerhorizont zeigt, dass im steuerrechtlichen Verwaltungsverfahren die Begründungspflicht zugunsten der Verwaltungspraktikabilität eingeschränkt ist. Die abgeschwächten Anforderungen an die Begründung im Rahmen des Steuerrechts zeigen sich besonders deutlich in § 121 I 2. Hs. AO, der einen weiteren deutlichen Unterschied zwischen der Begründungspflicht nach dem VwVfG und der Begründungspflicht nach der AO betrifft.[448] In der AO ist die Begründungspflicht zusätzlich noch auf die Fälle beschränkt, in denen eine Begründung zum Verständnis des Verwaltungsaktes erforderlich ist. Diese Abweichung des § 121 AO von § 39 VwVfG ist vom Gesetzgeber bewusst normiert und geht auf einen Vorschlag des Bundesrats zurück, der die gewählte Formulierung den Bedürfnissen der Finanzverwaltung für angemessener hielt. Eine besondere Begründung von Steuerbescheiden sei häufig auch unter Berücksichtigung der Belange des Steuerpflichtigen nicht erforderlich.[449] Diese abgeschwächten Anforderungen an die Begründung haben zur Folge, dass bei der Begründungspflicht nach § 121 AO die Regelung des § 39 VwVfG nur sehr eingeschränkt zur Auslegung der Regelung herangezogen werden kann.[450] Dafür werden teilweise die Ausnahmeregelungen des § 121 II AO zur Auslegung von Inhalt und Umfang der Begründungspflicht nach der AO herangezogen.[451]

Ermessensentscheidungen werden im Gegensatz zur Regelung des § 39 VwVfG in § 121 AO nicht gesondert aufgeführt, eine Begründungspflicht für sie nicht ausdrücklich gesetzlich geregelt. Das bedeutet aber nicht, dass sie nicht begründet werden müssten oder die Begründung geringeren Anforderungen unterliegt.[452] Die Begründung einer Ermessensentscheidung unterliegt in gleichem Maße den durch Sinn und Zweck der Vorschrift des § 121 AO vorgegeben Anforderungen. Dies ergibt sich unmittelbar aus § 121 I 2. Hs. AO, wonach eine

---

445 *Voth,* DStR 1981, 291; *Brockmeyer,* in: *Klein,* AO, § 121 Rn. 2.

446 *NdsFG* EFG 1985, 474, 475; *NdsFG* EFG 1985, 268, 269; *Förster,* in: *Koch/Scholtz,* AO, § 121, Rn. 7.

447 *Söhn,* in: *Hübschmann/Hepp/Spitaler,* AO/FGO, § 121 AO Rn. 54.

448 *NdsFG* EFG 1985, 474, 475.

449 *Söhn,* in: *Hübschmann/Hepp/Spitaler,* AO/FGO, § 121 AO Rn. 50.

450 *NdsFG* EFG 1985, 474, 475.

451 *NdsFG* EFG 1985, 268, 269; *Söhn,* in: *Hübschmann/Hepp/Spitaler,* AO/FGO, § 121 AO Rn. 54.

452 *Söhn,* in: *Hübschmann/Hepp/Spitaler,* AO/FGO § 121 AO, Rn. 86.

Begründung zu geben ist, wenn sie für das Verständnis der Entscheidung erforderlich ist. Ermessensentscheidungen müssen gleichermaßen wie gebundene Entscheidungen der Verwaltung den Adressaten in die Lage versetzen, seine Rechtsschutzmöglichkeiten zu beurteilen, und die Entscheidung nachvollziehen zu können.[453] Dies ist ohne eine Begründung in vielen Fällen nicht möglich.[454] Im Vergleich zum allgemeinen Verwaltungsverfahren behandelt die AO im Rahmen des steuerrechtlichen Verwaltungsverfahrens den Ermessensverwaltungsakt nicht anders, die Anforderungen an eine Begründung sind nach § 121 I AO gleich.

Die auf den ersten Blick geringeren Anforderungen, die an die Begründung eines Steuerbescheids gestellt werden, verwundern insoweit, als es sich beim Steuerrecht um eine besonders komplizierte Materie handelt, die für den Laien oft nur schwer durchschaubar ist.[455] Es hat sich aber gezeigt, dass dieser besonderen Situation dadurch Rechnung getragen wird, dass in besonderer Weise die Umstände des Einzelfalls und zwar insbesondere Vorkenntnisse des Adressaten, bei einer Begründung miteinbezogen und berücksichtigt werden.

4. § 31 I 2 AsylVfG

Nach § 31 I 2 AsylVfG müssen die Entscheidungen des Bundesamtes für die Anerkennung ausländischer Flüchtlinge über Asylanträge schriftlich begründet werden. Die Gründe müssen derart ausgestaltet sein, dass mit ihrer Hilfe die Entscheidung der Behörde nachvollziehbar wird.[456] Eine lediglich formelhafte Begründung ist nicht ausreichend.[457] Die Begründung ist von großer Bedeutung, wenn die Entscheidung des Bundesamtes auf der Feststellung beruht, der Antrag sei gem. § 30 AsylVfG offensichtlich unbegründet.[458] In diesen Fällen ist eine gründliche Begründung aufgrund der einschneidenden Folgen für den Antragsteller erforderlich, um die Gewähr für eine materiell richtige Entscheidung zu erhöhen.[459]

---

[453] *BFH* BStBl 1981, 493, 494.

[454] *Bad.-Württ. FG* EFG 1990, 148, 149; *NdsFG* EFG 1983, 155; *Brockmeyer,* in: *Klein,* AO, § 121 Rn. 6.

[455] *Voth,* DStR 1981, 291.

[456] *Renner,* AsylVfG, § 31 Rn. 32

[457] *Fritz,* NVwZ 1984, 697, 698.

[458] *Stumpe,* in: *Hailbronner,* AuslR, B 2, § 31 Rn. 3.

[459] *Stumpe,* in: *Hailbronner,* AuslR, B 2, § 31 Rn. 3.

III. Gesetzliche Pflicht zur Begründung von Planungsentscheidungen

1. Besonderheiten von Planungsentscheidungen

Entscheidungen der Verwaltung betreffen in der Regel nur das Verhältnis zwischen dem Adressaten der Verwaltungsentscheidung und der Verwaltung selbst. Nur in besonderen Fällen sind auch Dritte von der Entscheidung der Verwaltung betroffen. Dies gilt in besonderem Maße für das Planungsrecht. Hier ist die Drittbetroffenheit und die Verbindung mehrerer Verwaltungsrechtsverhältnisse untereinander der Regelfall, und Planungsentscheidungen müssen in besonderer Weise die Belange der Allgemeinheit einbeziehen und berücksichtigen.[460] Der Abwägungsprozess und der Ausgleich der öffentlichen und privaten Interessen stellt damit im Planungsrecht die Hauptaufgabe der Verwaltung dar.[461]

Ein weiteres Charakteristikum des Planungsrechts betrifft die Ausgestaltung der diesen Rechtsbereich regelnden Normen. Gegenüber den konditional nach dem Wenn-dann-Schema aufgebauten Normen des allgemeinen Verwaltungsrechts sind die das Planungsrecht betreffenden Normen final strukturiert und stellen damit einen eigenen Normtypus dar.[462] Finalität bedeutet hierbei, dass sie auf die Erreichung eines vorgegebenen Planungsziels ausgerichtet sind und den Planungsträger an die Erreichung dieses Ziels binden.[463] Die Planungsnormen bezwecken damit Aktionen zur Herbeiführung tatsächlicher Veränderungen.[464] Welche Maßnahmen zur Erreichung des Ziels konkret ergriffen werden sollen, ist in den Normen des Planungsrechts nicht geregelt, da im Rahmen des Planungsrechts nicht Gesetzesvollzug, sondern Gesetzesverwirklichung die Aufgabe der Verwaltung ist.[465]

Das Planungsrecht stellt damit eine eigene „Kategorie" des Verwaltungsrechts und die Planungsentscheidung einen eigenen Entscheidungstypus dar,[466] die es gerechtfertigt erscheinen lässt, die Begründungspflicht auf Unterschiede und Gemeinsamkeiten zwischen dem allgemeinen Verwaltungsrecht und dem Planungsrecht hin zu untersuchen. Exemplarisch für Planungsentscheidungen sollen der Planfeststellungsbeschluss und der Bebauungsplan untersucht werden.

---

[460] *BVerwG* DÖV 1970, 64; *Martens,* Verwaltungsverfahren, Rn. 536; *Kühling/Herrmann,* Fachplanungsrecht, Rn. 24.

[461] *BVerwG* DÖV 1970, 64, 65; *Wahl,* DVBl. 1982, 51, 55; *Schuppert,* Verwaltungswissenschaft, S. 208.

[462] *Hoppe,* in: *Starck,* FS BVerfG I, 663, 684; *Schmitt Glaeser,* JA 1980, 321, 325.

[463] *Allesch/Häußler,* in: *Obermayer,* VwVfG, § 74 Rn. 17.

[464] *Hoppe,* in: *Starck,* FS BVerfG I, 663, 684.

[465] *Schmitt Glaeser,* JA 1980, 321, 325; *Schuppert,* Verwaltungswissenschaft, S. 99.

[466] *Schuppert,* Verwaltungswissenschaft, S. 207.

2. Pflicht zur Begründung eines Planfeststellungsbeschlusses nach §§ 74 I 2, 69 II 1 VwVfG

Als Verfahren für den Bereich der Fachplanung und damit für raumbezogene Vorhaben, ist es die Aufgabe des Planfeststellungsverfahrens, eine Vielzahl von Erlaubnissen, Bewilligungen und Zustimmungen verschiedener Bereiche des besonderen Verwaltungsrechts zusammenzufassen und die betroffenen öffentlichen und privaten Belange in Einklang zu bringen.[467]

Neben den allgemeinen Verfahrensregeln in den §§ 72 ff. VwVfG ist das Planfeststellungsverfahren in den einzelnen Fachplanungsgesetzen speziell geregelt. Die Vorschriften des Verwaltungsverfahrensgesetzes gelten nur subsidiär, solange die Spezialgesetze keine inhaltsgleichen oder entgegenstehenden Vorschriften enthalten (vgl. auch § 1 VwVfG).[468] Voraussetzung für eine Anwendung der Vorschriften des Verwaltungsverfahrensgesetzes über das Planfeststellungsverfahren ist jedoch, dass eine Planfeststellung zunächst durch Rechtsvorschrift angeordnet ist.[469] Die übrigen allgemeinen Verfahrensvorschriften des Verwaltungsverfahrensgesetzes sind anwendbar, sofern sie mit den Grundsätzen des Planfeststellungsverfahrens vereinbar sind.[470]

Um einen bestmöglichen Ausgleich der betroffenen Interessen zu gewährleisten, ist das Planfeststellungsverfahren von besonderer Förmlichkeit geprägt, in deren Mittelpunkt neben der Abwägung auch verschiedene Anhörungsrechte und Erörterungstermine stehen. In dem in § 73 VwVfG detailliert geregelten Anhörungsverfahren werden die von der Planung betroffenen Behörden ebenso wie die Öffentlichkeit über das Vorhaben informiert und bekommen Gelegenheit, Einwendungen gegen den Plan vorzubringen. Das Anhörungsverfahren erfüllt damit wichtige Funktionen im Rahmen der Planfeststellung: Information der Betroffenen durch die Gewährung des rechtlichen Gehörs und Vorverlagerung des Rechtsschutzes.[471] Darüber hinaus ist das Anhörungsverfahren bereits der erste Schritt des Abwägungsprozesses, auf den später noch einzugehen sein wird. Durch die Bearbeitung der Einwendungen und Stellungnahmen hinsichtlich des Plans wird die Behörde frühzeitig mit eventuellen Konfliktsituationen konfrontiert und kann im Verlauf des Verfahrens bereits auf einen Ausgleich der widerstreitenden Interessen hinarbeiten.[472]

---

[467] *Manner*, Planfeststellungsverfahren, S. 8; *Badura*, in: *Erichsen/Ehlers*, Allgemeines Verwaltungsrecht, § 39 Rn. 16.

[468] *Kügel*, Planfeststellungsbeschluss, S. 86; *Hoppe/Schlarmann/Buchner*, Rechtsschutz, Rn. 57; *Bonk/Neumann*, in: *Stelkens/Bonk/Sachs*, VwVfG, § 72 Rn. 92.

[469] *Wolff/Bachof/Stober*, Verwaltungsrecht, Band II, § 62 Rn. 24.

[470] *Dürr*, in: *Knack*, VwVfG, § 72 Rn. 14.

[471] *Kügel*, Planfeststellungsbeschluss, S. 31 f.

[472] *Kügel*, Planfeststellungsbeschluss, S. 34.

a) Rechtsnatur und Rechtswirkungen des Planfeststellungsbeschlusses

Der Planfeststellungsbeschluss steht am Ende des Planfeststellungsverfahrens und soll den im Anhörungsverfahren entwickelten Interessenausgleich verbindlich festlegen.[473] Er stellt einen rechtsgestaltenden Verwaltungsakt dar, der neben den allgemeinen Wirkungen eines Verwaltungsaktes darüber hinaus die in § 75 VwVfG aufgeführten Rechtswirkungen entfaltet.[474]

Die wohl bedeutendste und in der Literatur in ihren Einzelheiten umstrittene Wirkung des Planfeststellungsbeschlusses ist die Konzentrationswirkung. Gesetzlich geregelt ist sie in § 75 I 1 2. Hs. VwVfG, der festlegt, dass neben der Planfeststellung andere behördliche Entscheidungen nicht erforderlich seien. Inwieweit sich diese im Rahmen der Zuständigkeit und des Verfahrens anerkannte Konzentration auch auf materiell-rechtliche Vorschriften bezieht, war lange Zeit umstritten.[475] Das *BVerwG* und mit ihm wohl überwiegend auch die Literatur hat diese materielle Konzentrationswirkung verneint.[476] Die Planfeststellungsbehörde ist dementsprechend dazu verpflichtet, alle Rechtsvorschriften anzuwenden, die auf das Vorhaben anwendbar sind und einen materiellen Gehalt haben.[477]

Als Regelung der öffentlich-rechtlichen Beziehungen zwischen dem Vorhabenträger und den durch den Bau Betroffenen entfaltet der Planfeststellungsbeschluss neben der Konzentrationswirkung auch Gestaltungswirkung.[478] Er regelt die Beziehungen zwischen dem Vorhabenträger und der Behörde ebenso abschließend wie zwischen dem Vorhabenträger und den durch den Bau Betroffenen.[479]

Weiterhin entfaltet der Planfeststellungsbeschluss Genehmigungswirkung:[480] Er stellt fest, dass das geplante Vorhaben einschließlich der notwendigen Folgemaßnahmen an anderen Anlagen im Hinblick auf alle berührten öffentlichen Belange zulässig ist.[481]

---

[473] *Franke*, Teilbarkeit von Planfeststellungsbeschlüssen, S. 26.

[474] *Ronellenfitsch*, in: *Marschall/Schroeter/Kastner*, FStrG, § 17 Rn. 4; *Dürr*, in: *Knack*, VwVfG, § 74 Rn. 10.

[475] Vgl. *Manner*, Planfeststellungsverfahren, S. 45 ff; *Ronellenfitsch*, VerwArch 80 (1989), 92, 94; *Wahl*, NVwZ 1990, 426, 430.

[476] *BVerwG* NVwZ 1993, 572, 575; *BVerwGE* 70, 242, 244; *BVerwGE* 71, 163, 164; *Hoppe/Schlarmann/Buchner*, Rechtsschutz, Rn. 177.

[477] *BVerwG* NVwZ 1993, 572, 575; *Hoppe/Schlarmann/Buchner*, Rechtsschutz, Rn. 177.

[478] *Ronellenfitsch*, in: *Marschall/Schroeter/Kastner*, FStrG, § 17 Rn. 187.

[479] *Manner*, Planfeststellungsverfahren. S. 42 f; *Kühling/Herrmann*, Fachplanungsrecht, Rn. 527.

[480] *BVerwGE* 58, 281, 284; *Hoppe/Schlarmann/Buchner*, Rechtsschutz, Rn. 174.

[481] *Wolff/Bachof/Stober*, Allgemeines Verwaltungsrecht, Band II, § 62 Rn. 130f.

b) Planerische Gestaltungsfreiheit

Durch die gesetzliche Anordnung eines Planfeststellungsverfahrens wird die Exekutive dazu ermächtigt, im Rahmen der eingeräumten planerischen Gestaltungsfreiheit die betroffenen privaten und öffentlichen Belange durch Abwägung zu einem Ausgleich zu bringen.[482] Diese vom *BVerwG* entwickelte planerische Gestaltungsfreiheit, auch Planungsermessen genannt, wird begrenzt durch den Grundsatz der Planrechtfertigung, durch die Planungsleitsätze und das Abwägungsgebot.[483]

Die Begriffswahl des *BVerwG*, planerische Gestaltungsfreiheit auch Planungsermessen zu nennen, hat in der Literatur zu Meinungsverschiedenheiten darüber geführt, ob das Planungsermessen nun eine eigene Ermessenskategorie darstellt oder mit dem Verwaltungsermessen im herkömmlichen Sinne identisch ist. Von den Befürwortern einer Unterscheidung von Verwaltungsermessen und Planungsermessen wird eine Trennung an der unterschiedlichen Normstruktur von Planungsnormen und Verwaltungsermessen einräumenden Normen festgemacht.[484] Planungsnormen als Finalprogramme ließen sich nicht mit der hergebrachten, die konditional ausgerichteten Verwaltungsnormen betreffenden Ermessenslehre handhaben. Die klassische Lehre des Verwaltungsakts könne nicht als Grundlage für das Planungsermessen herangezogen werden, da über die unterschiedliche Normstruktur hinaus der Planfeststellungsbeschluss wesentlich durch seine Kollektivität gekennzeichnet sei.[485] In der Regel betreffe eine Planungsentscheidung die Rechte mehrerer Beteiligter und muss diese vielfältigen Interessen miteinander vereinbaren und in Ausgleich bringen.[486] Dadurch sei der Planungsbehörde eine besondere Autonomie in der Rechtsverwirklichung eingeräumt, die sich wesentlich von den Möglichkeiten der Verwaltung im Rahmen des herkömmlichen Verwaltungshandelns unterscheide und in der Folge eine Unterscheidung und Abgrenzung des Planungsermessens vom Verwaltungsermessen nahe lege.[487] Konsequenz dieser Unterscheidung ist es, dass sich die

---

[482] *Fouquet,* VerwArch 87 (1996), 212, 230; *Bonk/Neumann,* in: *Stelkens/Bonk/Sachs,* VwVfG, § 74 Rn. 27.
[483] *BVerwGE* 48, 56, 59; *Badura,* in: *Erichsen/Ehlers,* Allgemeines Verwaltungsrecht, § 39 Rn. 23.
[484] *BVerwGE* 55, 220, 225; *Ossenbühl,* Gutachten, S. 185; *Hoppe,* DVBl. 1974, 641, 643; *ders.* in: *Ernst/Hoppe,* Bau- und Bodenrecht, S. 169; *Kügel,* Planfeststellungsbeschluss, S. 124 f; *Badura,* in: FS BayVerfGH, S. 157, 166.
[485] *Badura,* in: FS BayVerfGH, S. 157, 166.
[486] S.o.: Erster Teil, D.III.1; S. 74.
[487] *Ossenbühl* Gutachten, S. 185; *Kügel,* Planfeststellungsbeschluss, S. 125.

Dogmatik des Planungsermessens am Planungsauftrag orientiert und eine eigene, vom Abwägungsvorgang geprägte Fehlerlehre entwickelt hat.[488]

Dieser Auffassung wird entgegengehalten, dass bereits der Ausgangspunkt, nämlich die Unterscheidung der Normen in Final- und Konditionalprogramme, falsch gewählt sei.[489] „Konditional" und „final" seien keine Unterscheidungsmerkmale der gleichen Vergleichsgruppe. Vielmehr beziehe sich die Aussage, eine Norm sei „konditional", auf deren Struktur, während „Finalität" nicht die Struktur, sondern Eigenschaften der Begründungsstruktur der Norm charakterisiere.[490] Auch eine Unterscheidung von Planungsermessen und Verwaltungsermessen, die an Subsumtion und Abwägung als Gegenstück zu Gesetzesvollzug und Gesetzesverwirklichung anknüpft[491], wird abgelehnt.[492]

Konsequenzen im Sinne unterschiedlicher Rechtsfolgen dieser unterschiedlichen Betrachtungsweisen des Planungsermessens sind jedoch nicht erkennbar. In beiden Fällen wird die Abwägung als das zentrale Element der planerischen Gestaltungsfreiheit bezeichnet und gewürdigt.[493] Die an die Abwägung gekoppelte Abwägungsfehlerlehre[494] ermöglicht eine rechtsstaatliche Überprüfung des Planfeststellungsbeschlusses, die an den Einschränkungen der gerichtlichen Kontrolle orientiert ist und eine Abkehr von der allgemeinen Ermessensdogmatik und der Ermessensfehlerlehre darstellt.[495]

Eine weitere Einschränkung der planerischen Gestaltungsfreiheit ergibt sich daraus, dass die Planfeststellungsbehörde in der Regel nicht selber Vorhabenträger ist und daher keine wesentlichen Änderungen am Plan vornehmen kann.[496] Der durch die planerische Gestaltungsfreiheit eingeräumte Gestaltungsspielraum ist nach der Rechtsprechung des *BVerwG* erforderlich, da Planung ohne Gestaltungsspielraum ein Widerspruch in sich sei, und er erstreckt sich sowohl auf das „Ob" des Planfeststellungsbeschlusses als auch auf das „Wie".[497] Es ist eine Kombination von Erkenntnis, Wertung und Bewertung, die charakteristisch für die planerische Gestaltungsfreiheit ist und sie damit auch von der Subsumtion

---

[488] *Ossenbühl*, Gutachten, S. 188; *Badura*, in: FS BayVerfGH, S. 157, 166.

[489] *Manner*, Planfeststellungsverfahren, S. 91; *Koch/Rüßmann*, Begründungslehre, S. 92; *Rubel*, Planungsermessen, S. 60; *Ibler*, Schranken, S. 38; *Börger*, Genehmigungs- und Planungsentscheidungen, S. 148; *Fouquet*, VerwArch 87 (1996), 212, 233.

[490] *Rubel*, Planungsermessen, S. 60; *Ibler*, Schranken, S. 38.

[491] Vgl. *Ossenbühl*, Gutachten, S. 185.

[492] *Börger*, Genehmigungs- und Planungsentscheidungen, S. 149.

[493] *Ossenbühl*, Gutachten, S. 185; *Manner*, Planfeststellungsverfahren, S. 91; *Kügel*, Planfeststellungsbeschluss, S. 125; *Fouquet*, VerwArch 87 (1996), 212, 235.

[494] *Fouquet*, VerwArch 87 (1996), 212, 235; *Koch/Hendler*, Baurecht, § 17 Rn. 2.

[495] *Koch/Hendler*, Baurecht, § 17 Rn. 2.

[496] *Allesch/Häußler*, in: *Obermayer*, VwVfG § 74 Rn. 18.

[497] *BVerwGE* 34, 301, 304; *Hoppe/Schlarmann/Buchner*, Rechtsschutz, Rn. 517.

eines Sachverhaltes unter die Tatbestandsmerkmale einer Norm unterscheidet.[498] Die Entscheidungsmöglichkeiten werden dadurch, aber auch durch das bereits angesprochene Zweck-Mittel-Schema der Planungsnormen,[499] welches die Verwaltung nur an die Planungsziele bindet, vielfältiger.[500] Die Entscheidung der Planfeststellungsbehörde muss sich lediglich innerhalb der fachgesetzlichen und verfassungsrechtlichen Grenzen halten und unterliegt nur insoweit einer verwaltungsgerichtlichen Kontrolle, als diese Grenzen überschritten sind.[501]

c) Die Schranken der planerischen Gestaltungsfreiheit

Die planerische Gestaltungsfreiheit der Planungsbehörde ist nicht schrankenlos gewährleistet. Eine Begrenzung ist aus Gründen der Rechtsstaatlichkeit erforderlich, denn der mit der planerischen Gestaltungsfreiheit eingeräumte Spielraum der Verwaltung und die daraus resultierende eingeschränkte Kontrollmöglichkeit der Gerichte verlangt auf der anderen Seite nach Kontrollmechanismen zum Schutz subjektiver Rechte, die wiederum einer gerichtlichen Kontrolle zugänglich sind.[502]

Zur Bestimmung der Grenzen der planerischen Gestaltungsfreiheit hat das *BVerwG* im Rahmen des Rechts der Straßenplanung ein vierstufiges Konzept entwickelt, welches als erste Grenze die Bindung an vorgelagerte Verfahren und Entscheidungen vorsieht, und als weitere Schranken die Planrechtfertigung, die Planungsleitsätze und das Abwägungsgebot festgelegt hat.[503] Diese Stufen wurden im Wesentlichen auf andere Bereiche der Planung übertragen und bilden damit im Grundsatz die Schranken der planerischen Gestaltungsfreiheit.[504]

Die Bindung der Planungsbehörde an vorgelagerte Verfahren und Entscheidungen wie beispielsweise Landesentwicklungspläne ist hauptsächlich im Innenverhältnis von Bedeutung und hat zur Folge, dass sich die Planungsbehörde die Vorentscheidungen in einem späteren Gerichtsverfahren zurechnen lassen muss, da betroffenen Dritten eine isolierte Überprüfung dieser Vorentscheidung nicht möglich ist.[505]

---

498 *BVerwGE* 34, 301, 304; *BVerfGE* 95, 1, 16.
499 S.o.: Erster Teil, D.III.1; S. 74.
500 *Manner*, Planfeststellungsverfahren, S. 76; *Kügel*, Planfeststellungsbeschluss, S. 12.
501 *Allesch/Häußler*, in: *Obermayer*, VwVfG, § 74 Rn. 19.
502 *BVerwGE* 56, 110, 116; *Ibler*, Schranken, S. 44; *Bonk/Neumann*, in: *Stelkens/Bonk/Sachs*, VwVfG, § 74 Rn. 31.
503 *BVerwGE* 48, 46, 59; 56, 110, 117.
504 *Franke*, Teilbarkeit von Planfeststellungsbeschlüssen, S. 30 f.; *Steinberg*, Fachplanung, S. 176; zu weiteren, von der Literatur entwickelten Schranken vgl. *Ibler*, Schranken, S. 130.
505 *BVerwGE* 48, 56, 60; *Kügel*, Planfeststellungsbeschluss, S. 130 f.

Im Hinblick auf die bisweilen einschneidenden Auswirkungen der Planung auf Rechte Dritter, die bis hin zu einer Enteignung führen kann, ist eine explizite Rechtfertigung des Vorhabens erforderlich.[506] Der Grundsatz der Planrechtfertigung erfordert eine Prüfung, ob das Vorhaben notwendig, im öffentlichen Interesse geboten und mit Art. 14 III 1 GG vereinbar ist.[507] Nach den Vorgaben des einschlägigen Fachplanungsgesetzes muss für die Planung ein Bedürfnis bestehen.[508] Die Planungsleitsätze als Grenze der planerischen Gestaltungsfreiheit finden sich im jeweils einschlägigen Fachplanungsgesetz und weiteren Rechtsvorschriften und bedeuten eine Bindung des Planers, die auch im Abwägungsvorgang nicht überwunden werden kann.[509]

Die Abwägung ist als ein rechtsstaatlicher Planungsgrundsatz das Kernstück jeglicher Planung, also auch des Planfeststellungsbeschlusses.[510] Das Abwägungsgebot umfasst den Abwägungsvorgang und das Abwägungsergebnis und soll zunächst sicherstellen, dass eine Abwägung überhaupt erfolgt, weiterhin dass diejenigen Belange in die Abwägung mit einbezogen werden, die nach Lage der Dinge einbezogen werden müssen, und zu guter Letzt die von der Planung berührten öffentlichen und privaten Interessen gegeneinander und untereinander gerecht abgewogen werden.[511] Zunächst für den Bereich des Baurechts entwickelt, wurde das Abwägungsgebot auch auf das Fachplanungsrecht und die Planfeststellung übertragen.[512] In § 1 VII BauGB findet sich eine gesetzliche Anordnung zur Abwägung, jedoch auch ohne ausdrückliche gesetzliche Regelung folgt eine Pflicht zur Abwägung aus dem Wesen rechtstaatlicher Planung und findet damit ihre Grundlage im Verfassungsrecht.[513] Aber auch als Ausprägung des verfassungsrechtlich gebotenen Verhältnismäßigkeitsgrundsatzes hat das Abwägungsgebot eine verfassungsrechtliche Fundierung, die eine gesonderte Verhältnismäßigkeitsprüfung der Planungsentscheidung entbehrlich macht.[514]

Die Abwägung erfolgt in drei Schritten: Zunächst wird das Abwägungsmaterial gesammelt, also alle entscheidungserheblichen, für und gegen das Vorhaben sprechenden Belange zusammengetragen. Anschließend müssen diese Umstände

---

506 *Wahl,* NVwZ 1990, 426, 434.

507 *Ibler,* JuS 1990, 7, 8.

508 *Wahl,* NVwZ 1990, 426, 434.

509 *BVerwGE* 71, 163, 165; *Steinberg,* DVBl. 1992, 1501.

510 *Wahl,* DVBl. 1982, 51, 55; *Badura,* in: *Erichsen/Ehlers,* Allgemeines Verwaltungsrecht, § 39 Rn. 24.

511 *BVerwGE* 56, 110, 122; 59, 253, 258; *Allesch/Häußler,* in: *Obermayer,* VwVfG, § 74 Rn. 27.

512 *Ibler,* Schranken, S. 212.

513 *Wahl,* NVwZ 1990, 426, 436; *Schmidt-Aßmann,* FS Schlichter, S. 3, 11; *Bonk/Neumann,* in: *Stelkens/Bonk/Sachs,* VwVfG, § 74 Rn. 54.

514 *BVerwGE* 59, 253, 258; 61, 295, 301; *Kügel,* Planfeststellungsbeschluss, S. 141.

gewichtet werden, um dann in einem dritten Schritt im Rahmen der endgültigen Entscheidung nach ihrer Relevanz gegeneinander abgewogen zu werden.[515] Jedoch unterliegt auch die Abwägung einer Beschränkung, die sich in generellen Planungszielen, konkreten Planungsleitlinien, Planungsgrundsätzen und Optimierungsgeboten äußert, welche die abwägende Behörde zu berücksichtigen hat.[516]

Für die zwar nur eingeschränkt mögliche gerichtliche Kontrolle des Abwägungsvorganges ist eine Abwägungsfehlerlehre entwickelt worden, die die Prüfung ermöglicht, ob die Behörde fehlerfrei abgewogen hat.[517] Diese Abwägungsfehlerlehre unterscheidet Abwägungsausfall, Abwägungsdefizit, Abwägungsfehlgewichtung und Abwägungsdisproportionalität.[518] Bezüglich der Folgen eines Abwägungsfehlers findet sich in § 75 Ia 1 VwVfG hinsichtlich der Erheblichkeit eine gesetzliche Regelung, die nur offensichtliche und das Abwägungsergebnis beeinflussende Fehler als beachtlich einstuft.

d) Inhalt und Umfang der Begründung eines Planfeststellungsbeschlusses

Für die Begründung eines Planfeststellungsbeschlusses sieht das Verwaltungsverfahrensgesetz in § 74 I 2 VwVfG einen Verweis auf die Vorschriften des förmlichen Verwaltungsverfahrens vor. Damit findet die Begründungspflicht ihre gesetzliche Grundlage zunächst in § 69 II 1 VwVfG.[519] Diese Anknüpfung an die Vorschriften des förmlichen Verwaltungsverfahrens und damit mittelbar an die allgemeine Begründungspflicht nach § 39 VwVfG[520] wirft die Frage auf, ob damit eine Berücksichtigung der Besonderheiten und Charakteristika des Planfeststellungsbeschlusses unterbleibt, oder ob sich trotz der Anknüpfung an die allgemeinen Grundsätze ein Freiraum bietet, und die Begründung den besonderen Anforderungen des Planungsrechts gerecht werden kann.

Zunächst einmal erfolgt die Begründung eines Planfeststellungsbeschlusses immer schriftlich, da auch der Planfeststellungsbeschluss dem Schriftformerfordernis genügen muss (§§ 74 I 2, 69 II 1 VwVfG).

Die Begründung eines Planfeststellungsbeschlusses erfüllt die gleichen Funktionen wie die Begründung eines klassischen Verwaltungsaktes:[521] Die Information

---

515 *Allesch/Häußler*, in: *Obermayer*, VwVfG, § 74 Rn. 28.
516 *Hoppe/Bönker/Grotefels*, Öffentliches Baurecht, § 7 Rn. 12 m.w.N.
517 *Ibler*, Schranken, S. 215.
518 *Ibler*, Schranken, S. 215 f.; *Wahl*, NVwZ 1990, 426, 436; Für Einzelheiten vgl.: *Allesch/Häußler*, in: *Obermayer*, VwVfG, § 74 Rn. 31 ff.
519 S.o.: Erster Teil, D.II.3; S. 71.
520 S.o. Erster Teil, D.II.3; S. 71.
521 S.o.: Erster Teil, B; S. 11.

des Betroffenen ist ebenso von Bedeutung wie die Erleichterung der gerichtlichen Kontrolle des Planfeststellungsbeschlusses.[522] Die Rechtsprechung des *BVerwG* beschränkt sich aber darauf, in der Begründung nur eine Darlegung der für die Planung wichtigsten Punkte zu verlangen.[523] Die Begründung muss nicht so umfassend sein, dass sich aus ihr allein alle maßgeblichen Einzelheiten der Entscheidung ergeben.[524] Es ist ausreichend, wenn in der Begründung die Zurückweisung jener Planungsalternativen dargelegt wird, die sich als Alternativen zur beschlossenen Planung geradezu aufdrängen. Abwegige Planungsalternativen müssen jedoch nicht berücksichtigt werden.[525] Die Ausführungen zur Abwägung müssen nicht eine Auseinandersetzung mit allen Einzelheiten des Abwägungsvorganges enthalten, solange die Einwendungen ausreichend gewürdigt werden.[526] Wie aber schon bei Ermessensverwaltungsakten ist auch bei der Begründung eines Planfeststellungsbeschlusses die Berücksichtigung der konkreten Umstände des Einzelfalls von Bedeutung.[527] Das *BVerwG* sieht es als eine Aufgabe der Gerichte an, bei einer nach Meinung des Gerichts unzureichenden Begründung zunächst nach § 86 I VwVfG die Abwägungsgesichtspunkte zu ermitteln, welche die Entscheidung tragen, und anschließend deren Bedeutung und die Bedeutung ihres Fehlens für die Rechtmäßigkeit des Planfeststellungsbeschlusses zu bewerten.[528]

Auch wenn auf die Umstände des Einzelfalls abgestellt werden muss, verlangt die Rechtsprechung für die Erfüllung der Begründungspflicht im Rahmen des Planfeststellungsbeschlusses nur eine sehr oberflächliche Begründung und begegnet daher teilweise in der Literatur Bedenken.[529] Die Auffassung der Rechtsprechung ist vom Grundsatz der Verfahrensökonomie geprägt, dem in diesem Zusammenhang ein höheres Gewicht beigemessen wird als dem Grundsatz des effektiven Rechtsschutzes für den Betroffenen.[530] Dem Betroffenen ist jedoch daran gelegen, die Erfolgsaussichten einer Klage einschätzen zu können, was im Planungsrecht besonders schwierig ist, da der Planfeststellungsbeschluss als die anzufechtende Verwaltungsentscheidung gesetzlich nur in Ansätzen determiniert und so in besonderem Maße von Wertungen und Bewertungen der Verwal-

[522] *Kügel*, Planfeststellungsbeschluss, S. 90.
[523] *BVerwG* BayVBl. 1980, 440, 443.
[524] *BVerwGE* 45, 309, 330; *Broß*, VerwArch 75 (1984), 425, 432.
[525] *BVerwGE* 75, 214, 239.
[526] *Marschall/Schroeter/Kastner*, FStrG, § 17 Rn. 181.
[527] *Broß*, VerwArch 75 (1984), 425, 434.
[528] *BVerwG* BayVBl. 1980, 440, 443.
[529] *Kügel*, Planfeststellungsbeschluss, S. 91; *Koenig*, AöR 117 (1992), 513, 528; *Steinberg*, Fachplanung, § 5 Rn. 5.
[530] *Kügel*, Planfeststellungsbeschluss, S. 91; *Steinberg*, Fachplanung, § 5 Rn. 5.

tung geprägt ist.[531] Es ist daher erforderlich, dass die einzelnen Schritte der Abwägung in der Begründung ebenso enthalten sind wie Hinweise auf die Würdigung der Einwendungen.[532] Der Verweis des *BVerwG* auf § 86 I VwVfG, und eine damit verbundene „Ersetzung" der Begründung durch das Gericht, ist insoweit problematisch, als das Gericht entgegen dem Grundsatz der Gewaltenteilung in diesem Fall eine Aufgabe der Exekutive wahrnehmen würde.[533] Das Nachschieben von Gründen aufgrund einer materiell fehlerhaften Begründung ist der Verwaltung vorbehalten und kann nicht durch ein Gericht erfolgen.[534] Gerade im Planungsrecht mit seinen komplexen Entscheidungen, die in der Regel eine Reihe unterschiedlichster Interessen berühren und in Einklang bringen sollen, ist eine klare Trennung der Zuständigkeiten von großer Bedeutung. Die Funktionen der Begründung müssen in dem Maße an Bedeutung gewinnen, wie Rechtspositionen der Betroffenen im Spiel sind.

3. Pflicht zur Begründung eines Bebauungsplans nach § 9 VIII BauGB

Neben dem Planfeststellungsbeschluss ist der Bebauungsplan eine weitere wichtige Entscheidungsart im Rahmen des Planungsrechts. Er enthält die Festsetzungen für die städtebauliche Ordnung und ist die Planungsentscheidung, die unmittelbar dem Bürger gegenüber Verbindlichkeit besitzt.[535] Er bildet den Ausgangspunkt für weitere Maßnahmen, die auf der Grundlage des BauGB vollzogen werden.[536] Durch seine unmittelbare Verbindlichkeit entfaltet der Bebauungsplan Wirkungen bis hinein in die Grundrechtssphäre des Bürgers. Aus diesem Grund sind an die verfahrensrechtlichen Regelungen besondere Anforderungen zu stellen, um einen Ausgleich zwischen den Grundrechten der Betroffenen und dem effektiven Verfahren zu schaffen. Die Begründungspflicht nach § 9 VIII BauGB könnte der Herbeiführung dieses Ausgleiches in ähnlicher Weise dienen, wie es von der Begründungspflicht nach § 39 VwVfG für Verwaltungsakte bekannt ist.[537]

a) Rechtsnatur des Bebauungsplans

§ 10 I BauGB bestimmt für den Bebauungsplan, dass dieser von der Gemeinde als Satzung beschlossen wird und damit unmittelbar und für jedermann verbindlich ist.[538] Mit dieser Festlegung ist im Falle des Bebauungsplanes aber noch

---

531 *Steinberg,* Fachplanung, § 5 Rn. 5.
532 *Manner,* Planfeststellungsverfahren, S. 193.
533 *Koenig,* AöR 117 (1992), 514, 527.
534 S.o.: Erster Teil, C.II.2; S. 18.
535 *Brohm,* Öffentliches Baurecht, § 8 Rn. 1.
536 *Hoppe/Bönker/Grotefels,* Öffentliches Baurecht, § 5 Rn. 16.
537 S.o.: Erster Teil, B; S. 11.
538 *Finkelnburg/Ortloff,* Bauplanungsrecht, S. 56.

keine Bindung an die anerkannten Rechtsfolgen und dogmatischen Eigenheiten einer Satzung und damit einer Rechtsnorm verbunden.[539] Rechtsnormen haben materiell einen abstrakt-generellen Charakter und zeichnen sich dadurch aus, dass sie allgemeine Tatbestände regeln, die sich ständig wiederholen können.[540] Im Gegensatz dazu steht die Handlungsform des Verwaltungsakts, der eine konkret-individuelle Maßnahme der Verwaltung darstellt.[541]

Der Bebauungsplan lässt sich in diesen Kategorien – abstrakt-generell oder konkret-individuell – jedoch nicht fassen.[542] Grundsätzlich sind Pläne konkret-individuell, denn eine abstrakt-generelle Regelung ist mit dem Wesen der Planung nur schwerlich vereinbar.[543] Dennoch kann im Falle des Bebauungsplans auch die Abgrenzung zu abstrakt-generellen Rechtsnormen fließend sein, da Bebauungspläne anders als Rechtsnormen in besonderem Maße wirklichkeitsbezogen sind.[544] Dies führt im Falle des Bebauungsplans dazu, dass eine eindeutige Einordnung in die Handlungsformen „Rechtsnorm" oder „Verwaltungsakt" nicht möglich ist.[545]

Die inhaltlichen Abweichungen des Bebauungsplans von einer Rechtsnorm lassen sich unter anderem daran erkennen, dass der Bebauungsplan nicht wie eine Rechtsnorm in einem amtlichen Verkündungsblatt verkündet wird, sondern nach § 12 BauGB durch Auslegung bekannt gemacht wird. Anders als bei Rechtsnormen ist auch die Regelung eines Bebauungsplans nicht von konkreten Einzelfällen abstrahiert, sondern erfolgt gerade im Hinblick auf die konkrete Sachlage des zu beplanenden Baugebiets.[546] Dies führt indessen nicht zu einer Einordnung als Verwaltungsakt, weil es dem Bebauungsplan an einer unmittelbaren Vollzugsanordnung fehlt. Die Verwirklichung der Festsetzungen ist dem Bebauungsplan nämlich nicht immanent, sondern bedarf in der Regel noch einer weiteren behördlichen Maßnahme in Form einer Genehmigung.[547] Diese enge Verknüpfung von Vollzugs- und Normelementen zieht eine Reihe von Konse-

---

[539] *Brohm,* Öffentliches Baurecht, § 8 Rn. 6; vgl. zur Satzung allgemein: *Maurer,* Allgemeines Verwaltungsrecht, § 4 Rn. 14 ff; *Ossenbühl,* in: *Erichsen/Ehlers,* Allgemeines Verwaltungsrecht, § 6 Rn. 60 ff.

[540] *Ossenbühl,* in: *Erichsen/Ehlers,* Allgemeines Verwaltungsrecht, § 6 Rn. 62.

[541] *Maurer,* Allgemeines Verwaltungsrecht, § 9 Rn. 1 ff.

[542] *Grooterhorst,* Geltungsverlust von Bebauungsplänen, S. 26 ff.

[543] *Gronemeyer,* DVBl. 1977, 756; vgl. zum Ganzen auch *Imboden,* VVDStRL 18 (1960), 113 ff.

[544] *BVerwGE* 26, 282, 285; 50, 114, 120.

[545] *BVerwGE* 11, 14, 17; 54, 5, 9; *Niehues,* DVBl. 1982, 317, 321; *Gaentzsch,* BauGB, § 10 Rn. 2; *Brohm,* Öffentliches Baurecht, § 8 Rn. 4.

[546] *Brohm,* Öffentliches Baurecht, § 8 Rn. 6.

[547] *Brohm,* Rechtsschutz im Bauplanungsrecht, S. 60; *ders.,* Öffentliches Baurecht, § 8 Rn. 6; *Gaentzsch,* BauGB, § 10 Rn. 2.

quenzen nach sich, die in der eigenwilligen Struktur des Bebauungsplanes begründet sind und eine weitere Abgrenzung von den klassischen Handlungsformen darstellen; der Bebauungsplan wird daher auch als „Vollzugsnorm" bezeichnet.[548]

Bei der Regelung des § 10 BauGB handelt es sich also nur um eine Bestimmung der Form des Bebauungsplanes, ohne dass damit eine Aussage über seinen Gehalt getroffen wird.[549]

Ursprünglich für die Rechtsfolgen eines fehlerhaften Bebauungsplanes oder für Rechtsschutzfragen interessant, ist die eindeutige Zuordnung des Bebauungsplans zu einer der beiden Handlungsformen heute nicht mehr erforderlich, denn sowohl das BauGB als auch die VwGO enthalten Vorschriften zur Regelung dieser Folgefragen (vgl. §§ 214, 215 BauGB; § 47 I Nr. 1 VwGO). Der Bebauungsplan ist damit eine Verwaltungsentscheidung eigener Art, die in der Form einer kommunalen Satzung getroffen wird.[550]

b) Funktion und Inhalt der Begründung eines Bebauungsplans

Im BauGB ist in § 9 VIII eine Pflicht zur Begründung von Bebauungsplänen gesetzlich geregelt. Im Wesentlichen hat sich die Rechtsprechung um die Konkretisierung dieser Regelung verdient gemacht und eine Vielzahl von Kriterien entwickelt, welche eine Begründung erfüllen muss, um den verfassungsrechtlichen und einfachrechtlichen Anforderungen zu genügen.

Die Begründungspflicht nach § 9 VIII BauGB ist eine zwingende Verfahrensvorschrift, deren Einhaltung sicherstellen soll, dass sowohl die städtebauliche Rechtfertigung und Erforderlichkeit der Festsetzungen des Bebauungsplans als auch die Grundlagen der Abwägung zumindest in ihren zentralen Punkten dargestellt werden.[551] Darüber hinaus kann die Begründung auch eine Auslegungshilfe darstellen, wenn es darum geht, die sowohl nach dem BauGB als auch nach Landesrecht erfolgenden Festsetzungen des Bebauungsplanes zu verdeutlichen und in Zweifelsfällen auszulegen.[552] Eine Darlegung der Festsetzungen für jedes einzelne Grundstück ist jedoch nicht erforderlich. Es ist ausreichend, wenn die den Bebauungsplan prägenden Festsetzungen in der Begründung berücksichtigt

---

[548] *Brohm*, Rechtsschutz im Bauplanungsrecht, S. 61; *ders.*, Öffentliches Baurecht, § 8 Rn. 6.

[549] *Peine*, Öffentliches Baurecht, Rn. 522; *Maurer*, Allgemeines Verwaltungsrecht, § 16 Rn. 22.

[550] *Grooterhorst*, Geltungsverlust von Bebauungsplänen, S. 24 ff.

[551] *OVG Münster*, BauR 2000, 1472, 1473; *Reidt*, in: *Gelzer/Bracher/Reidt*, Bauplanungsrecht, Rn. 441.

[552] *BVerwG* BauR 1989, 687, 689; *BVerwGE* 77, 300, 306; *OVG Münster*, BauR 2000, 1472, 1473; *Hoppe/ Bönker/Grotefels*, Öffentliches Baurecht, § 5 Rn. 127.

werden.[553] Insbesondere ungewöhnliche planerische Lösungen und Festsetzungen bedürfen einer ausführlichen Darstellung in der Begründung, sofern es sich um zentrale Regelungen des Bebauungsplans handelt.[554] Die Rechtsprechung spricht in diesem Zusammenhang vom Erfordernis, „...die Ziele, Zwecke und wesentlichen Auswirkungen des Bebauungsplans darzulegen...“.[555]

Auch hier lassen sich die einzelnen Kriterien zum Inhalt der Begründung auf die Funktionen der Begründung zurückführen. Die Begründung ist auch beim Bebauungsplan von großer Bedeutung für den Rechtsschutz der durch den Bebauungsplan betroffenen Bürger und findet hierin ihre Hauptfunktion.[556] Die Abwägung als zentrales Element des Bebauungsplans erfährt bei einer gerichtlichen Kontrolle des Bebauungsplanes besondere Aufmerksamkeit, eine Überprüfung begegnet aber aufgrund der Komplexität des vorangegangen Abwägungsvorganges besonderen Schwierigkeiten.[557] Die Begründung und die darin enthaltenen Ausführungen zum Abwägungsvorgang ermöglichen diese Überprüfung und helfen, eventuelle Abwägungsdefizite aufzudecken.[558] Der Abwägungsvorgang wird damit nachvollziehbar, und eine materielle Überprüfung des Bebauungsplans ist möglich. Die Rechtsschutzfunktion der Begründung macht zugleich den großen Unterschied zwischen dem Bebauungsplan und anderen Rechtsnormen deutlich; letztere sind einer unmittelbaren gerichtlichen Überprüfung nicht zugänglich, so dass sich aus der Regelung des § 9 VIII BauGB nicht zwingend der Schluss ziehen lässt, eine Begründung auch für Rechtsnormen sei möglich und wünschenswert.[559]

Daneben dient die Begründung aber auch dem Verständnis und der Wirksamkeit des Bebauungsplanes. Die Begründung entfaltet zwar keine Rechtswirkung und ist auch nicht normativer Bestandteil des Bebauungsplanes, fehlt sie aber, so leidet der Bebauungsplan an einem Formfehler.[560] Die Gemeinde muss die Begründung daher als Teil der Satzung mit beschließen, sie stellt gewissermaßen die Grundlage der Beschlussfassung dar.[561] Eine unvollständige und damit lediglich fehlerhafte Begründung kann unter Umständen nach den Vorschriften der

---

[553] *Löhr,* in: *Battis/Krautzberger/Löhr,* BauGB, § 9 Rn. 125.
[554] *OVG Münster,* BauR 2000, 1472, 1473; *Gaentzsch,* BauGB, § 9 Rn. 40.
[555] *OVG Münster* BauR 2000, 1472, 1473.
[556] *Hoppe/Bönker/Grotefels,* Öffentliches Baurecht, § 5 Rn. 126; *Bielenberg/Söfker,* in: *Ernst/Zinkahn/Bielenberg,* BauGB, § 9 Rn. 291.
[557] *Hoppe/Bönker/Grotefels,* Öffentliches Baurecht, § 5 Rn. 130.
[558] *BVerwG* ZfBR 1993, 89, 90.
[559] Zur Begründung von Legislativakten vgl. u.: Erster Teil, E.II.4; S. 103.
[560] *BVerwG* BauR 1989, 687, 689; *Stüer,* Der Bebauungsplan, Rn. 101; *Bielenberg/Söfker,* in: *Ernst/Zinkahn/Bielenberg,* BauGB § 9 Rn. 288.
[561] *Gaentzsch,* BauGB, § 9 Rn. 39.

§§ 214, 215 BauGB unbeachtlich sein, eine fehlende Begründung kann jedoch nicht nachgeholt werden und führt zur Nichtigkeit des Bebauungsplans.[562]

Im Verhältnis des Bebauungsplans zu anderen Rechtsnormen ist die Begründungspflicht ein trennendes, abgrenzendes Merkmal. Im Verhältnis zum Verwaltungsakt zeigen sich durch die Grundlagen und Motive der Begründungspflicht indes Parallelen zwischen dem Bebauungsplan und dem Verwaltungsakt. Ebenso wie die Begründungspflicht nach § 39 VwVfG stützt die Regelung des § 9 VIII BauGB die Notwendigkeit einer Begründung im Wesentlichen auf das Rechtsschutzbedürfnis der Planbetroffenen. Diese Gemeinsamkeiten können aus der Sicht der Begründungspflicht den Schluss zulassen, der Bebauungsplan sei dem Verwaltungsakt ähnlicher als der Rechtsnorm. Die darüber hinaus bestehenden Unterschiede sind jedoch auch weiterhin zu groß. Im Gegenteil ist § 9 VIII BauGB ein Indiz dafür, dass sich der Gesetzgeber damit einer eindeutigen Zuordnung des Bebauungsplans zur Rechtsnorm oder zum Verwaltungsakt entziehen und die Sonderstellung des Bebauungsplans festigen wollte.

4. Pflicht zur Begründung nach § 24 III 2 BauGB

Das Baugesetzbuch gewährt Gemeinden in § 24 BauGB ein gesetzliches Vorkaufsrecht, welches die Gemeinden zum Wohle der Allgemeinheit durch Verwaltungsakt ausüben können.[563] Der Bescheid, mit dem die Gemeinden ihr Vorkaufsrecht ausüben, ist ein belastender Verwaltungsakt und daher begründungsbedürftig.[564] Diese nach der allgemeinen Regelung des § 39 VwVfG erfolgende Begründung wird durch die Vorschrift des § 24 III 2 BauGB ergänzt, die verlangt, dass zusätzlich zur Begründung der Entscheidung mit der Darlegung der Ermessensausübung auch die geplante Verwendung des Grundstückes angegeben werden muss.[565] § 24 III 2 BauGB stellt damit eine speziell auf das Vorkaufsrecht zugeschnittene Ergänzung des allgemeinen Grundsatzes dar. Dies zeigt sich auch darin, dass eine unvollständig angegebene Verwendung die gleichen Folgen hat wie eine unvollständige Begründung nach § 39 VwVfG.[566]

5. Pflicht zur Begründung nach §§ 4, 6 FlurbG

Die Flurbereinigung ist ein Institut des Agrarrechts und dient neben der Verbesserung der betriebswirtschaftlichen Verhältnisse einzelner land- und forstwirtschaftlicher Betriebe der Verbesserung der Agrarstruktur und der landeskulturel-

---

[562] *BVerwG* BauR 1989, 687, 689; *Löhr*, in: *Battis/Krautzberger/Löhr*, BauGB, § 9 Rn. 133; *Gubelt*, NVwZ 1982, 176, 177.

[563] *Wolf*, BauR 1991, 164.

[564] *Wolf*, BauR 1991, 164; s.o.: Erster Teil, D.I.4.a); S. 24.

[565] *Wolf*, BauR 1991, 164, 165; *Stock*, in: *Ernst/Zinkahn/Bielenberg*, BauGB § 24 Rn. 79.

[566] *Wolf*, BauR 1991, 164, 165; *Roos*, in: *Brügelmann*, BauGB § 24 Rn. 72.

len Verhältnisse eines größeren Gebietes durch Neuordnung des Grundbesitzes.[567] Für den die Flurbereinigung regelnden Flurbereinigungsbeschluss ist in § 4 S. 2, 2. Hs. FlurbG eine Begründungspflicht vorgesehen, die ebenso wie die Begründungspflicht nach § 39 VwVfG rechtsstaatlich geboten ist.[568] Sie muss die Erwägungen für die Anordnung des Verfahrens und die Abgrenzung des Flurgebiets enthalten und alle rechtlichen und tatsächlichen Belange darlegen.[569] Die Begründungspflicht nach § 4 S. 2, 2. Hs. FlurbG verdrängt die Ausnahmeregel des § 39 II Nr. 5 VwVfG, wonach öffentlich bekannt gemachte Allgemeinverfügungen nicht dem Begründungszwang unterliegen.[570] Der Gesetzgeber ging bei der Kodifizierung des § 39 VwVfG davon aus, dass Allgemeinverfügungen aus sich selbst heraus verständlich seien und eine Begründung daher entbehrlich sei.[571]

6. Pflicht zur Begründung nach § 10 VII BImschG iVm § 21 9. BImSchV

§ 10 BImSchG und die 9. BImSchV zur Durchführung des Bundesimmissionsschutzgesetzes treffen Spezialregelungen für das immissionsschutzrechtliche Verfahren.[572] Die Begründungspflicht einer Verwaltungsentscheidung ergibt sich aus § 10 VII BImSchG iVm § 21 9. BImSchV. Während § 10 VII BImSchG nur das Erfordernis einer schriftlichen Begründung normiert, konkretisiert § 21 I Nr. 5 9. BImSchV den Inhalt und den Umfang der Begründung: Die rechtlichen und tatsächlichen Erwägungen, die die Behörde zu ihrer Entscheidung bewogen haben, müssen ebenso enthalten sein, wie die Behandlung der Einwendungen durch die Behörde.[573] Das Besondere einer Begründung im immissionsschutzrechtlichen Verwaltungsverfahren gegenüber dem allgemeinen Verwaltungsverfahren nach dem Verwaltungsverfahrensgesetz ist es, dass die Begründung für Drittbetroffene verständlich sein muss, also nicht ohne weiteres auf Antragsunterlagen verweisen kann, sondern das Vorhaben und seine Auswirkungen beschreiben soll.[574]

---

[567] *Lillotte*, in: *Ernst/Hoppe*, Bau- und Bodenrecht S. 370; *Nüßgens/Boujong*, Eigentum, Sozialbindung, Enteignung, Rn. 176; *Steding*, LKV 1992, 350.
[568] *BayVGH* AgrarR 1982, 190, 191.
[569] *BayVGH* AgrarR 1982, 190, 191; *Seehusen/Schwede*, FlurbG, § 4 Rn. 11.
[570] *Seehusen/Schwede*, FlurbG, § 4 Rn. 11.
[571] *P. Stelkens/U. Stelkens*, in: *Stelkens/Bonk/Sachs*, VwVfG, § 39 Rn. 71.
[572] *Engelhardt/Schlicht*, BImSchG, § 10 Rn. 1.
[573] *Jarass*, BImSchG, § 10 Rn. 120; *Czajka*, in: *Feldhaus*, BImSchR, § 10 BImSchG Rn. 86.
[574] *Jarass*, Umweltverträglichkeitsprüfung, S. 75; *Dietlein*, in: *Landmann/Rohmer*, BImSchG, § 10 Rn. 256.

7. Pflicht zur Begründung nach § 37 II WaStraG

Im Bundeswasserstraßengesetz (WaStraG) findet sich eine Begründungspflicht in § 37 II. Sie gilt für Entscheidungen der Wasser- und Schifffahrtsdirektion über die Festsetzung einer Entschädigung nach § 37 I WaStrG. Die Begründung muss derart ausgestaltet sein, dass die dem Einzelfall zugrunde liegenden Feststellungen und die daraus folgende Festsetzung der Entschädigung deutlich gemacht werden.[575] Dabei gelten im Einzelnen die oben zu § 39 VwVfG erarbeiteten Grundsätze.

IV. Weitere gesetzliche Begründungspflichten

Neben der wohl bedeutendsten gesetzlich geregelten Begründungspflicht im VwVfG (§ 39), finden sich auch in anderen Bereichen des Allgemeinen und des Besonderen Verwaltungsrechts Regelungen für eine Pflicht zur Begründung von Verwaltungsentscheidungen. In der Regel gehen diese speziellen Regelungen der allgemeinen Begründungspflicht nach § 39 VwVfG vor, beziehen sich aber in der Weise auch auf diese allgemeine Begründungspflicht, dass sie an § 39 VwVfG angelehnt sind.[576]

1. § 73 III 1 VwGO

Die VwGO enthält in § 73 III 1 VwGO eine gesonderte Regelung hinsichtlich der Begründung eines Widerspruchsbescheides. Da diese Regelung jedoch keinerlei Einzelheiten bezüglich Inhalt und Umfang der Begründung enthält, wird zu deren Bestimmung aufgrund des § 79 VwVfG ebenfalls die Regelung des § 39 I VwVfG herangezogen.[577] Dementsprechend muss die Begründung eines Widerspruchsbescheides gleichermaßen wie die Ausgangsentscheidung die rechtlichen und tatsächlichen Gründe darlegen, auf die sich die Entscheidung stützt.[578] Diese Begründungspflicht soll jedoch nicht dazu führen, dass die Begründung des Widerspruchsbescheides nur eine Wiederholung des Ausgangsbescheides darstellt. Bei Übereinstimmungen ist eine erneute Begründung nicht erforderlich, einer besonderen Begründung bedarf vielmehr nur jede Abweichung von der Ausgangsentscheidung.[579]

Nicht anwendbar im Rahmen des Widerspruchsverfahrens sind die Ausnahmeregelungen des § 39 II VwVfG. § 73 III VwGO selber sieht keine Ausnahmen

---

[575] *Wirth/Schulze,* WaStrG, § 37 Anmerkungen zu Absatz 2; *Friesecke,* WaStrG, § 37 Rn. 4.

[576] *Müller-Ibold,* Begründungspflicht, S. 131.

[577] *Allesch,* Anwendbarkeit der Verwaltungsverfahrensgesetze, S. 160; *Brühl,* JuS 1994, 420, 422; *Pietzner/Ronellenfitsch,* Assessorexamen, § 43 Rn. 3; *Redeker/v. Oertzen,* VwGO, § 73 Rn. 22; *Funke-Kaiser,* in: *Bader,* VwGO, § 73 Rn. 28.

[578] *Brühl,* JuS 1994, 420, 422; *Redeker/v. Oertzen,* VwGO, § 73 Rn. 22.

[579] *Brühl,* JuS 1994, 420, 423.

von der Begründungspflicht vor, und der Rückgriff auf § 39 VwVfG betrifft nur das *ob* der Begründungspflicht, jedoch nicht das *wie*. Ausnahmen von der Begründungspflicht können daher nur zulässig sein, wenn sie in der Verwaltungsgerichtsordnung selbst geregelt werden.[580]

2. § 80 III VwGO

Grundsätzlich entfaltet ein Widerspruch aufschiebende Wirkung.[581] Diese aufschiebende Wirkung entfällt aber gem. § 80 II Nr. 4 VwGO zum Beispiel, wenn die Behörde die sofortige Vollziehung des Verwaltungsaktes anordnet. § 80 III VwGO verpflichtet die Behörde, diese Anordnung der sofortigen Vollziehung gesondert zu begründen. Diese Begründung erfüllt die gleichen Funktionen, wie sie auch die allgemeine Begründungspflicht nach § 39 VwVfG prägen und bestimmen.[582]

Darüber hinaus ist jedoch das Verhältnis der beiden Vorschriften zueinander von Spezialität gekennzeichnet und die Begründungspflicht nach § 80 III VwGO verdrängt die Vorschriften des Verwaltungsverfahrensgesetzes.[583] Diese Spezialität lässt sich an verschiedenen Unterschieden zwischen der Begründungspflicht nach dem Verwaltungsverfahrensgesetz und der Pflicht zur Begründung von Sofortvollzugsanordnungen festmachen. Zum einen verlangt § 80 III VwGO für die Begründung die Schriftform. Weiterhin sind die Ausnahmevorschriften in § 80 III VwGO strenger als in § 39 VwVfG. So kann nur bei Gefahr im Verzug von einer Begründung abgesehen werden, da in diesem Fall bereits die Notstandslage die Voraussetzungen für eine sofortige Vollziehung indiziert.[584]

Aus der Begründung muss für den konkreten Einzelfall hervorgehen, warum die Anordnung der sofortigen Vollziehung im öffentlichen Interesse oder im Interesse eines Beteiligten liegt.[585] Hierzu sind alle rechtlichen und tatsächlichen Gründe anzugeben, die dieses Interesse begründen.[586]

---

[580] *Allesch,* Anwendbarkeit der Verwaltungsverfahrensgesetze, S. 160.
[581] *Schmidt,* in: *Eyermann,* VwGO, § 80 Rn. 5.
[582] *Schoch,* Vorläufiger Rechtsschutz, S. 1274 f.
[583] *Schoch,* Vorläufiger Rechtsschutz, S. 1277; *Kopp/Schenke,* VwGO, § 80 Rn. 84; *Funke-Kaiser,* in: *Bader,* VwGO, § 80 Rn. 47.
[584] *Schoch,* Vorläufiger Rechtsschutz, S. 1279.
[585] *Schoch,* Vorläufiger Rechtsschutz, S. 1278.
[586] *Finkelnburg/Jank,* Vorläufiger Rechtsschutz, Rn. 755.

E. Verwaltungsentscheidungen ohne ausdrückliche gesetzliche Begründungspflicht

In den vorangegangenen Abschnitten sind eine Reihe einfachgesetzlicher Begründungspflichten vorgestellt worden, die eine Vielzahl von Bereichen des Verwaltungsrechts betreffen. Mit Ausnahme der Begründungspflichten aus dem Planungsrecht handelte es sich aber in der Regel um verschiedene Ausprägungen der Handlungsform des Verwaltungsaktes. Für andere Handlungsformen der Verwaltung ist eine Begründungspflicht gesetzlich nicht vorgegeben. Gleichwohl kann auch bei andersartigem Verwaltungshandeln das Bedürfnis für eine Begründung nicht von vornherein ausgeschlossen werden, ist sie doch eine Verfahrensvorschrift, die verfassungsrechtlich von großer Bedeutung ist.[587] Ein weiterer Grund für eine Betrachtung auch anderer Handlungsformen als der des Verwaltungsaktes ist die steigende Bedeutung von Entscheidungen der Verwaltung, die außerhalb eines formalisierten Verwaltungsverfahrens nach dem Verwaltungsverfahrensgesetz erfolgen und bislang (noch) keiner Systematisierung zugeführt wurden.[588] Ein Außerachtlassen dieser Verwaltungsentscheidungen würde ihrem Gewicht im täglichen Handeln der Verwaltung nicht gerecht.

I. Herleitung der Begründungspflicht im Wege der Rechtsfortbildung

Mangels einer einfachgesetzlichen Regelung für die Begründung von außerhalb des Verwaltungsverfahrensgesetzes stehenden Verwaltungsentscheidungen ist die Herleitung einer Rechtsgrundlage im Wege der Rechtsfortbildung möglich.

Die Möglichkeit einer Ausweitung der Grundsätze zur Begründungspflicht nach § 39 VwVfG auf Verwaltungsentscheidungen außerhalb des Anwendungsbereiches des Verwaltungsverfahrensgesetzes ist umstritten. Sie ist Teil der Diskussion um eine Ausweitung der Regelungen des Verwaltungsverfahrensgesetzes insgesamt auch auf diejenigen Handlungsformen, die nicht in den gesetzlich geregelten Anwendungsbereich des Verwaltungsverfahrensgesetzes fallen.[589]

Ein Teil der Literatur lehnt mit der Rechtsprechung die Ausweitung der Begründungspflicht aus § 39 VwVfG auf außerhalb des Verwaltungsverfahrensgesetzes erfolgendes Verwaltungshandeln ab.[590] Allein die Tatsache, dass § 39 VwVfG seine Wurzeln im verfassungsrechtlichen Begründungsgebot findet, ermögliche nicht die Annahme, aus der Vorschrift sei ein allgemeiner Rechtsgedanke ab-

---

587 S.o. Erster Teil, A.V.; S. 10.

588 *Hufen,* Fehler im Verwaltungsverfahren, Rn. 426.

589 *Blümel,* in: *Blümel/Pitschas* Reform des Verwaltungsverfahrensrechts, S. 22.

590 *BVerwGE* 70, 270, 275; *P.Stelkens/U. Stelkens,* in: *Stelkens/Bonk/Sachs,* VwVfG, § 39 Rn. 8a.

leitbar.[591] Vielmehr könnten gegebenenfalls die hinter der Begründungspflicht nach § 39 VwVfG stehenden Rechtsgrundsätze des Verfassungsrechts unmittelbar angewendet werden.

Andere sehen die Begründungspflicht nach § 39 VwVfG als durchaus übertragbar auf andere Handlungsformen der Verwaltung an.[592] Für die Bejahung einer Begründungspflicht komme es dabei nicht entscheidend auf die Handlungsform der Maßnahme an, sondern darauf, ob sie subjektiv-öffentliche Rechte tangiere.[593]

Aus dem Prüfungsrecht ist die Konstruktion bekannt, eine für notwendig erachtete Begründungspflicht unmittelbar aus der Verfassung herzuleiten.[594] Die Verwaltung ist nach Art. 1 III GG an die Grundrechte gebunden und damit verpflichtet, gegebenenfalls auf der Grundlage der Grundrechte diejenigen Verfahrensrechte zu gewähren, die zur Entfaltung und zum Schutz der Grundrechte des Einzelnen erforderlich sind.[595] Die Möglichkeit einer Begründungspflicht auf der Grundlage verfassungsrechtlicher Prinzipien (in diesem Fall Art. 19 IV GG) ist demnach in der Praxis nicht unbekannt. Ob sie auf Prüfungsentscheidungen beschränkt ist oder auch auf andere Verwaltungsentscheidungen angewandt werden kann, soll die nachfolgende Untersuchung klären.

Demzufolge ist eine genauere Betrachtung einzelner Handlungsformen vonnöten, um beurteilen zu können, ob eine Begründungspflicht überhaupt erforderlich ist, und auf welcher Grundlage die Begründung gegebenenfalls eingefordert werden muss.

II. Entscheidungsarten, die nicht Verwaltungsakt sind

Die Verwaltung kann ihre Aufgaben durch Realakt, in Privatrechtsform oder auch im Innenbereich der Behörde wahrnehmen. Auch wird sie bei dem Erlass von Rechtsverordnungen legislativ tätig. Die planungsrechtliche Vorhabenzulassung durch Gesetz fällt zwar nicht in den Aufgabenbereich der Verwaltung, durch ihre Position an der Schnittstelle von Verwaltung und Gesetzgebung als Exekutivakt der Legislative ist aber auch sie in diesem Zusammenhang von Interesse. Welche Anforderungen im Einzelnen an die Begründung zu stellen sind und wie grundrechtsrelevant das Tätigwerden der Verwaltung ist, lässt sich pauschal nicht beurteilen, sondern kann nur anhand einer genaueren Betrachtung der verschiedenen Formen des Verwaltungshandelns herausgefunden werden.

---

[591] *Liebetanz*, in: *Obermayer*, VwVfG § 39 Rn.12; *Müller-Ibold*, Begründungspflicht, S. 168; *P.Stelkens/U. Stelkens*, in: *Stelkens/Bonk/Sachs*, VwVfG, § 39 Rn. 7.
[592] *Kopp/Ramsauer*, VwVfG, § 39 Rn. 8 ff.
[593] *Koenig*, AöR 117 (1992), 514, 525; Widmann, S. 8.
[594] S.o.: Erster Teil, D.I.5.c)cc)(1); S. 60; und *BVerwG* NVwZ 1993, 677, 679.
[595] *Laubinger*, VerwArch 73 (1982), 60, 77.

1. Realakte

Realakte sind Verwaltungsmaßnahmen, die nicht auf die Herbeiführung eines rechtlichen, sondern eines tatsächlichen Erfolgs gerichtet sind.[596] Dies schließt Wissenserklärungen wie Auskünfte oder Warnungen der Verwaltung ebenso ein wie tatsächliche Verrichtungen der Verwaltung, die etwa in der Durchführung von Unterricht oder dem Bau und der Unterhaltung von Verkehrsanlagen bestehen können.[597] Diese Vielfalt der Handlungsmöglichkeiten spiegelt sich wider in der Vielfalt der Bezeichnungen für diese Handlungsform, die in der Verwaltungswissenschaft gefunden werden können.[598] Der auch „schlichtes Verwaltungshandeln" genannte Realakt hat enorme praktische Bedeutung und für den Bürger spürbarere Auswirkungen als andere Handlungsformen.[599] Trotz dieser großen Bedeutung des Realaktes ist jedoch ein spezielles, zu seinem Erlass führendes Verwaltungsverfahren nicht geregelt.[600] Der Bürger hat hingegen einen Anspruch auf ein Verfahren, welches rechtsstaatlichen Grundsätzen genügt.[601] Daher stellt sich die Frage, ob z. B. die für Verwaltungsakte bekannte Begründungspflicht auch auf Realakte übertragbar ist.[602] Aufgrund der Vielzahl der Varianten des Realakts sollen hier zum einen die tatsächlichen Verrichtungen und zum anderen die Warnungen der Verwaltung untersucht werden, da diese die Charakteristika des Realaktes umfassend erfüllen.

a) Tatsächliche Verrichtungen

Unter den Begriff „tatsächliche Verrichtungen" der Verwaltung fallen Handlungen, die sich in einer konkreten Handlung der Verwaltung erschöpfen, wie zum Beispiel die Auszahlung eines Geldbetrages, die Reinigung einer Straße oder die Errichtung eines Verwaltungsgebäudes.[603] Die Handlung erfolgt also unmittelbar und entfaltet keinerlei Rechtswirkung gegenüber dem Bürger. Diese tatsächlichen Verrichtungen unterliegen keinem kodifizierten Verfahren, die Verfahrensregelungen des Verwaltungsverfahrensgesetzes sind nicht anwendbar.[604]

---

[596] Maurer, Verwaltungsrecht, § 15 Rn. ; *Erichsen* in: *Erichsen/Ehlers*, Allgemeines Verwaltungsrecht, § 30 Rn. 1.
[597] *Hill*, Fehlerhaftes Verfahren, S. 150 f; *Maurer*, Allgemeines Verwaltungsrecht, § 15 Rn. 2.
[598] *Ossenbühl*, JuS 1979, 681, 685; *Hufen*, Fehler im Verwaltungsverfahren. Rn. 476; für eine detaillierte Darstellung der Begrifflichkeiten vgl. *Widmann*, Realakt, S. 29 ff.
[599] *Schulte*, Schlichtes Verwaltungshandeln, S. 17; *Hufen*, Fehler im Verwaltungsverfahren, Rn. 476.
[600] *Schulte*, Schlichtes Verwaltungshandeln, S. 191 f.
[601] *Hufen*, Fehler im Verwaltungsverfahren, Rn. 481.
[602] Vgl. *Widmann*, Realakt, S. 4.
[603] *Hufen*, Fehler im Verwaltungsverfahren, Rn. 478; *Maurer*, Allgemeines Verwaltungsrecht, § 15 Rn. 2.
[604] *Hill*, Fehlerhaftes Verwaltungsverfahren, S. 151, 154.

Verfahrensregelungen erfüllen in erster Linie den Zweck, die Grundrechtssphäre des Adressaten zu schützen und vor Eingriffen zu bewahren. Ist ein Schutz mangels Eingriffsqualität der Maßnahme nicht erforderlich, so ist auch eine analoge Anwendung der Verfahrensregelungen des Verwaltungsverfahrensgesetzes nicht angezeigt. Durch den Mangel an Rechtsverbindlichkeit ist durch tatsächliche Verrichtungen der Verwaltung der Eingriff in Rechtspositionen der betroffenen Bürger vergleichsweise gering, so dass eine Begründung in der Regel nicht erforderlich sein wird. Eine Begründungspflicht der Verwaltung bei tatsächlichen Verrichtungen würde im Übrigen auf erhebliche praktische Schwierigkeiten stoßen, so dass eine Begründung bei tatsächlichen Verrichtungen faktisch ausgeschlossen sein muss.[605] Ist die tatsächliche Verrichtung die Ausführung eines zuvor ergangen Bescheides, so ist eine gesonderte Begründung der Handlung ohnehin nicht mehr erforderlich, da eine solche bereits im Rahmen des Erlasses des Bescheides erfolgt ist.[606]

b) Informationen und Warnungen

Eine wichtige Fallgruppe des schlichten Verwaltungshandelns stellen behördliche Informationshandlungen dar. In diese Gruppe fallen so unterschiedliche Handlungen wie hoheitliche Warnungen, öffentliche Bekundungen mit beleidigendem Inhalt, Speicherung und Weitergabe personenbezogener Daten, Abgabe von Gutachten und Beurteilungen, Dokumentationen und Auskünfte.[607] Hoheitliche Warnungen sind in der Regel Erklärungen einer Behörde, in denen zum Beispiel vor (vermeintlich) gefährlichen Produkten, aber auch vor Jugendsekten gewarnt wird.[608]

Trotz Zuordnung der behördlichen Warnungen zur „weichen Handlungsform" des Realaktes[609] sind die Auswirkungen einer behördlichen Warnung nicht zu unterschätzen und können mit Verboten oder Geboten vergleichbare Wirkungen entfalten.[610] Trotz zahlreicher im Einzelnen bestehender Unklarheiten hinsichtlich der dogmatischen Zuordnung dieser Eingriffe, der Zuständigkeit der Verwaltung und der gesetzlichen Grundlage für derartige Warnungen besteht Einig-

---

605 *Müller-Ibold,* Begründungspflicht, S. 167 f.; *Widmann,* Realakt, S. 9; *P. Stelkens/U. Stelkens,* in: *Stelkens/Bonk/Sachs,* VwVfG § 39 Rn. 8c.

606 *Hufen,* Fehler im Verwaltungsverfahren, Rn. 478.

607 *Hufen,* Fehler im Verwaltungsverfahren, Rn. 480.

608 *Maurer,* Allgemeines Verwaltungsrecht, § 15 Rn. 8.

609 *Di Fabio,* in: *Becker-Schwarze (Hrsg),* Wandel der Handlungsformen, S. 47, 62; *Widmann,* Realakt, S. 73; zur Zuordnung zu informalem Verwaltungshandeln vgl. *Erichsen,* in: *Erichsen/Ehlers,* Allgemeines Verwaltungsrecht, § 30 Rn. 4.

610 *Maurer,* Allgemeines Verwaltungsrecht, § 15 Rn. 10; zu den Auswirkungen der Warnung in der Presseberichterstattung vgl. nur *OLG Stuttgart,* NJW 1990, 2690, 2693.

keit darüber, dass diese Warnungen Eingriffe in grundrechtlich geschützte Rechtspositionen darstellen können.[611]

Aufgrund dieser Auswirkungen ist es erforderlich, vergleichbare Anforderungen an die Entstehung der Warnung zu stellen, wie an den Erlass eines Verwaltungsaktes, und damit aus der Grundrechtsrelevanz des Verwaltungshandelns Konsequenzen zu ziehen, welche diese Handlungsform stärker verfahrensrechtlich zu verfestigen geeignet sind.[612] Dann könnte auch im Bereich der Realakte dem durch die Verfahrensregeln intendierten Schutz der Grundrechte zur Wirkung verholfen werden. Diesem Bedürfnis nach „Formalisierung" hat das *LG Stuttgart* bereits Rechnung getragen, indem es im Rahmen des Erlasses eines „finalen" Realaktes eine Anhörung nach § 28 VwVfG verlangt.[613]

Fraglich ist, auf welcher Grundlage eine Begründungspflicht bestehen könnte. Eine direkte Anwendung der einfachgesetzlichen Regelung des § 39 VwVfG scheidet wegen der eindeutigen Beschränkung der Begründungspflicht auf Verwaltungsakte aus.[614] Andererseits kommen die für die Begründung einer Warnung genannten Anforderungen, den in § 39 I 2 VwVfG genannten sehr nahe. Es käme somit eine analoge Anwendung des § 39 VwVfG auf Informationen und Warnungen in Betracht.

Eine analoge Anwendung des § 39 VwVfG auf behördliche Warnungen und Informationen ist nur möglich, wenn eine planwidrige Regelungslücke vorliegt, und die Interessenlage dieses ungeregelten Falles mit dem geregelten Fall vergleichbar ist.[615] Hinsichtlich des Vorliegens einer Regelungslücke ist diese zu bejahen: Weder im Verwaltungsverfahrensgesetz noch an anderer Stelle findet sich eine gesetzliche Regelung zur Begründungspflicht der Verwaltung bei Informationen und Warnungen. Allerdings ist die Planwidrigkeit dieser Lücke zweifelhaft. Der Gesetzgeber hat die Möglichkeit der Einbeziehung der Realakte und damit auch der Warnungen und Informationen gesehen, wegen der noch nicht ausreichenden dogmatischen Verfestigung des Verwaltungshandelns in der Form des Realaktes und anderer gesetzlich nicht geregelter Handlungsformen aber aus dem Anwendungsbereich des Verwaltungsverfahrensgesetzes herausgenommen.[616] Er hat vielmehr die Hoffnung geäußert, dass im Verwaltungsverfahrensgesetz kodifizierte Verfahrensrechte über ihren normierten Anwendungsbereich hinaus Bedeutung erlangen und Voraussetzung auch für weiteres

---

[611] *Heintzen,* VerwArch 81 (1990), 532, 534; *Di Fabio,* JuS 1997, 1, 2.
[612] *Di Fabio,* JuS 1997, 1, 6; *Hufen,* Fehler im Verwaltungsverfahren, Rn. 481.
[613] *LG Stuttgart,* NJW 1989, 2257, 2261; *Hufen,* Fehler im Verwaltungsverfahren, Rn. 483.
[614] S.o.: Erster Teil, D.I.1; S. 20.
[615] *Schmalz,* Methodenlehre, Rn. 383 u. 389.
[616] BT-Drucksache VII/910, S. 41.

Verwaltungshandeln werden.[617] Unter diesen Umständen kann von einer Planwidrigkeit nicht mehr gesprochen werden. Eine Pflicht zur Begründung von Warnungen und Informationen kann damit nicht auf eine analoge Anwendung des § 39 VwVfG gestützt werden.

Eine Begründungspflicht bei staatlichen Warnungen und Informationen könnte sich direkt aus der Verfassung ergeben. Die Grundrechte als gesetzliche Grundlage einer Verfahrensregel sind nicht nur aus dem Prüfungsrecht bekannt, wo Art. 19 IV GG die Rechtsgrundlage für eine Begründungspflicht darstellt.[618] Auch vor Inkrafttreten des Verwaltungsverfahrensgesetzes wurden Verfahrensregeln an verfassungsrechtliche Grundsätze angeknüpft, um ihnen so einen gesetzliche Grundlage zu verschaffen.[619] Die Frage ist, ob und wenn ja welche verfassungsrechtliche Garantie im Falle einer staatlichen Warnung oder Information als Rechtsgrundlage für eine Begründungspflicht nutzbar gemacht werden kann. Da behördliche Warnungen erheblich in grundrechtlich geschützte Bereiche von Personen oder Organisationen eingreifen können, falls vor deren Aktivitäten gewarnt wird, ist die Notwendigkeit nicht zu unterschätzen, dass gegenüber solchen Warnungen ein effektiver Rechtsschutz möglich sein muss. Noch wichtiger allerdings erscheint der Gesichtspunkt der Selbstkontrolle der Verwaltung. Eine verfassungsrechtliche Rechtsgrundlage der Begründung müsste demnach hier anknüpfen. Eine Anknüpfungsmöglichkeit bieten die Art. 1 III GG und Art. 20 III GG.[620] Die Bindung der Verwaltung an Recht und Gesetz nach Art. 1 III GG und Art. 20 III GG verpflichtet sie zu rechtmäßigem Verhalten.[621] Sie muss sicherstellen, dass im Rahmen ihres Handelns ihre Entscheidungen mit dem geltenden Recht übereinstimmen.[622] Ein Mittel hierzu ist die Selbstkontrolle, denn nur sorgfältiges und bewusstes Handeln der Verwaltung kann die Rechtswidrigkeit einer Entscheidung verhindern helfen. Eine Begründungspflicht der Verwaltung für Informationen und Warnungen könnte demzufolge aus den Art. 1 III GG und Art. 20 III GG hergeleitet werden.

Die Frage ist nun, ob auch eine nach Art. 1 III und Art. 20 III GG mögliche Begründung rechtlich geboten ist, und wie sie sich etwa in eine Warnung integrieren ließe. Anders als bei einem Verwaltungsakt, der in seinem Tenor lediglich ein Gebot oder Verbot ausspricht, enthält die Warnung selbst in der Regel bereits Informationen über die Motive der Behörde. Solange aber keine einheitlichen Anforderungen existieren, können diese Informationen ganz unterschiedli-

---

[617] BT-Drucksache VII/910, S. 42.
[618] S.o.: Erster Teil, D.I.5.c)cc)(1); S. 60.
[619] *Ossenbühl*, NVwZ 1982, 465, 466.
[620] *Lücke*, Begründungszwang und Verfassung, S. 104.
[621] *Ehlers*, in: *Erichsen/Ehlers*, Allgemeines Verwaltungsrecht, § 1 Rn. 33.
[622] *Kopp*, Verfassungsrecht, S. 61.

che Qualität haben. Unter dem Aspekt der Kontrollfunktion der Begründung[623] ist damit die Begründung einer behördlichen Warnung unentbehrlich. Die Reaktionen der Öffentlichkeit auf eine Warnung sind in der Regel nicht von besonderer Besonnenheit gekennzeichnet, so dass es erforderlich ist, bereits die Warnung ausgewogen zu formulieren. Die Verwaltung muss sich dieser gesteigerten Sorgfaltspflicht bewusst sein. Die zur Verfügung stehenden Fakten und Erkenntnisse müssen in der Warnung klar und unmissverständlich aufbereitet werden. Gerade im Hinblick auf die Auswirkungen dieser Warnungen auf die Grundrechte des Betroffenen ist die Verpflichtung zu einer sorgfältigen Aufarbeitung des Sachverhaltes und einer klaren Darstellung notwendig. Unklarheiten in der Warnung können zu Missverständnissen führen, letztendlich den Grundrechtseingriff intensivieren und wirtschaftlichen Schaden nach sich ziehen.[624] Durch Disziplinierung der Behörde mittels einer Verpflichtung zur Begründung können diese Folgen unter Umständen vermieden werden.

c) Zusammenfassung

Es kann festgehalten werden, dass die Begründung eines Realaktes, der tatsächlichen Verrichtung der Verwaltung, nicht erforderlich und praktisch auch nicht möglich ist. Für die sehr grundrechtsintensiven staatlichen Warnungen und Informationen könnte im Grundsatz der Bindung der Verwaltung an Recht und Gesetz nach Art. 1 III GG und Art. 20 III GG eine Rechtsgrundlage für die erforderliche Begründung gefunden werden.

2. Verwaltungsprivatrecht

Auch das Verwaltungsprivatrecht ist zunächst aus dem Anwendungsbereich des Verwaltungsverfahrensgesetzes herausgenommen. Entscheidet sich die Verwaltung, privatrechtlich zu handeln, stehen ihr zwar die Rechtsformen des Privatrechts, jedoch nicht sämtliche Möglichkeiten und Freiheiten der Privatautonomie zur Verfügung.[625] Das Handeln der Verwaltung in diesem Bereich unterliegt den gesetzlichen Bindungen des öffentlichen Rechts, sofern sie sich des Privatrechts zur Erfüllung unmittelbarer Verwaltungsaufgaben bedient.[626] Diese Bindung der Verwaltung an das öffentliche Recht zeugt von der Notwendigkeit, die dem Bürger zugute kommenden grundrechtlichen Gewährleistungen auch dort zu realisieren, wo sie nicht explizit für Verwaltungshandeln postuliert werden,

---

[623] S.o.: Erster Teil, B.IV; S. 13.
[624] S. nur *OLG Stuttgart*, NJW 1990. 2690 ff.
[625] *Maurer*, Allgemeines Verwaltungsrecht, § 3 Rn. 9.
[626] *Wolff/Bachof/Stober*, Verwaltungsrecht Band I, § 23 Rn. 29; *Ehlers*, in: *Erichsen/Ehlers*, Allgemeines Verwaltungsrecht, § 2 Rn. 81; *Hufen*, Fehler im Verwaltungsverfahren, Rn. 432; für einen Überblick über den Meinungsstand vgl. *Ehlers*, Verwaltung in Privatrechtsform, S. 212 f.

etwa im ursprünglich (ausschließlich) zwischen den Bürgern geltenden Privatrecht. So äußert sich die Grundrechtsbindung insbesondere etwa im Vergaberecht in einer Bindung an das Willkürverbot nach Art. 3 GG, aber auch die durch Art. 20 GG und Art. 28 I GG vermittelten Grundsätze des Rechtsstaatsprinzips spielen für das Verwaltungsprivatrecht eine wichtige Rolle.[627]

Während die Grundrechtsbindung weitgehend unumstritten ist, stellt sich im Hinblick auf die Bindung der Verwaltung an die Regelungen des Verwaltungsverfahrensrechts ein anderes Bild dar.[628] So wird zum Beispiel eine uneingeschränkte Bindung der Verwaltung an ausgewählte Verfahrensgrundsätze des Verwaltungsverfahrensgesetzes damit begründet, dass in Fällen, in denen die Verwaltung besonders frei in der Gestaltung der Aufgabenerfüllung ist, dieser Freiheit eine strenge verfahrensrechtliche Bindung gegenüberstehen soll, die missbräuchliches Verhalten der Verwaltung verhindern hilft.[629] Andererseits wird die Bindung der Verwaltung auch an verfahrensrechtliche Vorschriften zwar als „geboten" erkannt, die Anwendung der Vorschriften aber nicht ohne weiteres bejaht.[630] Die vom Gesetzgeber unzweifelhaft bezweckte Begrenzung des Anwendungsbereiches des Verwaltungsverfahrensgesetzes auf bestimmtes Verwaltungshandeln ermögliche eine Ausweitung nur in den Fällen, in denen sich eine Verfahrensvorschrift entweder auf höherrangiges Verfassungsrecht zurückführen lasse, oder aber einen allgemeinen Rechtsgrundsatz darstelle, der auch außerhalb des Geltungsbereiches des Gesetzes anzuwenden sei; darüber hinaus komme die Möglichkeit einer Analogie in Betracht.[631] Einschränkend ist für die Rückbindung eines Verfahrensgrundsatzes auf das die Verwaltung in jedem Falle bindende Verfassungsrecht jedoch erforderlich, dass es sich nicht nur um eine verfassungsrechtlich wünschenswerte Verfahrensregelung handelt, sondern dass sie unmittelbar konkretisiertes Verfassungsrecht darstellt.[632]

Während in diesem Zusammenhang über die Anwendbarkeit der Anhörungsvorschriften ein Konsens besteht, ist die Frage hinsichtlich der Notwendigkeit der Begründung einer im Bereich des Verwaltungsprivatrechts getroffenen Entscheidung noch weitgehend ungeklärt. Für eine Begründungspflicht bei Entscheidungen des Verwaltungsprivatrechts kommt eine direkte Anwendung des § 39 VwVfG wegen des eindeutigen Wortlauts der Vorschrift nicht in Frage.

---

[627] *Ehlers*, Verwaltung in Privatrechtsform, S. 222; *Wolff/Bachof/Stober*, Verwaltungsrecht, Band 1 § 23 Rn. 32.

[628] *Achterberg*, Allgemeines Verwaltungsrecht, § 12 Rn. 25.

[629] *Zezschwitz*, NJW 1983, 1872, 1881; *Achterberg*, Allgemeines Verwaltungsrecht, § 12 Rn. 25.

[630] *Pietzcker*, VVDStRL 41 (1983) 193, 230.

[631] *Ehlers*, Verwaltung in Privatrechtsform, S. 226.

[632] *Ehlers*, Verwaltung in Privatrechtsform. S. 227.

Auch eine analoge Anwendung begegnet Schwierigkeiten, da die Regelungslücke des § 39 VwVfG nicht planwidrig ist.[633] In Frage kommt daher allenfalls eine verfassungsrechtliche Rechtsgrundlage, die geeignet ist eine Begründungspflicht als allgemeinen Rechtsgedanken zu statuieren; es ist aber erforderlich, dass die Anbindung der Begründungspflicht an das Verfassungsrecht von einiger Qualität und zum Schutz der gefährdeten Rechtsgüter zwingend erforderlich ist.[634] Eine Pflicht zur Begründung von Entscheidungen im Verwaltungsprivatrecht kann demzufolge im Wesentlichen auf der Grundlage des Rechtsstaatsprinzips und hier insbesondere Art. 19 IV GG erfolgen, um einen effektiven Rechtsschutz zu gewährleisten, der nur dann erfolgen kann, wenn dem Bürger die wesentlichen Tatsachen bekannt sind, die zu dem in Rede stehenden Verwaltungshandeln geführt haben.

Vereinzelt wird eine Begründungspflicht in den Fällen verlangt, in denen das Handeln der Verwaltung im Verwaltungsprivatrecht für den Vertragspartner von besonderer Wichtigkeit ist und darin besteht, von einem vertraglich ausbedungenen Recht zu seinen Lasten Gebrauch zu machen.[635] Diesem Erfordernis einer Begründungspflicht auch im Verwaltungsprivatrecht wird entgegengehalten, dass die Verwaltung dem Bürger im Rahmen des Verwaltungsprivatrechts nicht einseitig eingreifend gegenübertrete und damit eine Begründung nicht erforderlich sei.[636] Hierbei wird verkannt, dass gerade die in den Bereich des Verwaltungsprivatrechts fallenden Auswahlentscheidungen bei ablehnenden Entscheidungen für den Adressaten einen Eingriff darstellen können. Durch die Grundrechtsbindung der Verwaltung ist auch ein verwaltungsprivatrechtliches Verfahren kein Verfahren zwischen sich gleichberechtigt gegenüberstehenden Partnern, sondern durch die besondere Verpflichtung der Verwaltung zur Gleichbehandlung tatsächlich eher durch Über–/Unterordnung gekennzeichnet.

Dieses Verhältnis der Über–/Unterordnung zeigt sich auch beim Rechtsschutz gegen die verwaltungsprivatrechtliche Entscheidung. Nicht nur im verwaltungsgerichtlichen Verfahren, auch im Zivilprozess stehen sich die Verwaltung und der Bürger nicht als gleichberechtigte Vertragspartner gegenüber. Dies ist eine Folge der unterschiedlichen Ausformungen des Rechtsschutzes: Während im Zivilprozess der Verhandlungsgrundsatz gilt, ist für den Verwaltungsprozess der Untersuchungsgrundsatz das beherrschende Prinzip.[637] Für den Rechtsschutz

---

[633] *Wolff/Bachof/Stober*, Verwaltungsrecht, Band I, § 23 Rn. 33; vgl. auch Erster Teil, E.II.1; S. 93.

[634] *Ehlers*, DVBl. 1983, 422, 426.

[635] *Ehlers*, Verwaltung in Privatrechtsform, S. 229; *Hufen*, Fehler im Verwaltungsverfahren, Rn. 442.

[636] *Müller-Ibold*, Begründungspflicht, S. 168.

[637] *Achterberg*, Allgemeines Verwaltungsrecht, § 12 Rn. 28.

suchenden Bürger bedeutet dies im Zivilprozess eine Beweislast, der gegenüber der Verwaltung nachzukommen schwierig sein kann, da die Verwaltung im Zivilprozess nicht in gleichem Maße zur Offenlegung von Akten und Urkunden verpflichtet ist wie im verwaltungsgerichtlichen Prozess.[638] Eine Beschränkung des Grundrechts aus Art. 19 IV GG auf effektiven Rechtsschutz ist damit jedenfalls nicht auszuschließen. Einer derartigen Beschränkung versucht die Begründungspflicht gerade entgegenzutreten, ist doch die Rechtsschutzfunktion die wichtigste der Begründungsfunktionen.[639] Die mit der Beweislast im Zivilprozess einhergehenden Schwierigkeiten für den Bürger stellen allerdings kein ausschließlich für den Bereich des Verwaltungsprivatrechts geltendes Phänomen dar, welches geeignet ist effektiven Rechtsschutz zu erschweren oder gar zu verhindern. Auch in Zivilprozessen zwischen Privaten ist es möglich, dass ein Ungleichgewicht hinsichtlich der Beweismöglichkeiten zwischen den Parteien besteht. Der Bürger kann allein deshalb nicht in einem Verfahren des Verwaltungsprivatrechts schützenswerter sein als in rein privatrechtlichen Angelegenheiten. Das Verhältnis der Über–/Unterordnung und das hieraus resultierende Ungleichgewicht der Partner zeigt sich jedoch deutlich, wenn die Verwaltung sich des Privatrechts bedient und Auswahlverfahren selbst formalisiert.[640] Ist die Verwaltung verpflichtet, ihre Auswahlentscheidung, und damit auch ablehnenden Entscheidungen, zu begründen, so wird diese für den Adressaten transparent. Er wird die Entscheidung viel eher akzeptieren, wenn sie eine Begründung enthält und für ihn die Bindung der Verwaltung an die Grundrechte und insbesondere den Gleichbehandlungsgrundsatz erkennbar wird. Diese Gleichbehandlung wird mit Hilfe einer Begründung für den Adressaten nachvollziehbar und trägt so zur Akzeptanz der Entscheidung wesentlich bei.

Die Begründung einer Entscheidung der Verwaltung ist demzufolge auch im Rahmen des privatrechtlichen Handelns aufgrund der Berücksichtigung der besonderen Schutzwürdigkeit des Adressaten und im Interesse eines „friedlichen" Verfahrens geboten.

3. Innerbehördliche Maßnahmen/Innenrecht

In der Verwaltungspraxis gibt es eine Reihe von Entscheidungen, die lediglich intern wirken, wie zum Beispiel Organisationsentscheidungen, Verwaltungsvorschriften, beamtenrechtliche Weisungen und die Amtshilfe. Diese Verwaltungsentscheidungen ohne Außenwirkung werden von den Verfahrensregeln des Verwaltungsverfahrensgesetzes nicht erfasst.[641] Das Verwaltungsverfahrensge-

[638] *Ehlers*, DVBl. 1983, 422, 428.
[639] S.o.: Erster Teil, B.II; S. 12.
[640] *Hufen*, Fehler im Verwaltungsverfahren, Rn. 488.
[641] *Hufen*, Fehler im Verwaltungsverfahren, Rn. 488.

setz beschränkt in § 9 VwVfG seinen Anwendungsbereich auf die „nach außen wirkende" Tätigkeit der Behörde.[642] Das im Rahmen des sog. Innenrechts erfolgende Verwaltungshandeln ist damit von den Verfahrensregeln des VwVfG ausgeschlossen.

Was den Bereich des Innenrechts ausmacht und beinhaltet, ist im Einzelnen noch nicht abschließend geklärt und wird von unterschiedlichen Ausgangspunkten her beurteilt.[643] Einigkeit besteht darin, dass die Impermeabilitätstheorie als eine Unterscheidung des rechtsfreien Innenrechts vom rechtlich durchdrungenen Außenrecht überholt ist und damit für die Unterscheidung von Innen- und Außenrecht keine Bedeutung mehr hat, da auch dem Innen*recht* übereinstimmend Rechtsqualität zugesprochen wird.[644] Neben einer organisatorischen Anknüpfung, die das Innenrecht als diejenigen Beziehungen, die „ausschließlich den Funktionsablauf zwischen Organwaltern, Organen und Organismus betreffen"[645] konkretisiert, wird eine Anknüpfung vertreten, die den Schwerpunkt auf das die Beziehungen regelnde *Recht* legt, und diejenigen *Regelungen* als Innenrecht bezeichnet, welche die internen Abläufe und die Organisationsstruktur der Verwaltung betreffen.[646] Diesen unterschiedlichen Ansätzen ist in jedem Fall gemein, dass das Innenrecht die Organisation der Verwaltung betrifft und vom Handeln der Verwaltung abgrenzt, welches direkt gegenüber dem Bürger erfolgt und über Außenwirkung verfügt.

Die typischen Handlungsformen der Verwaltung im Bereich des Innenrechts sind die Verwaltungsvorschriften und verwaltungsinterne Weisungen. Charakteristisch für sie sind eine allenfalls mittelbare Außenwirkung und eine nur schwach ausgeprägte verfahrensrechtliche Verfestigung.[647] Die Auswirkungen derartiger Verfahrenshandlungen beschränken sich nicht immer auf den verwaltungsinternen Bereich, sondern strahlen gewissermaßen auf die Rechtssphäre des Bürgers aus. Gerade Mitwirkungshandlungen anderer Behörden, die als interne Verwaltungshandlung keine Wirkung gegenüber dem Adressaten des zu erlassenden Verwaltungsaktes entfalten, können in einer einschränkenden Art und Weise direkte Auswirkungen auf den Rechtskreis des Adressaten haben, ohne dass dies durch entsprechende Verfahrensvorschriften bzw. Rechtsschutz-

---

[642] *P. Stelkens/Schmitz*, in: *Stelkens/Bonk/Sachs*, VwVfG, § 9 Rn. 103.
[643] *Diemert*, Innenrechtsstreit, S. 35 m.w.N.
[644] *Roth*, Organstreitigkeit, S. 165 ff; *Rupp*, Verwaltungsrechtslehre, S. 21; *Diemert*, Innenrechtsstreit, S. 38.
[645] *Rupp*, Verwaltungsrechtslehre, S. 34.
[646] *Erichsen*, in: FS Menger, S. 211, 214; *Maurer*, Allgemeines Verwaltungsrecht, § 21 Rn. 26.
[647] *Becker*, LKV 1991, 100, 101; *Lange*, in: *Hoffmann-Riem/Schmidt-Aßmann/Schuppert*, Reform des allgemeinen Verwaltungsrechts, S. 307, 318; *Hufen*, Fehler im Verwaltungsverfahren. Rn. 489.

möglichkeiten abgefedert würde.[648] Aus diesem Grund wird zu Recht eine vorsichtige Ausweitung des Anwendungsbereichs bestimmter Verfahrensregeln befürwortet.[649] Für die Begründungspflicht kommt eine Ausweitung in den Fällen in Betracht, in denen eine Verfahrenshandlung als interne Maßnahme im Außenbereich nachteilige Wirkung für den Adressaten der Entscheidung entfaltet.[650]

Ausgangspunkt dieses Schlusses sind auch hier die Funktionen der Begründung: Zunächst spielt bei Verwaltungsentscheidungen im Innenbereich die Befriedungs- und Akzeptanzfunktion eine Rolle.[651] Der Innenbereich der Verwaltung ist für den Bürger weitgehend undurchsichtig und damit in besonderem Maße geeignet, Vorbehalte gegenüber einer Entscheidung entstehen zu lassen, die in weiten Teilen in diesem undurchschaubaren Bereich getroffen worden ist, aber dennoch Auswirkungen auf die dem Bürger gegenüber ergehende Verwaltungsentscheidung hat. Die Begründung einzelner Verfahrensschritte könnte für den Adressaten hilfreich sein und dieser Undurchsichtigkeit entgegenwirken. Gleichermaßen hat die Verwaltung bei Tätigwerden im Innenbereich eine besondere Verantwortung hinsichtlich der Richtigkeit ihrer Entscheidungen. Das Erfordernis einer Begründung würde entsprechend der Kontrollfunktion der Begründung die Sorgfalt der Verwaltung verbessern und durch diese Selbstkontrolle eine höhere Gewähr für die Richtigkeit der Entscheidung bieten. Auch die Rechtsschutzfunktion der Begründung ist gerade im Hinblick auf die Mitwirkungshandlungen weiterer Behörden ein zusätzliches Argument für die Ausweitung der Verfahrensvorschriften auf den Bereich des Verwaltungs-Innenrechts. Ein im Innenrecht beheimateter Fehler der Entscheidung wird auf den ersten Blick nicht so deutlich sichtbar sein. Die Begründung versetzt den Adressaten in die Lage, diese gewissermaßen „zweite Ebene“ der Entscheidung zu erkennen und unter Umständen Fehler zu identifizieren, die für eine effektive Verfolgung seines Rechtsschutzes gegen die Entscheidung des Außenrechts von Bedeutung sein können. Auch wenn sich der Rechtsschutz nicht unmittelbar gegen die für fehlerhaft erachtete Mitwirkungshandlung richtet, so ist die Begründung derselben für den Rechtsschutzsuchenden dennoch hilfreich.

Eine analoge Anwendung des § 39 VwVfG scheidet auch für innerbehördliche Maßnahmen aus den oben genannten Gründen aus.[652] Die Rechtsgrundlage für

---

648 *Lange*, in: *Hoffmann-Riem/Schmidt-Aßmann/Schuppert*, Reform des allgemeinen Verwaltungsrechts, S. 307, 314.
649 *Lange*, in: *Hoffmann-Riem/Schmidt-Aßmann/Schuppert*, Reform des allgemeinen Verwaltungsrechts, S. 307, 320 f.; *Hufen*, Fehler im Verwaltungsverfahren, Rn. 489 f.
650 *Hufen*, Fehler im Verwaltungsverfahren, Rn. 490.
651 S.o.: Erster Teil, B.I; S. 12.
652 Vgl. Fn. 633 (Erster Teil).

eine Begründung muss sich demnach aus der Verfassung ergeben. Die Betrachtung der Begründungsfunktionen hat gezeigt, dass neben dem Aspekt der Selbstkontrolle der Verwaltung die Ermöglichung effektiven Rechtsschutzes auch im Rahmen der Kontrolle innerbehördlicher Maßnahmen von Bedeutung ist, wenn es sich um Mitwirkungshandlungen einer Behörde zum Erlass eines Verwaltungsaktes durch eine andere Behörde handelt. Für die verfassungsrechtliche Rechtsgrundlage bedeutet dies, dass sie ebenfalls an diesen Charakteristika anknüpfen muss. Während die Rechtsschutzfunktion an Art. 19 IV GG anknüpft, ist Art. 20 III GG die Grundlage für das Prinzip der Selbstkontrolle der Verwaltung.[653] Eine Begründung für Verfahrenshandlungen, die als innerbehördliche Maßnahmen dem Adressaten unter Umständen verborgen bleiben würden, kann folglich auf Art. 19 IV GG und Art. 20 III GG gestützt werden.

4. Legislativakte der Exekutive

a) Begründung eines Legislativaktes?

Nicht nur die besondere Position des bereits vorgestellten Bebauungsplans zwischen den klassischen Handlungsformen Rechtsnorm und Verwaltungsakt lädt dazu ein, den Blickwinkel der Begründungspflicht auch auf solche Akte zu erweitern, die zwar von der Exekutive erlassen, aber dennoch Legislativakte sind. Während für Exekutivakte die Frage der Begründungspflicht zum Beispiel in § 39 VwVfG für Verwaltungsakte zugunsten einer Begründungspflicht entschieden ist, scheint für Legislativakte die Frage auf den ersten Blick ebenfalls entschieden:

Grundsätzlich kennen das deutsche Verfassungsrecht und auch das einfache Recht keine unmittelbare Pflicht zur Begründung von Rechtsnormen. Allenfalls Gesetzentwürfe, die in den Bundestag eingebracht werden enthalten Begründungen, die sich aber anders als die Begründung eines Verwaltungsaktes nicht an den Bürger richten, sondern eine rein staatsinterne Funktion erfüllen.[654]

Dennoch wird der Gedanke einer Begründungspflicht auch für legislative Entscheidungen vereinzelt in Betracht gezogen.[655] Die Überlegungen sind nicht abwegig, da beispielsweise im Europarecht die Begründung eines Legislativaktes

---

[653] *Lücke,* Begründungszwang und Verfassung, S. 104.

[654] *Musso,* Begründung von Baunormen, S. 22; *Lücke,* Begründungszwang und Verfassung, S. 13.

[655] *Pestalozza,* NJW 1981, 2081, 2086; *v. Arnim,* Staatslehre, S. 325; *Lücke,* Begründungszwang und Verfassung, S. 33 ff.; *Redeker/Karpenstein,* NJW 2001, 2825, 2827; *Kischel,* Die Begründung, S. 260 ff.

nach Art. 253 EGV (Vertrag von Nizza) auch für die Verordnung statuiert ist.[656] Dies, und die Tatsache, dass in der Geschichte die Begründung eines Legislativaktes keinesfalls unbekannt war, legt den Schluss nahe, dass die Begründung eines Gesetzes zumindest denkbar und unter Umständen auch verfassungsrechtlich wünschenswert ist.[657]

Die Begründung eines Gesetzes könnte zwei Ziele verfolgen: Nämlich einerseits den Inhalt des Gesetzes zu erklären und andererseits gegenüber den Adressaten die Motive des Inhalts zu rechtfertigen.[658] Der Rechtsstaat verlangt, dass nicht nur die Ausführung der Gesetze durch Einzelakt, sondern auch die Rechtsetzung öffentlich und verständlich ist. Die Begründung könnte hier einen Beitrag zu größerer Transparenz des Gesetzgebungsvorganges leisten und gleichzeitig externes Kontrollmittel sein.[659]

Daneben wird aber auch zu bedenken sein, dass Gesetzgebungsverfahren und Verwaltungsverfahren kaum Gemeinsamkeiten aufweisen, die eine ähnliche Begründungspflicht rechtfertigen könnten.[660] Auch die Rechtsschutzmöglichkeiten des Einzelnen gegen Verwaltungsentscheidungen oder gegen Rechtsnormen unterscheiden sich. Gegen Rechtsnormen steht dem Einzelnen grundsätzlich kein Verfahren des Individualrechtsschutzes zur Verfügung.[661] Die Normenkontrollverfahren nach dem Grundgesetz sind objektive Verfahren, bei denen der Einzelne nicht antragsberechtigt ist.[662] Die Hauptfunktion der Begründung eines Exekutivaktes, die Rechtsschutzfunktion, lässt sich damit für Legislativakte nicht nutzbar machen. Ob unter diesen Umständen eine Begründungspflicht noch sinnvoll erscheint, oder ob es damit an einem derart wesentlichen Merkmal mangelt, dass eine Begründung überflüssig erscheinen lässt, kann hier nicht abschließend beurteilt und behandelt werden.

An dieser Stelle kann lediglich zusammenfassend festgestellt werden, dass sich eine allgemeine Pflicht zur Begründung von Legislativakten nicht herleiten

---

[656] Zum Begründungserfordernis für Rechtsverordnungen des deutschen Rechts als Legislativakt der Exekutive vgl. u.: Erster Teil, E.II.4.b); S. 105.
[657] Vgl. zur Rechtsgeschichte *Lücke,* Begründungszwang und Verfassung, S. 11; *Kischel,* Die Begründung, S. 35 f.
[658] *Redeker/Karpenstein,* NJW 2001, 2825, 2827; *Kischel,* Die Begründung, S. 266.
[659] *Pestalozza,* NJW 1981, 2081, 2086; *v. Arnim,* Staatslehre, S. 325; vgl. zu Rechtsverordnungen *Ossenbühl,* in: *Isensee/Kirchhof,* HStR, Bd. III, § 64 Rn. 68; gegen eine Kontrolle des Gesetzgebers, *Geiger,* in: *Berberich (Hrsg.),* Neue Entwicklungen im öffentlichen Recht, S. 131, 141.
[660] *Lücke,* Begründungszwang und Verfassung, S. 17.
[661] *Lücke,* Begründungszwang und Verfassung. S. 63.
[662] *Benda/Klein,* Verfassungsprozessrecht, Rn. 705; *Sturm,* in: *Sachs,* GG, Art. 93 Rn. 42.

lässt, eine kategorische Ablehnung der Möglichkeit einer Begründung aber ebenso wenig aufrechterhalten werden kann.[663]

b) Rechtsverordnungen

Die Rechtsverordnungen als von Exekutivorganen erlassene Rechtsnormen sind das klassische Beispiel von Legislativakten der Exekutive.

Art. 80 GG gibt dem Bundestag die Kompetenz, bestimmte Organe der Exekutive zum Erlass von Rechtsverordnungen zu ermächtigen und damit eine Entlastung des parlamentarischen Gesetzgebers herbeizuführen. Diese Rechtsverordnungen regeln in erster Linie die Parlamentsgesetze ergänzenden und begleitenden technischen Details, welche in besonderem Maße einem Wandel durch die Fortentwicklung der Technik ausgesetzt sind, und mit deren Regelung das Parlament nicht nur zeitlich überfordert wäre.[664] Sie zeichnen sich durch besondere Flexibilität und einen hohen Detailgrad aus, der ihrem Zweck entsprechend die Verwaltung bei der Durchführung der Parlamentsgesetze unterstützt.

Der Erlass einer Rechtsverordnung durch die Exekutive bedarf einer Ermächtigungsgrundlage, die formelles Gesetz sein muss.[665] Sie ist erforderlich, da Art. 80 GG ein unmittelbares Recht der Exekutive zum Erlass von Rechtsverordnungen nicht enthält.[666]

Das Grundgesetz verpflichtet den Verordnungsgeber nicht ausdrücklich dazu, die Verordnung zu begründen. Diese Haltung schließt sich konsequent an das im deutschen Recht (noch) vorherrschende Verständnis an, für Gesetze bestünde kein Bedürfnis für eine Begründung.[667] Dennoch zeigt sich gerade bei der Rechtsverordnung, dass dieser „Grundsatz" nicht mehr unumstößlich ist.[668] Eine Pflicht zur Begründung von Rechtsverordnungen ist anerkannt und wird mangels einer ausdrücklichen gesetzlichen Regelung aus denjenigen verfassungsrechtlichen Prinzipien hergeleitet, die schon vor Inkrafttreten des VwVfG einer Begründungspflicht für Verwaltungsakte das Fundament boten, und auch heute noch für ihre Funktionen prägend sind:[669] Der Grundsatz der Gesetzmäßigkeit der Verwaltung nach Art. 20 III G und die Garantie effektiven Rechtsschutzes nach Art. 19 IV GG. Verfolgt eine Begründung einen verwaltungsinternen

---

[663] *v. Arnim,* Staatslehre, S. 325; *Musso,* Begründung von Baunormen, S. 25 ff; *Redeker/Karpenstein,* NJW 2001, 2825, 2827.
[664] *Ossenbühl,* in: *Isensee/Kirchhof,* HStR, Bd. III, § 64 Rn. 2.
[665] *Ossenbühl,* in: *Isensee/Kirchhof,* HStR, Bd. III, § 64 Rn. 14.
[666] *Ossenbühl,* in: *Isensee/Kirchhof,* HStR, Bd. III, § 64 Rn. 14.
[667] S.o. Erster Teil, E.II.4.a); S. 103; *Ossenbühl,* NJW 1986, 2805, 2809.
[668] *v. Danwitz,* Gestaltungsfreiheit, S. 138.
[669] *Ossenbühl,* NJW 1986, 2805, 2809; *v. Danwitz,* Gestaltungsfreiheit, S. 139; *Lücke,* in: *Sachs,* GG, Art. 80 Rn. 30; *Brenner,* in: *v. Mangoldt/Klein/Starck,* GG, Art. 80 Rn. 66.

Zweck, so sieht § 62 II i.V.m. §§ 42 I, 43 Nr. 1 bis 9 GGO II eine Begründung von Rechtsverordnungen für die Fälle vor, dass eine Verordnung nicht aus sich heraus verständlich ist oder zweckdienlich erscheint.

Für Inhalt und Umfang der Begründung bedeutet die grundrechtliche Anknüpfung, dass entsprechend der Pflicht zur Begründung von Verwaltungsakten, bei der Konkretisierung der Begründung mangels einer gesetzlichen Regelung auf die konkreten Umstände abzustellen ist. So sind an die Begründung einer verwaltungsinternen Verordnung andere Anforderungen zu stellen als an eine Verordnung mit Außenwirkung.[670] Auch der Charakter einer Rechtsverordnung als abstrakt-genereller Rechtssatz in Abgrenzung zur Einzelfallentscheidung erfordert eine anderen Schwerpunkten folgende Begründung. Eine wichtige Richtschnur sind auch hier die Funktionen der Begründung. Gerade im Bereich der Verordnungsgebung ist wegen mangelnder Publizität des Verfahrens die Selbstkontrolle der Verwaltung von Bedeutung, die Begründung einer Verordnung ist aber auch im Rahmen des gerichtlichen Rechtsschutzes ein wichtiges Hilfsmittel, so dass sich der Inhalt und Umfang der Begründung hieran orientieren soll.[671] Dass in der Praxis trotz dieser Vorgaben dieser Begründungspflicht gerade bei externen Verordnungen nahezu nicht entsprochen wird, ist mehr als verwunderlich.[672]

5. Exkurs: Einzelfallentscheidungen durch Gesetz

Dem Gesetzgeber ist es möglich, in bestimmten Fällen Regelungen zu treffen, die in Gesetzesform ergehen, aber konkrete Maßnahmen betreffen, wie zum Beispiel die Legaltenteignung.[673] Diese sog. Maßnahmegesetze unterfallen weder eindeutig den Einzelfallentscheidungen des Verwaltungsverfahrensgesetzes, noch handelt es sich um ein „reines" Parlamentsgesetz, für das eine Begründung aus den oben genannten Gründen bereits von vornherein abgelehnt werden kann. Vielmehr steht dieses Gesetz zwischen Legislativentscheidungen auf der einen Seite und Verwaltungsentscheidungen auf der anderen Seite, und damit auch zwischen den Gewalten Legislative und Exekutive. Die Maßnahmegesetze ermöglichen unter anderem die Zulassung von dem Planungsrecht unterfallenden Vorhaben unmittelbar durch ein Parlamentsgesetz, welches allerdings *de facto* die Wirkung eines Planfeststellungsbeschlusses hat.[674] Gegenüber der Planung durch Planfeststellungsbeschluss und einem vorausgehenden Planfeststellungs-

---

[670] *Lücke,* in: *Sachs,* GG, Art. 80 Rn. 30.

[671] *v. Danwitz,* Gestaltungsfreiheit, S. 141; *Brenner,* in: *v. Mangoldt/Klein/Starck,* GG, Art. 80 Rn. 65.

[672] *Lücke,* in: *Sachs,* GG, Art. 80 Rn. 30.

[673] *Degenhart,* in: *Sachs,* GG, Art. 70 Rn. 11.

[674] *Ronellenfitsch,* DVBl. 1994, 441, 444.

verfahren hat die Planung durch Gesetz den Vorteil, dass das Verfahren weniger aufwendig und damit zeitsparend ist. Diese Zeitersparnis war etwa ausschlaggebend für die Wahl des Maßnahmegesetzes als Handlungsform im Bereich der Verkehrswegeplanung im Zuge der Deutschen Einheit.[675]

Verfassungsrechtlich begegnen die Maßnahmegesetze Bedenken hinsichtlich ihrer Grundrechtskonformität. Sowohl Art. 19 I GG als auch der Gewaltenteilungsgrundsatz stellen Verfassungsgrundsätze dar, die durch ein Maßnahmegesetz beeinträchtigt werden können.[676] Im Vergleich zum Planfeststellungsbeschluss verkürzt sich auch der Rechtsschutz des Bürgers: Der Bürger ist auf die Erhebung einer in der Kontrolldichte schwächer ausgeprägten Verfassungsbeschwerde beschränkt, während gegen einen Planfeststellungsbeschluss der verwaltungsgerichtliche Rechtsschutz offen steht.[677] Das *BVerfG* ist in seiner Entscheidung zur Südumfahrung Stendal diesen Bedenken entgegengetreten und hat die Verfassungsmäßigkeit dieses Maßnahmegesetzes bestätigt.[678] Das im Gewaltenteilungsprinzip festgeschriebene Verhältnis zwischen Exekutive und Legislative sei wegen des ambivalenten Charakters des Planungsrechts durch ein Maßnahmegesetz zur Planung nicht gefährdet, zumal die Legislative keine allgemeine Kompetenz zur Planung durch Gesetz beanspruche.[679] Solange es sich um die Regelung eines Einzelfalls handele, die aus Gründen des Allgemeinwohls erforderlich sei, bestehe kein Konflikt zwischen dem Gewaltenteilungsgrundsatz und der Planung durch Gesetz.[680] Hinsichtlich des eingeschränkten Rechtsschutzes wird eingewandt, dass es zunächst nach Art. 19 IV GG erforderlich sei, *dass* eine Möglichkeit, Rechtsschutz zu erlangen, überhaupt bestehe und die Ausgestaltung dieses Rechtsschutzes sich an der Handlungsform orientiere; der Rechtsschutz gegenüber einem Gesetz sei notwendigerweise ein anderer als gegen eine Verwaltungsentscheidung, so dass der Rechtsschutz gegen ein Maßnahmegesetz ein anderer sei als gegen einen Planfeststellungsbeschluss.[681] Die Verkürzung des Rechtsschutzes sei damit nicht von vornherein verfassungsrechtlich bedenklich.[682]

Das an der Schnittstelle der Gewalten Exekutive und Legislative angesiedelte Maßnahmegesetz ist in Entstehung und Form dem Gesetz, in der Wirkung aber

---

[675] *Ronellenfitsch,* DVBl. 1994, 441.
[676] *Kunig,* Jura 1993, 308, 309 ff.
[677] *Stüer,* in: *Blümel,* Verkehrswegeplanung, S. 21, 24; *Kunig,* Jura 1993, 308, 312.
[678] *BVerfGE* 95, 1 ff.
[679] *BVerfGE* 95, 1, 18.
[680] *BVerfGE* 95, 1, 17.
[681] *Kunig,* Jura 1993, 308, 313.
[682] *Kunig.* Jura 1993, 308, 314.

einer Verwaltungsentscheidung gleich.[683] Damit entzieht es sich einer eindeutigen Kategorisierung und erschwert die Antwort auf die Frage, ob eine Pflicht zur Begründung von Maßnahmegesetzen erforderlich ist. Stellt man überwiegend auf die Wirkung des Maßnahmegesetzes ab, so wird eine Begründung aus den gleichen Gründen erforderlich sein, wie bei der Verwaltungsentscheidung, die es gewissermaßen ersetzt. Stellt man auf die Entstehung und die Form des Maßnahmegesetzes ab, wird man im Hinblick auf die (noch) nicht übliche Begründung eines Gesetzes auch hier auf eine solche verzichten müssen.

Die Zuordnung erleichtern könnten die Begründungsfunktionen, deren Anwendbarkeit auf die Maßnahmegesetze untersucht werden soll. Die Rechtsschutzfunktion als die zentrale Funktion der Begründung, knüpft eher an die Wirkung der Entscheidung an: Dem Bürger soll durch die Begründung die Erlangung effektiven Rechtsschutzes erleichtert werden.[684] Wie bereits dargestellt, ist bei Maßnahmegesetzen verwaltungsgerichtlicher Rechtsschutz jedoch ausgeschlossen und der Rechtsweg zum *BVerfG* eröffnet. Der Prüfungsumfang des *BVerfG* beschränkt sich jedoch auf die Überprüfung spezifischen Verfassungsrechts. Die gerichtliche Überprüfung des Maßnahmegesetzes durch das *BVerfG* hat damit einen anderen Schwerpunkt als ein verwaltungsgerichtliches Verfahren, der mit der Rechtsschutzfunktion der Begründung nicht vereinbar ist. Hierin unterscheidet sich das Maßnahmegesetz vom Bebauungsplan, der aufgrund gesetzlicher Regelung dem Individualrechtsschutz unterfällt und daher zu einer effektiven Erlangung desselben einer Begründung bedarf.[685] Für Maßnahmegesetze hingegen ist aus Gründen des Rechtsschutzes eine Begründung nicht erforderlich.

Auch die Kontrollfunktion hilft im Falle eines Maßnahmegesetzes nicht weiter. Die Begründung soll die Verwaltung dazu anhalten, ihre Entscheidung sorgfältig und unter Abwägung aller betroffenen Interessen zu treffen. Der Gesetzgeber hingegen unterliegt als demokratisch legitimiertes Organ keiner solchen besonderen Sorgfaltspflicht.[686]

Auch wenn das Maßnahmegesetz im Unterschied zu den klassischen Legislativakten eine Einzelfallentscheidung darstellt, hat sich doch gezeigt, dass hinsichtlich der Frage der Erforderlichkeit einer Begründung die Nähe zum Gesetz größer ist und daher die Verneinung eines solchen Erfordernisses systemgerechter ist.

---

[683] *Ronellenfitsch,* DVBl. 1994, 441, 444.
[684] S.o.: Erster Teil, B.II; S. 12.
[685] S.o.: Erster Teil, D.III.3.b); S. 85.
[686] *Morlok,* in: *Dreier,* GG, Art. 38 Rn. 27 und Art. 20 Rn. 76.

III. Fazit

Die vorangegangenen Ausführungen haben gezeigt, dass über den Anwendungsbereich der gesetzlichen Regelung des § 39 VwVfG hinaus ein Bedürfnis besteht, Entscheidungen der Verwaltung zu begründen. Eine allgemeine und umfassende Pflicht zur Begründung jeglichen Verwaltungshandelns lässt sich allerdings so nicht ableiten. Vielmehr ist es einerseits weiterhin der Verwaltung überlassen, Erforderlichkeit und auch Intensität einer Begründung abzuwägen, so dass sich gerade im konkreten Fall zeigen muss, ob eine Begründung verfassungsrechtlich geboten und praktisch sinnvoll ist. Andererseits ist wie bei der Rechtsverordnung eine Begründungspflicht außerhalb des Anwendungsbereiches das § 39 VwVfG anerkannt, wird in der Praxis jedoch nur unzureichend umgesetzt.

Die Untersuchung der Erforderlichkeit einer Begründung erfolgte in Anknüpfung an die verfassungsrechtlichen Anforderungen der Begründungsfunktionen. So betrachtet ergab sich die Erforderlichkeit einer Begründung bei staatlichen Warnungen, Entscheidungen im Bereich des Verwaltungsprivatrechts und für Innerbehördliche Maßnahmen. Diesen Handlungsformen der Verwaltung gemein sind die besonderen Auswirkungen auf die geschützten subjektiv-öffentlichen Rechte des Bürgers. Dementsprechend folgt daraus eine besondere Schutzwürdigkeit des Bürgers, die bei Verwaltungshandeln durch Verwaltungsakt durch das Verwaltungsverfahrensgesetz gewährleistet wird. Außerhalb des Anwendungsbereichs des VwVfG fehlt dieser Schutzmechanismus, so dass Alternativen gefunden werden müssen, dennoch einen effektiven Schutz sicherzustellen. Während bei den Realakten, die in einer tatsächlichen Verrichtung der Behörde bestehen, die Möglichkeit eines Eingriffs in subjektiv-öffentliche Rechte des Bürgers äußerst gering ist, und eine Begründung nicht nur aus praktischen Gründen nicht erforderlich ist, besteht bei Einzelfallentscheidungen durch Gesetz zwar die Möglichkeit eines Eingriffs, das Instrumentarium zum Schutze des Bürgers ist aber aufgrund der Gesetzesform ein anderes und eine Begründung damit nicht erforderlich. Trotz des Gesetzescharakters der Rechtsverordnung gilt hier etwas anderes. Die Erforderlichkeit einer Begründungspflicht ist anerkannt, und hat für den Bereich der interorganschaftlichen Beziehungen Niederschlag in der GGO II gefunden, während sie für externe Verordnungen insbesondere in Art. 20 III GG ihren Grund hat.[687]

Die Regelung des § 39 VwVfG ist nicht geeignet, auch in den genannten Fällen die Rechtsgrundlage für eine Begründungspflicht zu bilden. Es hat sich gezeigt, dass der Wortlaut der Norm eine direkte Anwendung auf andere Verwaltungsentscheidungen als Verwaltungsakte von vornherein ausschließt und einer ana-

[687] S.o.: Erster Teil, E.II.4.b); S. 105.

logen Anwendung die Aussagen in den Materialen zum Gesetzgebungsverfahren des Verwaltungsverfahrensgesetzes entgegenstehen, so dass eine Ausweitung des Anwendungsbereiches der Verfahrensvorschriften im Wege der Analogie ebenfalls nicht möglich ist.

Die Rechtsgrundlage für die Begründungspflicht bei außerhalb des Anwendungsbereiches des Verwaltungsverfahrensgesetzes stehenden Verwaltungsentscheidungen war damit unmittelbar in der Verfassung zu suchen und wurde in den Art. 1 III, 20 III und 19 IV GG gefunden.

An dieser Stelle schließt sich damit der Kreis zu den Ausführungen hinsichtlich der verfassungsrechtlichen Grundlage der Begründungspflicht.[688] Dort war festgestellt worden, dass die Begründungspflicht nicht nur auf *ein* Grundrecht, bzw. *ein* verfassungsrechtliches Prinzip gestützt werden kann, sondern dass sich eine Vielzahl verfassungsrechtlicher Gewährleistungen in der Begründungspflicht wieder finden lassen und diese erfordern. Die verschiedenen verfassungsrechtlichen Rechtsgrundlagen der unterschiedlichen Begründungspflichten unterstreichen gewissermaßen diese Vielfalt der verfassungsrechtlichen Gewährleistungen, die dem Schutz der subjektiven Rechte des Einzelnen dienen.

F. Zusammenfassung der Erkenntnisse

Die Pflicht zur Begründung von Verwaltungsentscheidungen hat sich bei den einzelnen Entscheidungsarten als vielfältig und flexibel erwiesen, den Bedürfnissen eines Einzelfalls in jeder Hinsicht zu begegnen und gerecht zu werden: Sowohl die Eigenarten der Handlungsform als auch die individuellen Gegebenheiten des konkret zu entscheidenden Falles finden Berücksichtigung. Trotz dieser daraus resultierenden Vielfalt haben die Begründungen der hier dargestellten Verwaltungsentscheidungen dasselbe Fundament: Wie ein roter Faden ziehen sich verschiedene verfassungsrechtliche Grundsätze und Prinzipien durch das Verfahrenserfordernis „Begründungspflicht". Sie bilden zunächst die verfassungsrechtliche Grundlage, dann dienen sie als Maßstab für die Funktionen und zu guter Letzt orientieren sich Inhalt und Umfang der Begründung mittelbar an den verfassungsrechtlichen Vorgaben indem sie aus den Funktionen abzuleiten sind. Das Verfassungsrecht stellt damit den gemeinsamen Nenner einer Begründung der hier untersuchten Verwaltungsentscheidungen dar. Bei allen Unterschieden in Rechtsform und Wirkung, die zwischen den unterschiedlichen Handlungsformen der Verwaltung bestehen: Die Gemeinsamkeiten lassen sich auf die verfassungsrechtlichen Grundlagen der Begründungspflicht zurückführen. Das Verwaltungsverfahrensrecht stellt somit eine Konkretisierung derjeni-

[688] S.o.: Erster Teil, A; S. 3.

gen Verfassungsrechtlichen Grundsätze dar, die das Fundament der Begründungspflicht bilden. Dies zeigt sich besonders deutlich außerhalb des Anwendungsbereiches des VwVfG. Diejenigen Begründungspflichten von Verwaltungsentscheidungen, die nicht in den Anwendungsbereich des VwVfG fallen, haben die gleiche Grundlage wie die Begründungspflicht nach § 39 VwVfG: Sie haben ihre Wurzeln ebenso im Rechtsstaatsprinzip, in Art. 19 IV GG, Art. 20 III GG und der Menschenwürdegarantie des Art. 1 I GG und konkretisieren diese Verfassungsgrundsätze im Rahmen eines (wenn auch nicht immer durchweg gesetzlich normierten) Verwaltungsverfahrens. Damit hat sich die Hoffnung des Gesetzgebers, dass die Grundsätze des Verwaltungsverfahrensgesetzes über ihren eigentlichen Anwendungsbereich hinaus verfahrensrechtliche Standards setzen können, nur bedingt erfüllt. Diese gewünschten Standards sind vielmehr bereits im Verfassungsrecht angelegt und bedürfen eigentlich nur noch der Umsetzung, entweder durch die Vorschriften des Verwaltungsverfahrensgesetzes oder durch tatsächliche Rechtsfortbildung.

Zweiter Teil

Die Pflicht zur Begründung von Verwaltungsentscheidungen im englischen Recht

A. Einführung

Das zweite Kapitel der Arbeit soll einen Überblick über die Rechtslage in England geben, wie sie sich hinsichtlich einer Pflicht zur Begründung von Verwaltungsentscheidungen darstellt.

Dem englischen Verwaltungsrecht liegt keine dem deutschen Verwaltungsrecht vergleichbare Systematik zu Grunde. Dies hat naturgemäß zur Konsequenz, dass sich bei einem Vergleich der Rechtsordnungen die Ausführungen in Aufbau und Schwerpunktsetzung unterscheiden. Die Untersuchung der Begründungspflicht im englischen Recht wird sich den Besonderheiten des englischen Verwaltungsrechts anpassen müssen, was folglich zu einer Ordnung führt, die sich von der Systematisierung im deutschen Recht unterscheidet.

Neben der Differenzierung nach Entscheidungsarten, erfolgte bei der Bearbeitung des deutschen Rechts eine Differenzierung nach den Rechtsgrundlagen der Begründungspflicht: Zunächst eine Darstellung der gesetzlich geregelten Begründungspflichten und anschließend eine Untersuchung solcher Begründungspflichten, denen eine gesetzliche Grundlage fehlt. Ebenso soll es nun mit dem englischen Recht erfolgen, allerdings mit der Einschränkung, dass der Schwerpunkt der Unterscheidung nicht auf den Entscheidungsarten liegt, sondern an die Rechtsgrundlage für eine Begründungspflicht anknüpft.

I. Das englische Verwaltungsrecht

Das Verwaltungsrecht ist im englischen Recht das Rechtsgebiet, welches die Aufgabenerfüllung, die Rechte und Pflichten und die Befugnisse der Regierungsorgane regelt.[689] Neben den Beziehungen zwischen dem Staat und dem Bürger werden auch die Beziehungen der Behörden untereinander vom Verwaltungsrecht erfasst. Hauptaufgabe des Verwaltungsrechts ist es, die Befugnisse der Exekutive in Bahnen zu lenken und dadurch den Bürger vor Rechtsverletzungen zu schützen.[690] Damit stimmt der englische Verwaltungsrechtsbegriff weitgehend mit der Definition des Verwaltungsrechts im deutschen Recht überein.

---

[689] *Bradley/Ewing,* Constitutional and Administrative Law, S. 697.
[690] *Wade/Forsyth,* Administrative Law, S. 5.

II. Die *rule of law*

Trotz dieser gemeinsamen Basis des deutschen und des englischen Verwaltungsrechts ist immer noch die Auffassung weit verbreitet, es gebe im englischen Recht kein eigenständiges Verwaltungsrecht.[691] Wesentlich zu dieser Ansicht beigetragen hat *Lord Dicey,* der am Ende des 19. Jahrhunderts in seinem Werk *Introduction to the Study of the Law of the Constitution* ein eigenes Verwaltungsrecht für mit der *rule of law* unvereinbar hielt.[692] Diese scheinbare Unvereinbarkeit leitet er aus einer Konkretisierung des Begriffs der *rule of law* ab, die heute jedoch im Wesentlichen überholt ist.[693] In *Lord Diceys* Interpretation waren drei Aspekte von Bedeutung: Zum einen die Bindung der öffentlichen Gewalt an das Recht, die eine Ausübung von Ermessen ebenso wie willkürliches Handeln ausschließen soll. Die Freiheiten des Bürgers werden geschützt, indem Entscheidungen nur auf der Grundlage des Rechts möglich und einer persönliche Beurteilung durch Beamte oder Richter nicht zugänglich sind.[694] Neben dieser Unterordnung jeglichen Handelns unter das Gesetz ist zum zweiten die Gleichheit vor dem Gesetz ein wichtiger Aspekt der *rule of law*, wie sie *Dicey* versteht: Privatleute und Regierungsbeamte unterstehen dem gleichen Recht und müssen sich gleichermaßen vor allgemeinen Gerichten verantworten. Eine spezielle Gerichtsbarkeit für die Aufgaben der Verwaltung war nach Ansicht *Lord Diceys* einem Sonderrecht für Beamte vergleichbar und mit der Gleichheit vor dem Gesetz nicht vereinbar. Streitigkeiten, die mit der Wahrnehmung öffentlicher Aufgaben in Zusammenhang stehen, sollten nach den gleichen Maßstäben verhandelt werden wie Streitigkeiten unter Privatleuten.[695] Der dritte Aspekt der *rule of law,* und gleichzeitig der größte Unterschied zum Rechtsstaatsprinzip in Deutschland, ist die Verbindung der *rule of law* mit der Verfassung. Während im deutschen Recht die Verfassung das Fundament für das einfache Recht darstellt, sind verfassungsrechtliche Gewährleistungen und Freiheiten im englischen Recht mangels geschriebener Verfassung nicht in dieser Form ableitbar, sondern vielmehr sind die verfassungsrechtlichen Gewährleistungen und Freiheiten das Ergebnis der Anwendung des einfachen Rechts.[696]

Diese von starkem Misstrauen gegenüber der Verwaltung und auch den Gerichten geprägte Grundeinstellung musste konsequenterweise zu einer Ablehnung

[691] *Slynn,* in: FS Zeidler, Band I S. 397; *Bradley/Ewing,* Constitutional and Administrative Law, S. 700.
[692] *Dicey,* Introduction, S. 328 ff.
[693] *de Smith/Brazier,* Constitutional and Administrative Law, S. 17 f.
[694] *Dicey,* Introduction, S. 188.
[695] S. auch *Schwarze,* DÖV 1996, 771, 772.
[696] *Dicey,* Introduction, S. 195.

eines Verwaltungsrechts als eigenständigem Rechtsgebiet und einer eigenen Verwaltungsgerichtsbarkeit durch *Lord Dicey* führen.

Dieser extremen Auslegung der *rule of law,* der heute eigentlich nur noch rechtshistorische Bedeutung zukommt, steht eine Auslegung gegenüber, die in einer der englischen Verfassungswirklichkeit eher entsprechenden Art und Weise versucht, das weite, und damit Interpretationen in besonderem Maße zugängliche, Prinzip der *rule of law* zu konkretisieren. Die *rule of law* lässt sich demnach in zwei Kernprinzipien aufteilen: Erstens bedarf jegliches Handeln der Exekutive einer rechtmäßigen Grundlage, die eine Befugnis zum Handeln erteilt und den Rahmen des Handelns vorgibt.[697] Zum Zweiten ist es die Aufgabe des Rechts, gewisse Mindeststandards hinsichtlich individueller Freiheitsrechte zu setzen, die es dem Einzelnen ermöglichen, ihren materiellen Gehalt einzuschätzen und eventuelle Einschränkungen vorauszusehen.[698] Diese Mindeststandards werden durch das *Common Law* entwickelt, da die Gerichte durch das Gleichheitsprinzip dazu verpflichtet sind, gleiche Fälle auch gleich zu behandeln.[699]

Dass die Interpretation *Lord Diceys* inzwischen von der Wirklichkeit eingeholt worden ist, zeigt sich unter anderem darin, dass einem großen Teil der Verwaltungsentscheidungen weite Ermessensspielräume der Verwaltung zugrunde liegen.[700]

III. Die *parliamentary sovereignty*

Ein weiterer verfassungsrechtlicher Grundsatz, der für das Verwaltungsrecht in England prägend ist, ist die *parliamentary sovereignty.* Seit dem Ende des 17. Jahrhunderts ist sie Bestandteil des englischen Rechts und wurde 1689 in der *Bill of Rights* bekräftigt.[701] Es war wiederum *Lord Dicey,* der sich dieses Prinzips annahm und 1885 zwei charakterisierende Aspekte identifizierte: So liegt zum einen jegliche gesetzgeberische Kompetenz beim Parlament, und zum anderen können diese Gesetze von keinem anderen Organ in Frage gestellt oder außer Kraft gesetzt werden.[702] Der Gesetzgeber unterliegt dabei keinerlei Beschränkungen hinsichtlich des Inhalts oder der zeitlichen und räumlichen Gel-

---

[697] *de Smith/Brazier,* Constitutional and Administrative Law, S. 18; *Bradley/Ewing,* Constitutional and Administrative Law, S. 106; *Alder,* Constitutional and Administrative Law, S. 70.
[698] *de Smith/Brazier,* Constitutional and Administrative Law, S. 18; *Alder,* Constitutional and Administrative Law, S. 71.
[699] *Allan,* L.Q.R. 115 (1999), 221, 239.
[700] *Foulkes,* Administrative Law, S. 7.
[701] *Birkinshaw,* European Public Law, S. 156.
[702] *Dicey,* Introduction, S. 37 f.

tung des Gesetzes und wird auch durch frühere Gesetzgeber nicht gebunden.[703] Auch die Gerichte haben keine Möglichkeiten, die Gesetze auf ihre Verfassungsmäßigkeit hin zu überprüfen, was eng damit zusammenhängt, dass eine geschriebene Verfassung nicht existiert, an deren Maßstab die Gesetze gemessen werden könnten.[704] Gerade im Zusammenhang mit dem Europarecht ergeben sich aus diesem Grundsatz Schwierigkeiten und Besonderheiten, auf die noch zu einem späteren Zeitpunkt näher einzugehen sein wird.[705]

IV. Entwicklungen und Ausblick

In der englischen Rechtssystematik ist das Verwaltungsrecht inzwischen als ein eigenständiges Rechtsgebiet anerkannt.[706] Es ist als Folge der in der *rule of law* bestimmten Bindung der Verwaltung an die Gesetze von Gesetzesrecht geprägt.[707] Das bedeutet allerdings nicht, dass es ein Gesetz gäbe, welches – vergleichbar dem deutschen VwVfG – allgemeine Verfahrensprinzipien für das Handeln der Verwaltungsorgane aufstellt. Die gesetzliche Prägung besteht vielmehr in der Anknüpfung jeglicher Befugnisse der Exekutive an verschiedene Parlamentsgesetze.[708] So finden sich teilweise detaillierte Regelungen zum Ablauf eines Verfahrens in Spezialgesetzen, in anderen Bereichen des Verwaltungshandelns besteht ein weites Ermessen der Verwaltung.[709] Große Unterschiede im Verfahrensablauf ergeben sich schon daraus, dass die unterschiedlichsten Organe Entscheidungsträger sein können und sich ihre Zuständigkeit in der Regel direkt aus dem Gesetz ergibt.[710] Immerhin stellt die *rule of law* sicher, dass verfahrensrechtliche Mindeststandards eingehalten werden.[711]

Eine eigenständige Verwaltungsgerichtsbarkeit, so wie sie aus dem deutschen Verwaltungsrecht bekannt ist, besteht nicht. Dennoch ist der Rechtsschutz gegen Verwaltungsentscheidungen das Hauptthema der englischen Verwaltungsrechtsliteratur.[712] Verwaltungsrechtsstreitigkeiten werden entweder vor so genannten

---

[703] *Alder*, Constitutional and Administrative Law, S. 122; *Barnett*, Constitutional and Administrative Law, S. 224, 225.

[704] *Bradley/Ewing*, Constitutional and Administrative Law, S. 60 und 699.

[705] S.u.: Dritter Teil, B.IV; S. 157.

[706] *Bradley/Ewing*, Constitutional and Administrative Law, S. 700 f.

[707] *de Smith/Brazier*, Constitutional and Administrative Law, S. 579.

[708] *Wade/Forsyth*, Administrative Law, S. 24; *Spoerr*, VerwArch 82 (1991), 25, 30.

[709] *Bradley/Ewing*, Constitutional and Administrative Law, S. 705 f.

[710] *Bradley/Ewing*, Constitutional and Administrative Law, S. 705 f.

[711] *Jowell*, in: *Jowell/Oliver*, The Changing Constitution, 3. Auflage, S. 68 ff.

[712] Vgl. *de Smith/Woolf/Jowell*, Judicial Review; *Wade/Forsyth*, Administrative Law; *Bradley/Ewing*, Constitutional and Administrative Law; *Alder*, Constitutional and Administrative Law; *Craig*, Administrative Law.

administrative tribunals[713] ausgetragen oder vor Gerichten der ordentlichen Gerichtsbarkeit verhandelt.[714] Zentraler Grundsatz für den Rechtsschutz gegen Verwaltungsentscheidungen und historisch ihr Ausgangspunkt ist die *ultra-vires*-Doktrin, die ihrerseits auf der *rule of law* sowie den Grundsätzen der *parliamentary sovereignty* und der Unabhängigkeit der Justiz basiert:[715] Danach wurde Rechtsschutz gewährt gegen Verwaltungshandeln, das die Grenzen des zugrunde liegenden Rechts überschreitet.[716] Von der *ultra vires*-Doktrin erfasst wurden jedoch im Wesentlichen nur Verfahrensfehler, eine gerichtliche Überprüfung des Inhalts der Entscheidung war nur bei offensichtlichem Rechtsverstoß möglich.[717] Dieser – auch wegen der Beschränkung auf gesetzlich legitimierte Verwaltungsentscheidungen – als für zu eng befundene Ansatz für Rechtsschutz gegen Verwaltungsentscheidungen wurde wesentlich erweitert und geprägt durch *Lord Diplock* in *Council of Civil Service Unions v. Minister for the Civil Service.*[718] Danach ist eine gerichtliche Überprüfung von Verwaltungshandeln nun bei Rechtswidrigkeit *(illegality)*, Irrationalität *(irrationality)* und bei verfahrensrechtlichem Fehlverhalten *(procedural impropriety)* möglich.[719] Zur Erreichung des Rechtsschutzes stehen dem Bürger verschiedene Rechtsbehelfe zur Verfügung, die teilweise rein öffentlich-rechtlich sind, teilweise auch im Privatrecht eine Rolle spielen.[720]

Eine Besonderheit im Rahmen des Verwaltungsrechtsschutzes stellen die sog. *administrative tribunals* dar. Dieses im Folgenden noch ausführlich zu behandelnde Organ der Rechtspflege nimmt eine Sonderstellung zwischen Exekutive und Judikative ein.[721] Während *tribunals* einerseits gerichtsähnliche Entscheidungen treffen, sind sie in anderem Zusammenhang dafür zuständig, Exekutiventscheidungen zu treffen, die einer Beweisaufnahme und Anhörungen bedürfen.[722]

B. Grundlage einer Begründungspflicht

Das englische Verwaltungsrecht kennt keine grundsätzliche Begründungspflicht der Verwaltung für ihre Entscheidungen. Historisch lässt sich dies damit be-

---

713 Dazu unten Zweiter Teil, D.I; S. 122.
714 *Spoerr*, VerwArch 82 (1991) 25, 32.
715 *Wade/Forsyth*, Administrative Law, S. 8; *Schwarze*, DÖV 1996. 771, 772.
716 *Alder*, Constitutional and Administrative Law, S. 368.
717 *Schwarze*, DÖV 1996, 771, 772; *de Smith/Woolf/Jowell*, Judicial Review, Rn. 5-001.
718 [1985] AC 374, 407 ff.
719 [1985] AC 374, 410.
720 *de Smith/Brazier*, Constitutional and Administrative Law, S. 579 und 617 ff.
721 *de Smith/Brazier*, Constitutional and Administrative Law, S. 649 ff.
722 *de Smith/Woolf/Jowell*, Judicial Review, Rn. 1-072.

gründen, dass auch für Gerichte eine Begründungspflicht zunächst nicht bestand, sondern sich erst in den letzten Jahren entwickelt hat.[723] Dementsprechend schwierig gestaltet sich die Identifizierung eines rechtlichen Fundamentes einer solchen Begründungspflicht. Nichtsdestotrotz zeichnet sich in der Rechtsprechung ein Trend ab, eine für notwendig erachtete Begründung an die Grundsätze der *natural justice* bzw. der *fairness* anzuknüpfen.[724]

I. Natural Justice

Das Prinzip der *natural justice* garantiert ursprünglich einen Mindeststandard prozessualer Rechte. Sie war daher zunächst in ihrer Anwendung auf Gerichtsverfahren beschränkt.[725] In den sechziger Jahren wurde dieser enge Anwendungsbereich zunehmend erweitert und die Einhaltung der Grundsätze der *natural justice* auch bei einem Tätigwerden der Verwaltung eingefordert.[726] In *Ridge v Baldwin*[727] äußerte sich das *House of Lords* zum ersten Mal hierzu und knüpfte die Anwendbarkeit der Gewährleistungen der *natural justice* nicht mehr nur an die Verfahrensart und damit an prozessuales Tätigwerden an, sondern berücksichtigte, welche Rechte und Interessen des Rechtsschutzsuchenden gegenüber einer Verwaltungsentscheidung betroffen waren.[728]

Materiell umfasst *natural justice* im Wesentlichen zwei Prinzipien, deren Beachtung von den Gerichten überprüft wird: Zum einen das Recht auf eine Anhörung, und zum anderen das Verbot, Richter in eigener Sache zu sein.[729] Diese Grundsätze sollen sicherstellen, dass das Recht objektiv und unparteiisch angewandt wird.[730] Ob noch weitere prozessuale Gewährleistungen unter dem Begriff *natural justice* zusammengefasst werden können ist umstritten und wird gerade im Hinblick auf die Pflicht der Verwaltung, ihre Entscheidungen zu begründen, diskutiert.[731] Der Grundsatz „keiner sei Richter in eigener Sache" geht

---

[723] *de Smith/Woolf/Jowell,* Judicial Review, Rn. 9-040; *JUSTICE-All Souls Report,* Administrative Justice, Some Necessary Reforms, S. 29 f; *Munro,* [1996] S.L.T. 5; *Morris/Reeves,* [1994] J.P. 641.

[724] S. *R v Secretary of State for the Home Department, ex p Doody,* [1993] 3 All ER 92; s.u.: Zweiter Teil, E.II.1; S. 131.

[725] *Marshall,* Natural Justice, S. 3; *Harris,* Introduction to Law, S. 432.

[726] *Harris,* Introduction to Law, S. 433 f; *Longley/James,* Administrative Justice, S. 216; *Jackson,* Natural Justice, S.101.

[727] *Ridge v Baldwin,* [1964] AC 40 ff.

[728] *Jackson,* Natural Justice, S. 106; *Bradley/Ewing,* Constitutional and Administrative Law, S. 794.

[729] *Longley/James,* Administrative Justice, S. 215; *Marshall,* Natural Justice, S. 5; *Jackson,* Natural Justice, S. 6; *de Smith/Woolf/Jowell,* Judicial Review Rn. 7-008.

[730] *Jackson,* Natural Justice, S. 6.

[731] *Jackson,* Natural Justice, S. 214.

auf *Justinian* zurück und wird als Bestandteil des englischen *Common Law* bereits seit dem Mittelalter von den Gerichten angewendet.[732] Das Recht der Anhörung geht auf *Seneca* zurück, der es in *Medea* bereits zitiert. Bereits in der *Magna Carta* berücksichtigt, existiert seit dem Mittelalter eine Rechtsprechung, die das Recht der Anhörung berücksichtigt.[733]

Die einzelnen Grundsätze der *natural justice* sind von der Rechtsprechung weiter konkretisiert worden. Das Verbot, Richter in eigener Sache zu sein, schließt nicht nur die Fälle ein, in denen ein Richter gleichzeitig Partei eines Prozesses ist, oder eine verwandtschaftliche Beziehung zu Prozessbeteiligten besteht.[734] In *Dimes v Grand Junction Canal*[735] entschied das *House of Lords*, dass bereits ein bestehendes Interesse – gleich ob wirtschaftlicher oder rechtlicher Art – ausreicht, einen Richter für den konkreten Fall von seinen Aufgaben zu entbinden.[736] Dabei spielt das Ausmaß des Interesses keine Rolle, bereits bei einem nur geringen Interesse, welches direkte Auswirkungen haben kann, ist der Richter von seiner Aufgabe zu befreien.[737] Ausnahmen von dieser Regel ermöglichen die Teilnahme eines Richters am Prozess zum Beispiel dann, wenn diese wegen seiner alleinigen Zuständigkeit notwendig ist.[738] Weitere Ausnahmen von dieser Regel können gesetzlich angeordnet sein. So enthält beispielsweise *The Supreme Court of Judicature (Consolidation) Act 1925* eine Regelung, die es den Richtern des *High Court* und des *Court of Appeal* ermöglicht, an Entscheidungen mitzuwirken die sie selbst als Steuerzahler betreffen könnten.[739] Ein Richter kann auch dann am Prozess teilnehmen, wenn er seine Interessen und Verbindungen offen gelegt hat, die Parteien aber darauf verzichten, ihn wegen Befangenheit abzulehnen.[740]

Das Recht auf Anhörung umfasst neben der tatsächlichen Anhörung im Rahmen des Gerichtsverfahrens auch die Möglichkeit, sich zeitlich und inhaltlich angemessen auf eine Gerichtsverhandlung vorzubereiten.[741] Dazu ist genaue Kenntnis der Anschuldigungen erforderlich, auf deren Grundlage die Gerichtsverhand-

---

[732] Vgl. die bei *Marshall*, Natural Justice, S. 16 genannten Fälle.
[733] *Marshall*, Natural Justice, S. 17 f.
[734] *Jackson*, Natural Justice, S. 33.
[735] (1852) 3 H.L.Cas. 759.
[736] *Frome United Breweries Co. v Bath Justices* [1926] A.C. 586; *Jackson*, Natural Justice, S. 33; *Marshall*, Natural Justice, S. 25.
[737] *R v Rand* (1866) L.R. 1 Q.B. 230, 232; *Jackson*, Natural Justice, S. 33; *Marshall*, Natural Justice, S. 28.
[738] *Serjeant v Dale* (1877) 2 Q.B.D. 558, 566.
[739] *Jackson*, Natural Justice, S. 140.
[740] *Marshall*, Natural Justice, S. 50.
[741] *Jackson*, Natural Justice, S. 64; *Longley/James*, Administrative Justice, S. 216.

lung erfolgt und die auch im Nachhinein nicht mehr verändert werden dürfen.[742] Eine Anhörung muss jedoch nicht notwendigerweise mündlich erfolgen, eine schriftliche Anhörung kann ausreichend sein.[743] Es ist jedoch erforderlich, dass eine gerichtliche Entscheidung nur von denjenigen Richtern gefällt wird, die bei dem gesamten Prozess und damit auch sämtlichen Aussagen persönlich anwesend waren.[744] Nur dann ist den Erfordernissen der *natural justice* Genüge getan, und die Entscheidung kann nicht wegen einer Missachtung dieser Grundsätze erneut Gegenstand einer gerichtlichen Verhandlung werden.

II. Fairness

Eine trennscharfe Abgrenzung der Grundsätze *natural justice* und *fairness* ist nicht eindeutig möglich. Beide Prinzipien sind eng miteinander verknüpft, was sich etwa darin äußert, dass die Begriffe häufig synonym verwendet werden.[745]

Während der Grundsatz der *natural justice* jahrhundertealte Wurzeln vorweisen kann und in erster Linie mit Entscheidungen der Rechtsprechung in Verbindung gebracht wird, ist *fairness* ein Prinzip, welches eher der verwaltenden Tätigkeiten zugrunde liegt und besonders seit den sechziger Jahren Gestalt angenommen hat.[746] Diese Gestalt ist jedoch wesentlich von den Grundsätzen der *natural justice* geprägt.[747] Man wird wohl sagen können, dass *fairness* eine Erweiterung der Grundsätze der *natural justice* darstellt und diese wohl (jedenfalls begrifflich) abgelöst hat.[748] Der Anwendungsbereich der *fairness* geht jedoch weiter, denn sie verpflichtet jeden, dessen Entscheidungen Auswirkungen auf Rechte und Interessen Einzelner haben, diese in einem fairen Verfahren zu treffen.[749] Damit rücken die Auswirkungen, die eine Entscheidung auf die Rechte des Betroffenen hat, in den Mittelpunkt.[750] Durch den weiten Anwendungsbereich der *fairness* wird gleichzeitig eine Überdehnung der prozessual geprägten Grundsätze der *natural justice* vermieden, die eine Anwendung derselben auf jegliche Entscheidungen der öffentlichen Gewalt mit sich bringen würde.[751] Im Rahmen der *fairness* sind es allerdings weniger konkrete Verfahrensrechte, die einge-

---

[742] *Maradana Mosque v Badi-Du-Din Mahmud* [1967] 1 A.C. 13.
[743] *Jackson,* Natural Justice, S. 68.
[744] *Marshall,* Natural Justice, S. 58; *Munday v Munday* [1954] 1 W.L.R. 1078.
[745] *de Smith/Woolf/Jowell,* Judicial Review, Rn. 7-005; *Alder,* Constitutional and Administrative Law, S. 388.
[746] *Longley/James,* S. 218; *de Smith/Woolf/Jowell,* Judicial Review, Rn. 7-037.
[747] *Bradley/Ewing,* Constitutional and Administrative Law, S. 794.
[748] *Bradley/Ewing,* Constitutional and Administrative Law, S. 787; *McEldowney,* Public Law, Rn. 15-84.
[749] *de Smith/Brazier,* Constitutional and Administrative Law, S. 602.
[750] *Alder,* Constitutional and Administrative Law, S. 389.
[751] *de Smith/Brazier,* Constitutional and Administrative Law, S. 615 f.

räumt werden, als vielmehr eine generelle Verpflichtung der Behörden, im Einzelfall einen angemessenen Rahmen für ein faires Verfahren zu schaffen.[752]

C. Funktionen einer Begründung

Auch wenn eine generelle Begründungspflicht im englischen Verwaltungsrecht (noch) nicht anerkannt ist, zeigen sich doch gerade bei den Funktionen der Begründung Parallelen zum deutschen Recht, die diesen Umstand unverständlich erscheinen lassen. Insbesondere, da im Allgemeinen große Einigkeit hinsichtlich der Vorzüge einer mit Gründen versehenen Verwaltungsentscheidung herrscht.[753]

Die im englischen Recht wichtigen Funktionen der Begründungspflicht sind die Rechtsschutzfunktion,[754] die Kontrollfunktion[755] und die Befriedungs- und Akzeptanzfunktion.[756] Wie auch im deutschen Recht ist es die Aufgabe der Begründung, dem Gericht die Kontrolle einer Verwaltungsentscheidung zu ermöglichen, daneben die Verwaltung zu sorgfältigem Handeln anzuhalten und die Akzeptanz der Entscheidung durch den Bürger zu fördern.

D. Die gesetzliche Begründungspflicht *(Statutory Duty)* nach dem Tribunals and Inquiries Act 1992

Wie bereits dargelegt kennt das englische Verwaltungsrecht kein unserem Verwaltungsverfahrensgesetz vergleichbares Gesetz zur einheitlichen Regelung des Verwaltungsverfahrens. Sein Fehlen wird nicht zuletzt damit begründet, die einzelnen Entscheidungsarten und Entscheidungsträger seien zu unterschiedlich.[757] Eine gesetzliche Begründungspflicht mit einem vergleichbaren Anwendungsbereich wie § 39 VwVfG, sucht man daher vergeblich. Nur in einzelnen Gesetzen

---

[752] *de Smith/Woolf/Jowell,* Judicial Review, Rn. 7-039.

[753] Vgl. *Foulkes,* Administrative Law, S. 324 f.; *Longley/James,* Administrative Justice, S. 208 f.; *Craig,* Administrative Law, S. 436 f.; *Woolf,* Protection of the Public, S. 92 f.

[754] *R v Boundary Commission for England, ex p Foot* [1983] Q.B. 600; *Craig,* C.L.J. 53 (1994), 282, 283; *ders.* Administrative Law, S. 436; *Flick,* [1978] P.L. 16, 17; *Richardson,* [1986] P.L. 437, 449; *Flick,* Natural Justice, S. 118; *Longley/James,* Administrative Justice, S. 209; *de Smith/Woolf/Jowell,* Judicial Review, Rn. 9-044.

[755] *Flick,* Natural Justice, S. 119; *ders.,* [1978] P.L. 16, 17; *Craig,* Administrative Law, S. 436; *ders.* C.L.J. 53 (1994), 282, 283; *Morris/Reeves,* [1994] J.P. 641, 642.

[756] *Osmond v Public Service Board of N.S.W. and Anor,* [1985] LRC (Const), 1041, 1059; *Richardson,* [1986] P.L. 437, 449; *de Smith/Woolf/Jowell,* Judicial Review, Rn. 9-042; *Longley/James,* Administrative Justice, S. 208; *Flick,* [1978] P.L. 16, 18; *ders.* Natural Justice, S. 119; *Morris/Reeves,* [1994] J.P. 641, 642.

[757] *de Smith/Brazier,* Constitutional and Administrative Law, S. 507.

lässt sich eine Begründungspflicht für einen speziell eingegrenzten Bereich der Verwaltungsentscheidungen finden. Dazu gehört als bekanntestes Gesetz der *Tribunals and Inquiries Act 1992*.

Der *Tribunals and Inquiries Act 1992* regelt für mehr als fünfzig verschiedene Tribunale das Verfahren und die Zusammensetzung.[758] Die erste Fassung des Gesetzes von 1958 ist das unmittelbare Ergebnis des Berichts des *Committee on Administrative Tribunals and Enquiries* (auch *Franks Committee* genannt), welches unter dem Vorsitz von *Lord Franks* das Tribunalwesen untersuchen und Verbesserungsvorschläge hinsichtlich des Verfahrens aber auch der Struktur der Tribunale machen sollte.[759] Viele Vorschläge dieses Komitees fanden Eingang in das neue Gesetz, und sind auch noch in der inzwischen gültigen Fassung von 1992 enthalten.[760]

I. Die Tribunale

> To the general observer tribunals thus open a window on a fascination panorama of human activity. To the student of institutions they are pragmatic, illogical and exasperating; for they challenge his instinct to classify them, but leave him chastened in the knowledge that they can only be described; he wants to rationalize them but finds that the most he can do is to rearrange them in a different order.[761]

Zu Beginn des 20. Jahrhunderts entstanden im Zuge der Errichtung des Wohlfahrtsstaates die ersten Tribunale in der Form, wie sie auch heute ihre Aufgabe wahrnehmen.[762]

Verfassungsrechtlich zwar Teil der Exekutive, erinnert ihr Verfahren ebenso wie ihre Bezeichnung jedoch eher an Gerichte, so dass ihnen häufig eine größere Nähe zur Judikative nachgesagt wird.[763] Dies wird dadurch unterstrichen, dass die Entscheidungen einer Vielzahl von Tribunalen in ihren Auswirkungen eine Gerichtsentscheidung ersetzen.[764] Häufig fungieren aber viele Tribunale als Spruchkörper, die z.B. im Falle der Ablehnung einer Begünstigung angerufen werden können und dann im Rahmen einer Rechts- und Zweckmäßigkeitsprü-

---

[758] *Wade/Forsyth,* Administrative Law, S. 887 und 929; *Stevens,* Constitutional and Administrative Law, S. 208.

[759] *Report of the Committee on Administrative Tribunals and Enquiries,* Cmnd, 218 (1957), para 1; *Foulkes,* Administrative Law, S. 133.

[760] *Craig,* Administrative Law, S. 68.

[761] *Wraith/Hutchesson,* Administrative Tribunals, S. 14.

[762] *Wade/Forsyth,* Administrative Law, S. 885; *Craig,* Administrative Law, S. 65.

[763] *Report of the Committee on Administrative Tribunals and Enquiries,* Cmnd, 218 (1957), para 40; *Farmer,* Tribunals and Government, S. 4; *Spoerr,* VerwArch 82 (1991) 25, 32; *de Smith/Woolf/Jowell,* Judicial Review, Rn. 1-070.

[764] *Genn,* in: *Richardson/Genn,* Administrative Law and Government Action, S. 251.

fung die Ablehnung dieser Begünstigung kontrollieren.[765] Dabei steht nicht die rechtliche Beurteilung des Falles im Vordergrund, sondern die Vorgehensweise der Behörde.[766]

Der Vorteil der Tribunale gegenüber der allgemeinen Gerichtsbarkeit besteht darin, dass sie schneller, billiger und sachnäher entscheiden können als ein Gericht.[767] Wenn auch die Entscheidungsfindung des Tribunals eher in gerichtsähnlicher Weise, nämlich durch Auswertung der Vorträge der Beteiligten erfolgt, und keine eigenen Nachforschungen des Tribunals beinhaltet,[768] gibt es hinsichtlich der Art der zu treffenden Entscheidung durch das Tribunal die unterschiedlichsten Ausprägungen: Es gibt Tribunale, deren Aufgabe darin besteht, eine Verwaltungsentscheidung als Ausgangsbehörde zu treffen, während andere Tribunale nur eine Kontrollinstanz, vergleichbar einer Widerspruchsbehörde sind.[769] Das Handeln vieler Tribunale steht dementsprechend der Verwaltung näher als der Gerichtsbarkeit.[770] Es spricht also genauso viel dafür, die Tribunale der Exekutive zuzuordnen und darum ihre Entscheidungen im Zusammenhang mit dieser Arbeit einer genaueren Betrachtung zu unterziehen.

Es gibt Tribunale in den unterschiedlichsten Bereichen des Verwaltungshandelns, mit den unterschiedlichsten Beteiligten und den unterschiedlichsten Verfahrensregelungen.[771] Das uneinheitliche Bild von Tribunalen, welches sich dem Betrachter bietet, ist dem Umstand geschuldet, dass sie vielfach durch einzelne Gesetze ad hoc eingesetzt werden, ohne dass diesen Gesetzen ein einheitliches Konzept eines Tribunalsystems zugrunde liegt.[772] Dementsprechend ist es nahezu unmöglich, eine einheitliche Definition der Aufgaben der Tribunale zu finden. Gleichwohl lassen sich gewisse Gemeinsamkeiten erkennen.

In der Regel setzen sich Tribunale aus einem Vorsitzenden und zwei weiteren Beisitzern zusammen, wobei der Vorsitzende oft juristisch vorgebildet ist, während die übrigen Mitglieder in der Regel aus dem jeweiligen Fachgebiet des Tribunals kommen.[773] Aber selbst für die Zusammensetzung der Tribunale gilt,

---

765 *Spoerr,* VerwArch 82 (1991) 25, 34; *Foulkes,* Administrative Law, S. 131.
766 *Wade/Forsyth,* Administrative Law, S. 885.
767 *Wade/Forsyth,* Administrative Law, S. 885.
768 *Cane,* Introduction to Administrative Law, S. 338; *Wade/Forsyth,* Administrative Law, S. 906.
769 *Harlow/Rawlings,* Law and Administration, S. 458; *de Smith/Woolf/Jowell,* Judicial Review, Rn. 1-067.
770 *Farmer,* Tribunals and Government, S. 183.
771 *Harlow/Rawlings,* Law and Administration, S. 67.
772 *de Smith/Woolf/Jowell,* Judicial Review, Rn. 1-071.
773 *Farmer,* Tribunals and Government, S. 186; *Foulkes* Administrative Law, S. 156; *Harlow/Rawlings,* Law and Administration, S. 97.

dass es keine einheitlichen Vorgaben gibt, sondern jedes für sich betrachtet werden muss. Die Zusammensetzung der Tribunale ist vielfältig, und zwar sowohl was den fachlichen Hintergrund der Mitglieder, als auch ihre Anzahl betrifft.[774]

Das Verhältnis zwischen der zuständigen Behörde und einem Tribunal ist von Unabhängigkeit gekennzeichnet: Das Tribunal handelt und entscheidet unabhängig von der Behörde, bindet diese aber durch seine Entscheidung.[775] Diese Unabhängigkeit der Tribunale von politischem Einfluss bzw. politischer Kontrolle manifestiert sich zum Beispiel darin, dass die Mitglieder des Tribunals in der Regel keine Beamte sein dürfen.[776] Dies ist für die Akzeptanz der Entscheidungen der Tribunale von Bedeutung.[777]

Kontrollorgan für die Tribunale ist das *Council of Tribunals,* welches durch den *Tribunals and Inquiries Act 1958* eingesetzt wurde und auch im Gesetz von 1992 noch seinen Platz in *Section 1* hat.[778] Dieses im *Franks Report* vorgeschlagene Organ kontrolliert diejenigen Tribunale, die in den Anwendungsbereich des Gesetzes fallen, und ist unter anderem dem *Lord Chancellor* gegenüber Rechenschaft über die Arbeit der Tribunale schuldig.[779] Darüber hinaus hat das *Council on Tribunals* beratende Funktion, indem es bei Gesetzesvorhaben zu Verfahrensregelungen für die Arbeit der Tribunale mitwirkt.[780] Die Veröffentlichung eines jährlichen Berichts über die Arbeit der Tribunale gehört ebenfalls in den Aufgabenbereich des *Councils.*[781]

II. Begründungspflicht der Tribunale

Der *Tribunals and Inquiries Act 1992* enthält in *Section 10* eine Pflicht der Tribunale, ihre Entscheidungen zu begründen. Sie geht unmittelbar auf den *Franks*

---

774 *Genn,* in: *Richardson/Genn,* Administrative Law and Government Action, S. 250; *Foulkes,* Administrative Law, S. 156.

775 *Foulkes,* Administrative Law, S. 131.

776 *Report of the Committee on Administrative Tribunals and Enquiries,* Cmnd, 218 (1957), para 45; *Wade/Forsyth,* Administrative Law, S. 890; *Cane,* Introduction to Administrative Law, S. 334.

777 *Cane,* Introduction to Administrative Law, S. 335.

778 *Genn,* in: *Richardson/Genn,* Administrative Law and Government Action, S. 250; *Cane,* Introduction to Administrative Law, S. 342.

779 *Report of the Committee on Administrative Tribunals and Enquiries,* Cmnd, 218 (1957), para 43; *Stevens,* Constitutional and Administrative Law, S. 208; *Craig,* Administrative Law, S. 266.

780 *Harlow/Rawlings,* Law and Administration, S. 470.

781 *Harlow/Rawlings,* Law and Administration, S. 470.

Report zurück, der bereits eine Begründung der Entscheidungen der Tribunale für notwendig hielt und ihre Einführung befürwortete.[782]

> ...it shall be the duty of the tribunal or Minister to furnish a statement, either written or oral, of the reasons for the decision if requested, on or before the giving or notification of the decision, to state the reasons...[783]

Vorgaben zum Inhalt einer Begründung enthält der *Tribunals and Inquiries Act 1992* nicht, dort ist lediglich der Anwendungsbereich der Begründungspflicht geregelt.[784] So trifft die Begründungspflicht nur solche Tribunale, die in den Anwendungsbereich des Gesetzes fallen, und in dessen Anhang aufgelistet sind.[785]

Bei der Begründungspflicht nach dem *Tribunals and Inquiries Act 1992* fällt ins Auge, dass sie nur dann besteht, wenn der Adressat der Entscheidung eine Begründung verlangt.[786] In der Praxis der Tribunale und ihrer Verfahrensordnungen hat sich weitgehend jedoch durchgesetzt, dass eine Begründung auch ohne ausdrückliches Verlangen der Beteiligten gegeben wird.[787]

1. Funktionen der Begründung

Auch die gesetzliche Begründungspflicht nach *Section 10* des *Tribunals and Inquiries Act 1992* erfüllt die bereits oben genannten Funktionen einer Begründung:[788] Neben ihrer Bedeutung für die Selbstkontrolle des Tribunals trägt sie wesentlich zur Akzeptanz der Entscheidung durch den Adressaten bei.[789] Entsprechend der Befriedungs- und Akzeptanzfunktion der Begründung soll die Begründung den Adressaten davon überzeugen, dass die Entscheidung des Tribunals in Übereinstimmung mit den gesetzlichen Vorschriften erfolgt ist.[790] Sie hat auch Bedeutung für den Rechtsschutz, denn gegen eine Vielzahl von Entscheidungen der Tribunale steht der Rechtsweg zu den ordentlichen Gerichten

---

[782] *Report of the Committee on Administrative Tribunals and Enquiries*, Cmnd, 218 (1957), para 98; *Flick*, Natural Justice, S. 130; *Wade/Forsyth*, Administrative Law, S. 916.
[783] *Tribunals and Inquiries Act 1992*, s. 10 (1).
[784] *Harlow/Rawlings*, Law and Administration, S. 524; *Foulkes*, Administrative Law, S. 166.
[785] *Craig*, Administrative Law, S.263; *Longley/James*, Administrative Justice, S. 209.
[786] *Craig*, Administrative Law, S. 263.
[787] *Wade/Forsyth*, Administrative Law, S. 917.
[788] S.o.: Zweiter Teil, C; S. 121.
[789] *Wade/Forsyth*, Administrative Law, S. 916; *Richardson*, [1986] P.L. 437, 449; *Report of the Committee on Administrative Tribunals and Enquiries*, Cmnd, 218 (1957), para 98.
[790] *Flick*, Natural Justice, S. 131.

offen.[791] Die Begründung versetzt den Adressaten in die Lage, die Erfolgsaussichten einschätzen zu können.[792]

2. Inhalt und Umfang der Begründung

Die Begründung nach dem *Tribunals and Inquiries Act 1992* soll den Adressaten, gerade in Fällen einer belastenden Entscheidung, über den genauen Inhalt der Entscheidung informieren.[793] An diesen Vorgaben hat sich die Begründung inhaltlich zu orientieren. Daher muss sie zunächst inhaltlich richtig, aber auch verständlich sein.[794] Juristische Laien müssen in der Lage sein, anhand der Begründung die Entscheidung nachzuvollziehen.[795] Es ist anerkannt, dass die Begründung Ausführungen zu allen entscheidungserheblichen Überlegungen und Fakten enthalten muss, da sie nur so ihrer Bedeutung für den Rechtsschutz gerecht werden kann.[796] Darüber hinaus muss eine Begründung im Umfang den Umständen des Einzelfalls angepasst werden und angemessen sein.[797] Sie kann daher unter bestimmten Umständen knapp und formalisiert ausfallen, während ein Zitat der gesetzlichen Grundlage der Entscheidung allein jedoch nicht ausreichend ist.[798] Die Begründung ist an keine bestimmte Form gebunden, sie kann schriftlich, aber auch mündlich erteilt werden.[799] Auch eine mündliche Begründung kann ausreichen und wird dann ebenfalls Teil der Entscheidung des Tribunals.

Eine Begründung ist nicht erforderlich, wenn Gründe der nationalen Sicherheit entgegenstehen, oder wenn sie von einem nicht unmittelbar von der Entscheidung Betroffenen verlangt wird und eine Begründung daher den Interessen der Adressaten der Entscheidung widerspricht.[800] Auch kann der *Lord Chancellor* in Absprache mit dem *Council on Tribunals* bestimmte Tribunale oder bestimmte Entscheidungen von der Begründungspflicht ausnehmen, wenn die Begründung

---

791 *Wade/Forsyth,* Administrative Law, S. 919 f.; *Foulkes,* Administrative Law, S. 154; *Report of the Committee on Administrative Tribunals and Enquiries,* Cmnd, 218 (1957), para 98.

792 *Craig,* Administrative Law, S. 437.

793 *Re Poyser and Mills' Arbitration,* [1964] 2 Q.B. 467, 477.

794 *Re Poyser and Mills' Arbitration,* [1964] 2 Q.B. 467, 478; *Harlow/Rawlings,* Law and Administration, S.524;

795 *Westminster Bank Ltd. v. Beverley Borough Council,* [1969] 1 Q.B. 499, 508.

796 *Re Poyser and Mills' Arbitration,* [1964] 2 Q.B. 467, 478; *Wade/Forsyth,* Administrative Law, S. 918 f.

797 *Woolf,* Protection of the Public, S. 94.

798 *Bone v. Mental Health Review Tribunal* [1985] 3 All ER 330; *Westminster CC v Great Protland Estates* [1985] A.C. 661, 673; *Craig,* Administrative Law, S. 263.

799 *Tribunals and Inquiries Act 1992* s. 10 (1); *Akehurst,* [1970] 33 M.L.R., 154, 158; *Wade/Forsyth,* Administrative Law, S. 917.

800 *Foulkes,* Administrative Law, S. 166; *Bridge,* in: *Lasok,* Fundamental Duties, S. 81, 89.

unnötig oder gar unmöglich ist, in der Praxis ist von dieser Möglichkeit des Absehens von einer Begründung jedoch nahezu kein Gebrauch gemacht worden.[801]

3. Die fehlerhafte Begründung und ihre Folgen

Wird die Entscheidung eines Tribunals Gegenstand einer gerichtlichen Überprüfung, so gerät häufig auch die Begründung in das Visier des Gerichts. Kleinere Fehler einer Begründung führen nicht zu einer gerichtlichen Überprüfung; der Fehler der Begründung muss wesentlich sein um sie zum Gegenstand der gerichtlicher Kontrolle zu machen.[802]

Eine nicht eindeutige oder widersprüchliche Begründung kann zunächst durch das Gericht ausgelegt werden, ist eine Auslegung jedoch nicht möglich, genügt die Begründung nicht den Anforderungen des Gesetzes.[803] Die Folgen einer Begründung, die nicht den oben aufgeführten Anforderungen des Gesetzes entspricht, werden unterschiedlich beurteilt.[804] Eine Betrachtungsweise sieht bereits in der fehlerhaften Begründung einen wesentlichen Rechtsfehler der Entscheidung, der unmittelbar zur Aufhebung der Entscheidung führt.[805] Eine andere Betrachtungsweise hält nicht allein die mangelhafte Begründung für ausreichend, um eine Entscheidung aufzuheben; darüber hinaus sei erforderlich, dass die Begründung Beweise für weitere Rechtsfehler offenbarte, die in der Folge zu einer Aufhebung der Entscheidung führen.[806] Die Funktion der Begründung, die gerichtliche Nachprüfung einer Verwaltungsentscheidung zu erleichtern, ist bei dieser Betrachtungsweise wohl die prägende Überlegung. Hingegen wird bei der ersten Auffassung der selbständige Charakter der Begründung als ein Element der *fairness* in den Vordergrund gerückt, wenn bereits für sich genommen eine fehlerhafte Begründung für die Rechtsfehlerhaftigkeit einer Entscheidung ausreichend sein soll.[807] Praktische Auswirkungen haben diese unterschiedlichen Betrachtungsweisen nicht: In der Praxis war bislang die mangelhafte Begründung nie der einzige Fehler einer Entscheidung, so dass sich eine isolierte Be-

---

801 *Tribunals and Inquiries Act 1992*, s. 10 (7); *Foulkes*, Administrative Law, S. 166; *Bridge*, in: *Lasok*, Fundamental Duties, S. 81, 90.
802 *Flick*, Natural Justice, S. 131.
803 *Akehurst*, [1970] 33 M.L.R., 154, 158.
804 *Craig*, Administrative Law, S. 263; *Richardson*, [1986] P.L. 437, 451.
805 *Re Poyser and Mills' Arbitration*, [1964] 2 Q.B. 467, 478; *Givaudan v Minister of Housind and Local Government* [1967] 1 W.L.R. 250, 258; *Alexander Machinery (Dudley) Ltd. v E. Crabtree*, [1974] I.R.L.R. 56, 57.
806 *Mountview Court Properties Ltd. v Devlin (1970) 21 P & CR 689, 695; Crake v Supplementary Benefits Commission* [1982] 1 All ER 498, 506; *S v Special Education Needs Tribunal* [1996] 1 All ER 171, 181; *de Smith/Woolf/Jowell*, Judicial Review, Rn. 9-054.
807 *Richardson*, [1986] P.L. 437, 452.

trachtung der Fehlerfolgen – darüber herrscht in der englischen Rechtswissenschaft Einigkeit – erübrigt.[808]

4. Zusammenfassung

Tribunale sind trotz ihrer systematischen Uneindeutigkeit letztlich als Organe der Exekutive zu qualifizieren, die in einer größeren Anzahl von Einzelbereichen dem Bürger Rechtsschutz gegenüber Verwaltungshandeln gewähren. Sie sind gesetzlich verpflichtet, ihre Entscheidungen zu begründen, um so die klassischen Funktionen zu erfüllen, die einer Begründung zugeschrieben werden: Ermöglichung eines effektiven Rechtsschutzes für den Bürger, Selbstkontrolle der Verwaltung und die Förderung der Akzeptanz der Entscheidung durch den Bürger. Eine fehlerhaft begründete Entscheidung wird in der Praxis regelmäßig aufgehoben, sei es wegen der Fehlerhaftigkeit der Begründung als solche, sei es, weil eine fehlerhafte Begründung zumeist mit weiteren wesentlichen inhaltlichen Mängeln der Entscheidung zusammenfällt.

E. Begründungspflicht im Common Law

Im englischen Recht sind Entscheidungen der Gerichte neben den Parlamentsgesetzen wichtigste primäre Rechtsquelle.[809] Jede Gerichtsentscheidung enthält eine *ratio decidendi* (Entscheidungsgründe), welche für in Zukunft auftretende vergleichbare Fälle die Rechtsgrundlage darstellt.[810] In der Regel bindet diese *ratio decidendi* die Gerichte der gleichen und der niedrigeren Instanzen.[811] Lediglich das *House of Lords* als oberster Gerichtshof ist seit einer Erklärung aus dem Jahre 1966 weder an seine eigenen, noch an die Entscheidungen anderer Gerichte gebunden.[812] Die in einer Entscheidung ebenfalls häufig enthaltenden *obiter dicta* sind für die Gerichte nicht bindend, da es sich bei ihnen um Ausführungen des Gerichts handelt, die auf den zu entscheidenden Fall keine Auswirkungen haben und damit keine Bindungswirkung entfalten können.[813] Sie sind jedoch für die allgemeine Rechtsfortbildung von Bedeutung.

Eine Vielzahl von Verfahrensregeln des Verwaltungsrechts hat sich auf diese Weise durch *case law* entwickelt und etabliert,[814] hierzu gehört auch die Be-

[808] *Richardson,* [1986] P.L. 437, 451.
[809] *Shears/Stephenson,* Introduction to English Law, S. 6.
[810] *Keenan,* English Law, S. 170.
[811] *Shears/Stephenson,* Introduction to English Law, S. 15.
[812] *Keenan,* English Law, S. 172.
[813] *Shears/Stephenson,* Introduction to English Law, S. 17; *Keenan,* English Law, S. 170.
[814] *Le Sueur,* [1999] 52 C.L.P. 150, 158.

gründungspflicht, die im Wesentlichen von der Rechtsprechung geprägt und vorangetrieben worden ist.

I. Entwicklung der Begründungspflicht im Common Law

Obwohl das englische *Common Law* bislang keine allgemeine Pflicht der Verwaltung zur Begründung ihrer Entscheidungen kennt,[815] wird eine Begründungspflicht vielfach für notwendig erachtet und selbst die Einführung einer generellen Begründungspflicht immer wieder gefordert.[816]

Die Entwicklung neuer Rechtslehren durch die Rechtsprechung erfolgt in der Regel nach einem wiederkehrenden Muster: Zunächst besteht eine klare Regel, die jedoch mit der Zeit durch Entscheidungen der Gerichte und der Anerkennung von Ausnahmen immer weiter ausgehöhlt wird, bis die ursprüngliche Regel selbst die Ausnahme darstellt.[817] Die Regel im Hinblick auf die Begründungspflicht besagt, dass eine Pflicht der Verwaltung zur Begründung ihrer Entscheidungen nicht besteht. Neben dieser Regel existieren jedoch bereits eine Reihe von Ausnahmen, welche diejenigen Fälle bezeichnen, in denen eine Begründungspflicht der Verwaltung ausnahmsweise besteht.[818]

Ein erster Vorstoß in Richtung einer Begründungspflicht erfolgte 1968, als das *House of Lords* in *Padfield v Minister of Agriculture, Fisheries and Food*[819] eine Begründungspflicht ansprach.

Im angesprochenen Fall hatte der zuständige Minister trotz einer gesetzlich eingeräumten Befugnis auf eine Beschwerde der Milchproduzenten die Einsetzung eines unabhängigen Untersuchungsausschusses abgelehnt und dieser Entscheidung eine Begründung beigefügt. Eine Pflicht zur Begründung bestand für ihn in dieser Situation nicht. Bei der sich anschließenden gerichtlichen Überprüfung der Entscheidung erweckte die vom Minister gegebene Begründung die Aufmerksamkeit des Gerichtes: Der Minister machte geltend, dass er durch die freiwillig gegebene Begründung nicht schlechter gestellt werden könne, als wenn er keine Begründung gegeben hätte, zumal die Aufhebung der Entscheidung erst durch die Begründung und die damit verbundene Offenlegung des Entscheidungsfindungsprozesses möglich geworden sei. Dem hat das Gericht widersprochen und seine Befugnis zur Aufhebung der Entscheidung an die Tat-

[815] *R. v Secretary of State for the Home Department, ex p. Doody* [1993] 3 All ER 92, 110. *JUSTICE-All Souls Report*, Administrative Justice, Some Necessary Reforms, S. 24 f.
[816] *Craig*, [1994] 53 C.L.J. 282, 285; *Le Sueur*, [1999] 42 C.L.P. 150 ff.; *Woolf*, Protection of the Public, S. 92 f.; *JUSTICE-All Souls Report*, Administrative Justice, Some Necessary Reforms, S. 24 f.
[817] *Craig*, [1994] 53 C.L.J. 282.
[818] *Alder*, Constitutional and Administrative Law, S. 397.
[819] [1968] 2 All ER 941.

sache geknüpft, dass der Minister nicht in Übereinstimmung mit dem Gesetz gehandelt habe und aus diesem Grunde die Entscheidung aufgehoben werden könne. Die vom Minister gegebene Begründung spiele dabei für die Aufhebung keine Rolle. Vielmehr zog das *House of Lords* den Schluss, dass das Fehlen einer Begründung in einem Fall, in dem die Entscheidung der Behörde vom gesetzgeberischen Willen offensichtlich abweicht, ein Indiz dafür sei, dass keine guten Gründe für diese Abweichung bestehen und das Ermessen dementsprechend fehlerhaft ausgeübt wurde.[820]

Die Hoffnungen, die in diese Entscheidung als Wegbereiter für eine Begründungspflicht gesetzt wurden, erfüllten sich jedoch nicht.[821] Bereits kurze Zeit später beschränkte das *House of Lords* in *Secretary of State for Employment v. A.S.L.E.F. (No.2)*[822] den Anwendungsbereich der sog. *Padfield Rule* auf diejenigen Fälle, welche wichtige Rechtsgüter wie Leben, Freiheit oder Eigentum betrafen.[823]

Schlussendlich wurden mit der Entscheidung in *Lonrho plc v The Secretary of State for Trade and Industry*[824] jegliche Hoffnungen darauf zerstört, dass eine mangelnde Begründung bedeute, dass keine guten Gründe für die Entscheidung existieren. Die Richter machten deutlich, dass eine fehlende Begründung nicht automatisch Irrationalität der Entscheidung bedeutet.[825] Die bekannten Fakten eines Falles müssten in überwältigender Weise auf eine andere Entscheidung hindeuten, um aus der fehlenden Begründung schlussfolgern zu können, dass keine guten Gründe für die Entscheidung bestünden[826]:

> ... The only significance of the absence of reasons is that if all the other known facts and circumstances point overwhelmingly in favour of a different conclusion the decision-maker who has given no reasons cannot complain if the court draws the inference that he had no rational reasons for his decision...[827]

Damit war der Anwendungsbereich der *Padfield Rule* derart eingeschränkt, dass von ihr keine weiteren Impulse hin zu einer generellen Pflicht zur Begründung

---

[820] *Padfield v Minister of Agriculture, Fisheries and Food,* [1968] 1 All ER 694, 714; *Craig,* [1994] 53 C.L.J. 282, 290.

[821] *Foulkes,* Administrative Law, S. 329; *Robertshaw,* [1998] 27 A.A.L.R. 29, 50; *Longley/James,* Administrative Justice, S. 210.

[822] [1972] 2 Q.B. 455.

[823] *Secretary of State for Employment v A.S.L.E.F* [1972] 2 Q.B. 455, 493; *Craig,* [1994] 53 C.L.J. 282, 291; *Longley/James,*Administrative Justice, S. 210.

[824] [1989] 2 All ER 609.

[825] *Lonrho plc v Secretary of State for Trade and Industry* [1989] 2 All ER 609, 620.

[826] *Foulkes,* Administrative Law, S. 330.

[827] *Lonrho plc v Secretary of State for Trade and Industry* [1989] 2 All ER 609, 620.

von Verwaltungsentscheidungen ausgehen konnten.[828] Eine generelle Begründungspflicht rückte damit zunächst in weite Ferne. Es gibt jedoch eine Vielzahl von „Ausnahmefällen“, in denen eine Pflicht zur Begründung dennoch gerichtlich postuliert wurde. Auf diese stützt sich nun die Hoffnung der Rechtswissenschaft, eine generelle Begründungspflicht könnte sich für die Zukunft doch noch entwickeln und durchsetzen.

II. Ausnahmsweise Begründungspflicht nach Common Law

Die richterlich geforderten Ausnahmen von der Common-Law-Regel, wonach im englischen Recht keine generelle Pflicht zur Begründung von Verwaltungsentscheidungen existiert, werden nicht nur aus dem Grundsatz der *fairness* abgeleitet, sondern finden darin auch einen Anwendungsbereich. Daneben ist eine Begründung im Falle eines *appeal,* eines *judicial review* und bei Vorliegen schutzwürdigen Vertrauens (*Legitimate Expectations)* erforderlich und geboten.[829]

1. Fairness

Viele Einzelfallentscheidungen in der Rechtsprechung stützen eine Begründungspflicht im konkreten Fall auf die *fairness* und machen diese damit zu einem wichtigen Fundament der Begründungspflicht.[830]

Dabei sind zwei Entscheidungen von großer Bedeutung gewesen, die in der Folge eine wichtige Grundlage der wissenschaftlichen Publikationen zu diesem Thema bildeten:[831] Zum einen *R v Civil Service Appeal Board ex parte Cunningham* des *Court of Appeal*[832] und zum anderen *Doody v Secretary of State for the Home Department* des *House of Lords.*[833]

Die erste Entscheidung, die den Grundsatz, dass eine generelle Begründungspflicht nicht existiere, einschränkte, war *R v Civil Service Appeal Board ex parte Cunningham.*[834] Der Kläger, ein Angestellter im Strafvollzugsdienst, wandte sich in diesem Fall gegen eine Entscheidung des *Civil Service Appeal Board,* welches ihm nach seiner Entlassung aus dem Strafvollzugsdienst eine Entschä-

---

[828] *Craig,* [1994] 53 C.L.J. 282, 292; *Robertshaw,* [1998] 27 A.A.L.R. 29, 51.

[829] *Cragg/Ashiagbor,* [1994] N.L.J. 291; *Munro,* [1995] S.L.T. 5, 8; *de la Mare,* [1996] J.R. 88.

[830] *Craig,* Administrative Law, S. 331 m.w.N. in Fn. 207; *de la Mare,* [1996] J.R. 88, 89; *Robertshaw,* [1998] 27 A.A.L.R. 29, 45.

[831] *Gordon/Barlow,* [1993] N.L.J. 1005; *Carroll,* [1994] J.P. 315, 316; *Bradley,* [1994] S.J. 88; *Morris/Reeves,* [1994] J.P. 641; vgl. *Craig,* Administrative Law, S. 440.

[832] [1991] 4 All ER 310

[833] [1993] 3 All ER 92.

[834] *Herberg,* [1991] P.L. 340.

digung in Höhe von £ 6.500 zugesprochen hatte, da es festgestellt hatte, dass die Entlassung ungerechtfertigt war. Der Entlassung vorausgegangen war eine vom Kläger zurückgewiesene Anschuldigung der Tätlichkeit an einem Gefangenen. Die Höhe der Entschädigung lag £ 9.000 unter der Entschädigung, die ein Arbeitnehmer außerhalb des Justizdienstes bei ungerechtfertigter Entlassung in der Regel von einem Tribunal zugesprochen bekommt. Die Beschwerde zu einem Tribunal stand dem Kläger als Angestelltem des Strafvollzugsdienstes jedoch nicht offen. Die geringe Höhe der Entschädigung war vom *Civil Service Appeal Board* nicht begründet worden.[835] Diese fehlende Begründung rückte deshalb in den Mittelpunkt des Interesses, da in diesem Verfahren immer wieder Vergleiche mit dem vor einem Tribunal stattfindenden Verfahren gezogen wurden, welches seine Entscheidungen nach dem *Tribunals and Inquiries Act 1992* begründen muss.[836] Davon ausgehend waren sich die Richter im Ergebnis einig, dass es die *fairness* verlange, dass die Entscheidung begründet werde. Vor allem die Ähnlichkeit des Verfahrens vor dem *Civil Service Appeal Board* mit Verfahren vor Tribunalen, die nach dem *Tribunals and Inquiries Act 1992* einer Begründungspflicht unterliegen, ist hierfür ein ausschlaggebender Grund gewesen.[837] Darüber hinaus berücksichtigten die Richter, dass dem Adressaten der Entscheidung des *Civil Service Appeal Board* zwar kein Widerspruchsrecht zustand, der Rechtsweg jedoch eröffnet war.[838]

In *Doody v Secretary of State for the Home Department* hatte das *House of Lords* unter anderem darüber zu entscheiden, ob der Innenminister die endgültige Festsetzung der Dauer einer lebenslangen Freiheitsstrafe dem Verurteilten gegenüber zu begründen habe.[839] In einer einstimmigen Entscheidung entschied das Gericht, dass die zu lebenslänglichen Freiheitsstrafen verurteilten Kläger die Gründe erfahren müssen, die der Entscheidung des Innenministers über die Dauer ihrer Freiheitsstrafe und eine evtl. zu erwartende vorzeitige Entlassung zugrunde liegen.[840] Einer Bekräftigung der Tatsache, dass eine generelle Begründungspflicht noch nicht existiere, ließ das Gericht Ausführungen folgen, welche Umstände eine Begründung nach sich ziehen können. Das Gericht knüpfte die Anforderungen, die an die flexible und anpassungsfähige *fairness* gestellt werden, an die Fakten des einzelnen Falles an und verlangte eine Orien-

---

[835] *Herberg,* [1991] P.L. 340; *Carroll,* [1994] J.P. 315, 316.

[836] S.o.: Zweiter Teil, D.II; S. 124.

[837] *Herberg,* [1991] P.L. 340, 343; *Craig,* Administrative Law, S. 440; *Foulkes,* Administrative Law, S. 331.

[838] *Cragg/Ashiagbor,* [1994] N.L.J. 291; *Bradley,* [1994] S.J. 88; vgl. weiter unten: Zweiter Teil, E.II.3; S. 136.

[839] *Doody v Secretary of State for the Home Department,* [1993] 3 All ER, 92; *Craig,* Administrative Law, S. 439; *Longley/James,* Administrative Justice, S. 213.

[840] *Bradley,* [1994] S.J. 88; *Craig,* Administrative Law, S. 439.

tierung an diesen.[841] Den Schwerpunkt legten die Richter hier zum einen auf die Tatsache, dass die Freiheit der Kläger als fundamentales Recht betroffen ist.[842] Im Unterschied zu *Cunningham* orientierten sich die Richter jedoch zusätzlich auch an den gesetzlichen Rahmenbedingungen, die der Entscheidung des Innenministers zugrunde lagen. Ermächtigten Parlamentsgesetze zur Ausübung von Kompetenzen, so enthalte diese Ermächtigung gleichzeitig die Annahme, dass diese Kompetenz fair ausgeübt werde.[843] Unter dieser Prämisse und unter Berücksichtigung der Umstände des Einzelfalls entschied das Gericht, dass eine Begründung aus Gründen der *fairness* geboten sei.

Besondere Bedeutung erlangte die Entscheidung in *Doody* auch dadurch, dass den Bedenken des *Court of Appeal* in *Payne v Lord Harris*[844] nicht Rechnung getragen wurde, sondern diese Entscheidung verworfen wurde.[845] In *Payne v Lord Harris* war die Befürchtung der Überforderung der Verwaltung durch eine Begründungspflicht geäußert worden, weswegen auch bei Berücksichtigung der Grundsätze der *fairness* und der *natural justice* eine Begründung nicht erforderlich sei.[846]

Auf *Cunningham* und *Doody* folgten weitere Entscheidungen, welche den Aspekt der *fairness* entgegen der ursprünglichen Entscheidung in *Payne v Lord Harris*[847] verstärkt in den Mittelpunkt rückten. So schloss sich *Sir Louis Blom-Cooper* in *R v Lambeth London Borough Council, ex parte Walters*[848] dem Gedanken der gesetzlich indizierten Pflicht zu fairem Verhalten und damit auch zu einer Begründung an; er schätzte die Bedeutung dieser Ausnahme sehr hoch ein und befürwortete daher eine generelle Begründungspflicht.[849]

Auch wenn die Richter in *R v Higher Education Funding Council, ex parte Institute of Dental Surgery*[850] eine Begründungspflicht für den zu entscheidenden Fall nicht annahmen, beriefen sie sich dennoch auf *Cunningham* und *Doody* und identifizierten in diesen Entscheidungen zwei entscheidende Kriterien, die Be-

---

[841] *Doody v Secretary of State for the Home Department,* [1993] 3 All ER, 92, 106; *Campbell* [1994] P.L. 184, 187.
[842] *Morris/Reeves,* [1994] J.P. 641, 644; *Carroll,* [1994] J.P. 315, 316.
[843] *Doody v Secretary of State for the Home Department,* [1993] 3 All ER, 92, 110; *Campbell,* [1994] P.L. 184, 185; *Morris/Reeves,* [1994] J.P. 641, 644; *Craig,* Administrative Law, S. 440.
[844] [1981] 2 All ER 842.
[845] *Morris/Reeves,* [1994] J.P. 641, 644.
[846] *Morris/Reeves,* [1994] J.P. 641 u. 644.
[847] [1981] 2 All ER 842.
[848] 26 H.L.R. 170.
[849] *R v Lambeth London Borough Council, ex parte Walters,* 26 H.L.R. 170, 177; *Morris/Reeves,* [1994] J.P. 641, 644.
[850] [1994] 1 All ER 651.

rücksichtigung finden müssen um durch die Begründung zu einer fairen Entscheidung zu gelangen:[851] Zum einen müssen die betroffenen Rechtsgüter identifiziert werden.[852] Greift eine Entscheidung schwerwiegend in wichtige Freiheitsrechte ein, so ist eine Begründung der Entscheidung erforderlich.[853] Der Entscheidungsträger muss von vornherein die Auswirkungen seines Tuns im Blick behalten und entsprechend den Grundsätzen der *fairness* handeln.[854] Das zweite Kriterium ergibt sich unmittelbar aus einem Vergleich mit ähnlichen Situationen und Fällen.[855] Sowohl in *Cunningham* als auch in *Doody* zogen die Gerichte zur Identifizierung der Anforderungen an die *fairness* Vergleichsgruppen heran.[856] Weicht eine Verwaltungsentscheidung in einer vergleichbaren Situation ohne offensichtliche Gründe ab, so ist eine besondere Begründung zur Erläuterung der Abweichung aus Gründen der *fairness* erforderlich.[857] Erfolgt eine Begründung nicht, so genügt die Entscheidung nicht den Anforderungen, die durch die *fairness* an die Verwaltung gestellt werden.[858]

Variabilität im Einzelfall bleibt ein Charakteristikum der recht konturenlosen *fairness*, was sich auf die Voraussetzungen, aber auch die Anforderungen an eine Begründung auswirkt.[859] Für die Verwaltung kann dies die Folge haben, dass im Zuge der Entscheidungsfindung nicht immer klar absehbar ist, ob Gerichte an dieser Stelle eine Begründungspflicht auf der Grundlage der *fairness* für erforderlich erachten werden und eine unbegründete Entscheidung deshalb angreifbar sein könnte.[860] Eine Verwaltungspraxis, die dies – gleichsam in vorauseilendem Gehorsam – berücksichtigt und vorsorglich Entscheidungen begründet, käme damit einer generellen Begründungspflicht nahe. Dennoch darf eine solche Tendenz nicht darüber hinwegtäuschen, dass es sich, soweit Be-

---

[851] *Carroll*, [1994] J.P. 315, 316.

[852] *Doody v Secretary of State for the Home Department*, [1993] 3 All ER, 92, 110; *Carroll*, [1994] J.P. 315, 316; *Foulkes*, Administrative Law, S. 331.

[853] *Laws*, [1993] P.L. 59, 75f.; *Carroll*, [1994] J.P. 315, 316; *de la Mare* [1996] J.R. 88; *Wade/Forsyth*, Administrative Law, S. 517.

[854] S.o.: Zweiter Teil, B.II; S. 120; *de Smith/Woolf/Jowell*, Judicial Review, Rn. 7-038.

[855] *R v Higher Education Funding Council, ex parte Institute of Dental Surgery*, [1994] 1 All ER 651, 667; *Carroll*, [1994] J.P. 315, 316.

[856] *Gordon/Barlow*, [1993] N.L.J. 1005.

[857] *R v Higher Education Funding Council, ex parte Institute of Dental Surgery*, [1994] 1 All ER 651, 667; *Carroll*, [1994] J.P. 315, 316.

[858] *Munro*, [1995] S.L.T. 5, 7.

[859] *R v Higher Education Funding Council, ex parte Institute of Dental Surgery*, [1994] 1 All ER 651, 667; *Morris/Reeves*, [1994] J.P. 641, 645.

[860] *Morris/Reeves*, [1994] J.P. 641, 645.

gründungen wegen des Grundsatzes der *fairness* geboten sind, nach wie vor um Ausnahmetatbestände handelt.[861]

2. Möglichkeit eines *appeal*

Die Begründungspflicht aus Gründen der *fairness* ist vergleichsweise unscharf und ungenau. Ganz anders hingegen verhält es sich mit der Begründungspflicht, die dann besteht, wenn dem Adressaten der Verwaltungsentscheidung Rechtsmittel gegen diese zur Verfügung stehen. Enthält eine solche Entscheidung in diesem Fall keine Begründung, so ist es für den Adressaten oftmals nicht möglich, ein Rechtsmittel ausreichend zu begründen.[862]

Ein solches Rechtsmittel ist der *appeal.* Er ist als umfassende Überprüfung der Verwaltungsentscheidung immer dann zulässig, wenn für die Entscheidung ein solches Recht gesetzlich eingeräumt worden ist.[863] Zuständig für die Überprüfung sind neben Gerichten auch spezielle Tribunale oder der entsprechende Fachminister.[864] Die zur Entscheidung befugte Stelle befindet bei einem *appeal* anhand der Fakten des Falles darüber, ob die ursprüngliche Entscheidung richtig oder falsch war.[865] Eine Ermessensentscheidung einer Behörde kann durch eine eigene Entscheidung des Kontrollorgans ersetzt, und eigene Ermessenserwägungen können angestellt werden.[866] Damit sind in jedem Falle die Ermessenerwägungen der Ausgangsbehörde vom überprüfenden Organ zu prüfen und zu beurteilen. Hat die Ausgangsbehörde solche Erwägungen nicht oder nicht ausreichend mitgeteilt, mit anderen Worten ihre Entscheidung nicht oder unzureichend begründet, kann das Rechtsmittel des *appeal* praktisch gegenstandslos werden.[867]

Dies hat der *Privy Council* bereits 1947 in der Entscheidung *Minister of National Revenue v Wrights' Canadian Ropes Ltd.*[868] anerkannt. Der zuständige Minister hatte es abgelehnt, Ausgaben von *Wrights' Canadian Ropes Ltd.* mit der Steuerpflicht zu verrechnen, da diese gemessen an den üblichen Ausgaben überdurchschnittlich hoch seien. Grundlage dieser Entscheidung war ein Bericht des

---

861 *Craig,* [1994] 53 C.L.J. 282, 294.

862 *Robertshaw,* [1998] 27 A.A.L.R. 29, 38.

863 *Wade/Forsyth,* Administrative Law, S. 33; *Foulkes* Administrative Law, S. 314; *Alder,* Constitutional and Administrative Law, S. 366.

864 *de Smith/Brazier,* Constitutional and Administrative Law, S. 513.

865 *Wade/Forsyth,* Administrative Law, S. 33; *Ingman,* Legal Process, S. 595.

866 *Sagnata Investments Ltd. v Norwich Corporation* [1971] 2 Q.B. 614, 640; *Prophet,* [1971] P.L. 162,164; *Wade/Forsyth,* Administrative Law, S. 34; *Ingman,* Legal Process, S. 595.

867 *Minister of National Revenue v Wright' Canadian Ropes Ltd.* [1947] A.C. 109, 123; *Stefan v General Medical Council,* [2000] H.R.L.R. 1, 11; *JUSTICE-All Souls Report,* Administrative Justice, Some Necessary Reforms, S. 37 f.; *Craig,* Administrative Law, S. 439.

868 [1947] A.C. 109.

örtlichen Finanzbeamten, dessen Veröffentlichung der Minister verweigerte. Das Gericht verpflichtete den Minister, die Gründe für seine Entscheidung und insbesondere den Bericht des Finanzbeamten offen zu legen. Ein Rechtsmittelgericht sei sonst nicht in der Lage, die Entscheidung anhand aller Fakten, die der Entscheidung des Ministers zugrunde gelegen haben, zu überprüfen und darüber zu entscheiden, ob die auf der Grundlage dieser Fakten erfolgte Entscheidung rechtmäßig war.[869] In *Norton Tool Co. Ltd. v Tewson*[870] führte das Gericht aus, dass ein *appeal* nur dann Erfolg haben könne, wenn der Kläger das Gericht davon überzeuge, dass die angegriffene Verwaltungsentscheidung rechtsfehlerhaft sei. Hierzu bedarf es jedoch einer Darlegung der Entscheidungsgründe der Verwaltung.[871]

Diese Ausführungen der Gerichte sind in mehr oder weniger der gleichen Form in vielen weiteren Entscheidungen bestätigt und wiederholt worden.[872] Es hat sich eine einheitliche, generelle Begründungspflicht für all jene Fälle entwickelt, in denen das Fehlen einer Begründung geeignet ist, die Einlegung von gesetzlich eingeräumten Rechtsmitteln zu erschweren oder gar zu verhindern.[873]

3. Judicial Review

Ebenso wie eine fehlende Begründung geeignet ist, den *appeal* des Adressaten einer Verwaltungsentscheidung zu erschweren, könnte dies auch für den gerichtlichen Rechtsschutz gelten, der unter dem Begriff *judicial review* erfolgt. Eine in diese Richtung weisende Ausnahme hat sich aber – wohl wegen des geringen Systematisierungsgrades des englischen Verwaltungsrechts – nicht in derselben Deutlichkeit gebildet.[874]

Judicial review steht nach *Common Law* grundsätzlich gegen alle Verwaltungsentscheidungen offen, ist jedoch an die Voraussetzung geknüpft, dass das Rechtsmittel zunächst vom Gericht zugelassen wird. Gegenstand der gerichtlichen Überprüfung ist in der Folge nicht allein die Entscheidung, sondern der gesamte Entscheidungsfindungsprozess.[875] Im Unterschied zum *appeal* sind nicht die Fakten der Entscheidung Gegenstand der Überprüfung, vielmehr wird

---

[869] *Minister of National Revenue v Wright' Canadian Ropes Ltd.* [1947] A.C. 109, 123.
[870] [1973] 1 W.L.R. 45.
[871] *Norton Tool Co. Ltd. v Tewson,* [1973] 1 W.L.R. 45, 49.
[872] Vgl. *Alexander Machinery (Dudley) Ltd. v Crabtree* [1974] I.C.R. 120; *R. v Crown Court at Harrow ex parte Dave* [1994] 1 All ER 315; *Stefan v General Medical Council,* [2000] H.R.L.R. 1.
[873] *Craig,* [1994] 53 C.L.J. 282, 286.
[874] *Craig,* [1994] 53 C.L.J. 282, 287.
[875] *Supperstone/Goudie,* Judicial Review, 3.2.

allein die Rechtmäßigkeit der Entscheidung vom Gericht beurteilt.[876] Das Gericht überprüft, ob die Behörde innerhalb ihrer Befugnisse gehandelt hat, kann die Verwaltungsentscheidung allerdings nicht durch eine eigene Entscheidung ersetzen, sondern nur aufheben.[877] Die gerichtliche Überprüfung beschränkt sich im Wesentlichen auf die Untersuchung, ob die Entscheidung rechtswidrig (*illegality*), irrational (*irrationality*) oder verfahrensrechtlich fehlerhaft (*procedural improper*) war.[878] Ein vierter Kontrollmaßstab, welcher sich indes noch nicht in gleichem Maße durchgesetzt hat, ist die Überprüfung der Verhältnismäßigkeit (*proportionality*) der Entscheidung.[879]

In *R v Lancashire County Council ex parte Huddleston*[880] wurde vom *Court of Appeal* der enge Zusammenhang zwischen *judicial review* und der Begründung einer Entscheidung hervorgehoben.[881] Der Zweck des Rechtsschutzes bestehe darin, die Qualität der Entscheidungsprozesse aber auch der Entscheidungen der Verwaltung zu beaufsichtigen.[882] Eine Darlegung der Entscheidungsgründe sei hierbei erforderlich, um dieser Aufgabe nachkommen zu können.[883] Nur dann sei das Gericht wirklich in der Lage, den Entscheidungsfindungsprozess nachzuvollziehen und Fehler zu identifizieren, bzw. die Zulassung des Rechtsmittels zu verweigern.[884] Diese Entscheidung betrifft damit nicht nur das Verhältnis zwischen Bürger und Verwaltung, sondern auch das Verhältnis zwischen Verwaltung und Gericht.[885] Dies wird deutlich in *R v Civil Service Appeal Board ex parte Cunningham,* wo *Lord Donaldson* für den Fall, dass ein Rechtsmittel bereits zugelassen ist, ausführt, dass wenn schon nicht der Adressat der Verwaltungsentscheidung, so doch zumindest das Rechtsmittelgericht ein Recht auf eine Begründung der Entscheidung habe.[886] Diese scheinbar den Erfordernissen einer Begründung Rechnung tragende Offenlegung übersieht jedoch, dass die

---

[876] *Ingman,* Legal Process, S. 595; *Supperstone/Goudie,* Judicial Review, 3.2.; *Wade/Forsyth,* Administrative Law, S. 33.

[877] *Wade/Forsyth,* Administrative Law, S. 34; *Alder,* Constitutional and Administrative Law, S. 295.

[878] *Council of Civil Service Unions v. Minister for the Civil Service* [1985] A.C. 374, 410; *Supperstone/Goudie,* Judicial Review, 3.2.; *de Smith/Woolf/Jowell,* Judicial Review, Rn. III-001.

[879] *Schwarze,* DÖV 1996, 771, 774; *de Smith/Woolf/Jowell,* Judicial Review, Rn. III-001.

[880] [1986] 2 All ER 941.

[881] *R v Lancashire County Council ex parte Huddleston,* [1986] 2 All ER 941, 945.

[882] *R v Lancashire County Council ex parte Huddleston,* [1986] 2 All ER 941, 945; *Toube,* [1997] JR 68, 69.

[883] *Schmidt v. Secretary of State for Home Affairs* [1969] 2 Ch. 149, 173; *Robertshaw,* [1998] 27 A.A.L.R. 29, 56.

[884] *Woolf,* Protection of the Public, S. 93; *Robertshaw,* [1998] 27 A.A.L.R. 29, 55.

[885] *Toube,* [1997] JR 68, 69.

[886] *R v Civil Service Appeal Board ex parte Cunningham* [1991] 4 All ER 310.

Begründung für den Adressaten der Verwaltungsentscheidung bereits im Stadium der Zulassung seines Rechtsmittels von Bedeutung ist, und eine Offenlegung aller Fakten im Prozess dann nicht ausreichend sein kann, wenn es aufgrund einer Ablehnung des Rechtsmittels gar nicht erst zu einem Prozess kommt. Der Adressat der Verwaltungsentscheidung steht im Hinblick auf die Begründung schlechter, wenn sein Rechtsmittel gar nicht erst zugelassen wird.

Im Unterschied zu den bereits dargestellten Ausnahmen zur Begründungspflicht ist nach dieser Rechtsprechung die Perspektive gewissermaßen verschoben, wenn der Schwerpunkt im Verhältnis zwischen der Verwaltung und dem Gericht liegt. Dieser Unterschied könnte der Grund dafür sein, dass sich die Begründungspflicht im Rahmen des *judicial review* nicht parallel mit der Begründung, die für einen *appeal* erforderlich ist, entwickelt hat und vielfach in der Literatur nicht gesondert betrachtet wird.[887] Dient die Begründung nicht in erster Linie dem Schutz des Adressaten der Verwaltungsentscheidung, wie es die Funktionen der Begründung auch im englischen Recht verlangen, so besteht unter Umständen keine gesteigerte Notwendigkeit, diese Ausnahme zu forcieren.

Eine solche Sichtweise begegnet jedoch Bedenken und ist, wie die Entscheidung in *Doody v Secretary of State for the Home Department*[888] zeigt, nicht die einzige mögliche Auslegung durch die Gerichte.

Das *House of Lords* hat in *Doody* die Notwendigkeit einer Begründung für Verwaltungsentscheidungen, bei denen nur die Möglichkeit, aber im Gegensatz zum *appeal* nicht von vornherein das Recht auf eine gerichtliche Überprüfung eingeräumt ist, betont und die Offenlegungspflicht als *zusätzliche* Pflicht der Behörde im Rahmen eines eventuell stattfindenden Verfahrens gesehen.[889] Trotz der im Unterschied zum *appeal* größeren Hürden zur Erlangung gerichtlichen Rechtsschutzes steht der Adressat einer Verwaltungsentscheidung damit letztendlich nicht schlechter, wenn er zunächst die Zulassung des Rechtsmittels beantragen muss.[890]

Eine Begründungspflicht besteht demnach bereits dann, wenn nur die Möglichkeit besteht, dass eine Entscheidung der Verwaltung gerichtlich überprüft werden kann. Diese Auslegung wird den Funktionen der Begründung gerecht und verschiebt nicht den Schwerpunkt zu Lasten der Interessen des Adressaten.

---

[887] Z.B. *JUSTICE-All Souls Report,* Administrative Justice, Some Necessary Reforms, der sich mit der Situation des *Appeals* befasst, zu *judicial review* jedoch keine Stellung nimmt.
[888] [1993] 3 All ER, 92, 111.
[889] *Doody v Secretary of State for the Home Department,* [1993] 3 All ER 92, 111; *Foulkes,* Administrative Law, S. 328 f.
[890] *Foulkes,* Administrative Law, S. 328.

4. Vertrauensschutz (Legitimate Expectations)

Ein weiterer Ausnahmetatbestand, welcher die Offenlegung der Entscheidungsgründe gegenüber dem Adressaten nach sich zieht, ist das Vorliegen eines schutzwürdigen Vertrauens *(legitimate expectations).*[891]

Die Lehre vom Vertrauensschutz wurde von den Gerichten erstmals in *Schmidt v Secretary of State for Home Affairs* anerkannt.[892] Sie hat ihre Wurzeln in den Grundsätzen der *fairness* und der *natural justice* einerseits, und in *estoppel* (unzulässige Rechtsausübung) andererseits.[893] Eine Verletzung des schutzwürdigen Vertrauens bedeutet eine Nichtbeachtung der Grundsätze der *fairness* und kann in der Folge dem Adressaten der Verwaltungsentscheidung einen Klagegrund geben, der zu einer gerichtlichen Überprüfung der Entscheidung führt.[894]

Das Verhalten der Verwaltung kann in unterschiedlichen Situationen zur Entstehung gewisser Erwartungen auf Seiten der Adressaten und zu daraus resultierendem schutzwürdigen Vertrauen führen.[895] Da Grundlage des schutzwürdigen Vertrauens die Grundsätze der *natural justice* sind und diese in engem Zusammenhang mit dem Anhörungsrecht steht, kann sich diese Erwartung zunächst darauf richten, angehört zu werden.[896] Aber auch die Erwartung der Gewährung einer bestimmten Begünstigung oder eines Vorteils, der in der Vergangenheit in vergleichbaren Fällen gewährt worden ist, kann geschützt sein.[897] Des Weiteren kann ein schutzwürdiges Vertrauen in eine bestimmte Vorgehensweise der Behörde entstehen, wenn sie Kriterien zur Behandlung bestimmter Fälle aufgestellt und diese dem Adressaten der Entscheidung im Vorfeld zugänglich gemacht hat.[898] Auch eine Zusicherung der Behörde kann dazu führen, dass ein schutz-

---

[891] *Craig,* [1994] 53 C.L.J. 282, 292.

[892] [1969] 2 Ch. 149, 170; *Forsyth,* [1988] 47 C.L.J. 238, 241; *Elias,* in: *Jowell/Oliver,* New Directions in Judicial Review, S. 37.

[893] *Ganz,* in: *Harlow,* Public Law and Politics, S. 159.

[894] *O'Reilly v Mackman,* [1983] 2 A.C. 237; *Council of Civil Service Unions v Minister for the Civil Service* [1985] A.C. 374, 408; *Ganz,* in: *Harlow,* Public Law and Politics, S. 145.

[895] *Alder,* Constitutional and Administrative Law, S. 378; *Wade/Forsyth,* Administrative Law, S. 498; *Elias,* in: *Jowell/Oliver,* New Directions in Judicial Review, S. 39.

[896] S.o.: Zweiter Teil, B.I; S. 118; *Council of Civil Service Unions v Minister for the Civil Service* [1985] A.C. 374; *Forsyth,* [1988] C.L.J. 238, 245.

[897] *Schmidt v Secretary of State for Home Affairs,* [1969] 2 Ch. 149; *Council of Civil Service Unions v Minister for the Civil Service* [1985] A.C. 374; *Forsyth,* [1988] C.L.J. 238, 245; *Alder,* Constitutional and Administrative Law, S. 378; *Wade/Forsyth,* Administrative Law, S. 498.

[898] *R v Secretary of State for the Home Department, ex parte Asif Mahmood Khan* [1984] 1 W.L.R. 1337; *Forsyth,* [1988] C.L.J. 238, 248; *Craig,* [1992] L.Q.R. 79, 84.

würdiges Vertrauen entsteht.[899] Nach Rechtsprechung und Literatur lassen allein die Umstände des Einzelfalls eine Feststellung zu, welcher Art die Erwartungen und das geschützte Vertrauen sind, denn die Lehre vom schutzwürdigen Vertrauen hat vielfältige Anwendungsbereiche, die im englischen Recht nicht abschließend festgelegt sind.[900] Da das Anhörungsrecht und die *natural justice* auch eng mit der Begründungspflicht der Verwaltung zusammenhängen, ist es nur konsequent, in solchen Fällen eine Begründung der Verwaltungsentscheidung zu verlangen, in denen von der erwarteten Verwaltungspraxis abgewichen werden soll.[901] Eine Abweichung von einer Verwaltungspraxis, welche schützenswertes Vertrauen hervorgerufen hat, bedarf eines überwiegenden öffentlichen Interesses.[902] Für die Beurteilung, ob ein solches Interesse besteht, ist die Begründung der Entscheidung jedoch unabdingbare Voraussetzung.[903]

In *R v Secretary of State for the Home Department, ex parte Asif Mahmood Khan*[904] hatte das Innenministerium dem Antragsteller ein Rundschreiben zukommen lassen, welches die Kriterien für die Einreise eines Verwandten zum Zwecke der Adoption enthielt. Der Antragsteller orientierte sich bei seinen Bemühungen an diesen Kriterien, das Innenministerium jedoch verweigerte dem Neffen des Antragstellers die Einreise mit der Begründung, es seien andere Kriterien herangezogen worden.[905] Das Gericht stellte fest, dass durch die Zusendung des Rundschreibens beim Antragsteller schutzwürdiges Vertrauen entstanden sei, welchem durch ein entsprechendes Verhalten der Verwaltung Rechnung getragen werden müsse.[906]

Die Entstehung schutzwürdigen Vertrauens durch eine Zusicherung der Verwaltung war Gegenstand zweier weiterer Entscheidungen. Zunächst wurde in *Re v*

---

[899] *R v Liverpool Corporation, ex parte Liverpool Taxi Fleet,* [1972] 2 QB 299; *Attorney-General of Hong Kong v Ng Yuen Shiu,* [1983] 2 A.C. 629; *Craig,* [1992] L.Q.R. 79, 83; *ders.,* Administrative Law, S. 419.

[900] *Forsyth,* [1988] C.L.J. 238, 247 u. 250.

[901] *Council of Civil Service Unions v Minister for the Civil Service,* [1985] 1 A.C. 374, 408; *R v Secretary of State for Transport, ex parte Richmond upon Thames London Borough Council (No. 4),* [1996] 4 All ER 903, 913; *Craig,* [1994] C.L.J. 282, 293; *Munro,* [1995] S.L.T. 5, 8; *Toube,* [1997] JR 68, 7; *Le Sueur,* [1999] 52 C.L.P. 150, 158; *Craig,* Administrative Law, S. 420; *Alder,* Constitutional and Administrative Law, S. 398.

[902] *Craig,* [1994] C.L.J. 282, 294.

[903] *R v Secretary of State for Transport, ex parte Richmond upon Thames London Borough Council* [1994] 1 All ER 577, 596; *Craig,* [1994] C.L.J. 282, 294.

[904] [1984] 1 W.L.R. 1337.

[905] *R v Secretary of State for the Home Department, ex parte Asif Mahmood Khan* [1984] 1 W.L.R. 1337.

[906] *R v Secretary of State for the Home Department, ex parte Asif Mahmood Khan* [1984] 1 W.L.R. 1337, 1347.

Liverpool Corporation, ex parte Liverpool Taxi Fleet Operators Association[907] festgestellt, dass die Zusicherung der Verwaltung, die Anzahl der lizenzierten Taxen in Liverpool nicht ohne vorherige Absprache zu erhöhen, ein schutzwürdiges Vertrauen entstehen lasse, welches die ohnehin bestehende Verpflichtung der Verwaltung zu fairem Handeln verstärke.[908] Eine Erweiterung erfuhr dies in *Attorney-General of Hong Kong v Ng Yuen Shiu.*[909] In diesem Fall hatte der Gouverneur von Hong Kong illegalen Einwanderern zugesagt, dass ihnen vor der Abschiebung ein Anhörungsrecht gewährt werde, um auf Grundlage der Aussagen über die Abschiebung zu entscheiden. Diese Zusicherung hatte dazu geführt, dass trotz der Illegalität der Einreise, die Grundsätze der *fairness* und *natural justice* von der Behörde berücksichtigt werden mussten.[910]

5. Zusammenfassung/Fazit

Die vorangegangenen Ausführungen haben gezeigt, dass die immer wieder angeführte Regel, eine Begründungspflicht für Verwaltungsentscheidungen bestehe nicht, in einer ganzen Reihe von Fällen durch Ausnahmen relativiert wird. Die Ausnahmen werden ausgeweitet und durch die Rechtsprechung fortentwickelt.[911] Die Ablehnung einer generellen Begründungspflicht in Rechtsprechung und Lehre ist trotz der ständigen Wiederholung, dass eine solche nicht existiere, nicht mehr so strikt.[912]

Auch der Umfang, in dem die *fairness* die Ausnahmen prägt und teilweise explizit den Grund für eine Ausnahme bildet, ist deutlich geworden. *Fairness* spielt auch bei solchen Entscheidungen eine entscheidende Rolle, welche in erster Linie an die Rechtsschutzinteressen des Adressaten einer Verwaltungsentscheidung anknüpfen.

Die Rechtsprechung zu den Ausnahmen zur Begründung einer Verwaltungsentscheidung ist mithin viel weniger inkonsequent als es auf den ersten Blick erscheint: Neben der *fairness* sind es die Funktionen der Begründung, die in den Ausnahmen konsequent umgesetzt sind. So zielen insbesondere die Ausnahmen hinsichtlich des *appeals* und des *judicial review* auf eine Umsetzung der Rechtsschutzfunktion ab und stärken damit die Position des Adressaten.

---

907 [1972] 2 QB 299.

908 *Re v Liverpool Corporation, ex parte Liverpool Taxi Fleet Operators Association,* [1972] 2 Q.B. 299, 311.

909 [1983] 2 A.C. 629.

910 *Craig,* Administrative Law, S. 420; *Elias,* in: *Jowell/Oliver,* New Directions in Judicial Review, S. 41.

911 *Craig,* [1994] C.L.J. 282, 301.

912 *Morris/Reeves,*[1994] J.P. 641, 645; *Craig,* [1994] C.L.J. 282, 301; *Robertshaw,* [1998] 27 A.A.L.R. 29, 65.

Diese Stärkung der Rechtsposition des Adressaten findet ihren Niederschlag auch darin, dass die Begründung im Rahmen der *fairness* davon abhängig ist, ob wichtige Freiheitsrechte betroffen sind.[913]

Auch lässt sich in der Entwicklung der Ausnahmen zur Begründung von Verwaltungsentscheidungen ein Trend zu größerer Transparenz des Verwaltungshandelns erkennen.[914] Dem Adressaten wird in höherem Maße als bislang üblich das Recht zugestanden, über die Verwaltungsvorgänge informiert zu werden.

III. Inhalt und Umfang der Begründung

Bereits in Zusammenhang mit der Begründungspflicht für Entscheidungen der Tribunale ist auf Inhalt und Umfang der Begründung kurz eingegangen worden.[915] Die dort angesprochene Entscheidung *Re Poyser and Mill's Arbitration* ist auch bei den Begründungspflichten, die sich aus dem *Common Law* ergeben, als Autorität anerkannt.[916] Nach dieser Entscheidung müssen die Gründe für eine Entscheidung *proper* (zutreffend) und *adequate* (angemessen) sein.[917] Sie müssen für den Adressaten nicht nur verständlich sein, sondern die wichtigen Punkte, welche der Entscheidung zugrunde liegen, enthalten.[918]

Diese recht ungenauen Kriterien erfuhren in *Ward v Secretary of State for the Environment*[919] eine gewisse Konkretisierung, indem *Lord Woolf* die Anforderungen an eine Begründung abhängig von den gesamten Umständen des Einzelfalles machte, wobei sowohl die Besonderheiten der Entscheidung, die Anforderungen des Entscheidungsfindungsprozesses als auch die Qualifikation und juristische Vorbildung des entscheidenden Beamten Berücksichtigung finden sollten.[920] Auch wenn diese Ausweitung in *Save Britain's Heritage v Secretary of State for the Environment*[921] kritisiert wird, so ist sie doch heute wesentlicher Bestandteil der Kriterien zu Inhalt und Umfang der Begründung. In *Save Britain's Heritage v Secretary of State for the Environment* kritisierte *Lord Bridge* die Unschärfe eines Abstellens auf die Qualifikationen des Entscheiders. Die mit diesem Kriterium verbundenen unterschiedlichen Maßstäbe für den Inhalt einer

---

[913] S.o. Zweiter Teil, E.II.1; 131.

[914] *Stefan v General Medical Council* [2000] H.R.L.R. 1, 10; *Morris/Reeves,* [1994] J.P. 641, 644.

[915] S.o.: Zweiter Teil, D.II.2; S. 126.

[916] *Foulkes,* Administrative Law, S. 332 f.

[917] *Re Poyser and Mill's Arbitration,* [1964] 2 QB 467.

[918] *Re Poyser and Mill's Arbitration,* [1964] 2 QB 467.

[919] (1989) 59 P & CR 486, 487.

[920] *Ward v Secretary of State for the Environment* (1989) 59 P & CR 486, 487.

[921] [1991] 1 W.L.R. 153.

Begründung werden von ihm abgelehnt.[922] Die Berücksichtigung des die Entscheidung treffenden Organs bei der Bestimmung des Umfangs einer Begründung wurde hingegen auch in *Choudry v Governors of Bishop Challoner Roman Catholic Comprehensive School*[923] vom *House of Lords* bestätigt. Eine von Laien gegebene Begründung bedarf demnach nicht der gleichen Genauigkeit und Ausführlichkeit wie eine von Juristen gegebene Begründung.[924] Die Wichtigkeit der Umstände des Einzelfalls für die Bestimmung von Inhalt und Umfang der Begründung wurde vom *Privy Council* in *Stefan v General Medical Council*[925] bestätigt. Dort erklärte *Lord Clyde*, dass der Inhalt und Umfang der Begründung von den Umständen des Einzelfalls bestimmt wird und die Begründung dem Adressaten die Grundlagen der Entscheidung mitteilen müsse.[926]

Weiteres Kriterium zur Bestimmung von Inhalt und Umfang der Begründung sind Zweck und Funktionen der Begründung.[927] Da die Begründung für den Rechtsschutz des Adressaten wichtig ist, muss sie folglich geeignet sein, ihn hierbei zu unterstützen.[928]

Diese verschiedenen genannten Kriterien bilden jedoch kein festes Gerüst, an dem sich die Verwaltung hinsichtlich des Inhalts und Umfanges der Begründung ähnlich einem Leitfaden orientieren könnte.[929] Zu sehr ist die Begründung von den Umständen des Einzelfalls abhängig, als dass verallgemeinerbare Aussagen getroffen werden könnten, die einen zufrieden stellenden Konkretisierungsgrad aufweisen. Die vorstehenden Ausführungen haben gezeigt, dass sich die Verwaltung an den Funktionen der Begründung orientieren und dabei das Ziel haben sollte, den Bürger umfassend, aber in gebotener Kürze über den Entscheidungsvorgang zu informieren. Durch das Abstellen auf den Zweck der Begründung wird gleichzeitig die Gefahr einer zu knappen Begründung verringert, denn nur eine Begründung, die ein Mindestmaß an Informationen enthält, ist geeignet, ihren Zweck zu erfüllen und den Funktionen der Begründung gerecht zu werden.[930]

---

[922] *Save Britain's Heritage v Secretary of State for the Environment*, [1991] 1 W.L.R. 153, 166.
[923] [1992] 3 All ER 277.
[924] *Choudry v Governors of Bishop Challoner Roman Catholic Comprehensive School*, [1992] 3 All ER 277, 288; *Foulkes* Administrative Law, S. 334.
[925] [2000] H.R.L.R. 1.
[926] [2000] H.R.L.R. 1, 13; *Vernon*, Tribunals, 1999, 15.
[927] *Craig*, [1994] 53 C.L.J. 282, 300; *de Smith/Woolf/Jowell*, Judicial Review, Rn 9-051.
[928] *Craig*, [1994] 53 C.L.J. 282, 300.
[929] *de Smith/Woolf/Jowell*, Judicial Review, Rn 9-049.
[930] *Craig*, [1994] 53 C.L.J. 282, 300.

IV. Die Fehlerhafte Begründung und ihre Folgen

Erfüllt eine Begründung nicht die an sie gestellten Anforderungen, weil sie entweder falsch oder nicht ausreichend ist, so kann dies Konsequenzen für den Bestand der Entscheidung haben. Zum einen stellt sich die Frage, wie sich dieser Fehler auf die Entscheidung direkt auswirkt, zum anderen, ob dieser Fehler wieder geheilt werden kann.

Ausgehend von den Grundlagen der Begründung ist die Beantwortung der Frage nach den Konsequenzen einer nicht den Anforderungen genügenden Begründung recht eindeutig: Eine Verwaltungsentscheidung, welche den Grundsätzen der *natural justice* nicht entspricht, sondern diese verletzt, ist nach englischem Recht nichtig.[931] In diesem Fall wäre auch eine nachträglich gegebene Begründung nicht geeignet, die Fehlerhaftigkeit der Entscheidung zu heilen.[932]

Diese enge Sichtweise ist in der Rechtsprechung und der Literatur nicht einhellig anerkannt worden. Während die Entscheidung in *Alexander Machinery (Dudley) Ltd. v Crabtree*[933] die Nichtigkeit der Verwaltungsentscheidung bestätigt und eine fehlerhafte Begründung als Rechtsfehler bezeichnet,[934] lehnt das *JUSTICE-All Souls Committee* dies ab und behält den Gerichten die Möglichkeit vor, individuell und an den Umständen des Einzelfalls orientiert über die Folgen einer mangelhaften Begründung zu entscheiden.[935]

Eine nachträglich zu gebende Begründung, die geeignet sein könnte, die fehlerhafte Begründung auszugleichen, wird mit dem Argument abgelehnt, sie könne den Zweck der Begründung, den Adressaten über die Hintergründe der Entscheidung zu informieren und damit vor allem die Akzeptanz der Entscheidung zu fördern, nicht mehr erfüllen.[936]

Eine nach *Common Law* erforderliche Begründung, die jedoch fehlerhaft erteilt wird, hat somit weit reichende Konsequenzen für den Bestand der Verwaltungsentscheidung. Dieses Ergebnis entspricht der Rechtslage bei gesetzlichen Begründungspflichten,[937] und es sind keine Gründe ersichtlich, warum die Folgen einer fehlerhaften Begründung, welche aufgrund *Common Law* erfolgt ist, von denen einer gesetzlich geforderten Begründung abweichen sollten.[938] Vielmehr

---

931 *Wade/Forsyth,* Administrative Law, S. 488.

932 *R v Westminster City Council , ex parte Ermakov,* [1996] 2 All ER 302, 316; *Wade/Forsyth,* Administrative Law, S. 519.

933 [1974] I.C.R. 120.

934 *Alexander Machinery (Dudley) Ltd. v Crabtree,* [1974] I.C.R 120, 122.

935 *JUSTICE/All Souls Report,* Administrative Justice, Some Necessary Reforms, S. 38 f.

936 *R v Westminster City Council, ex parte Ermakov,* [1996] 2 All ER, 302, 316.

937 S.o.: Zweiter Teil, D.II.3; S. 127.

938 *Toube,* [1996] JR 88, 90.

zeigt dies erneut die Einheitlichkeit der unterschiedlichen Begründungspflichten.

F. Entwicklung einer generellen Begründungspflicht

Die umfangreiche Literatur zur Begründungspflicht im englischen Verwaltungsrecht weist in einem Umstand eine erstaunliche Parallele auf, die sich schon fast wie ein Muster durchzieht: Es fehlt nie an dem deutlichen Hinweis, dass eine generelle Begründungspflicht für Verwaltungsentscheidungen nicht bestehe. Ähnlich häufig finden sich jedoch Ausführungen, welche die Einführung einer solchen generellen Begründungspflicht befürworten. Der Mangel einer generellen Begründungspflicht ist durchaus im Bewusstsein der englischen Rechtswissenschaft und wird als ein großes Defizit des englischen Verwaltungsrechts erkannt, insbesondere, da England hiermit im europäischen, aber auch im internationalen Vergleich ziemlich allein steht.[939] Die Vorbehalte und die Kritik gegenüber einer generellen Begründungspflicht rücken dabei fast in den Hintergrund, obwohl sie durchaus präsent sind. Die Gegner scheinen jedoch trotzdem in gewisser Weise die Oberhand zu behalten, anders lässt sich nicht erklären, warum trotz der Befürwortung und Zustimmung auf breiter Front eine Begründungspflicht nicht existiert.

Immer wieder gaben Entscheidungen der Gerichte Anlass zur Hoffnung, eine generelle Begründungspflicht könne sich in der Folge einer Entscheidung ergeben. Die erste Entscheidung dieser Art war wohl in den sechziger Jahren *Padfield*, die diese Hoffnungen aber ebenso wenig erfüllen konnte wie dreißig Jahre später *Doody* oder *Cunningham.*[940]

I. Notwendigkeit einer Begründungspflicht?

Die Befürworter einer generellen Begründungspflicht stützen ihre Argumentation auf die Funktionen der Begründung und ihren Nutzen für die Rechtsposition des Bürgers.[941] Die Auswirkungen einer Begründungspflicht für den Rechtsschutz des Adressaten, für die Akzeptanz der Entscheidung und für die Sorgfalt des Verwaltungshandelns sind für sich genommen bereits gute Gründe für die

[939] *Le Sueur,* [1999] P.L. 419, 421; *Longley/James,* Administrative Justice, S. 209; *Craig,* Administrative Law, S. 436.

[940] S.o.: Zweiter Teil, E.I; S. 129; *Gordon/Barlow,* [1993] N.L.J. 1005, 1006; *Campbell,* [1994] P.L. 184, 187.

[941] S.o.: Zweiter Teil, C; S. 121; *Richardson,* [1986] P.L. 437, 445; *Craig,* [1994] (53) 282, 283; *Robertshaw,* [1998] 27 A.A.L.R. 29, 33; *de Smith/Woolf/Jowell,* Judicial Review, Rn. 9-042; *Craig,* Administrative Law, S. 436; *Longley/James,* Administrative Justice, S. 209.

Notwendigkeit einer Begründung.[942] Dennoch dürfen die Bedenken gegen eine generelle Begründungspflicht der Verwaltung nicht unbeachtet bleiben.

Ein viel zitiertes Argument gegen eine Begründungspflicht ist die befürchtete Überlastung der Verwaltung.[943] Durch die Verpflichtung der Behörde, ihren Entscheidungsvorgang transparent zu gestalten und den Bürger darüber zu informieren, entstehe erhebliche Mehrarbeit, die zu Lasten der übrigen Verwaltungsarbeit gehe.[944]

Gegen dieses Argument sprechen zunächst wohl die Erfahrungen in Deutschland und anderen europäischen Rechtsordnungen.[945] Aber auch im angelsächsischen Rechtskreis gibt es Erfahrungen, welche dieses Argument entkräften. Ein gutes Beispiel hierfür ist das australische Recht, welches eine generelle gesetzliche Begründungspflicht für Verwaltungsentscheidungen kennt.[946] Das hat in Australien allerdings keinesfalls zu einer Lähmung und Überforderung der Verwaltung geführt, sondern vielmehr die Qualität der Verwaltungsentscheidungen gesteigert, die Akzeptanz der Entscheidungen gefördert und in der Konsequenz die Anzahl der Beschwerden beim Ombudsmann verringert.[947]

Die unterschiedliche Komplexität der Verwaltungsentscheidungen und damit verbunden die unterschiedlich hohe Arbeitsbelastung der verschiedenen Behörden könnte zum Anlass genommen werden, die Begründungspflicht nicht generell auf sämtliche Entscheidungen der Verwaltung auszudehnen. Bei besonderer Komplexität können zwar die zugrunde liegenden Kriterien der Entscheidung bekannt, ihre Anwendung auf die vorliegenden Fakten jedoch derart kompliziert sein, dass eine Darlegung der Entscheidungsgründe schwieriger ist als eine Darstellung der zugrunde liegenden Fakten.[948]

Diesem Problem kann aber auch bei einer generellen Begründungspflicht damit begegnet werden, dass die Bedeutung der Umstände des Einzelfalls nach wie vor Ausnahmeregelungen zulässt. Die Verschiedenartigkeit der Verwaltungsentscheidungen ist nicht von vornherein ein Ausschlussgrund für eine generelle Begründungspflicht.

---

942 *Richardson* [1986] P.L. 437, 445, 449.

943 *JUSTICE-All Souls Report,* Administrative Justice, Some Necessary Reforms, S. 70; *Neill,* in: *Forsyth/Hare,* The Golden Metwand and the Crooked Cord, S. 161, 163.

944 *Harlow/Rawlings,* Law and Administration. S. 523; *JUSTICE-All Souls Report,* Administrative Justice, Some Necessary Reforms S. 70; s. auch *Flick,* [1978] P.L. 16, 19.

945 *Le Sueur,* [1999] P.L. 419, 422; *Craig,* Administrative Law, S. 436.

946 *JUSTICE-All Souls Report,* Administrative Justice, Some Necessary Reforms, S. 58f.

947 *Neill,* in: *Forsyth/Hare,* The Golden Metwand and the Crooked Cord, S. 161, 163; *Craig,* Administrative Law, S. 436.

948 *Flick,* [1978] P.L. 16, 20.

Die Diskussion um die Notwendigkeit einer generellen Begründungspflicht hat zwei auffällige Merkmale: Zum einen stechen die unterschiedlichen Blickwinkel von Befürwortern und Kritikern ins Auge. Während die Kritiker der generellen Begründungspflicht ausschließlich aus der Perspektive der Verwaltung und ihrer potentiell steigenden Arbeitsbelastung argumentieren, stehen vor allem in der Rechtsprechung, aber auch in der befürwortenden Literatur der Adressat und seine Schutzwürdigkeit im Vordergrund.[949] Auffällig ist daneben die Art und Weise der Diskussion. Es gestaltet sich schwierig, die Gegner einer generellen Begründungspflicht zu identifizieren, oder gar namentlich zu nennen. Die Diskussion hat den Anschein eines virtuellen Falles, was sich darin äußert, dass die Argumente gegen eine generelle Begründungspflicht nicht in eigenen Aufsätzen oder Gerichtsentscheidungen entwickelt und ausgeführt werden, sondern häufig *en passant* von den Befürwortern einer Begründungspflicht erwähnt und dann auch nur vereinzelt mit Quellen belegt werden. So greift z.B. *Flick,*[950] ein Befürworter der generellen Begründungspflicht, bei der Darstellung der Argumente gegen eine Begründungspflicht auf Gerichtsentscheidungen aus dem 19. Jahrhundert zurück, *de Smith* widmet den Argumenten gegen eine Begründungspflicht zwar einen eigenen Absatz, relativiert diesen aber umgehend und räumt den Argumenten *für* eine generelle Begründungspflicht ein höheres Gewicht ein.[951] Dadurch entsteht der Eindruck, dass die Notwendigkeit einer generellen Begründungspflicht allgemein anerkannt und nicht mehr substantiell in Frage gestellt wird.

II. Zulässigkeit einer generellen Begründungspflicht

Über die Notwendigkeit einer generellen Begründungspflicht besteht nach dem oben gesagten wohl kaum noch Zweifel. Durch den engen Zusammenhang zwischen dem Verwaltungsrecht und dem Verfassungsrecht ist jedoch eine Anbindung an verfassungsrechtliche Grundsätze für die Zulässigkeit einer solchen Verpflichtung der Verwaltung unerlässlich.[952] Hierfür stehen mit den Grundsätzen der *natural justice* und der *fairness* zwei Grundsätze des englischen Rechts zur Verfügung.[953] In ihnen sind die einer Begründungspflicht zugrunde liegenden Gedanken der Stärkung der Rechte des Einzelnen und einer größeren Transparenz der Verwaltung bereits angelegt, wie die wichtigsten Gerichtsentschei-

[949] *Robertshaw,* [1998] 27 A.A.L.R. 29, 34.
[950] [1978] P.L. 16, 20.
[951] *de Smith/Woolf/Jowell,* Judicial Review, Rn. 9-045.
[952] *Jowell/McAuslan,* The Judge and the Law, S. 209.
[953] S.o.: Zweiter Teil, B; S. 117.

dungen zur Begründungspflicht immer wieder belegen.[954] Eine generelle Begründungspflicht hätte somit eine tragfähige dogmatische Verortung im englischen Rechtssystem und wäre im Hinblick auf verfassungsrechtliche Grundsätze zulässig.

III. Legislative oder Judikative – wer sollte eine Begründungspflicht entwickeln?

Eine Verpflichtung der Verwaltung, ihre Entscheidungen zu begründen, bedarf einer Ermächtigung.[955] In einer *Common Law* Rechtsordnung gibt es zwei Möglichkeiten, einer solchen Verpflichtung zu einer Ermächtigung zu verhelfen. Zum einen kann die Rechtsprechung in die Pflicht genommen werden, das Fundament für eine solche Ermächtigung zu legen, zum anderen kann dem Gesetzgeber die Aufgabe zukommen, eine Ermächtigungsgrundlage zu schaffen.

Den Gerichten hat sich in der Vergangenheit mehr als einmal die Gelegenheit geboten, durch eine klarstellende Entscheidung eine generelle Begründungspflicht zu etablieren. Die Entscheidungen *Doody* und auch *Cunningham* waren geeignet, Ausgangspunkt einer befürwortenden Rechtsprechung zur generellen Begründungspflicht zu werden.[956] Die Gerichte waren jedoch sehr zurückhaltend mit Aussagen hinsichtlich einer generellen Begründungspflicht und müssen sich nun Mutlosigkeit vorwerfen lassen.[957] In *R v London Borough of Lambeth, ex parte Walter*[958] hat *Sir Louis Blom-Cooper* zwar festgestellt, dass eine Begründungspflicht bestehe, diese aber auf solche Fälle begrenzt, in denen eine Verpflichtung der Verwaltung zu einer fairen Behandlung des Bürgers bereits aufgrund der gesetzlichen Rahmenbedingungen bestehe.[959] Vor der Einforderung oder gar Entwicklung einer umfassenden generellen Begründungspflicht durch eine konstante Entscheidungspraxis scheinen sich die Gerichte zu scheuen.

Damit wird es die Aufgabe des Parlamentes sein, eine umfassende generelle Begründungspflicht gesetzlich zu regeln, was jedoch nicht auf der Agenda der bald

---

[954] *R v Civil Service Appeal Board ex parte Cunningham* des *Court of Appeal,* [1991] 4 All ER 310; *R v Secretary of State for the Home Department, ex p Doody,* [1993] 3 All ER 92; vgl. auch oben Zweiter Teil, E.II.1; S. 131; *Riedel,* Kontrolle der Verwaltung, S. 106 ff; *Schwarze,* DÖV 1996, 771, 772; *Longley/James,* Administrative Justice, S. 215; *Harris,* Introduction to Law, S. 432.

[955] *Alder,* Constitutional and Administrative Law, S. 396.

[956] *R v Civil Service Appeal Board ex parte Cunningham* des *Court of Appeal,* [1991] 4 All ER 310; *R v Secretary of State for the Home Department, ex p Doody,* [1993] 3 All ER 92; *Campbell,* [1994] P.L. 184, 187.

[957] *Morris/Reeves,* [1994] JP 641, 645.

[958] (1994) 26 HLR 170.

[959] *R v London Borough of Lambeth ex parte Walter,* (1994) 26 HLR 170, 178.

zu erwartenden rechtspolitischen Projekte steht.[960] Bis das Parlament seiner Aufgabe, eine Begründungspflicht anzuordnen, nachkommt, liegt es also weiterhin in der Verantwortung der Gerichte, dafür zu sorgen, dass die Verwaltung die Grundsätze ordentlicher Verwaltung *(good administration)* beachtet.[961] Dies ist schließlich einer der Zwecke des gerichtlichen Rechtsschutzes. Auf diese Weise könnte es schließlich doch noch zu einer sehr pragmatischen, englischen Lösung des Problems kommen, indem nämlich die Gerichte zwar den großen systematischen Schritt nicht wagen, aber durch immer weitere Ausnahmetatbestände die Regel vom Fehlen einer generellen Begründungspflicht letztlich soweit aushöhlen, dass der Grundsatz in der Praxis nicht mehr existiert, ohne je explizit aufgehoben worden zu sein.[962]

---

960 *Akehurst,* [1970] 33 M.L.R. 154, 168; *JUSTICE-AllSouls Report,* Administrative Justice, Some Necessary Reforms, S. 71 f.; *Craig,* [1994] 53 C.L.J. 282, 301 f.; *Morris/Reeves,* [1994] JP 641, 645; *Longley/James,* Administrative Justice, S. 214.
961 *Bradley,* [1994] S.J. 88.
962 S.o.: Zweiter Teil, E.I; S. 129.

Dritter Teil
Die Europäisierung der Begründungspflicht im deutschen und englischen Verwaltungsrecht

A. Einführung

Im Verhältnis zwischen dem Europarecht und dem nationalen Recht der Mitgliedstaaten ist das Verwaltungsrecht der Mitgliedstaaten das am stärksten durch das Europarecht geprägte Rechtsgebiet.[963] Die tägliche Arbeit der Verwaltung ist geprägt von einer Vielzahl von Veknüpfungen des nationalen Rechts mit dem Gemeinschaftsrecht, welche die Rechtsanwendung beeinflussen. Aus diesem Grund ist das Verwaltungsrecht in besonderem Maße gemeinschaftsrechtlichen Einflüssen ausgesetzt, deren genauere Betrachtung sehr aufschlussreich sein kann.

B. Mitgliedstaatliches Recht und Europarecht

I. Der Anwendungsvorrang des Gemeinschaftsrechts

Das unmittelbare Verhältnis zwischen dem Gemeinschaftsrecht und den Rechtsordnungen der Mitgliedstaaten wird aus der Sicht des Gemeinschaftsrechts von einem Vorrang desselben bestimmt, den der *Europäische Gerichtshof* seit den sechziger Jahren in ständiger Rechtsprechung angenommen hat.[964] Das einer autonomen Rechtsquelle entspringende Gemeinschaftsrecht stellt eine eigenständige Rechtsordnung dar, welche anders als bei klassischen völkerrechtlichen Verträgen mit Inkrafttreten der Verträge in die Rechtsordnungen der Mitgliedstaaten aufgenommen wurde und daher von den nationalen Gerichten angewendet werden muss.[965] Um eine einheitliche Rechtsanwendung in allen Mitgliedstaaten zu erreichen, steht das Gemeinschaftsrecht im Rang über jeglichem nationalen Recht, und damit auch über nationalem Verfassungsrecht.[966] Da es sich bei diesem Vorrang des Gemeinschaftsrechts um einen Anwendungsvorrang

---

963 *Schoch,* NordÖR 2002, 1.

964 *EuGH* Rs. 6/64, Slg. 1964, 1251, 1269 – Costa/E.N.E.L.; *EuGH* Rs. 98/83, Slg. 1984, 3763 – van Gend & Loos; *EuGH* Rs. 11/70, Slg. 1970, 1125, 1135 – Internationale Handelsgesellschaft; *EuGH* Rs. 106/77, Slg. 1978, 629, 644 – Simmenthal.

965 *EuGH* Rs. 6/64, Slg. 1964, S. 1251, 1269 – Costa/E.N.E.L.; *Zuleeg,* KSE 9, S. 16; *Ipsen,* Gemeinschaftsrecht, S. 289; *Ehlers,* DVBl. 1991, 605, 608; *Isensee,* FS Klaus Stern, S. 1239, 1242, 1244; *Bieber/Epiney/Haag,* Europäische Union, § 6 Rn. 59; *Streinz,* Europarecht, Rn. 175; *Geiger,* EGV/EUV, Art. 10 EGV Rn. 18, 29; *Jarass/Beljin,* NVwZ 2004, 1.

966 *EuGH* Rs. 11/70, Slg. 1970, S. 1125 – Internationale Handelsgesellschaft; *Isensee,* FS Klaus Stern, S. 1242; *Jarass/Beljin,* NVwZ 2004, 1, 2.

handelt, wird im Kollisionsfall eine gemeinschaftsrechtswidrige Norm des mitgliedstaatlichen Rechts zwar suspendiert, jedoch nicht unwirksam und kann damit außerhalb des Gemeinschaftsrechts weiterhin zur Anwendung kommen.[967] [968]

II. Vollzugsarten

Vorrangige Regelungen des Gemeinschaftsrechts betreffen nicht nur inhaltlich zu einem großen Teil Sachgebiete des nationalen Verwaltungsrechts; ein wichtiger Aspekt im Zusammenspiel zwischen den Mitgliedstaaten und der Europäischen Union ist der Vollzug des europäischen Rechts in den Mitgliedstaaten, welcher naturgemäß eine Aufgabe der Verwaltung darstellt.[969] Hierbei ist zu unterscheiden zwischen einem direkten Vollzug durch die Organe der Europäischen Gemeinschaft und dem indirekten Vollzug durch die Mitgliedstaaten.[970] Während der direkte Vollzug die gemeinschaftsinternen und gemeinschaftsexternen Angelegenheiten der Gemeinschaft betrifft, ist Gegenstand des indirekten Vollzuges die Ausführung des Gemeinschaftsrechts durch die Mitgliedstaaten.[971]

Der den Regelfall darstellende indirekte Vollzug des Gemeinschaftsrechts durch die Mitgliedstaaten wird noch einmal unterschieden in unmittelbaren und mittelbaren Vollzug.[972] Der unmittelbare Vollzug betrifft die Ausführung unmittelbar geltender Regelungen der Gemeinschaftsorgane durch die Verwaltung der Mitgliedstaaten, während der mittelbare Vollzug die Ausführung jener mitgliedstaatlichen Regeln beschreibt, die in Umsetzung des Gemeinschaftsrechts ergangen sind.[973] Der mitgliedstaatliche Vollzug des Gemeinschaftsrechts orientiert sich an den Gegebenheiten des Mitgliedstaates und wird in die vorhandene

---

[967] *EuGH* Slg. 1998, I-6307 Rz. 19; *BVerfGE* 22, 293, 295; 31, 145, 174; 73, 339, 374; *Isensee*, FS Klaus Stern, S. 1242; *Beljin*, EuR 2002, 351, 353; *Streinz*, Europarecht, Rn. 200.

[968] Der Anwendungsvorrang als Richtschnur zur Bestimmung des Verhältnisses zwischen dem Gemeinschaftsrecht und den Rechtsordnungen der Mitgliedstaaten sagt noch nichts darüber aus, ob das Verhältnis der Rechtsordnungen von einer Normenhierarchie geprägt ist oder der Vorrang des Gemeinschaftsrechts von einer weiteren Ermächtigungsnorm abhängig ist. Vergleiche hierzu *Kadelbach*, Allgemeines Verwaltungsrecht unter Europäischem Einfluss, S. 185 ff. mit umfassenden Nachweisen zur Literatur.

[969] *Classen*, in: *Kreuzer/Scheuing/Sieber*, Die Europäisierung der mitgliedstaatlichen Rechtsordnungen in der Europäischen Union, S. 107, 108; *Oppermann*, Europarecht, Rn. 640.

[970] *Schwarze*, Europäisches Verwaltungsrechts, Band I, S. 25; *Kadelbach*, Allgemeines Verwaltungsrecht unter europäischem Einfluss, S. 18; *Jarass/Beljin*, NVwZ 2004, 1, 9.

[971] *Rengeling*, KSE 27, S. 9; *Schwarze*, Europäisches Verwaltungsrecht, Band I, S. 33 f.; *Bieber/Epiney/Haag*, Europäische Union, § 8 Rn. 4.

[972] *Pernice/Kadelbach*, DVBl. 1996, 1100, 1102; *Streinz*, Europarecht, Rn. 467.

[973] *Kadelbach*, Allgemeines Verwaltungsrecht unter europäischem Einfluss, S. 19.

Verwaltungsorganisation integriert.[974] Durch Art. 10 EGV sind die Mitgliedstaaten verpflichtet, sich vertragsgemäß zu verhalten und die Europäische Gemeinschaft bei der Erfüllung ihrer Aufgaben zu unterstützen. Sie sind verpflichtet, bei der Umsetzung und dem Vollzug des Gemeinschaftsrechts die Vorgaben des Gemeinschaftsrechts zu beachten, ihre Wirksamkeit nicht zu beeinträchtigen und das nationale Recht in Übereinstimmung mit dem Gemeinschaftsrecht auszulegen.[975] Um einen einheitlichen und gleichwertigen Vollzug des Gemeinschaftsrechts in den Mitgliedstaaten zu erreichen, müssen die Mitgliedstaaten die Grundsätze der Gleichwertigkeit sowie der Effektivität beachten.[976] Gleichwertigkeit bedeutet, dass nationale Regelungen zur Umsetzung von Gemeinschaftsrecht nicht ungünstiger ausgestaltet sein dürfen als eine Regelung für rein innerstaatliche Sachverhalte; der Grundsatz der Effektivität verlangt, dass nationales Recht die Anwendung des Gemeinschaftsrechts nicht unmöglich macht oder erschwert.[977]

Diese allgemeinen und für alle Mitgliedstaaten geltende Grundsätze zur Bestimmung des Verhältnisses von Gemeinschaftsrecht und nationalem Recht finden in den verschiedenen Rechtsordnungen dadurch eine individuelle Ausprägung, dass die Mitgliedstaaten Organisation und Verfahren des Vollzuges selber bestimmen und in der Regel bereits bestehenden Strukturen und Verfahren unterwerfen.[978] Andererseits gilt: In gleichem Maße wie sich das Gemeinschaftsrecht den Anforderungen der mitgliedstaatlichen Rechtsordnungen unterwirft, sind die nationalen Rechtsordnungen gezwungen, auf die Anforderungen des Gemeinschaftsrechts, und hier besonders die Vorgaben des Art. 10 EGV, zu reagieren und neue Strukturen zu schaffen, die eine effektive Einbeziehung des Gemeinschaftsrechts ermöglichen.

Der Anwendungsvorrang des Gemeinschaftsrechts verlangt unter Umständen eine Neuorientierung ihrer verfassungsrechtlich gefestigten Prinzipien, um auf die Bedürfnisse des Gemeinschaftsrechts reagieren und seine Grundsätze effektiv umsetzen zu können. Auf diese Weise wird der konkrete Vollzug des Gemeinschaftsrechts das Einfallstor für eine Europäisierung der nationalen Rechtsordnungen.

Unterschiedliche Verfassungstraditionen begegnen der erforderlichen Neuorientierung aus verschiedenen Ausgangspositionen und mit unterschiedlichen Mitteln und Problemstellungen. Sie sind unterschiedlich offen für eine Europäisie-

---

[974] *Streinz,* Europarecht, Rn. 470.

[975] *EuGH,* Slg. 1996, I-389 Rn. 52; *Geiger,* EUV/EGV, Art. 10 EGV Rn. 4.

[976] *Bieber/Epiney/Haag,* Europäische Union, § 8 Rn. 16; *Jarass/Beljin,* NVwZ 2004, 1, 10.

[977] *EuGH* Rs. C-24/95, Slg. 1997, I-1591, Rn. 24 –Alcan II; Rs. C-366/95, Slg. 1998, I-2661 Rn. 15 – Landbrugsministeriet – EF-Direktoratet/Steff-Houlberg Export I/S u.a.

[978] *EuGH,* Rs. 39/70, Slg. 1971, 49, 58.

rung ihres nationalen Verwaltungsrechts und prägen die jeweils individuellen Wege, die Grundsätze des Gemeinschaftsrechts zu adaptieren.

III. Das Verhältnis zwischen dem deutschen Recht und dem Europarecht

Das Verhältnis zwischen dem deutschen Recht und dem Europarecht ist maßgeblich durch das Grundgesetz und die Rechtsprechung des *BVerfG* geprägt.

Allgemeine Rechtsgrundlage und verfassungsrechtlicher Anknüpfungspunkt der Beziehungen und des Verhältnisses der Bundesrepublik Deutschland zur Europäischen Union ist heute der 1992 eingefügte Art. 23 GG. Vor Inkrafttreten des Vertrages von Maastricht wurde das Verhältnis der Bundesrepublik Deutschland zu den Europäischen Gemeinschaften zunächst auf Art. 24 I GG gestützt, der es dem Bund erlaubt, durch Gesetz Hoheitsrechte auf zwischenstaatliche Einrichtungen zu übertragen.[979] Die fortschreitende Entwicklung der europäischen Integration machte 1992 eine Neustrukturierung der Beziehungen erforderlich, und Art. 23 GG wurde die neue Rechtsgrundlage für die europäische Integration.[980] Neben der Übertragung der Hoheitsrechte auf die Europäische Union regelt Art. 23 GG die Beteiligungsrechte von Bundestag und Bundesrat.[981] Einschränkend dürfen Hoheitsrechte nach Art. 23 I 1 und 2 GG nur auf eine Europäische Union übertragen werden, die einen Grundrechtsschutz gewährleistet, der dem des Grundgesetzes im Wesentlichen vergleichbar ist.[982] Dieser Absatz des Art. 23 GG geht unmittelbar auf die Rechtsprechung des *BVerfG* zurück, die sich der Frage nach dem Schutz der deutschen Grundrechte in denjenigen Fällen, in denen die Ausübung von ursprünglich deutscher Staatsgewalt aufgrund der Übertragung von Hoheitsbefugnissen nach Art. 23 GG durch die Organe der Europäischen Union erfolgt, widmete.[983] Dieser Rechtsprechung zugrunde liegt ein Konflikt, der sich aus der Bindung von Staatsgewalt an die grundrechtlichen Gewährleistungen ergibt. Das Grundgesetz kann nur deutsche Staatsgewalt binden, da die Grundrechte nicht nach Art. 23 GG oder 24 GG mit den Hoheitsbefugnissen „übertragen" worden sind.[984] Aus diesem Grund bestand die Befürch-

---

[979] *Streinz,* in: *Sachs,* GG, Art. 23 GG Rn. 3; *Schweitzer,* Staatsrecht III, Rn. 54 ff; *Büdenbender,* Das Verhältnis des Europäischen Gerichtshofs zum Bundesverfassungsgericht, S. 15.

[980] Eingefügt mit Gesetz vom 21. Dezember 1992, BGBl. 1992 I, S. 2086; *Scholz,* NVwZ 1993, 817, 820; *Streinz,* in: *Sachs,* GG Art. 24 Rn. 5; *Schweitzer,* Staatsrecht III, Rn. 59.

[981] *Scholz,* NVwZ 1993, 817, 821.

[982] *Kischel,* Der Staat 2000 (39), 523, 527.

[983] *BT-Drs.* 12/6000, S. 21; *Tomuschat,* in: *Isensee/Kirchhof,* HStR, Bd. VII, § 172, Rn. 43; *Pernice,* in: *Dreier,* GG, Art. 23 Rn. 75; *Kischel,* Der Staat, 2000 (39), 523, 525; *Lecheler,* JuS 2001, 120, 121.

[984] *Isensee,* FS Stern, 1239, 1246.

tung, der hohe Standard der grundrechtlichen Sicherungen würde im Zusammenhang mit dem Gemeinschaftsrecht nicht aufrechterhalten werden können.[985]

Die wichtigsten Entscheidungen des *BVerfG* in diesem Zusammenhang waren *Solange I,*[986] *Solange II*[987] und das *Maastricht*-Urteil[988] in denen das Bundesverfassungsrecht schrittweise das Niveau eines gemeinschaftsrechtlichen Grundrechtsschutzes anerkannte und einen ausreichenden Schutz durch die Rechtsprechung des *EuGH* letztendlich als gewährleistet ansah.

Noch 1974 ging das *BVerfG* in seinem *Solange I*-Beschluss davon aus, dass der gemeinschaftsrechtliche Grundrechtsschutz hinter jenem des Grundgesetzes zurückbleibe:

> Solange der Integrationsprozess der Gemeinschaft nicht so weit fortgeschritten ist, dass das Gemeinschaftsrecht auch einen von einem Parlament beschlossenen und in Geltung stehenden formulierten Katalog von Grundrechten enthält, der dem Grundrechtskatalog des Grundgesetzes adäquat ist, ist nach Einholung der in Art. 177 EWGV geforderten Entscheidung des Europäischen Gerichtshofes die Vorlage eines Gerichts der Bundesrepublik Deutschland an das Bundesverfassungsgericht im Normenkontrollverfahren zulässig und geboten, wenn das Gericht die für es entscheidungserhebliche Vorschrift des Gemeinschaftsrechts in der vom Europäischen Gerichtshof gegebenen Auslegung für unanwendbar hält, weil und soweit sie mit einem der Grundrechte des Grundgesetzes kollidiert.[989]

Diese Einschätzung des Entwicklungsstandes des gemeinschaftsrechtlichen Grundrechtsschutzes durch das *BVerfG* wurde stark kritisiert.[990] Das *BVerfG* hatte die bereits bestehende Rechtsprechung des *EuGH* zu den Grundrechten nicht berücksichtigt, die im Zeitpunkt der *Solange I*-Entscheidung in mehreren Entscheidungen ihren Ausdruck gefunden hatte.[991]

Einen Schritt in Richtung eines größeren Vertrauens in den Grundrechtsschutz im Gemeinschaftsrecht bildete der *Solange II*-Beschluss aus dem Jahr 1986.[992] In dieser Entscheidung erkannte das *BVerfG* an, dass der Europäische Gerichtshof einen ausreichenden Grundrechtsschutz zu gewährleisten in der Lage ist.[993]

---

985 *Lecheler,* JuS 2001, 120, 121.
986 *BVerfGE* 37, 271.
987 *BVerfGE* 73, 339.
988 *BVerfGE* 89, 155.
989 *BVerfGE* 37, 271, 1. Leitsatz.
990 *Tomuschat,* in: *Isensee/Kirchhof,* HStR, Bd. VII, § 172, Rn. 43; *Schweitzer,* Staatsrecht III, Rn. 76.
991 Vgl. *EuGH* Rs. 29/69, Slg. 1969, 419 – Stauder/Stadt Ulm; Rs. 4/73, Slg. 1974, S. 491 – Nold/Kommission; *Streinz,* Grundrechtsschutz und Gemeinschaftsrecht, S. 49.
992 *BVerfGE* 73, 339.
993 *BVerfGE* 73, 339, 378; *Nicolaysen/Nowak,* NJW 2001, 1233.

Hinsichtlich seiner eigenen Kontrolle nahm sich das *BVerfG* insofern zurück, als es ausführte:

> Solange die Europäischen Gemeinschaften, insbesondere die Rechtsprechung des Gerichtshofs der Gemeinschaften einen wirksamen Schutz der Grundrechte gegenüber der Hoheitsgewalt der Gemeinschaften generell gewährleisten, der dem vom Grundgesetz als unabdingbar gebotenen Grundrechtsschutz im wesentlichen gleichzuachten ist, zumal den Wesensgehalt der Grundrechte generell verbürgt, wird das Bundesverfassungsgericht seine Gerichtsbarkeit über die Anwendbarkeit von abgeleitetem Gemeinschaftsrecht, das als Rechtsgrundlage für ein Verhalten deutscher Gerichte und Behörden im Hoheitsbereich der Bundesrepublik Deutschland in Anspruch genommen wird, nicht mehr ausüben und dieses Recht mithin nicht mehr am Maßstab der Grundrechte des Grundgesetzes überprüfen; entsprechende Vorlagen nach Art. 100 GG sind somit unzulässig.[994]

Die auf *Solange II* folgende *Maastricht*-Entscheidung[995] bedeutete in einigen Punkten einen Rückschritt gegenüber der *Solange*-Rechtsprechung des *BVerfG*,[996] hinsichtlich des Grundrechtsschutzes durch die Europäische Union blieb der materielle Maßstab des *BVerfG* hingegen gleich[997]:

> Das Bundesverfassungsgericht gewährleistet durch seine Zuständigkeit (vgl. BVerfGE 37, 271, 280; 73, 339, 376), dass ein wirksamer Schutz der Grundrechte für die Einwohner Deutschlands auch gegenüber der Hoheitsgewalt der Gemeinschaften generell sichergestellt und dieser dem vom Grundgesetz als unabdingbar gebotenen Grundrechtsschutz im wesentlichen gleich zu achten ist, zumal den Wesensgehalt der Grundrechte generell verbürgt. Das Bundesverfassungsgericht sichert so diesen Wesensgehalt auch gegenüber der Hoheitsgewalt der Gemeinschaft (vgl. BVerfGE 73, 339, 386).[998]

Das *BVerfG* bezog sich somit unmittelbar auf seine *Solange*-Rechtsprechung und bestätigte die dort entwickelten Maßstäbe zum Schutz der Grundrechte im Gemeinschaftsrecht.

Vorläufiger Schlusspunkt der Rechtsprechung des *BVerfG* ist der *Bananenmarktordnungs-Beschluss*.[999] Dem *BVerfG* war vom *VG Frankfurt* die Frage der Vereinbarkeit einer Verordnung der EU mit den Grundrechten vorgelegt worden, nachdem der *EuGH* festgestellt hatte, dass diese Verordnung mit den europäi-

---

[994] *BVerfGE* 73, 339, 2. Leitsatz.
[995] *BVerfGE* 89, 155.
[996] Zur zahlreichen Kritik am *Maastricht*-Urteil vgl. die Nachweise bei *Kischel,* Der Staat 2000 (39) 523, 525, Fn. 9; *Hirsch,* NJW 1996, 2457, 2459.
[997] *Kischel,* Der Staat 2000 (39), 523, 524; *Scholz,* in: *Maunz/Dürig,* GG, Art. 23. Rn. 23;
[998] *BVerfGE* 89, 155, 174.
[999] *BVerfGE* 102, 147.

schen Grundrechten vereinbar sei.[1000] Das *BVerfG* erklärte die Vorlage für unzulässig, da das Gericht nicht ausreichend dargelegt hätte, dass der vom *EuGH* gewährleistete Grundrechtsschutz nicht adäquat sei.[1001] Mit ausdrücklichem Bezug auf die eigene Rechtsprechung in *Solange-II* und vor allem dem *Maastricht*-Urteil stellte das *BVerfG* klar, dass im Verhältnis zur Rechtsprechung des *EuGH* auch weiterhin der in der *Solange II*-Entscheidung aufgestellte Maßstab Gültigkeit habe, und das *BVerfG* seine Prüfungsbefugnis nur unter den dort aufgestellten Voraussetzungen ausübe.[1002] Diese Bekräftigung der eingeschränkten Prüfungsbefugnis des *BVerfG* stellt im Zusammenspiel mit den erhöhten Anforderungen an die Zulässigkeit einer Richtervorlage die Position des *BVerfG* nach den Missverständnissen im Zusammenhang mit dem *Maastricht*-Urteil klar.[1003]

Die grundrechtlichen Gewährleistungen des Grundgesetzes sind nicht zuletzt durch die jahrzehntelange Rechtsprechung des *BVerfG* ein in vielen Einzelheiten ausbalanciertes System von Verpflichtungen des Staates gegenüber dem Bürger. Der Schutz der Rechte des Einzelnen hat einen sehr hohen Stellenwert, den aufzugeben kaum vorstellbar ist. Umso verständlicher, dass sich Konflikte im Nebeneinander der Rechtsordnungen des Gemeinschaftsrechts und des Rechts der Bundesrepublik Deutschland an diesem Punkt entzünden. Für den Vollzug von Gemeinschaftsrecht bedeutet dies aber auch, dass er im Lichte der Grundrechte erfolgt und von den Grundrechten ebenso geprägt wird wie der rein innerstaatliche Vollzug.

Diese Frage und die daraus resultierenden Konflikte sind ebenso wie die Herangehensweise zur Auflösung des Konflikts prägend für das Verhältnis des deutschen Rechts zum Gemeinschaftsrecht.

IV. Das Verhältnis zwischen dem englischen Recht und dem Europarecht

Das Verhältnis zwischen dem englischen Recht und dem Gemeinschaftsrecht begegnet nicht zuletzt wegen der großen Unterschiede der verfassungsrechtlichen aber auch politischen Sozialisierung, die zwischen England und den übrigen Mitgliedstaaten bestehen, besonderen Konflikten. Während die Geschichte Kontinentaleuropas seit dem Mittelalter gekennzeichnet ist von Umstürzen, Revolutionen und verheerenden Kriegskatastrophen, die einhergingen mit Umwälzungen der politischen Strukturen und Rechtsordnungen, hat das heutige politische und verfassungsrechtliche Systems Englands seine Wurzeln im Jahre

---

1000 *EuGH* Rs. C-465/93, Slg. 1995, I-3761 – Atlanta Fruchthandelsgesellschaft.

1001 *BVerfGE* 102, 147, 164.

1002 *BVerfGE* 102, 147, 165; *Lecheler,* JuS 2001, 120, 123; vgl. weiter oben die Ausführungen zu *Solange II.*

1003 *Nettesheim* Jura 2001, 686, 689; *Schweitzer,* Staatsrecht III, Rn. 89a.

1259.[1004] Einem Land, das sich seiner Beständigkeit und Unabhängigkeit rühmt, muss es naturgemäß schwer fallen, sich in ein übernationales, europäisches System einzuordnen, welches auf Einheit und einer Übertragung von Hoheitsrechten beruht und darüber hinaus föderale Strukturen aufweist, die in England mit seinem Fokus auf das Parlament und nahezu ohne jede regionale Struktur unbekannt sind.[1005] Die meisten Mitgliedstaaten ergänzten oder änderten zur Inkorporierung des Gemeinschaftsrechts ihre Verfassungen, ein Schritt, der für England mangels geschriebener Verfassung nicht in Betracht kam. Geschriebene oder ungeschriebene verfassungsrechtliche Prinzipien stehen in ihrem Rang einfachen Parlamentsgesetzen gleich, sie beanspruchen keinen höheren Rang.[1006] Zudem steht England vor der schwierigen Aufgabe, sein wichtigstes verfassungsrechtliches Prinzip, welches allem Staatshandeln zugrunde liegt, nämlich den Grundsatz der *parliamentary sovereignty,* mit dem Anwendungsvorrang des Gemeinschaftsrechts wie ihn der *EuGH* entwickelt hat, in Einklang zu bringen.[1007] Ebenso stellt das in England vorherrschende dualistische Völkerrechtsverständnis eine Schwierigkeit dar, denn unterzeichnete oder ratifizierte internationale Verträge werden nicht automatisch Bestandteil des nationalen Rechts, sondern bedürfen in jedem Fall einer Umsetzung durch ein Parlamentsgesetz.[1008] Bereits vor Unterzeichnung der Verträge von Rom durch die britische Regierung wurde der *European Communities Act 1972* als das umsetzende Gesetz kritisiert: Vor Gericht wurden Befürchtungen geäußert, die Unterzeichnung widerspräche der *Bill of Rights 1689,* welche alle Staatsgewalt in der Krone bzw. dem Parlament verankere. Die Gerichte wiesen derartige Befürchtungen umgehend mit dem Argument zurück, dass die Unterzeichnung des Vertrages allein für die Gerichte keinerlei verbindliche Wirkung habe, sondern sie den Vertrag von Rom erst dann in ihrer Rechtsprechung berücksichtigen könnten, wenn er durch ein Parlamentsgesetz in die Rechtsordnung eingegliedert sei.[1009] Gleichfalls wurde versucht, die Unterzeichnung des Vertrages von Maastricht gerichtlich zu ver-

---

[1004] *Birkinshaw,* European Public Law, S. 155.

[1005] *Bogdanor,* in: *Jowell/Oliver,* The Changing Constitution, 3. Auflage, S. 4; *Hunt,* Human Rights Law in English Courts, S. 46.

[1006] *Birkinshaw,* European Public Law, S. 157; *Hartley,* European Community Law, S. 261.

[1007] *Liebert,* Europäische Integration, S. 1145; *Hunt,* Human Rights Law in English Courts, S. 46; *Filzwieser,* Mitgliedschaft, S. 38; *Birkinshaw,* European Public Law, S. 173.

[1008] *Blackburn v Attorney General* [1971] 2 All ER 1380, 1382; *Craig/de Búrca,* EU Law, S. 302; *Barnett,* Constitutional and Administrative Law, S. 290; *Birkinshaw,* European Public Law, S. 161; *Büdenbender,* Das Verhältnis des Europäischen Gerichtshofs zum Bundesverfassungsgericht, S. 22.

[1009] *Blackburn v Attorney General,* [1971] 2 All ER 1380, 1382; *R v Home Secretary ex parte McWhirter* (1969) *The Times,* 20 October.

hindern.[1010] Der Kläger *Lord Rees-Mogg*, Herausgeber der *Times*, hielt den Außenminister für nicht befugt, den Vertrag von Maastricht zu ratifizieren. Neben formalen Gründen sah der Kläger durch den Vertrag von Maastricht einen Kompetenzverlust im Bereich der Außen- und Sicherheitspolitik, welcher nicht durch ein Parlamentsgesetz autorisiert worden sei.[1011] Das Gericht entschied, dass die gemeinsame Außen- und Sicherheitspolitik der Europäischen Union eine Ausübung dieser Kompetenz darstelle und keinen Verlust.[1012] Unter Verweis auf die Rechtsprechung in *Blackburn v Attorney General* erklärte sich das Gericht im Übrigen für unzuständig, der Regierung die Ratifizierung internationaler Verträge zu untersagen.[1013]

1. Der European Communities Act 1972

Die Aufgabe, *parliamentary sovereignty* sowie die Verfassungs- und Rechtstradition Englands einerseits und die Teilnahme am europäischen Einigungsprozess andererseits miteinander in Einklang zu bringen und damit dem Gemeinschaftsrecht zu innerstaatlicher Wirkung zu verhelfen, kommt dem *European Communities Act 1972* zu.[1014]

Section 2 (1) des *European Communities Act 1972* bestimmt die Anwendbarkeit des Gemeinschaftsrechts in England:

> All such rights, powers, liabilities, obligations and restrictions from time to time created or arising by or under the Treaties, and all such remedies and procedures from time to time provided for by or under the Treaties, as in accordance with the Treaties are without further enactment to be given legal effect or used in the United Kingdom shall be recognised and available in law, and be enforced, allowed and followed accordingly; and the expression 'enforceable Community right' and similar expressions shall be read as referring to one to which this subsection applies.

Für das englische Recht und besonders den Grundsatz der Souveränität des Parlaments bedeutet dies einen Vorrang aller unmittelbar geltenden Regelungen des

---

[1010] *Re v Secretary of State for Foreign and Commonwealth Affairs, ex parte Rees-Mogg*, [1994] 2 W.L.R. 115.

[1011] *Re v Secretary of State for Foreign and Commonwealth Affairs, ex parte Rees-Mogg*, [1994] 2 W.L.R. 115, 125.

[1012] *Re v Secretary of State for Foreign and Commonwealth Affairs, ex parte Rees-Mogg*, [1994] 2 W.L.R. 115, 127.

[1013] *Blackburn v Attorney General*, [1971] 2 All ER 1380; *Re v Secretary of State for Foreign and Commonwealth Affairs, ex parte Rees-Mogg*, [1994] 2 W.L.R. 115, 116.

[1014] *Schmidt-Steinhauser*, Geltung und Anwendung von Europäischem Gemeinschaftsrecht, S. 128; *de Smith/Woolf/Jowell*, Judicial Review, Rn. 21-050; *Wade/Forsyth*, Administrative Law, S. 200.

Gemeinschaftsrechts, die Teil der nationalen Rechtsordnung werden, ohne dass es einer weiteren Umsetzung durch das Parlament bedarf.[1015]

Während *Section 2 (1)* allgemein die Implementierung des Gemeinschaftsrechts im nationalen Recht bestimmt, ist *Section 2 (4)* die zentrale Regelung im Hinblick auf das Verhältnis zwischen dem nationalen Recht und dem Gemeinschaftsrecht.[1016]

> The provision that may be made under subsection (2) above includes, subject to Schedule 2 to this Act, any such provision (of any such extent) as might be made by Act of Parliament, and any enactment passed or to be passed, other than one contained in this part of this Act, shall be construed and have effect subject to the foregoing provisions of this section; but, except as may be prodded by any Act passed after this Act, Schedule 2 shall have effect in connection with the powers conferred by this and the following sections of this Act to make Orders in Council and regulations.

Diese Regelung des *European Communities Act 1972* stellt gewissermaßen eine Auslegungsregel für nachfolgende Gesetzgebung dar, die nach *Section 2 (1)* gemeinschaftsrechtskonform auszulegen ist. Damit ist vermeintlich ein Verstoß gegen die Regel des *implied repeal* verbunden, die besagt, dass ein jüngeres Gesetz, welches einem älteren widerspricht, dieses aufhebt.[1017] Da es sich jedoch bei *Section 2 (4)* um eine Auslegungsregel handelt, die den Gerichten die Pflicht auferlegt, die Gesetze gemeinschaftsrechtskonform auszulegen, ist dieser Vorbehalt gegenüber der Regelung unbegründet.[1018] Zumindest solange die Gerichte in den Fällen einer unbeabsichtigten Gemeinschaftsrechtswidrigkeit des Gesetzes diese Auslegungsregel heranziehen, ist der Grundsatz der *parliamentary sovereignty* in seinem Bestand nicht gefährdet.[1019] Die Praxis der Gerichte bestätigt diese Auslegung des *Section 2 (4)*, indem sie bemüht ist, Gesetze im Lichte des Gemeinschaftsrechts auszulegen und so dem Anwendungsvorrang des Gemeinschaftsrechts zur Geltung zu verhelfen.[1020]

[1015] *Bogdanor*, in: *Jowell/Oliver*, The Changing Constitution, 3. Auflage, S. 5; *Alder*, Constitutional and Administrative Law, S. 197; *Craig/de Búrca*, EU Law, S. 303; *Birkinshaw*, European Public Law, S. 183.

[1016] *Schmidt-Steinhauser*, Geltung und Anwendung von Europäischem Gemeinschaftsrecht, S. 87.

[1017] *Wade/Forsyth*, Administrative Law, S. 26.

[1018] *Collins*, European Community Law in the United Kingdom, S. 28; *Hartley*, European Community Law, S. 265; vgl. bei *Hunt*, Human Rights Law in English Courts, S. 60 die Ausführungen zu einer anderen Auslegung von *s 2 (4)* des *European Communites Act 1972*.

[1019] *Hunt*, Human Rights Law in English Courts, S. 62.

[1020] *Schmidt-Steinhauser*, Geltung und Anwendung von Europäischem Gemeinschaftsrecht, S. 163; s. auch die Darstellung der Rechtsprechung Dritter Teil, B.IV.2; S. 161.

Damit wird für die Anwendbarkeit des Gemeinschaftsrechts und die Anerkennung des Anwendungsvorranges durch ein einfaches Parlamentsgesetz eine vergleichbare Wirkung erzielt, wie sie andere Mitgliedsstaaten durch Regelungen mit Verfassungsrang erreicht haben.[1021] Allerdings ist diese Regelung für nachfolgende Parlamente nicht bindend. Das Gesetz kann ergänzt oder gar aufgehoben werden.[1022] Der *European Communities Act 1972* bewegt sich damit innerhalb der Vorgaben des Grundsatzes der *parliamentary sovereignty* und bringt die widerstreitenden Elemente des Anwendungsvorranges einerseits und der *parliamentary sovereignty* andererseits zunächst in Einklang.

2. Die Herangehensweise der Rechtsprechung

Die Gerichte, als unmittelbare Adressaten des Grundsatzes von der *parliamentary sovereignty,* haben eine direkte Konfrontation von Anwendungsvorrang und *parliamentary sovereignty* und der damit verbundenen Frage nach dem Vorrang des einen oder anderen Prinzips vermieden.[1023] Sie haben vielmehr mit Hilfe der Auslegung und einer strengen Anknüpfung an die Regelungen des *European Communities Act 1972* dem Willen des Parlaments entsprechend entschieden und sich so einer Aufhebung von Gesetzen aufgrund von Unvereinbarkeit mit Gemeinschaftsrecht bislang entzogen.

Diese Herangehensweise zeigte sich deutlich in *Macarthys Ltd. v Smith.*[1024] Zunächst für den Bereich des unmittelbar wirkenden Gemeinschaftsrechts hatte *Lord Denning* Ende der siebziger Jahre eine europarechtskonforme Auslegung nationaler Gesetze befürwortet, indem er davon ausging, dass das Parlament seiner Verpflichtung zu europarechtskonformer Gesetzgebung solange nachkomme, wie es nicht ausdrücklich bestimme, ein Gesetz richte sich gegen das Gemeinschaftsrecht.[1025] Die nationalen Regelungen müssten wegen des Vorrangs des Gemeinschaftsrechts entsprechend ausgelegt werden.[1026] Dieser auf der Auslegung von Gesetzen beruhende Ansatz wurde in der Folge vom *House of Lords* in verschiedenen Entscheidungen übernommen und half so, die Aufhebung von Gesetzen durch Gerichte, welche unter Umständen eine Verletzung des Grundsatzes der *parliamentary sovereignty* bedeutet hätte, zu umgehen.[1027]

[1021] *Craig/de Búrca,* EU Law, S. 303.
[1022] *Collins,* European Community Law in the United Kingdom, S. 28; *Wade/Forsyth,* Administrative Law, S. 26.
[1023] *Craig,* in: *Jowell/Oliver,* The Changing Constitution, 4. Auflage, S. 71.
[1024] [1979] 3 All ER 325, 329.
[1025] *Macarthys Co. v. Smith,* [1979] 3 All ER 325, 329.
[1026] *Collins,* European Community Law in the United Kingdom, S. 33f.
[1027] *Garland v. British Rail Engineering Ltd,* [1982] 2 All ER 213; *Filzwieser,* Mitgliedschaft, S. 96; *Birkinshaw,* European Public Law, S. 187.

Auch bei der Anwendung von Gesetzen, die zur Umsetzung von gemeinschaftsrechtlichen Richtlinien erlassen worden waren, orientierten sich die Gerichte an der *Macarthy*-Rechtsprechung. Sowohl bei *Pickstone v Freemans plc.*[1028] als auch bei *Litster v. Forth Dry Dock & Engineering Co. Ltd.*[1029] stand die Auslegung von Gesetzen im Vordergrund, welche erlassen worden waren, um Gemeinschaftsrecht umzusetzen.[1030] In *Litster v. Forth Dry Dock & Engineering Co. Ltd.* legte das Gericht eine nationale Regelung trotz ihrer eigentlich entgegenstehenden Bedeutung europarechtskonform aus.[1031] Den Grund für diese Auslegung sah das Gericht in der Verpflichtung durch den *European Communities Act 1972*, dem Gemeinschaftsrecht zur Wirkung zu verhelfen.[1032] Da die Gesetze zur Umsetzung von Richtlinien erlassen worden waren, konnte sich das Gericht in der Argumentation auf den Standpunkt zurückziehen, es habe lediglich den mutmaßlichen Willen des Gesetzgebers zugrunde gelegt, indem es die Gesetze europarechtskonform ausgelegt habe.[1033]

Vorläufiger Höhepunkt der Rechtsprechung zum Verhältnis zwischen dem Gemeinschaftsrecht und dem Grundsatz der *parliamentary sovereignty* sind die Entscheidungen zu *Factortame v Secretary of State for Transport.*[1034] Sie gaben Anlass zu zahlreichen Verfahren mit unterschiedlichen Fragestellungen.[1035] In diesen Entscheidungen ging es unter anderem um die Frage, ob der *Merchant Shipping Act 1988* gegen Gemeinschaftsrecht verstößt.[1036] Diese im Einzelnen umstrittene Frage wurde dem *EuGH* nach Art. 177 EWGV (jetzt Art. 234 EGV) vorgelegt, gleichzeitig blieb aber die für das Verhältnis zwischen dem Gemeinschaftsrecht und dem nationalen Recht viel bedeutendere Frage offen, wie in der Zwischenzeit mit dem Gesetz und seiner Anwendung zu verfahren sei.[1037] Der *Divisional Court* verfügte durch einstweilige Verfügung die Außerkraftsetzung des *Merchant Shipping Act 1988* bis zum Erlass einer endgültigen Entscheidung.[1038] Sowohl der *Court of Appeal*[1039] als auch das *House of Lords*[1040] hoben

---

[1028] [1989] A.C. 66.
[1029] [1990] 1 A.C. 546.
[1030] *Birkinshaw*, European Public Law, S. 190; *Craig/de Búrca*, EU Law, S. 306.
[1031] *Barnett*, Constitutional and Administrative Law, S. 294.
[1032] *Litster v. Forth Dry Dock & Engineering Co. Ltd.*, [1990] 1 A.C. 546.; *Craig*, in: *Jowell/Oliver*, The Changing Constitution, 4. Auflage, S. 71; *Barnett*, Constitutional and Administrative Law, S. 294.
[1033] *Birkinshaw*, European Public Law, S. 190; *Craig/de Búrca*, EU Law, S. 306.
[1034] [1990] 2 AC 85; No. 2 [1991] 1 AC 603; *Birkinshaw*, European Public Law, S. 195.
[1035] S. hierzu ausführlich *Liebert*, Europäische Integration, der sich ausschließlich diesem sog. *Fischereistreit* widmet.
[1036] *Collins*, European Community Law in the United Kingdom, S. 38.
[1037] *Craig*, in: *Jowell/Oliver*, The Changing Constitution, S. 72.
[1038] *Barnett*, Constitutional and Administrative Law, S. 297.
[1039] *R v Secretary of State for Transport ex parte Factortame Ltd.* [1989] 2 CMLR 353.

diese Entscheidung auf, da der *Divisional Court* für die Außerkraftsetzung von Gesetzen nicht zuständig sei und im Übrigen einstweilige Anordnungen gegen die Regierung nicht möglich seien.[1041] In einer Vorabentscheidung entschied der *EuGH*, dass dies eine Lücke im nationalen Recht darstelle, die mit dem Gemeinschaftsrecht nicht vereinbar sei.[1042] Das Gemeinschaftsrecht verpflichte die Gerichte, einen effektiven einstweiligen Rechtsschutz zu ermöglichen, der die in Frage stehenden Rechte bis zum Abschluss des Hauptsacheverfahrens zu schützen geeignet sei.[1043] Stehe dem Erlass einer einstweiligen Anordnung nur eine Vorschrift des nationalen Rechts entgegen, so sei das Gericht verpflichtet, diese Vorschrift nicht anzuwenden und eine einstweilige Anordnung zu gewähren. Es widerspreche den Gewährleistungen des Art. 177 EWGV, wenn ein Gericht nicht in der Lage sei, für den Zeitraum bis zur Beantwortung der Vorlagefrage einstweiligen Rechtsschutz zu gewährleisten.[1044] Die sich anschließende Entscheidung des *House of Lords*[1045] widmete sich nun der Frage nach dem Grundsatz der *parliamentary sovereignty*, die durch die Nichtanwendung des *Merchant Shipping Acts 1988* gefährdet schien. Insbesondere der Grundsatz, dass im Falle einer Kollision zweier Gesetze das jüngere das ältere Gesetz aufhebt, schien hier durch eine Bevorzugung des „älteren" *European Communities Act 1972* verletzt.[1046] Hierzu führte *Lord Bridge* jedoch aus, dass jegliche vermeintliche Einschränkung der parlamentarischen Souveränität durch das Gemeinschaftsrecht durch den *European Communities Act 1972* legitimiert sei, da dieses Gesetz der Entscheidungsfreiheit des Parlaments entstamme und die Gerichte dazu verpflichte, jegliches nationales Recht aufzuheben, welches mit Gemeinschaftsrecht kollidiere:

> Thus, whatever limitation of its sovereignty Parliament accepted when it enacted the European Communities Act 1972 was entirely voluntary. Under the terms of the 1972 Act it has always been clear that it was the duty of a United Kongdom court, when delivering final judgment, to override any rule of national law found to be in conflict with any directly enforceable rule of Community law.[1047]

1040 *R v Secretary of State for Transport ex parte Factortame Ltd (No.1)* [1990] 2 AC 85.
1041 *Collins,* European Community Law in the United Kingdom, S. 108; *Schmidt-Steinhauser*, Geltung und Anwendung von Europäischem Gemeinschaftsrecht, S. 142; *Liebert,* Europäische Integration, S. 114.
1042 *EuGH* Rs. C-213/89, Slg. 1990 I-2433 – Factortame.
1043 *Collins,* European Community Law in the United Kingdom, S. 109.
1044 *EuGH* Rs. C-213/89, Slg. 1990 I-2433, 2475 – Factortame.
1045 *R v Secretary of State for Transport, ex parte Factortame Ltd. (No. 2),* [1991] 1 AC 603.
1046 *Craig,* in: *Leyland/Woods,* Administrative Law facing the future, S. 271, 274.
1047 *R v Secretary of State for Transport, ex parte Factortame Ltd. (No. 2),* [1991] 1 AC 603, 658.

Die Gerichte geraten daher weder in die Situation über die Nichtanwendbarkeit nationaler Gesetze entscheiden zu müssen, noch kann entsprechend der frühen Rechtsprechung ohne ausdrückliche Bestimmung in einem Parlamentsgesetz von ihnen verlangt werden, Gemeinschaftsrecht unberücksichtigt zu lassen.[1048] Das Gemeinschaftsrecht geht im Falle einer Kollision mit nationalen Regelungen unabhängig von deren Erlasszeitpunkt, also auch bei jüngeren, immer vor, es sei denn das Parlament bestimmt in einem Gesetz ausdrücklich, dass es gegen Gemeinschaftsrecht verstoßen solle.[1049] Das Parlament ist somit theoretisch frei, jederzeit den *European Communities Act 1972* wieder aufzuheben und damit die Inkorporierung des Gemeinschaftsrechts und dessen Vorrang rückgängig zu machen.[1050]

3. Fazit

Die Ausgangslage für eine Bestimmung bzw. Ausformung des Verhältnisses zwischen dem Gemeinschaftsrecht und dem englischen Recht ist durch den Grundsatz der *parliamentary sovereignty* aber nicht zuletzt auch durch zahlreiche weitere Eigenheiten sowohl auf europäischer als auch auf englischer Seite besonders heikel.[1051] Mit dem Erlass des *European Communities Act 1972* hat die Regierung jedoch den Mut bewiesen, diese Herausforderung anzunehmen und scheinbar unvereinbare Systeme miteinander zu verbinden. Wie sich vor allem in der Umsetzung dieses Gesetzes in der Rechtsprechung gezeigt hat, ist es gelungen, sowohl die *parliamentary sovereignty* zu wahren, als auch dem Anwendungsvorrang des Gemeinschaftsrechts zur Wirkung zu verhelfen.[1052] Gewisse Einschränkungen der *parliamentary sovereignty* bestanden auch unabhängig vom Gemeinschaftsrecht und dem damit verbundenen Anwendungsvorrang. Die Auswirkungen des Gemeinschaftsrechts werden jedoch vermutlich weitere Einschränkungen nach sich ziehen, über die zurzeit nur gemutmaßt werden kann.[1053]

[1048] *Craig*, in: *Leyland/Woods*, Administrative Law facing the future, S. 271, 275.

[1049] *Schmidt-Steinhauser*, Geltung und Anwendung Europäischen Gemeinschaftsrechts im Vereinigten Königreich, S. 145.

[1050] *Hunt*, Human Rights Law in English Courts, S. 63; *Arnull*, in: *Andenas*, English Public Law and the Common Law of Europe, S. 93, 99.

[1051] *Bogdanor*, in: *Jowell/Oliver*, The Changing Constitution, 3. Auflage, S. 3; *Schwarz*, Englands Probleme mit Europa, S. 11 ff.

[1052] *Liebert*, Europäische Integration, S. 120.

[1053] *Birkinshaw*, European Public Law, S. 175.

C. Die Europäisierung des mitgliedstaatlichen Rechts

Das Verwaltungsrecht war lange Zeit diejenige Rechtsmaterie, welche im besonderen Maße als innerstaatliche Angelegenheit mit jeweils ausgeprägten Besonderheiten verstanden wurde.[1054] Durch die Europäischen Gemeinschaften und den Einfluss des *EuGH*, aber auch durch die EMRK hat sich diese rein innerstaatliche Betrachtungsweise gewandelt. Bereits 1971 hat *Bachof* die Tendenz der gegenseitigen Beeinflussung, aber auch der Notwendigkeit des Zusammenspiels der nationalen Rechtsordnungen und des Gemeinschaftsrechts beobachtet, die sich in den folgenden Jahren immer weiter verstärkt hat.[1055] Inzwischen lässt sich im Besonderen Verwaltungsrecht kaum ein Gebiet finden, welches nicht durch Vorgaben des Gemeinschaftsrechts beeinflusst oder gar entwickelt wurde,[1056] denn die Mehrzahl der Gegenstände des Gemeinschaftsrechts betrifft das Verwaltungsrecht.[1057]

Die Einflüsse in die nationalen Verwaltungsrechtsordnungen sind dabei unterschiedlich intensiv. Teilweise erfolgen sie durch konkrete Regelungen (im Zoll- und Landwirtschaftsrecht), teilweise durch bloße Ausstrahlungswirkung von Grundsätzen des primären Gemeinschaftsrechts (z.B. die Grundfreiheiten).[1058]

I. Die Europäisierung des mitgliedstaatlichen Verwaltungsrechts

Europäisierung meint einen Prozess der Neuinterpretation, Inhaltsänderung und Substitution selbstbestimmter mitgliedstaatlicher Rechtsetzung durch gemeinschaftsrechtliche Regelungen.[1059]

1. Abgrenzung zum „europäischen Verwaltungsrecht“

Die „Europäisierung des Verwaltungsrechts“ ist nicht zu verwechseln mit „Europäischem Verwaltungsrecht“. Letzteres meint diejenigen gemeinschaftsrecht-

---

1054 *Everling*, BDVR 1986, S. 17; *Wahl*, Der Staat 1999 (38), 495, 496; *Cananea*, E.P.L. 2003, 563, 564.
1055 *Bachof*, VVDStRL 30 (1971), 193, 236.
1056 *Schoch*, JZ 1995, 109, 110; vgl. *Brenner/Huber*, DVBl. 1999, 1559 ff.; *dies.*, DVBl. 2001, 1013 ff.; *dies.*, DVBl. 2004, 863 ff.
1057 *Schwarze*, Europäisches Verwaltungsrecht, Band I, S. 5; *Ehlers*, DVBl. 1991, 605; *Zuleeg*, VVDStRL 53 (1994), 155.
1058 *Pernice/Kadelbach*, DVBl. 1996, 1100, 1101.
1059 *Sommermann*, DVBl. 1996, 889, 891; *Kadelbach*, in: *Joerges/Dehousse*, Good Governance, S. 167 f.

lichen Normen, welche den Vollzug des Gemeinschaftsrechts auf europäischer Ebene regeln.[1060]

Die „Anwendungsgebiete" des europäischen Verwaltungsrechts lassen sich auf drei Ebenen des Gemeinschaftsrechts und seiner Vollziehung wieder finden.[1061] Die erste Ebene betrifft das Organisationsrecht der Gemeinschaft, bezieht aber auch das Handlungsrecht und damit den direkten (gemeinschaftsunmittelbaren) Vollzug des Gemeinschaftsrechts ein.[1062] Die zweite Ebene betrifft das so genannte Gemeinschaftsverwaltungsrecht, welches auf dem Wege des indirekten Vollzuges in den Mitgliedstaaten sichtbar wird und den wichtigsten Teil des europäischen Verwaltungsrechts ausmacht. Dieser Bereich ist wesentlich von den Bemühungen des europäischen Verwaltungsrechts geprägt, eine einheitliche Anwendung des Gemeinschaftsrechts durch die Mitgliedstaaten zu fördern, treffen doch hier gemeinschaftsrechtliche Regelungen und nationales Verwaltungsrecht aufeinander.[1063] Die dritte Ebene bildet schließlich das Verwaltungsrecht der Mitgliedstaaten, welches einen Großteil der Verwaltungsvorgänge der Gemeinschaft umfasst und erledigt.[1064] Die nationalen Rechtsordnungen prägen in diesem Bereich die Umsetzung des Gemeinschaftsrechts und bilden damit die Basis auch für die anderen Bereiche des europäischen Verwaltungsrechts.

Das europäische Verwaltungsrecht ist nicht kodifiziert, sondern findet sich in den Verträgen und in zahlreichen sekundärrechtlichen Regelungen.[1065] Für eine umfassende Kodifizierung der dem allgemeinen Verwaltungsrecht zuzuordnenden Grundsätze fehlt es an einer konkreten Ermächtigung im Gemeinschaftsrecht, die aufgrund des Prinzips der begrenzten Einzelermächtigung, wie es sowohl in Art. 5 EGV als auch in Art. 5 EUV als wichtiges Strukturprinzip der Gemeinschaft festgelegt ist, nicht erfolgen kann.[1066] Gemeinschaftsrechtliche Regelungen zum allgemeinen Verwaltungsrecht können sich allenfalls bereichs-

---

[1060] *Everling*, BDVR 1986, 17; *Streinz*, in: *Schweitzer*, Europäisches Verwaltungsrecht, S. 243; *Schwarze*, EuR 1997, 419, 420; *Linke*, Europäisches Internationales Verwaltungsrecht, S. 25; *Kadelbach*, in: *Joerges/Dehousse*, Good Governance, S. 167.

[1061] *Schmidt-Aßmann*, DVBl. 1993, 924, 925; *ders.*, in: *Schmidt-Aßmann/Hoffmann-Riem*. Strukturen des Europäischen Verwaltungsrechts, S. 9, 32.

[1062] *Schmidt-Aßmann*, DVBl. 1993, 924, 925; *Vedder*, EuR Beiheft 1/1995, 75, 79; *Bergmann*, in: *ders./Kenntner*, Deutsches Verwaltungsrecht unter europäischem Einfluss, S. 56; s. auch oben zum Vollzug von Gemeinschaftsrecht Dritter Teil, B.II; S. 152.

[1063] *Schwarze*, Europäisches Verwaltungsrecht, Band I, S. 33; *Schmidt-Aßmann*, DVBl. 1993, 924, 926; *Pernice/Kadelbach*, DVBl. 1996, 1100, 1103; s.o.: Dritter Teil, A; S. 151.

[1064] *Klein*, in: *Starck*, Rechtsvereinheitlichung durch Gesetze, S. 117, 124; *Schmidt-Aßmann*, DVBl. 1993, 924, 927.

[1065] *Streinz*, in: *Schweitzer*, Europäisches Verwaltungsrecht, S. 247; *Dünchheim*, VR 1996, 181, 184.

[1066] *Engel*, Die Verwaltung 25 (1992), 437, 460; *Vedder*, EuR Beiheft 1/1995, 75, 90 f.

spezifisch ergeben, wenn die Auslegung der sich aus dem EGV ergebenden Kompetenzgrundlage diese zulässt.[1067] Eine solche Regelung stellt etwa der Zollkodex dar, der bereichsspezifisch verwaltungsverfahrensrechtliche Regelungen im Rahmen des indirekten Vollzuges kodifiziert.[1068]

Daneben hat der *EuGH* in seiner Rechtsprechung auf der Grundlage der Rechtsordnungen der Mitgliedstaaten eine Vielzahl weiterer allgemeiner Rechtsgrundsätze entwickelt, die gemeinsam mit den Regelungen aus dem Primär- und dem Sekundärrecht das europäische Verwaltungsrecht ausmachen.[1069] Als der zweiten Ebene des Europäischen Verwaltungsrechts zugehörig, sind diese allgemeinen Rechtsgrundsätze die wichtigste Rechtsquelle.[1070] Zu ihnen gehören der Grundsatz der Gesetzmäßigkeit der Verwaltung, das Recht auf Akteneinsicht, das Recht auf Beratung und Vertretung, der Grundsatz des Vertrauensschutzes, das Prinzip der Rechtssicherheit und der Grundsatz des rechtlichen Gehörs.[1071] Mangels eigener Kompetenz des Gemeinschaftsrechts zur Regelung dieser zum Verwaltungsrecht gehörenden Prinzipien ist der *EuGH* darauf angewiesen, entweder im Rahmen einer Annexkompetenz rechtsfortbildend tätig zu werden, oder wenn die Schließung von Lücken notwendig ist, seine „Befugnis zur Abstraktion" auszuüben.[1072]

2. Die Ausgangslage der Europäisierung

Das Europäische Verwaltungsrecht ist wesentlich durch die Verwaltungsrechtsordnungen der Mitgliedstaaten geprägt. Es ist entstanden unter anderem durch Beeinflussung des Europarechts durch Rechtsgrundsätze der Mitgliedstaaten. Der Prozess der Europäisierung findet indes in umgekehrter Richtung statt: Dort ist es das Gemeinschaftsrecht, welches die nationalen Rechtsordnungen beeinflusst und verändert.[1073] Die Europäisierung wird als „der Prozess fortschreiten-

---

[1067] *Engel,* Die Verwaltung 25 (1992), 437, 460; *Vedder,* in: EuR Beiheft 1/1995, 75, 88; *Kahl,* NVwZ 1996, 865, 869.

[1068] VO (EWG) Nr. 2913/92 des Rates vom 12.10.1992 zur Festlegung des Zollkodex der Gemeinschaften, ABl. 1992 L 302, 1; *Schmidt-Aßmann,* DVBl. 1993, 924, 926; *Vedder,* EuR Beiheft 1/1995, 75, 88.

[1069] *Everling,* BDVR 1986, 17; *Schwarze,* Europäisches Verwaltungsrecht, Band I, S. 61; *Streinz,* in: *Schweitzer,* Europäisches Verwaltungsrecht, S. 244; *Klein,* in: *Starck,* Rechtsvereinheitlichung durch Gesetze, S. 117, 131; *Schwarze,* in: *ders.,* Verwaltungsrecht unter europäischem Einfluss, S. 15.

[1070] *Schmidt-Aßmann,* DVBl. 1993, 924, 927.

[1071] *Schmidt-Aßmann,* DVBl. 1993, 924, 926; *Dünchheim,* VR 1996, 181, 184; *Schwarze,* in: *ders.,* Verwaltungsrecht unter europäischem Einfluss, S. 15; s. auch *Kadelbach,* in: *Joerges/Dehousse,* Good Governance, S. 167, 181.

[1072] Vgl. *Schwarze,* Die Befugnis zur Abstraktion.

[1073] *Schwarze,* in: *ders.,* Verwaltungsrecht unter europäischem Einfluss, S. 12; *ders.,* in: EuR 1997, 419, 420.

der Beeinflussung, Wandlung und Überformung eines Rechtsgebietes durch die Rechtsmassen europäischen Rechts und durch das in ihnen wirksame Rechtsdenken"[1074] verstanden.

Die oben ausgeführten Ebenen des europäischen Verwaltungsrechts haben im Rahmen der Europäisierung unterschiedlich starke Einwirkungen. Während die erste Ebene ausschließlich gemeinschaftsrechtlich determiniert ist, findet auf der zweiten Ebene ein neben- und miteinander von Gemeinschaftsrecht und mitgliedstaatlichem Recht statt, da hier das Gemeinschaftsrecht entweder anhand gemeinschaftsrechtlicher oder nationaler Regelungen durch die Mitgliedstaaten ausgeführt wird.[1075]

Das europäische Verwaltungsrecht hat für die Europäisierung zentrale Bedeutung, denn durch den Anwendungsvorrang des Gemeinschaftsrechts sind die Einflussmöglichkeiten nicht zu unterschätzen.[1076] Der fortschreitende Prozess der Europäisierung erfasst nahezu alle Bereiche der Exekutive. Neben dem unmittelbaren Recht der Verwaltung sind Verwaltungsvorgänge und das Verwaltungsverständnis ebenso erfasst wie das verwaltungsrechtliche Denken.[1077] Diese Entwicklung ist neu und führt zu neuen Fragestellungen, war doch bisher die Europäisierung dadurch gekennzeichnet, dass sie lediglich einzelne Bereiche des Besonderen Verwaltungsrechts betraf.[1078]

Ziel der Europäisierung des Verwaltungsrechts der Mitgliedstaaten ist es, eine gleichmäßige und gleichwertige Berücksichtigung und Anwendung des Gemeinschaftsrechts in den Mitgliedstaaten zu erreichen. Mittel zu dieser Rechtsvereinheitlichung sind zum einen Regelungen durch sekundäres Gemeinschaftsrecht, aber auch die Rechtsprechung des *EuGH.*

Um dieses Ziel erreichen zu können ist zunächst eine Offenheit der Rechtsordnungen und die Bereitwilligkeit, sich der Beeinflussung durch eine andere Rechtsordnung nicht zu verschließen um so eine Rechtsvereinheitlichung zu ermöglichen, erforderlich.[1079] Dem Verwaltungsrecht wurde diese Offenheit – im Unterschied zum Privatrecht – lange Zeit abgesprochen, da es zu sehr von nationalen Eigenheiten geprägt und daher ein Vergleich mit anderen Rechtsordnungen nutzlos sei.[1080] Insbesondere im Verwaltungsverfahrensrecht treffen mit dem wirksamen Schutz des Einzelnen auf der einen und einem schnellen und effekti-

---

[1074] *Schmidt-Aßmann,* in: *Badura*, FS Lerche, S. 513.
[1075] *Schwarze,* Europäisches Verwaltungsrecht, Band I, S. 33.
[1076] *Schmidt-Aßmann,* in: *Badura*, FS Lerche, S. 513, 514.
[1077] *Schmidt-Aßmann,* DVBl. 1993, 924, 930.
[1078] *Schoch,* JZ 1995, 109, 111.
[1079] *Wahl,* Der Staat 1999, 495, 514.
[1080] *Scheuner,* DÖV 1963, 714; *Cassese,* FS Merryman, S. 352; *Cananea,* E.P.L. 2003, 563, 564.

ven Verfahren auf der anderen Seite gegenläufige Strukturen aufeinander, die jeweils für die Ausgestaltung des Verfahrens prägend sind.[1081] Während zum Beispiel das französische Verwaltungsrecht den Schwerpunkt auf die Leistungsfähigkeit der Verwaltung legt, und die Regelungen entsprechend ausgestaltet sind, steht im deutschen Verwaltungsrecht zunächst der Schutz des einzelnen im Vordergrund.[1082] Im englischen Recht wiederum wurde eine eigene Rechtsmaterie des Verwaltungsrechts überhaupt lange Zeit skeptisch betrachtet.[1083] Hinzu kommen die grundsätzlichen Vorbehalte gegenüber ausländischen Verwaltungsentscheidungen: Während im Rahmen des Privatrechts ein Kollisionsrecht entwickelt wurde, welches die Wahl der Rechtsordnung bei Sachverhalten mit Auslandsberührung regelt, ist Verwaltungshandeln grundsätzlich nur auf das eigene Hoheitsgebiet des Mitgliedsstaates beschränkt.[1084] Dadurch entsteht zwangsläufig eine gewisse „Nationalisierung" des Verwaltungsrechts. Die Vorbehalte gegenüber der Offenheit des Verwaltungsrechts für externe Einflüsse wurden auch in der deutschen Rechtswissenschaft geäußert.[1085] Dennoch ist das Bewusstsein für die Offenheit der Rechtsordnung und das Bedürfnis der Europäisierung gewachsen, was sich in einer Vielzahl von Veröffentlichungen zu dieser Frage zeigt, die inzwischen in nahezu jedem Bereich des allgemeinen und besonderen Verwaltungsrechts Europäisierungstendenzen bemerken und begrüßen.[1086]

Der indirekte Vollzug von Gemeinschaftsrecht verlangt nun nicht nur eine einheitliche Anwendung des Gemeinschaftsrechts in allen Mitgliedstaaten, sondern in diesem Zuge eben auch eine Anpassung der nationalen Rechtsordnungen an diese Vorgaben.[1087] Diese Harmonisierung kann am besten erreicht werden, wenn die Mitgliedstaaten bei der Weiterentwicklung des nationalen Verwaltungsrechts den Fokus nicht nur auf das Gemeinschaftsrecht, sondern auch auf die Rechtsgrundsätze der übrigen Mitgliedstaaten richten.[1088] Damit werden sie einem entscheidenden Charakteristikum des europäischen Verwaltungsrechts gerecht, indem sie die vielfältigen Wurzeln gewissermaßen in der Umkehrung

---

[1081] *Schwarze,* EuR 1997, 419, 427.
[1082] *Schwarze,* DVBl. 1996, 881.
[1083] S.o.: Zweiter Teil, A.I; S. 113.
[1084] *Engel,* Die Verwaltung 25 (1992), 437, 450 f.
[1085] *Scheuner,* DÖV 1963, 714.
[1086] *Kreuzer/Scheuing/Seiber (Hrsg.),* Die Europäisierung der mitgliedstaatlichen Rechtsordnungen in der europäischen Union; *Brenner/Huber,* DVBl. 2004, 863; *dies.:* DVBl. 1999, 764; *dies.:* DVBl. 1999, 1559; *dies.:* DVBl. 2001, 1013;
[1087] *Everling,* BDVR 1986, 17, 23; *Schwarze,* in: *ders.,* Verwaltungsrecht unter europäischem Einfluss, S. 17; *ders.,* DVBl. 1996, 881, 882.
[1088] *Rengeling,* VVDStRL 53 (1994), 202, 221; *Wahl,* Der Staat 1999, 495, 514.

die eigene Rechtsordnung beeinflussen lassen.[1089] Die hiermit einhergehende Harmonisierung der unterschiedlichsten Rechtstraditionen stellt eine große Herausforderung dar.[1090]

Diese Erweiterung des Blickwinkels kann dann unter Umständen auch zu einer freiwilligen Rezeption von Grundsätzen führen, die vielleicht für rein nationale Sachverhalte nicht erforderlich gewesen wäre.[1091]

3. Methoden der Europäisierung

Sind die Rechtsordnungen der Mitgliedstaaten offen für Einwirkungen von außen, gilt es, diese Offenheit im Rahmen der Europäisierung zu nutzen, um die Rechtsvereinheitlichung innerhalb der Gemeinschaft zu fördern. Hierfür stehen der Gemeinschaft unterschiedliche Möglichkeiten zur Verfügung. Neben der Rechtsprechung ist die Rechtsetzung der Gemeinschaft für die Rechtsentwicklung wichtig, ebenso wie die für das Verwaltungsrecht erst in jüngerer Zeit für die Rechtsvereinheitlichung fruchtbar gemachte Disziplin: die Rechtsvergleichung.

a) Europäisierung des mitgliedstaatlichen Rechts durch die Rechtsprechung des *EuGH*

Der *EuGH* ist das wichtigste Rechtsprechungsorgan in der Europäischen Gemeinschaft, und ihm obliegt nach Art. 220 EGV die „Wahrung des Rechts bei der Anwendung und Auslegung" des EG-Vertrages.[1092] Diese Aufgabe der Überwachung der einheitlichen Auslegung der Verträge durch die Mitgliedstaaten erfüllt er mit Hilfe der ihm nach dem Enumerationsprinzip übertragenen Befugnisse.[1093]

Mit seinen Entscheidungen insbesondere zum mitgliedstaatlichen Vollzug des Gemeinschaftsrechts spielt der *EuGH* im Prozess der Europäisierung der nationalen Rechtsordnungen eine herausragende Rolle.[1094] Mit Entscheidungen zum Vertrauensschutz, zur Bestandskraft von Verwaltungsakten und zum vorläufigen Rechtsschutz hat er eine Reihe von Vorgaben für die mitgliedstaatlichen Behör-

---

[1089] S.o.: Dritter Teil, C.I.1; S. 165; *Hilf,* in: *Schwarze,* Europäisches Verwaltungsrecht im Werden, S. 67, 91.

[1090] *Bell,* in: *Beatson/Tridimas,* New Directions in European Law, S. 147, 167.

[1091] Vgl. *M v Home Office* [1993] 3 All ER 537; *Klein,* in: *Starck,* Rechtsvereinheitlichung durch Gesetze, S. 117, 142; *Schwarze,* in: *ders.,* Verwaltungsrecht unter europäischem Einfluss, S. 825.

[1092] *Rengeling/Middeke/Gellermann,* Rechtsschutz in der EU, § 4 Rn. 2.

[1093] *Brandt,* JuS 1994, 300, 303.

[1094] *Engel,* Die Verwaltung 25 (1992), 437, 462; *Schmidt-Aßmann,* in: *Badura,* FS Lerche, 513, 514.

den geschaffen, die eigentlich nur dem Interesse eines gemeinschaftsweit einheitlichen Vollzuges dienen sollten, die aber teilweise den Weg in die nationale Rechtsordnung auch für solche Fälle gefunden haben, die keinen gemeinschaftsrechtlichen Bezug aufweisen.[1095]

Zu den Instrumenten, derer sich der *EuGH* zur Entscheidungsfindung bedient, zählen zunächst die allgemeinen Auslegungsregeln, die allgemeinen Rechtsgrundsätze der Gemeinschaft, aber auch eine wertende Rechtsvergleichung und der Rückgriff auf die Verfassungstraditionen der Mitgliedstaaten.[1096]

Das zentrale Verfahren in der Rechtsprechung des *EuGH* zur Europäisierung der mitgliedstaatlichen Rechtsordnungen ist das Vorabentscheidungsverfahren nach Art. 234 EGV.[1097] Es gibt dem *EuGH* die Möglichkeit, die Auslegung und Anwendung des Gemeinschaftsrechts durch die Gerichte der Mitgliedstaaten zu kontrollieren und damit zu vereinheitlichen.[1098] Beim Vorabentscheidungsverfahren besteht ein enges Zusammenspiel zwischen dem Gemeinschaftsrecht und dem Recht des vorlegenden Mitgliedstaates,[1099] was sich nicht nur in der Durchführung des Verfahrens in der Sprache des vorlegenden Staates zeigt, welche es dem *EuGH* ermöglicht, in besonderer Weise nationale Eigenheiten zu berücksichtigen und oft auch in den Urteilen zu übernehmen. Gleichzeitig findet eine Beeinflussung der nationalen Rechtsordnung statt, indem der *EuGH* die Maßstäbe zur Durchführung des Gemeinschaftsrechts vorgibt.

aa) Die Rechtsprechung des *EuGH* und das deutsche Verwaltungsrecht

In der Rechtsprechung des *EuGH* lassen sich eine Reihe von Fällen ausmachen, die für die Entwicklung des deutschen Verwaltungsrechts von großer Bedeutung gewesen sind und dieses entscheidend geprägt und verändert haben. Insbesondere die Rechtsprechung des *EuGH* zur Rückforderung gemeinschaftsrechtswidriger Beihilfen hat das Allgemeine Verwaltungsrecht verändert.[1100] Als im Widerspruch zum Gemeinschaftsrecht stehend erwies sich in Deutschland die Rückzahlungspraxis für unrechtmäßig gezahlte gemeinschaftsrechtliche Subventionen, welche mangels gemeinschaftsrechtlicher Regelungen in der Regel nach

---

[1095] *Schwarze,* in: *ders.,* Verwaltungsrecht unter europäischem Einfluss, S. 825.

[1096] *Knauff,* JA 2002, 719, 720.

[1097] *Lenz,* in: *Kreuzer/Scheuing/Sieber,* Europäisierung der mitgliedstaatlichen Rechtsordnungen in der Europäischen Union, S. 161, 162.

[1098] *Lenz,* in: *Kreuzer/Scheuing/Sieber,* Europäisierung der mitgliedstaatlichen Rechtsordnungen in der Europäischen Union, S. 161, 162; *Middeke* in: *Rengeling/Middeke/Gellermann,* Rechtsschutz in der EU, § 10 Rn. 2.

[1099] *Zuleeg,* JZ 1994, 1, 4.

[1100] *EuGH* Verb. Rs. 205 bis 215/82 Slg. 1983, 2633 – Deutsche Milchkontor; Rs. C-24/95, Slg. 1997, I-1591 – Alcan II.

nationalem Recht erfolgt.[1101] Der *EuGH* hat im Falle eines Verstoßes des Beihilfebescheides gegen Art. 88 EGV die Anwendung des § 48 VwVfG dergestalt modifiziert, dass die Rücknahmebeschränkungen des § 48 VwVfG, Ausübung des eingeräumten Ermessens und Ablauf der Frist des § 48 IV VwVfG nicht eingreifen.[1102]

Für den eine Rücknahme beschränkenden Vertrauensschutz nach § 48 II 1-3 VwVfG hat der *EuGH* Modifizierungen dahingehend verlangt, die bei Bestehen schutzwürdigen Vertrauens erforderliche Interessenabwägung zugunsten der Gesetzmäßigkeit der Verwaltung und des öffentlichen Interesses an der Durchsetzung der gemeinschaftsrechtlichen Wettbewerbsordnung und der Pflicht zur Erfüllung der Verträge zu entscheiden.[1103] Verstöße gegen Gemeinschaftsrecht wirken sich demnach zu Lasten des Beihilfeempfängers aus, während sich Verstöße gegen das deutsche Recht in der Regel zu Gunsten des Empfängers durch Gewährung eines schutzwürdigen Vertrauens auswirken.[1104] Diese Modifizierung ist tief greifend, führt sie doch in Fällen mit Europäischem Bezug unter Umständen zu einem gegenteiligen Ergebnis und damit zu einer unterschiedlichen Behandlung von Fällen mit und ohne gemeinschaftsrechtlichen Bezug.[1105]

bb) Die Rechtsprechung des *EuGH* und das englische Verwaltungsrecht

Die Rechtsprechung des *EuGH* hat auch das englische Verwaltungsrecht nachhaltig durch Entscheidungen in Vorabentscheidungsverfahren beeinflusst.[1106] Insbesondere auf dem Gebiet des gerichtlichen Rechtsschutzes waren die Entscheidungen des *EuGH* prägend und führten das englische Recht an die europäischen Maßstäbe des Rechtsschutzes heran.

Von besonderer Bedeutung für die Europäisierung des englischen Rechts war die Rechtsprechung in der *Factortame*-Rechtssache.[1107] Neben ihrer Bedeutung für die Bestimmung des Verhältnisses zwischen dem nationalen Recht und dem Gemeinschaftsrecht[1108] ist sie ein gutes Beispiel für die nachhaltige Beeinflus-

---

[1101] *Classen*, in: *Kreuzer/Scheuing/Sieber*, Europäisierung der mitgliedstaatlichen Rechtsordnungen in der Europäischen Union, S. 107, 110; *Suerbaum*, VerwArch 91 (2000), 169, 178.
[1102] *EuGH* Rs. C-24/95, Slg. 1997, I-1591, 1619 – Alcan II; *Suerbaum*, VerwArch 91 (2000), 169, 185; *Schwarz*, Die Verwaltung 34 (2001), 397, 411.
[1103] *Maurer*, Allgemeines Verwaltungsrecht, § 11 Rn. 38b.
[1104] *Maurer*, Allgemeines Verwaltungsrecht, § 11 Rn. 38b.
[1105] *Kadelbach*, Allgemeines Verwaltungsrecht unter europäischem Einfluss, S. 483.
[1106] *Jowell/Birkinshaw*, in: *Schwarze*, Das Verwaltungsrecht unter europäischem Einfluss, S. 273, 317.
[1107] Für die Einzelheiten vgl. Dritter Teil, B.IV.2; S. 161; *Jowell/Birkinshaw*, in: *Schwarze*, Das Verwaltungsrecht unter europäischem Einfluss, S. 302.
[1108] S.o.: Dritter Teil, B.IV.2; S. 161.

sung der nationalen Rechtsordnung durch die Rechtsprechung des *EuGH.*[1109] Das europäische Gericht hatte das nationale Gericht in seiner Entscheidung nicht nur dazu aufgefordert, eine Überprüfung einer Norm auf ihre gemeinschaftsrechtskonformität vorzunehmen, sondern gleichzeitig das Gericht verpflichtet, im Interesse eines effektiven Rechtsschutzes einstweiligen Rechtsschutz gegen eine Entscheidung der Krone zu gewähren.[1110] Das Gericht sollte entgegen eines bestehenden gesetzlichen Verbots zum Erlass einstweiliger Anordnungen gegen die Krone im Interesse einer effektiven Durchführung des Gemeinschaftsrechts eine solche Anordnung erlassen.[1111] Diese Rechtsprechung des *EuGH* führte dazu, dass der Erlass einstweiliger Anordnungen zum Schutz von gemeinschaftsrechtlich gewährten Rechtspositionen auch bei daraus folgender Unanwendbarkeit von Parlamentsgesetzen für zulässig erachtet wurde.[1112] Diese für einen Fall mit gemeinschaftsrechtlichem Bezug aufgestellte Forderung nahm das *House of Lords* zum Anlass, in der Entscheidung *M v Home Office*[1113] zu der aus der *Factortame*-Rechtsprechung resultierenden unterschiedlichen Behandlung von Sachverhalten mit und ohne gemeinschaftsrechtlichem Bezug Stellung zu nehmen. Die Richter waren sich einig, dass diese Ungleichbehandlung unbefriedigend sei:

> It would be most regrettable if an approach which is inconsistent with that which exists in Community law should be allowed to persist if this is not strictly necessary.[1114]

Sie gewährten in *M v Home Office* eine einstweilige Anordnung gegen den zuständigen Minister und verschafften dieser Entscheidung damit ihre besondere Bedeutung für den Europäisierungsprozess, indem sie die beeinflussende Wirkung der Rechtsprechung des *EuGH* anerkannten.[1115]

Der Grundsatz der Verhältnismäßigkeit als vom *EuGH* entwickelter allgemeiner Rechtsgrundsatz ist ein weiterer Punkt, an dem sich Europäisierung durch die Rechtsprechung des *EuGH* festmachen lässt. Die gerichtliche Überprüfung von Verwaltungshandeln war im englischen Recht lange Zeit nur unter sehr engen Voraussetzungen möglich, und eine Ausweitung dieser Grundsätze gehört mit zu den in besonderer Weise einschneidenden Veränderungen, die das englische

---

[1109] *Filzwieser,* Mitgliedschaft, S. 172; *Birkinshaw,* European Public Law, S. 367.
[1110] *EuGH* Slg. 1990, I-2433 – Factortame; *de Smith/Woolf/Jowell,* Judicial Review, Rn. 21-193.
[1111] *Craig,* in: *Leyland/Woods,* Administrative Law Facing the Future, S. 271, 274; *Birkinshaw,* European Public Law, S. 368.
[1112] *de Smith/Woolf/Jowell,* Judicial Review, Rn. 21-196.
[1113] [1993] 3 All ER 537.
[1114] *M v Home Office* [1993] 3 All ER 537, 564.
[1115] *Bell* in: *Beatson/Tridimas,* New Directions in European Public Law, S. 147, 161; *Filzwieser,* Mitgliedschaft, S. 173; *Birkinshaw,* European Public Law, S. 369.

Verwaltungsrecht erlebt hat.[1116] In der Vergangenheit hatten englische Gerichte nur in sehr begrenztem Umfang die Verhältnismäßigkeit von Verwaltungsentscheidungen überprüft. Die so genannte *Wednesbury-Rule* war trotz ihrer sehr vagen Formulierung lange Zeit einzige Grundlage hierfür.[1117] Danach war das Gericht zu einer Nachprüfung der Entscheidung nur befugt, „if it is so unreasonable that no reasonable authority could ever come to it".[1118]

Den Gerichten war eine eingehende Befassung mit den Motiven und Hintergründen einer Verwaltungsentscheidung, die auf die *parliamentary sovereignty* zurückgehend immer auch politische Entscheidung ist, verwehrt.[1119] Dem steht der Verhältnismäßigkeitsgrundsatz des *EuGH* gegenüber, der die Aufhebung einer Verwaltungsentscheidung durch das Gericht bereits dann ermöglicht, wenn ein rechtlich geschütztes Interesse durch die Entscheidung stärker eingeschränkt wird, als es zur Erreichung des Zwecks erforderlich ist.[1120] Die Motive der Entscheidungsträger werden im Rahmen dieser Prüfung einer eingehenden Betrachtung unterzogen und dem Gericht wird die Möglichkeit eröffnet, die Ausfüllung eines Ermessensspielraumes durch die Verwaltung zu bewerten.[1121] Dieser in unzähligen Entscheidungen des *EuGH* auszumachende Grundsatz ist in unterschiedlicher Weise von den nationalen Gerichten in England rezipiert worden, und kann inzwischen als weitgehend anerkannt bezeichnet werden. Wie auch im Rahmen der *Factortame*-Rechtsprechung erfolgte die Annäherung zunächst durch Entscheidungen des *EuGH* im Vorabentscheidungsverfahren. In der Rechtssache *Torfaen Borough Council v B & Q plc*[1122] verpflichtete der *EuGH* das vorlegende Gericht zu einer Überprüfung der Verhältnismäßigkeit einer nationalen Rechtsnorm auf der Grundlage von Art. 30 EWGV (jetzt Art. 28 EGV). Eine Vielzahl gerichtlicher Entscheidungen, die nicht unmittelbar Gemeinschaftsrecht betreffen, beruft sich allerdings nicht ausdrücklich auf den Verhältnismäßigkeitsgrundsatz als gemeinschaftsrechtlichen Grundsatz, sondern wendet ihn gewissermaßen stillschweigend an.[1123] Daneben wird in der Rechtsprechung eine Beeinflussung des englischen Rechts durch den gemeinschaftsrechtlichen Verhältnismäßigkeitsgrundsatz im Rahmen der *EMRK* ausdrücklich er-

---

[1116] *Schwarze,* DÖV 1996, 771, 772; *de Búrca,* E.P.L. 1997, 561, 562; *Jacobs,* [1999] P.L. 232, 238; *Filzwieser,* Mitgliedschaft, S. 167.

[1117] *Schwarze,* DÖV 1996, 771, 773; *de Búrca,* E.P.L. 1997, 561, 562.

[1118] *Associated Provincial Picture House Ltd. v Wednesbury Corporation,* [1948] 1 K.B. 223.

[1119] Zur *parliamentary sovereignty* vgl. Zweiter Teil, A.III; S. 115; *Council of Civil Service Unions v. Minister for the Civil Service,* [1984] 3 All ER 935, 950; *Brind v. Secretary of State for the Home Department,* [1991] 1 All ER 720.

[1120] *de Búrca,* E.P.L. 1997, 561, 562.

[1121] *de Búrca,* E.P.L. 1997, 561, 585; *Filzwieser,* Mitgliedschaft, S. 167.

[1122] *EuGH* Rs. 145/88, Slg. 1989, 3851.

[1123] *de Búrca,* E.P.L. 1997, 561, 564; *Hilson,* E.P.L. 2003, 125, 140.

kannt und eine sich gegenseitig befruchtende Anwendung des nationalen und des gemeinschaftsrechtlichen Grundsatzes befürwortet.[1124] Ob diese Befruchtung zu einer völligen Aufgabe der *Wednesbury-Rule* führen wird, oder die Grundsätze der Verhältnismäßigkeit und die *Wednesbury-Rule* gleichberechtigt nebeneinander stehen werden, bleibt abzuwarten.[1125]

b) Europäisierung des mitgliedstaatlichen Rechts durch Rechtsprechung des Gerichts erster Instanz

Das Gericht erster Instanz (*EuG*), wurde zur Entlastung des *EuGH* gegründet und ist zuständig für den Individualrechtsschutz der Gemeinschaft. Im Mittelpunkt seiner Arbeit stehen vor allem die Aufklärung und Entscheidung des Einzelfalls, der eine sorgfältige Sachverhaltsaufklärung voraus geht.[1126] Dem *EuG* ist die erstinstanzliche Zuständigkeit für jene Verwaltungsrechtsstreitigkeiten übertragen woden, die sich gegen Organe der Gemeinschaft richten und an denen kein Mitgliedstaat als Partei beteiligt ist.[1127] Gegen Entscheidungen des *EuG* steht ein Rechtsmittelverfahren vor dem *EuGH* offen, welches jedoch nach Art. 225 I EG auf die Überprüfung von Rechtsfragen beschränkt ist.

In seiner Rechtsprechung ist der *EuG* an die durch den *EuGH* entwickelten allgemeinen Rechtsgrundsätze zum Verwaltungsrecht gebunden.[1128] Die wesentlichen Entwicklungen des europäischen Verwaltungsrechts, aber auch der Europäisierung liegen daher in der Verantwortung des *EuGH*, der dieser Aufgabe umfassend nachkommt.[1129] Dennoch prägt der *EuG* die Entwicklung des europäischen Verwaltungsrechts wesentlich mit, indem er die Rechtsprechung des *EuGH* aufnehmend diese teilweise weiter ausgestaltet und unter Berücksichtigung des zu entscheidenden Einzelfalles modifiziert und konkretisiert.[1130] Der Einfluss auf die Rechtsordnungen der Mitgliedstaaten hingegen ist gering. Dies ist nicht zuletzt eine Folge der Kompetenz des Gerichts, den Vollzug des Gemeinschaftsrechts durch Gemeinschaftsorgane zu kontrollieren und die dadurch

---

[1124] *R v Secretary of State for the Home Department, ex parte McQuillan* [1995] 4 All ER 400, 422; *R v Secretary of State for the Environment, Transport and the Regions,* [2001] 2 W.L.R. 1389, para.51; *Filzwieser,* Mitgliedschaft, S. 170; *Hilson,* E.P.L. 2003, 125, 140.

[1125] *Filzwieser,* Mitgliedschaft, S. 170; *Hilson,* E.P.L. 2003, 125, 144.

[1126] *Stoye,* Entwicklung des europäischen Verwaltungsrechts durch das Gericht erster Instanz, S. 45.

[1127] *Everling,* FS Redeker, S. 293, 299 f.

[1128] *Stoye,* Entwicklung des europäischen Verwaltungsrechts durch das Gericht erster Instanz, S. 47.

[1129] S.o.: Dritter Teil, C.I.3.a); S. 170.

[1130] *Stoye,* Entwicklung des europäischen Verwaltungsrechts durch das Gericht erster Instanz, S. 171.

fehlende konkrete Einflussmöglichkeit auf die mitgliedstaatlichen Rechtsordnungen.

c) Europäisierung des mitgliedstaatlichen Rechts durch Richtlinien

Das sekundäre Gemeinschaftsrecht als von den Organen der Gemeinschaft erlassenes Recht, ist für die Europäisierung der Rechtsordnungen der Mitgliedstaaten weniger einflussreich als die Rechtsprechung des *EuGH.*[1131] Ein Grund hierfür ist die bereits angesprochene mangelnde Kompetenz der Gemeinschaft, allgemeine Regelungen zu treffen, so dass der Einfluss durch das sekundäre Gemeinschaftsrecht eher bereichsspezifischer Natur ist.[1132] Der Grundsatz der begrenzten Einzelermächtigung bildet hier eine Einschränkung der Einwirkungsmöglichkeiten durch Sekundärrecht. Dennoch sind Gemeinschaftsrechtsakte des Sekundärrechts von Einfluss auf die mitgliedstaatlichen Rechtsordnungen, wenn auch nur punktuell.[1133]

Ein wichtiges Instrument im Rahmen der Europäisierung durch sekundäres Gemeinschaftsrecht ist die Richtlinie (Art. 249 III EGV).[1134] Eine von der Gemeinschaft erlassene Richtlinie enthält Vorgaben hinsichtlich eines zu erreichenden Ziels, welches die Mitgliedstaaten umzusetzen verpflichtet sind. Hinsichtlich der Wahl der Form oder des Mittels zur Umsetzung sind die Mitgliedstaaten allerdings frei.[1135] Diese Zweistufigkeit der Richtlinie bedeutet im Regelfall eine indirekte Wirkung. Nur unter besonderen Voraussetzungen – wenn die Richtlinie inhaltlich hinreichend bestimmt ist und eine Umsetzung nicht rechtzeitig erfolgt ist – kann die Richtlinie unmittelbar und ohne Umsetzungsakt im Mitgliedstaat Wirkung entfalten.[1136] Aufgrund der engen Verknüpfung zwischen der gemeinschaftsrechtlichen Handlungsform der Richtlinie und den in den Rechtsordnungen der Mitgliedstaaten vorhandenen Umsetzungsarten wirkt sich die Richtlinie auf die Rechtsordnungen der Mitgliedstaaten europäisierend aus.[1137] Der *EuGH* hat in seiner Rechtsprechung wiederholt darauf hingewiesen, dass eine Umsetzung nicht an einer gegenläufigen Verwaltungspraxis bzw. in der eigenen Rechtsordnung begründeten Umständen scheitern darf.[1138] Die Mitgliedstaaten sind entsprechend verpflichtet, die Rahmenbedingungen für eine effektive Um-

---

1131 *Schwarze,* EuR 1997, 419, 421; zu sekundärem Gemeinschaftsrecht vgl. *Oppermann,* Europarecht, Rn. 510 f; *Koenig/Harratsch,* Europarecht, Rn. 253 f.

1132 *Engel,* Die Verwaltung 25 (1992), 437, 460; *Schwarze,* EuR 1997, 419, 421.

1133 *Schmidt-Aßmann,* in: *Badura,* FS Lerche, S. 513, 521.

1134 *Neßler,* Europäisches Richtlinienrecht wandelt deutsches Verwaltungsrecht, S. 3.

1135 *Oppermann,* Europarecht, Rn. 547; *Koenig/Harratsch,* Europarecht, Rn. 279.

1136 *Koenig/Haratsch,* Europarecht, Rn. 280, 284.

1137 *Pernice,* EuR 1994, 325, 328; *Schwarze,* in: *ders.,* Das Verwaltungsrecht unter europäischem Einfluss, S. 822.

1138 *EuGH* Rs. 283/86, Slg. 1988, S. 3271, Rn. 7 – Kommission/Belgien.

setzung zu schaffen. An diesem Punkt ist Europäisierung durch eine Richtlinie möglich.

Die Möglichkeiten der Umsetzung einer Richtlinie sind zwar vielfältig und der Wahl der Mitgliedstaaten überlassen, unterliegen aber der Einschränkung, dass die Umsetzung die praktische Wirksamkeit der Richtlinie nicht beeinträchtigen darf, und für die Erreichung des Zwecks der Richtlinie am besten geeignet sein muss.[1139] Neben dieser nur rudimentären inhaltlichen Ausrichtung der Richtlinienumsetzung sind die Vorgaben des *EuGH* für die zu wählenden Mittel der Umsetzung strikter.[1140] Die Umsetzung muss in der Form verbindlicher normativer Akte erfolgen, eine Berufung auf bestehende richtlinienkonforme Verwaltungspraxis ist ebenso wenig ausreichend wie eine richtlinienkonforme Auslegung bestehender gesetzlicher Regelungen.[1141]

Die Einwirkungen der Gemeinschaftsrichtlinien auf das mitgliedstaatliche Recht können zweifacher Natur sein. Sie können zum einen das jeweils in Rede stehende Rechtsgebiet inhaltlich beeinflussen, sie können sich aber auch auf die Strukturen des nationalen Verwaltungsrechts auswirken, dies unter Umständen bei nur geringfügigen sachlich-inhaltlichen Änderungen.[1142]

Die Auswirkungen einer gemeinschaftsrechtlichen Richtlinie auf die mitgliedstaatliche Rechtsordnung können unterschiedlich intensiv sein. Eine Richtlinie, welche lediglich den Anwendungsbereich nationaler Regelungen beeinflusst, indem sie eine Ausweitung des Adressatenkreises verlangt, wirkt sich grundsätzlich weniger nachhaltig auf die Rechtsordnung des Mitgliedstaates aus als eine Regelung, welche die Strukturen einer Rechtsordnung in Frage stellt.[1143] Zu den strukturell und damit sehr intensiv einwirkenden Richtlinien gehören zum Beispiel die Umweltinformationsrichtlinie[1144] und die Vergaberichtlinien.[1145] Beide Richtlinien führten neue Rechtsinstitute ein, die Handlungsformen ver-

---

[1139] *EuGH* Rs. 48/75, Slg. 1976, 497, 517 – Royer; *Beyerlin*, EuR 1987, 126, 134; *Hoppe/Otting*, NuR 1998, 61; *Ruffert*, in: *Calliess/Ruffert*, EGV Art. 249 Rn. 46.

[1140] *von Danwitz*, VerwArch 84 (1993), 73, 79

[1141] *EuGH* Rs. 102/79, Slg. 1980, 1473, Rn. 10 – Kommission/Belgien; *EuGH* Rs. 96/81, Slg. 1982, 1791, Rn. 12 – Kommission/Niederlande; *EuGH* Rs. 97/81, Slg. 1982, 1819, Rn. 12 – Kommission/Niederlande; *EuGH* Rs. C-131/88, Slg. 1991, I-825, Rn. 8– Kommission/Deutschland; *von Danwitz*, VerwArch 84 (1993), 73, 76; *Gellermann*, Beeinflussung des bundesdeutschen Rechts durch Richtlinien der EG, S. 35; *Kadelbach*, Allgemeines Verwaltungsrecht unter europäischem Einfluss, S. 303, 313.

[1142] *Schmidt-Assmann*, in: *Badura*, FS Lerche, S. 513, 520; s.o.: Dritter Teil, C.I.3.c); S. 176.

[1143] *Schmidt-Aßmann*, DVBl. 1993, 924, 926; *ders.*, in: *Badura*, FS Lerche, S. 513, 521; *Neßler*, Europäisches Richtlinienrecht wandelt deutsches Verwaltungsrecht, S. 202, S. 205.

[1144] RL 90/313/EWG des Rates vom 7.6.1990, ABl. 1990 L 158 S.56.

[1145] *Schmidt-Aßmann*, DVBl. 1993, 924, 927.

langen, welche bis dahin in den Rechtsordnungen der Mitgliedstaaten unbekannt oder in anderer Weise ausgestaltet waren.[1146]

Eine Gemeinschaftsrichtlinie muss nicht in jedem Fall durch Einführung neuer Rechtsinstitute oder auf ähnlich unmittelbare Weise auf nationales Recht einwirken. Zahlreich sind auch die Fälle, in denen das Gemeinschaftsrecht über die richtlinienkonforme Auslegung des bereits existierenden mitgliedstaatlichen Rechts Einfluss gewinnt.[1147]

aa) Gemeinschaftsrichtlinien und das deutsche Verwaltungsrecht

Im Hinblick auf die Beziehungen zwischen dem Gemeinschaftsrecht und dem deutschen Recht hat insbesondere die Kritik des *EuGH* an der Richtlinienumsetzung durch Verwaltungsvorschriften zu einer Konfliktsituation geführt.[1148] Verwaltungsvorschriften waren nach Ansicht des *EuGH* zur wirksamen Richtlinienumsetzung mangels Außenwirkung nicht geeignet.[1149] Der die Richtlinie umsetzende Rechtsakt müsse nicht nur hinreichend klar sein, sondern auch gerichtlicher Kontrolle unterliegen, um die Überprüfung der Einhaltung der Vorgaben der Richtlinie zu ermöglichen.[1150]

Wird diese Einschätzung des *EuGH* über die Untauglichkeit der Verwaltungsvorschrift als Umsetzungsakt im Wesentlichen für verhaltenslenkende Verwaltungsvorschriften und Ermessensrichtlinien geteilt,[1151] herrscht in der deutschen Jurisprudenz hinsichtlich der Kategorie der normkonkretisierenden Verwaltungsvorschriften Uneinigkeit.[1152]

Normkonkretisierende Verwaltungsvorschriften stellen eine eigene Kategorie der Verwaltungsvorschriften dar, deren Einordnung in das Rechtsquellensystem Schwierigkeiten bereitet und eine der umstrittensten Fragestellungen des deut-

---

[1146] *Schmidt-Aßmann*, DVBl. 1993, 924, 930; *ders.*, in: *Badura*, FS Lerche, S. 513, 523.

[1147] *Schwarze*, in: *ders.*, Das Verwaltungsrecht unter europäischem Einfluss, S. 205.

[1148] *Schwarze*, in: *ders.*: Verwaltungsrecht unter europäischem Einfluss, S. 127; *Hoppe/Otting*, NuR 1998, 61; *Ruffert*, in: *Calliess/Ruffert*, EGV Art. 249, Rn. 57; vgl. *Ossenbühl* in: *Erichsen/Ehlers* Allgemeines Verwaltungsrecht, § 6 Rn. 30 f.

[1149] *EuGH* Rs. C-131/88, Slg. 1991, I-825 – Kommission/Deutschland; Rs. C-361/88, Slg. 1991, I-2567 – Kommission/Deutschland; Rs. C-58/89, Slg. 1991, I-4983 – *Kommission/Deutschland; Hoppe/Otting*, NuR 1998, 61, 62.

[1150] *Kadelbach*, Allgemeines Verwaltungsrecht unter europäischem Einfluss, S. 304.

[1151] *Henke*, EuGH und Umweltschutz, S. 214; *Gellermann*, Beeinflussung des bundesdeutschen Rechts durch Richtlinien der EG, S. 58; *Kadelbach*, Allgemeines Verwaltungsrecht unter europäischem Einfluss, S. 312; vgl. die Nachweise bei *Ruffert*, in: *Calliess/Ruffert*, EGV Art. 249, Rn. 56.

[1152] Umfassend hierzu *Gellermann*, Beeinflussung des bundesdeutschen Rechts durch Richtlinien der EG, S. 60; *Hoppe/Otting*, NuR 1998, 61, 62; *von Danwitz*, VerwArch 84 (1993), 73, 81 f.; *Reinhardt*, DÖV 1992, 102, 106; *Ossenbühl*, DVBl. 1993, 753, 758.

schen Allgemeinen Verwaltungsrechts darstellt.[1153] Sie dienen der Konkretisierung unbestimmter Rechtsbegriffe und offener Tatbestände durch die Verwaltung, und haben im Umweltrecht ihren Hauptanwendungsbereich.[1154] Normkonkretisierende Verwaltungsvorschriften werden unter bestimmten Voraussetzungen auch als für die Gerichte verbindlich anerkannt und sind vom Richter wie Normen auszulegen.[1155] Damit wird ihnen eine begrenzte Außenwirkung zugestanden, so dass die Untauglichkeit zur Richtlinienumsetzung nicht bereits hieraus abgeleitet werden kann.[1156] Aufgrund der engen Verknüpfung der Grundsätze zum Beurteilungsspielraum mit der normkonkretisierenden Verwaltungsvorschrift ist allerdings die Möglichkeit gerichtlicher Kontrolle einer normkonkretisierenden Verwaltungsvorschrift in vergleichbarer Weise wie beim Beurteilungsspielraum eingeschränkt.[1157]

Der *EuGH* hat auch die normkonkretisierenden Verwaltungsvorschriften für untauglich erklärt, Gemeinschaftsrichtlinien wirksam umzusetzen. In zwei Entscheidungen zur Luftreinhalte-Richtlinie hat er festgestellt, die Festsetzung von Grenzwerten allein in der TA Luft, einer der wichtigsten normkonkretisierenden Verwaltungsvorschriften, genüge nicht den Anforderungen an eine wirksame Richtlinien-Umsetzung.[1158] Die TA Luft habe keinen zwingenden Charakter und erfülle damit nicht die Anforderungen, die der Grundsatz der Rechtssicherheit an die Richtlinienumsetzung stelle.[1159] Bei individualschützenden Richtlinien sei es erforderlich, dass sich die Begünstigten vor Gericht auf zwingende Vorschriften berufen könnten um so ihre Rechte geltend zu machen; diese Möglichkeit sei bei der Umsetzung der Richtlinie allein durch die TA Luft nicht gegeben.[1160] Darüber hinaus seien die Meinungsverschiedenheiten in der Rechtswissenschaft hinsichtlich der Bindungswirkung der Verwaltungsvorschriften zu groß und keine nationale Gerichtsentscheidung angeführt worden, welche eine unmittelbare Wirkung der normkonkretisierenden Verwaltungsvorschrift über den verwal-

---

[1153] *Hill,* NVwZ 1989, 401, 402; *Wolf,* DÖV 1992, 849; *Everling,* NVwZ 1993, 209, 213; *Hoppe/Otting,* NuR 1998, 61, 63.

[1154] *Sachs,* in: *Stelkens/Bonk/Sachs,* VwVfG, § 40 Rn. 220; *Maurer,* Allgemeines Verwaltungsrechts, § 24 Rn. 9.

[1155] *BVerwGE* 107, 338, 341; *Sendler,* UPR 1993, 321, 322, 326; *Erichsen/Ehlers,* Allgemeines Verwaltungsrecht, § 6 Rn. 53.

[1156] *BVerwGE* 107, 338, 341; *BVerwGE* 110, 216, 218; *Schwarze,* in: *ders.:* Verwaltungsrecht unter europäischem Einfluss, S. 127; *Maurer,* Allgemeines Verwaltungsrecht, § 24 Rn. 25a.

[1157] *Doerfert,* JA 1999, 949, 950.

[1158] *EuGH* Rs. C-361/88 Slg. 1991, I-2567 – Kommission/Deutschland; Rs. C-59/89, Slg. 1991, I-2607 – Kommission/Deutschland.

[1159] *EuGH* Rs. C-361/88, Slg. 1991, I-2567 – Kommission/Deutschland; *Bönker,* Umweltstandards in Verwaltungsvorschriften, S. 111; *Sendler,* UPR 1993, 321, 329.

[1160] *Schwarze,* in: *ders.:* Verwaltungsrecht unter europäischem Einfluss, S. 128.

tungsinternen Bereich hinaus bestätigt hätte.[1161] Der *EuGH* kritisiert weiterhin, dass normkonkretisierende Verwaltungsvorschriften nicht geeignet seien, Rechte und Pflichten für die Betroffenen zu begründen und ihnen die Möglichkeit zu eröffnen, ihre Rechte wirkungsvoll wahrzunehmen.[1162] Als Innenrechtssatz entfalte die normkonkretisierende Verwaltungsvorschrift keine unmittelbare Wirkung über den Innenbereich der Verwaltung hinaus und werde dadurch den Anforderungen an Konkretheit, Bestimmtheit und Klarheit der Richtlinienumsetzung nicht gerecht.[1163]

Die Kritiker der Rechtsprechung des *EuGH* werfen dem Gericht unter anderem eine falsche Bewertung und Beurteilung der nationalen Rechtsprechung vor, die zu der fehlerhaften Annahme führe, es existiere keine einheitliche Rechtsprechung hinsichtlich der Bindungswirkung von Verwaltungsvorschriften.[1164] Die normkonkretisierende Verwaltungsvorschrift sei auch im Europarecht das geeignete Mittel, Richtlinien umzusetzen.[1165] Im Regelfall entfalte die normkonkretisierende Verwaltungsvorschrift eine mit Rechtsnormen vergleichbare Verbindlichkeit, die den Anforderungen an einen Umsetzungsakt gerecht wird.[1166]

Trotz der zahlreichen Kritik hat die Rechtsprechung des *EuGH* im nationalen Verwaltungsrecht die Folge gehabt, dass die Umsetzung von Richtlinien hauptsächlich nur noch durch Rechtsverordnung, wie zum Beispiel die 22. BImSchV, welche die Umsetzung durch die TA Luft ersetzt, erfolgt.[1167] Mit der Rechtsverordnung steht ein verbindlicher Rechtssatz mit Außenwirkung zur Verfügung, der der Verwaltung ausreichend Spielraum lässt, jedoch den vom *EuGH* geforderten Anforderungen an die Rechtssicherheit gerecht wird.[1168] Die normkonkretisierende Verwaltungsvorschrift kommt seit der Rechtsprechung des *EuGH* als Mittel zur Richtlinienumsetzung nicht mehr in Frage,[1169] für den nationalen Be-

---

[1161] So auch *Bönker*, Umweltstandards in Verwaltungsvorschriften, S. 122; *Wolf*, DÖV 1992, 849, 858; *Hoppe/Otting*, NuR 1998, 61, 64; *Kadelbach*, Allgemeines Verwaltungsrecht unter europäischem Einfluss, S. 311.

[1162] *EuGH* Rs. C-361/88, Slg. 1991, I-2567, 2602 – Kommission/Deutschland.

[1163] *Bönker*, Umweltstandards in Verwaltungsvorschriften, S. 110; *Henke*, EuGH und Umweltschutz, S. 217; *Doerfert*, JA 1999, 949, 951.

[1164] *Reinhardt*, DÖV 1992, 102, 106; *Wolf*, DÖV 1992, 849, 859; *von Danwitz*, VerwArch 84 (1993), 73, 84; *Everling*, NVwZ 1993, 209, 214; *Ossenbühl*, DVBl. 1993, 753, 758; *Gellermann*, Beeinflussung des bundesdeutschen Rechts durch Richtlinien der EG, S. 66.

[1165] *Gellermann*, Beeinflussung des bundesdeutschen Rechts durch Richtlinien der EG, S. 85.

[1166] *Gellermann*, Beeinflussung des bundesdeutschen Rechts durch Richtlinien der EG, S. 78.

[1167] *Schwarze*, in: *ders.*: Verwaltungsrecht unter europäischem Einfluss, S. 129; *Hoppe/Otting*, NuR 1998, 61, 69; *Doerfert*, JA 1999, 949, 951.

[1168] *Bönker*, Umweltstandards in Verwaltungsvorschriften, S. 132; *Gusy*, NVwZ 1995, 105, 109; *Hoppe/Otting*, NuR 1998, 61, 69.

[1169] *Doerfert*, JA 1999, 949, 952.

reich ist die Kategorie der normkonkretisierenden Verwaltungsvorschriften im Allgemeinen und die TA Luft im Besonderen jedoch weiterhin gültig und im Rahmen ihrer anerkannten begrenzten Außenwirkung auch verbindlich.[1170]

Die Europäisierung der Strukturen des deutschen Verwaltungsrechts ist dementsprechend nicht so weit fortgeschritten, die durchaus unter kritischer Beobachtung stehende normkonkretisierende Verwaltungsvorschrift aus dem deutschen Verwaltungsrecht zu verbannen, sie hat jedoch zumindest das Bewusstsein für diese problematische Rechtsfigur geweckt und einen Prozess angestoßen, der sich in diese Richtung bewegen könnte.[1171]

bb) Gemeinschaftsrichtlinien und das englische Recht

Die europäisierende Wirkung von Gemeinschaftsrichtlinien entfaltet sich im englischen Recht mittelbar und gewissermaßen über den Umweg der Rechtsprechung des *EuGH*, welcher eine gemeinschaftsrechtskonforme Anwendung der Richtlinien in den Mitgliedstaaten überwacht und Konsequenzen in der Anwendung nicht nur des Gemeinschaftsrechts fordert.

Deutlich wird dies in *Johnston v Chief Constable of the Royal Ulster Constabulary,*[1172] einem Fall in dem sich die Klägerin gegen die Nichtbeachtung der gemeinschaftsrechtlichen Anti-Diskriminierungsrichtlinie wandte, welche in Fällen einer Diskriminierung aufgrund des Geschlechts, ein Klagerecht der betroffenen Person vorsieht.[1173] Das Innenministerium hatte mit einer schriftlichen Anordnung, die Diskriminierung sei aus Gründen der nationalen Sicherheit erforderlich, auf der Grundlage des Art. 53 (2) *Sex Discrimination (Northern Ireland) Order 1976* jegliche gerichtliche Überprüfung dieser Entscheidung ausschließen wollen, da Art. 53 (2) eine unwiderlegliche Vermutung für das Vorliegen des Ausschlussgrundes darstellt. In dieser Verdrängung der Anwendung einer Gemeinschaftsrichtlinie auf einen nationalen Sachverhalt sah der *EuGH* einen gemeinschaftsrechtswidrigen Verstoß gegen den Grundsatz des effektiven gerichtlichen Rechtsschutzes, wie ihn die Richtlinie gerade gewährleistet und verlangte die Sicherstellung einer vollständigen gerichtlichen Überprüfung der Entscheidung vor einem nationalen Gericht.[1174]

[1170] *Schwarze,* in: *ders.:* Verwaltungsrecht unter europäischem Einfluss, S. 129.

[1171] *Sendler,* UPR 1993, 321, 329; *Schwarze,* in: *ders.:* Verwaltungsrecht unter europäischem Einfluss, S. 129.

[1172] *EuGH* Rs. 222/84, Slg. 1986, 1651.

[1173] Art. 6 der Richtlinie 76/207 des Rates; *Usher,* The Indirect Influence of Principles of European Community Law in the United Kingdom, S. 9; *Jacobs,* [1999] P.L. 232, 237; *Craig/de Búrca,* EU Law, S. 886.

[1174] *EuGH* Rs. 222/84, Slg. 1986, 1651, 1693; *de Smith/Woolf/Jowell,* Judicial Review, Rn. 21-173.

Die Anti-Diskriminierungsrichtlinie hat so einen sichtbaren Europäisierungseffekt für das englische Recht gehabt, in dem sie dem von einer Diskriminierung Betroffenen ein Klagerecht an die Hand gibt, welches unter dem mitgliedstaatlichen Recht nicht vorgesehen ist.

d) Europäisierung des mitgliedstaatlichen Rechts durch Rechtsvergleichung

Auch die Rechtsvergleichung ist eine Methode, mit welcher der Europäisierungsprozess gefördert wird.[1175] Sie steht in engem Zusammenhang mit der Rechtsprechung des *EuGH,* der sich ihrer zur Rechtsfortbildung bedient und bei der Bildung allgemeiner Rechtsgrundsätze bemüht ist, im Wege der wertenden Rechtsvergleichung aus einer Gesamtschau der mitgliedstaatlichen Lösungen die für das Gemeinschaftsrecht beste Lösung zu ermitteln.[1176] Darüber hinaus nutzen auch Rat und Kommission die Rechtsvergleichung, um bei der Rechtssetzung sowohl die unterschiedlichen Rechtstraditionen der Mitgliedstaaten als auch die Ziele der Gemeinschaft zu berücksichtigen und in Einklang zu bringen.[1177] Rechtsvergleichung hat damit zunächst mittelbare Bedeutung für die Europäisierung, da sie in erster Linie nur zur Gewinnung allgemeiner Rechtsgrundsätze genutzt wird.[1178] Für die Europäisierung ist sie aber gleichwohl aufgrund ihrer wechselseitigen Bezüge und Wirkungen bedeutsam: Die Rechtsvergleichung im Rahmen des Gemeinschaftsrechts bedient sich zur Rechtsfortbildung der Grundlagen des Gemeinschaftsrechts – den mitgliedstaatlichen Rechtsordnungen –, um im Gegenzug durch die Schaffung neuer Rechtsgrundsätze die mitgliedstaatlichen Rechtsordnungen erneut zu beeinflussen.[1179] Dieser Prozess erfolgt gleichsam einer „hermeneutischen Spirale“, fördert dadurch eine gegenseitige Befruchtung und wird dem Ziel der Rechtsvergleichung, die für das Gemeinschaftsrecht beste Lösung zu finden, ebenso gerecht wie den Zielen der Europäisierung.

[1175] *Schwarze,* Europäisches Verwaltungsrecht, S. 73; *Schmidt-Aßmann,* in: *Badura*, FS Lerche, S. 513, 517; zur Rechtsvergleichung als Methode der Rechtsfortbildung im öffentlichen Recht vgl. *Bernhardt,* ZaörV 24 (1964), 431; *Häberle,* JZ 1989, 913 f.

[1176] *EuGH* Rs. 11/70, Slg. 1970, 1125, 1135 – Internationale Handelsgesellschaft; *Daig,* in: *Bernstein/Drobnig/Kötz,* FS Zweigert, S. 395, 396; *Schwarze,* Europäisches Verwaltungsrecht, Band I, S. 71; *Bleckmann,* DÖV 1993, 837. 840; *Schmidt-Aßmann,* in: *Badura*, FS Lerche, S. 513, 518; *Ukrow,* Richterliche Rechtsfortbildung, S. 50.

[1177] *Schwarze,* Europäisches Verwaltungsrecht, Band I, S. 73.

[1178] *Ukrow,* Richterliche Rechtsfortbildung, S. 49; *Wegener,* in: *Calliess/Ruffert,* EGV, Art. 220, Rn. 33.

[1179] *Daig,* in: *Bernstein/Drobnig/Kötz,* FS Zweigert, S. 395, 409.

4. Die Rolle der EMRK und des Europäischen Gerichtshofs für Menschenrechte

Neben dem Gemeinschaftsrecht spielt mittelbar auch die EMRK und die Rechtsprechung des *EGMR* für die Harmonisierung der mitgliedstaatlichen Rechtsordnungen eine wichtige Rolle, da auch die Entscheidungen des *EGMR* die Mitgliedstaaten nicht selten zu weit reichenden Veränderungen veranlassen.[1180] Für den im Rahmen einer Individualbeschwerde beklagten Staat begründet eine Entscheidung des *EGMR* die Verpflichtung, nach Art. 46 EMRK die Konventionsverletzung abzustellen und die hierfür erforderlichen Maßnahmen zu treffen.[1181] Neben der Pflicht zur Leistung von Wiedergutmachung können die Urteile des *EGMR* mittelbar auch zur Aufhebung von konventionswidrigen Gesetzen, Verwaltungsakten oder sonstigen Verwaltungsmaßnahmen durch den beklagten Staat führen, um für die Zukunft Konventionsverletzungen zu verhindern, was in mehreren Fällen geschehen ist.[1182] Dies führt auf der Ebene des Grundrechtsschutzes in nicht unerheblichem Umfang zu einer schrittweisen Europäisierung und Harmonisierung der nationalen Rechtsordnungen.

Den Entscheidungen des *EGMR* kommt neben der unmittelbaren Rechtskraftwirkung, die nur den am Verfahren beteiligten Mitgliedstaat betrifft und verpflichtet, auch eine darüber hinausgehende normative Wirkung zu, die auch als „Orientierungswirkung" bezeichnet wird.[1183] Sie führt dazu, dass sich Rechtsprechung und Gesetzgebung in einigen Mitgliedsländern auch ohne eine entsprechende Verpflichtung durch den *EGMR* an den Grundsätzen des Konventionsrechts orientieren und konventionskonform handeln.[1184] Sie beugen damit künftigen Feststellungen von Konventionsverletzungen durch den *EGMR* vor.[1185] Die Praxis zeigt, dass die Bereitschaft der Staaten zur Rezeption der Rechtsprechung des *EGMR* auch ohne eine Verpflichtung stark ausgeprägt ist

---

1180 *Ress*, in: *Burmeister*, Die Verfassungsrechtliche Stellung der Verwaltung in Frankreich und in der Bundesrepublik Deutschland, S. 199; *Schmidt-Aßmann*, in: *Badura*, FS Lerche, S. 513, 515; siehe die Beispiele bei *Koopmans*, [1991] P.L. 53, 54; *Ress*, EuGRZ 1996, 350, 353.

1181 *Bernhardt*, FS Doehring, S. 23, 28; *Frowein*, in: *Isensee/Kirchhof*, HStR, Bd. VII, § 180 Rn. 13; *Villiger*, Handbuch der Europäischen Menschenrechtskonvention, Rn. 233; *Pache*, EuR 2004, 393, 402.

1182 *Polakiewicz*, ZaöRV 52 (1992), 149, 165; *Ehlers*, in: *ders.* EuGR, § 2 Rn. 52; *Bernhardt*, FS Doehring, S. 23, 29; *Polakiewicz*, ZaöRV 52 (1992), 149; *Ress*, EuGRZ 1996, 350, 353.

1183 *Ress*, EuGRZ 1996, 350; *Grabenwarter*, Europäische Menschenrechtskonvention, S. 26; *Pache*, EuR 2004, 393, 406.

1184 *Grabenwarter*, Europäische Menschenrechtskonvention, S. 27.

1185 *Ress*, EuGRZ 1996, 350.

und dazu führt, dass den Grundsätzen der Rechtsprechung des *EGMR* auch von nicht betroffenen Staaten zur Wirkung verholfen wird.[1186]

Wie bereits angesprochen, bedient sich auch der *EuGH* der Grundsätze der EMRK als einer Rechtsquelle im Rahmen der Rechtsvergleichung und verbindet damit das Gemeinschaftsrecht mit dem Konventionsrecht der EMRK. Im Hinblick auf die Europäisierung durch den *EuGH* hat die EMRK also ebenfalls mittelbare Bedeutung, seit sie in Art. 6 II EU als Rechtserkenntnisquelle der Gemeinschaftsgrundrechte in das Gemeinschaftsrecht aufgenommen ist.[1187]

Im deutschen Recht wirkt sich die EMRK nicht nur indirekt durch die Rechtsprechung von *EGMR* und *EuGH* aus. Ihre Gewährleistungen sind auch im Rahmen der Anwendung des nationalen Rechts direkt zu berücksichtigen.[1188] Eine Schwierigkeit stellt hierbei im Rahmen des Verwaltungsverfahrensrechts die Anwendbarkeit des Art. 6 EMRK dar, der die Verfahrensrechte garantiert. Nach seinem Wortlaut in der deutschen Übersetzung für „zivilrechtliche Ansprüche und Verpflichtungen“ einschlägig, sind sowohl die französische als auch die englische Version („obligations de caractère civil“; „civil rights and obligations“) deutungsoffen und beziehen Bürgerrechte in den Anwendungsbereich mit ein.[1189] Der *EGMR* hat in seiner Rechtsprechung diese Begriffe unabhängig von den jeweiligen nationalen Besonderheiten der Definition von Zivilrecht und Öffentlichem Recht dergestalt ausgefüllt, dass die Verfahrensrechte in solchen Fällen geltend gemacht werden können, die im Ergebnis für zivilrechtliche Ansprüche oder Verpflichtungen relevant sind.[1190] Der Ausgang einer Klage vor dem *EGMR* müsse für einen zivilrechtlichen Anspruch bestimmend sein.[1191] Damit sind verschiedene Bereiche auch des öffentlichen Rechts in den Anwen-

---

1186 *Villiger,* Handbuch der Europäischen Menschenrechtskonvention, Rn. 258 f.

1187 *Grabenwarter,* VVDStRL 60 (2000) 290, 333; *Kingreen,* in: *Calliess/Ruffert,* EUV Art. 6, Rn. 35; *Ehlers,* in: *ders.* EuGR § 13 Rn. 7 f.; *Britz,* NVwZ 2004, 173, 174.

1188 *Ress,* in: *Burmeister,* Die Verfassungsrechtliche Stellung der Verwaltung in Frankreich und in der Bundesrepublik Deutschland, S. 199, 227; *Schwarze,* in: *ders.,* Verwaltungsrecht unter europäischem Einfluss, S. 203.

1189 *Ress,* in: *Burmeister,* Die Verfassungsrechtliche Stellung der Verwaltung in Frankreich und in der Bundesrepublik Deutschland, S. 199, 219; *Bleckmann,* in: *Ress,* Entwicklungstendenzen im Verwaltungsverfahrensrecht und in der Verwaltungsgerichtsbarkeit, S. 253.

1190 EGMR, *Ringeisen,* Urt. v. 16.7.1971, Série A 13 Nr. 94; *Peukert,* in: *Frowein/Peukert,* EMRK, Art. 6 Rn. 15; *Duffy,* in: *Andenas,* English Public Law and the Common Law of Europe, S. 175, 183; *Meyer-Ladewig,* Hk-EMRK, Art. 6 Rn. 7; *Unkel,* Berücksichtigung der Europäischen Menschenrechtskonvention in der neueren Rechtsprechung der bundesdeutschen Verwaltungsgerichte, S. 70.

1191 EGMR, *Le Compte, van Leuven und de Meyere,* EuGRZ 1981, 551, 552.

dungsbereich des Art. 6 EMRK mit einbezogen.[1192] Konkrete Auswirkungen auf die verfahrensrechtlichen Gewährleistungen des deutschen Verwaltungsverfahrensgesetzes lassen sich so ohne Weiteres jedoch nicht nachweisen. Es ist jedoch auch nicht ausgeschlossen, dass angestrebte Gesetzgebungsverfahren und Bemühungen zur Beschleunigung des Verwaltungsverfahrens mittelbar auf die Rechtsprechung des *EGMR* zurückgehen.[1193]

England war eines der ersten Länder, welches die EMRK ratifizierte, dennoch sind einzelne Gewährleistungen der EMRK erst durch den *Human Rights Act 1998* Bestandteil der Rechtsordnung geworden.[1194] Gegenüber einer Inkorporierung der EMRK in das nationale Recht gab es eine Reihe von Vorbehalten und die in vielen Bereichen des Rechts vorherrschende Angst vor einer Einschränkung der *parliamentary sovereignty.*[1195] Vielfach wurden Menschenrechte nicht für nötig erachtet und eine Inkorporierung zum Beispiel vom Premierminister *John Major* mit den Worten abgelehnt: „...we have no need of a Bill of Rights because we have freedom“.[1196]

Diese Sichtweise wurde unterstützt von einer allgemein anerkannten Vermutung, dass der parlamentarische Gesetzgeber keine Gesetze erlasse, welche konventionswidrig seien.[1197] Im Widerspruch hierzu stand jedoch die stets große Zahl von Klagen gegen das Vereinigte Königreich vor dem *EGMR.*[1198] Erst der *Human Rights Act 1998* ermöglichte es dem Einzelnen, vor nationalen Gerichten Rechtsschutz gegen Menschenrechtsverletzungen zu erlangen. Die Rolle der nationalen Gerichte war bis dahin darauf beschränkt, bei der Auslegung von Gesetzen in Zweifelsfällen zwar einer konventionskonformen Auslegung den Vorzug zu geben, darüber hinaus war ein Schutz der Menschenrechte vor nationalen Gerichten nicht möglich.[1199] Im Rahmen einer Gesetzesauslegung durch die Ge-

---

[1192] *Meyer-Ladewig,* Hk-EMRK, Art. 6 Rn. 8; *Masuch,* NVwZ 2000, 1266, 1267; *Unkel,* Berücksichtigung der Europäischen Menschenrechtskonvention in der neueren Rechtsprechung der bundesdeutschen Verwaltungsgerichte, S. 72 f.

[1193] *Schwarze,* in: *ders.,* Verwaltungsrecht unter europäischem Einfluss, S. 203.

[1194] *Davis,* Theorie und Praxis des Verhältnisses zwischen EG-Recht und englischer Rechtsordnung, S: 43; *Irvine,* [1998] P.L. 221, 223; *Wade/Forsyth,* Administative Law, S. 183; *Birkinshaw,* European Public Law, S. 390; *Beloff,* [2003] Jersey Law Report, 29, 40; *Irvine,* [2003] P.L. 308, 309; für Einzelheiten zum *Human Rights Act 1998* vgl. *Alder,* Constitutional and Administrative Law, S. 428.

[1195] *Irvine,* [2003] P.L. 308, 309.

[1196] *Irvine,* [2003] P.L. 308, 309.

[1197] *Davis,* Theorie und Praxis des Verhältnisses zwischen EG-Recht und englischer Rechtsordnung, S. 44.

[1198] *Davis,* Theorie und Praxis des Verhältnisses zwischen EG-Recht und englischer Rechtsordnung, S. 50; *Wade/Forsyth.* Administrative Law, S. 183.

[1199] *R v Home Office, ex parte Brind* [1991] 1 AC 696, 747; *Irvine,* [2003] P.L. 309, 313.

richte aber waren die Menschenrechte der EMRK durchaus ein anerkannter Bestandteil des *Common Law.*[1200] Dadurch kam den Gerichten eine wichtige Rolle bei der Entwicklung des Menschenrechtsschutzes zu, die diese engagiert ausfüllten und den Gewährleistungen der EMRK auch im nationalen Recht zur Geltung verhalfen.[1201]

Der europäisierende Einfluss der EMRK lässt sich also schon vor Inkrafttreten des *Human Rights Act 1998* ausmachen,[1202] die Bedeutung für das Verwaltungsrecht steigt aber mit Inkrafttreten dieses Gesetzes.[1203] Insbesondere die geäußerte Erwartung, dass sich die Rechtsprechung in Zukunft bei den Entscheidungen nicht mehr ausschließlich von formalen Aspekten zur Beurteilung der Richtigkeit einer Verwaltungsentscheidung leiten lassen soll, sondern die Hintergründe und Motive des Entscheidungsträgers zu berücksichtigen habe, wird das Verwaltungsrecht nachhaltig prägen können.[1204]

5. Fazit

Eine wichtige Vorraussetzung für die Europäisierung der mitgliedstaatlichen Rechtsordnungen ist die Offenheit der Rechtsordnungen für äußere Einflüsse, die unter Umständen tief greifende Veränderungen nach sich ziehen können. Auch für das Rechtsgebiet des Verwaltungsrechts kann diese Offenheit entgegen verbreiteter Vorbehalte bejaht werden. Trotz nationaler Eigenheiten und unterschiedlicher verfassungsrechtlicher Fundierung sind die Einfallstore für die Europäisierung des Verwaltungsrechts ebenso zahlreich wie vielfältig.

Die genauere Betrachtung einzelner Europäisierungsmechanismen und des deutschen und des englischen Verwaltungsrechts hat jedoch gezeigt, dass die Erfordernisse des Gemeinschaftsrechts auch Umstrukturierungen der mitgliedstaatlichen Rechtsordnung in Bereichen nach sich ziehen, die nicht unmittelbar mit dem Gemeinschaftsrecht zu tun haben.[1205] Hierzu gehört sicher auch die Einbindung der Grundsätze der EMRK, welche nicht originäres Gemeinschaftsrecht darstellt, und dennoch die Rechtsordnungen der Mitgliedstaaten beeinflusst. Da

---

[1200] *R v Home Office, ex parte Brind* [1991] 1 AC 696; *Derbyshire CC v Times Newspapers Ltd,* [1993] 1 All ER 1011; *Davis,* Theorie und Praxis des Verhältnisses zwischen EG-Recht und englischer Rechtsordnung, S. 53; *Laws,* [1993] P.L. 59, 63; *Jowell/Birkinshaw,* in: *Schwarze,* Das Verwaltungsrecht unter europäischem Einfluss, S. 275; *Craig,* in: *Leyland/Woods,* Administrative Law Facing the Future, S. 271, 292; *Hunt,* Human Rights Law in English Courts, S. 127; *Jacobs,* [1999] P.L. 212, 233.

[1201] *Beloff,* E.H.R.L.R. 1996, 467, 468; *ders.,* [2003] Jersey Law Report 29, 40.

[1202] *Jacobs,* [1999] P.L. 212, 233.

[1203] *Vernon,* Tribunals 1999, S. 15; *Wade/Forsyth,* Administrative Law, S. 193.

[1204] *Irvine,* [1998] P.L. 221, 235; *Wade/Forsyth,* Administrative Law, S. 194.

[1205] So auch *Schwarze,* in: *ders.,* Das Verwaltungsrecht unter europäischem Einfluss, S. 824.

sie jedoch nicht dem Vollzug von Gemeinschaftsrecht dient, kann ihr Einfluss nicht als Europäisierung im eigentlichen Sinne verstanden werden.

Den größten Einfluss auf die nationalen Rechtsordnungen und damit die stärkste europäisierende Wirkung hat die Rechtsprechung des *EuGH.* Zum einen hat sie ganz konkrete Auswirkungen auf die Rechtsentwicklung in den Mitgliedstaaten, indem der *EuGH* die Maßstäbe für die Durchführung des Gemeinschaftsrechts vorgibt, zum anderen ist sie mittelbar sichtbar, wenn zum Beispiel schon Gemeinschaftsrichtlinien auf die nationalen Rechtsordnungen Einfluss nehmen, der *EuGH* diesen Einfluss jedoch noch durch Konkretisierungen verstärkt.

Trotz einheitlicher Einflussfaktoren auf das deutsche und das englische Verwaltungsrecht sind die Ergebnisse des Europäisierungsprozesses nicht gleichförmig. Die unterschiedlichen Ausgangslagen in den Rechtsordnungen Deutschlands und Englands spiegeln sich hierbei insofern wider, als auch die Europäisierung unterschiedlichen Bedürfnissen begegnet und damit im Ergebnis zu einer völlig unterschiedlichen Schwerpunktbildung führt.

Die Ausführungen zur Europäisierung des englischen Rechts haben gezeigt, dass sowohl bei einer Fokussierung auf die Rechtsprechung des *EuGH* und ihren Auswirkungen, als auch bei Betrachtung des Einflusses der Gemeinschaftsrichtlinien die Europäisierung schwerpunktmäßig den Bereich des gerichtlichen Rechtsschutzes betrifft. Sei es wie bei der *Factortame*-Rechtsprechung der einstweilige Rechtsschutz[1206] oder wie bei *Johnston v Chief Constable of the Royal Ulster Constabulary* das Recht auf effektiven Rechtsschutz[1207] besteht in diesem Bereich des englischen Rechts wohl verstärkt das Bedürfnis, einen Einklang mit Grundsätzen des Gemeinschaftsrechts herzustellen. Hieran schließen sich nahtlos die Bemühungen der Gerichte um eine Berücksichtigung des gemeinschaftsrechtlichen Verhältnismäßigkeitsgrundsatzes auch außerhalb von gemeinschaftsrechtlichen Sachverhalten an.[1208]

Das deutsche Verwaltungsrecht hingegen ist gewissermaßen im Kern getroffen, setzt die Europäisierung doch einerseits bei der Auslegung gewachsener Rechtsnormen[1209] und andererseits bei neu geschaffenen Handlungsformen an.[1210] Weniger als die konkrete Rechtsanwendung sind es hier die Strukturen, die sich einer Überprüfung auf ihre „Gemeinschaftsrechtstauglichkeit“ stellen und sich entsprechend wandeln müssen.

1206 S.o. Dritter Teil, C.I.3.a)bb); S. 172.
1207 S.o. Dritter Teil, C.I.3.c)bb); S. 181.
1208 S.o.: Dritter Teil, C.I.3.a)bb); S. 172.
1209 S.o. Dritter Teil, C.I.3.a)aa); S. 171.
1210 S.o. Dritter Teil, C.I.3.c)aa); S. 178.

II. Konsequenzen der Europäisierung des Verwaltungsrechts

Die Europäisierung des mitgliedstaatlichen Rechts führt mangels einer Rechtspflicht zur Änderung nationaler Regelungen nicht zu einer generellen Vereinheitlichung auch der mitgliedstaatlichen Verwaltungsrechtsordnungen.[1211] Im Verhältnis der Mitgliedstaaten untereinander bleiben die jeweils für die Rechtsordnungen charakteristischen Besonderheiten bestehen, harmonisiert wird vor allem der Vollzug des Gemeinschaftsrechts.

Betrachtet man die einzelnen nationalen Rechtssysteme, so zeigt sich in der Rechtsanwendung ein Nebeneinander von Gemeinschaftsrechtsvollzug und nationaler Verwaltungstätigkeit. Abhängig davon, ob ein Sachverhalt einen gemeinschaftsrechtlichen Bezug aufweist oder nicht, erfolgt die Rechtsanwendung unter Berücksichtigung der gemeinschaftsrechtlichen Vorgaben zur Harmonisierung oder erfolgt in der Regel in den althergebrachten Bahnen der nationalen Rechtsanwendung.[1212]

Ob es bei diesem Zustand der Zweigleisigkeit auf Dauer bleiben wird, ist offen.[1213] Die Analyse der Europäisierung des englischen Verwaltungsrechts hat gezeigt, dass es dort bereits Bereiche gibt, in denen die Europäisierung des nationalen Verwaltungsrechts nicht nur eine Veränderung in der Behandlung von Sachverhalten mit Gemeinschaftsrechtsbezug, sondern parallel dazu auch bei rein nationalen Sachverhalte nach sich gezogen hat.[1214] Die Rechtsprechung in England hat auf die europäischen Vorgaben reagiert und Defizite des englischen Verwaltungsrechts ausgeglichen. Ob dieser Ausgleich „freiwillig" erfolgt, oder das Ergebnis eines „faktischen Anpassungsdrucks"[1215] ist, soll an dieser Stelle dahingestellt bleiben, da gerade im Hinblick auf die nur rudimentäre Ausgestaltung des englischen Verwaltungsrechts[1216] eine Generalisierung dieses Phänomens für andere mitgliedstaatliche Rechtsordnungen schwierig sein dürfte. Für das deutsche Verwaltungsrecht ist eine umfassende Anpassung an europäische Vorgaben außerhalb des Gemeinschaftsrechtsvollzuges ohne ein Einschreiten des Gesetzgebers allein durch die genannten europäisierenden Faktoren wohl

---

[1211] *Buck,* Europäisierung des verwaltungsgerichtlichen vorläufigen Rechtsschutzes, S. 265.

[1212] *Kadelbach,* Allgemeines Verwaltungsrecht unter europäischem Einfluss, S. 489; *ders.,* EuR 2002, Beiheft 2, 7, 27; *Ehlers,* in: *Erichsen/Ehlers,* Allgemeines Verwaltungsrecht, § 3 Rn. 67; gegen die Entwicklung einer solchen Zweigleisigkeit *Engel,* Die Verwaltung 25 (1992), 437, 475.

[1213] *Schoch,* JZ 1995, 109, 117.

[1214] S.o.: Dritter Teil, C.I.3.a)bb); S. 172; *Jowell/Birkinshaw* in: *Schwarze,* Verwaltungsrecht unter europäischem Einfluss, S. 274.

[1215] *Schmidt-Aßmann,* Verwaltungsrecht als Ordnungsidee, S. 36.

[1216] S.o.: Zweiter Teil, A.I; S. 113.

nicht möglich.[1217] Bislang hat der Gesetzgeber jedoch noch keine Bereitschaft gezeigt, diese umfassende Erneuerung des Verwaltungsrechts anzugehen. An der zweigleisigen Rechtsanwendung wird sich daher auf absehbare Zeit wohl nichts ändern.

D. Die Begründungspflicht im Europarecht

Die Pflicht zur Begründung von Entscheidungen der Gemeinschaft ist die einzige verwaltungsverfahrensrechtliche Regelung des allgemeinen Verwaltungsrechts, die in die Gründungsverträge der Gemeinschaft Eingang gefunden hat.[1218]

Motiv hierfür war allerdings nicht in erster Linie der Schutz der Bürger, sondern das Interesse der Mitgliedstaaten, den mit der Gemeinschaft einhergehenden Kompetenzverlust durch eine durchgehende Kontrolle des Handelns der Gemeinschaftsorgane auszugleichen.[1219] Die Bedeutung der Begründungspflicht für das Europäische Verwaltungsrecht zeigt sich darin, dass in vielen Verfahren vor dem *EuGH* und dem Gericht erster Instanz (*EuG)* gemeinschaftsrechtliche Verwaltungsentscheidungen aufgrund fehlender oder fehlerhafter Begründung angegriffen werden.[1220]

I. Grundlagen der Begründungspflicht

Die Begründungspflicht im Europarecht ist zunächst in Art. 253 EGV primärrechtlich geregelt, jedoch auch ein wichtiger Bestandteil der Rechtsprechung des *EuGH* und in ihrer konkreten Ausgestaltung von diesem wesentlich entwickelt worden. Neben diesen sicherlich wichtigsten Rechtsquellen spielt die Begründungspflicht aber auch in der Grundrechte-Charta eine wichtige Rolle. Diese vielfältigen Anknüpfungspunkte zeigen die Bedeutung, welche die Begründungspflicht für das Gemeinschaftsrecht hat und welche durch eine Anbindung der Begründungspflicht an das für die Legalität staatlichen Handelns bedeutende gemeinschaftsrechtliche Rechtsstaatsprinzip unterstrichen wird.[1221]

1217 *Kadelbach,* in: *v. Danwitz u. a. (Hrsg.)* Europäische Staatlichkeit, S. 131, 145 ff.

1218 *Schwarze,* Europäisches Verwaltungsrecht, Band II, S. 1359; *Müller-Ibold,* Begründungspflicht, S. 31; *Nehl,* Principles of Administrative Procedure, S. 119; *ders.,* Europäisches Verwaltungsverfahren und Gemeinschaftsverfassung, S. 390.

1219 *Bleckmann,* Europarecht, Rn. 492.

1220 *Lenaerts/Vanhamme,* CML Rev. 1997, 531, 563; *Nehl,* Principles of Administrative Procedure, S. 119.

1221 *Nicolaysen,* Europarecht I, S. 347.

1. Das gemeinschaftsrechtliche Rechtsstaatsprinzip

Das gemeinschaftsrechtliche Rechtsstaatsprinzip als eine der Wurzeln der Begründungspflicht ist in Art. 6 I EU als Grundsatz festgeschrieben, auf dem neben den Grundsätzen der Freiheit, der Demokratie und der Achtung der Menschenrechte und Grundfreiheiten die Europäische Union beruht.[1222] Die Ausgestaltung des Rechtsstaatsprinzips ist im Wesentlichen eine Aufgabe des *EuGH,* der in ständiger Rechtsprechung die rechtsstaatlichen Grundsätze der Gemeinschaft aus den mitgliedstaatlichen Rechtsordnungen und ihren Anforderungen an Rechtsstaatlichkeit heraus entwickelt, oft allerdings ohne diese ausdrückliche einem Rechtsstaatsprinzip, wie es zum Beispiel im deutschen Verfassungsrecht bekannt ist, zuzuordnen und in vergleichbarer Tiefe dogmatisch zu durchdringen.[1223] So wurde erreicht, dass die europäische Rechtsstaatlichkeit in etwa dem Standard der Rechtsstaatlichkeit ihrer Mitgliedstaaten entspricht, gleichzeitig aber die Zuordnung zum Rechtsstaatsprinzip erst durch eine gemeinsame Betrachtung der mitgliedstaatlichen Rechtsordnungen und des Gemeinschaftsrechts möglich ist.[1224] Die wichtigsten Merkmale des Rechtsstaatsprinzips sind neben der Gewaltenteilung der Grundsatz des Vertrauensschutzes, der Verhältnismäßigkeitsgrundsatz, das Rückwirkungsverbot, der Bestimmtheitsgrundsatz und die Rechtsschutzgarantie.[1225]

Für die Begründungspflicht ist insbesondere der Aspekt der Rechtsschutzgarantie von Bedeutung, denn er korreliert besonders mit der Rechtsschutzfunktion der Begründung.

2. Die Regelung des EGV

Art. 253 EGV bestimmt für Verordnungen, Richtlinien und Entscheidungen die vom Europäischen Parlament zusammen mit dem Rat, oder welche vom Rat oder der Kommission angenommen werden, dass diese mit Gründen versehen werden müssen. Diese primärrechtliche Regelung ist ein Sonderfall für verwaltungsverfahrensrechtliche Regelungen.[1226] Kein anderer Verfahrensgrundsatz des Verwaltungsverfahrens ist primärrechtlich in den Verträgen geregelt, und auch Art. 253 EGV ist bei der Konkretisierung einer Begründungspflicht zu-

---

[1222] *Pechstein,* in: *Streinz,* EUV/EGV, Art. 253 EGV, Rn. 1.

[1223] *Hofmann,* in: *Hofmann/Marko/Merli/Wiederin,* Rechtsstaatlichkeit in Europa, S. 321, 322; *Pechstein,* in: *Streinz,* EUV/EGV, Art. 6 EU Rn. 7

[1224] *Hofmann,* in: *Hofmann/Marko/Merli/Wiederin,* Rechtsstaatlichkeit in Europa, S. 321, 324; *Oppermann,* Europarecht, Rn. 244.

[1225] *Scheffler,* Die Pflicht zur Begründung, S. 44 f.; *Streinz,* Europarecht, Rn. 369.

[1226] *Scheffler,* Die Pflicht zur Begründung, S. 44; *Schwarze,* Europäisches Verwaltungsrecht, Band II, S. 1333; *Calliess,* in: *Calliess/Ruffert,* EGV Art. 253, Rn. 2; *Nicolaysen,* Europarecht I, S. 347.

rückhaltend. Eine Bestimmung von Inhalt und Umfang der Begründungspflicht ist primärrechtlich nicht erfolgt, hierin liegt eine der wichtigen Aufgaben des *EuGH*.[1227]

3. Die Rechtsprechung des EuGH

In der Rechtsprechung des *EuGH* hat die Begründungspflicht seit jeher eine wichtige Rolle gespielt. Zum einen erfüllt der *EuGH* eine wichtige Aufgabe bei der Konkretisierung des Inhalts und des Umfanges der Begründungspflicht, andererseits lässt sich die Begründungspflicht auch als ein vom *EuGH* entwickelter allgemeiner Rechtsgrundsatz einordnen, denn sowohl der *EuGH* als auch die Generalanwälte haben eine Begründungspflicht auch für eine Vielzahl von Verwaltungsentscheidungen angenommen, die nicht von Art. 253 EGV erfasst werden.[1228] Die Rechtsprechung hat aber auch deutlich gezeigt, dass die allgemeinen Rechtsgrundsätze nicht lediglich als Instrument zur Lückenfüllung in Bereichen, die gesetzlich nicht geregelt sind, genutzt werden, sondern auch einer Konkretisierung gesetzlich bereits geregelter Materien dienen.

4. Art. 41 Charta der Grundrechte der Europäischen Union

Die Europäische Grundrechts-Charta (GRCh) wurde am 7. Dezember 2000 proklamiert, mit dem Ziel, das dem europäischen Recht bislang immanente Grundrechtsdefizit abzumildern und EU und EG bei der Durchführung des Gemeinschaftsrechts an die Grundrechte zu binden.[1229] Mit der Integration der Grundrechtecharta in den Entwurf der europäischen Verfassung hat sie einen Rahmen bekommen, innerhalb dessen sie einen rechtsverbindlichen Grundrechtekatalog darstellen und dadurch Verfassungsrang erlangen wird.[1230] Bis zum Inkrafttreten der Europäischen Verfassung (dessen Zeitpunkt nach dem Scheitern der Referenden in Frankreich und den Niederlanden derzeit nicht abgeschätzt werden kann[1231]) befindet sich die Grundrechtecharta jedoch noch hinsichtlich ihrer Geltung gewissermaßen in einem Schwebezustand. Aufgrund ihres Charakters als rechtlich unverbindliche politische Erklärung, ist es nicht möglich, sich vor einem Gericht auf ihre Gewährleistungen zu berufen.[1232] Den-

---

1227 *Gellermann*, in: *Streinz*, EUV/EGV Art. 253 EGV, Rn. 5.

1228 *EuGH* Rs. 1/55, Slg. 1955, 13, 46 – Kergall; Rs. 43/59, Slg. 1960, 965, 989 – Lachmüller; Rs. 67/79, Slg. 1980, 535, 565 – Fellinger; Rs. 131/79, Slg. 1980, 1585, 1601; Rs. 206/81, Slg. 1982, 3369, 3376– Alvarez; Rs. 316/82, Slg. 1984, 641, 667 – Kohler; *Lindemann*, Allgemeine Rechtsgrundsätze und europäischer öffentlicher Dienst, S. 154; *Müller-Ibold*, Begründungspflicht, S. 54.

1229 *Calliess*, in: *Ehlers*, EuGR, § 19 Rn. 19.

1230 *Hölscheidt/Putz*, JA 2004, 262, 263; *Schmitz*, EuR 2004, 691, 695.

1231 *Hölscheidt/Putz*, JA 2004, 262, 264; zur Verfassung siehe auch *Ruffert*, EuR 2004, 165 ff.

1232 *Bauer*, Das Recht auf eine gute Verwaltung, S. 11; *Schmitz*, EuR 2004, 691, 969.

noch ziehen die Generalanwälte und auch der *EuG* die Gewährleistungen der Grundrechtecharta zum einen als Auslegungshilfe heran, zum anderen konkretisieren sie die existierenden allgemeinen Rechtsgrundsätze anhand der in der Charta niedergelegten Grundrechte.[1233]

Für die Begründungspflicht von Bedeutung ist Art. 41 GRCh (Art. II-101 VVE), der im unter der Überschrift *Bürgerrechte* angesiedelten fünften Titel der Grundrechtecharta zu finden ist, und als Jedermanngrundrecht in erster Linie das Recht auf eine „gute Verwaltung“ vorsieht.[1234] Diese Verpflichtung der Verwaltung auf eine verfahrensmäßig rechtsstaatliche Verwaltung wird in Absatz 2 c) unter anderem dergestalt konkretisiert, dass die Verwaltung verpflichtet wird, ihre Entscheidungen zu begründen.[1235] Nicht nur diese Begründungspflicht, auch die übrigen Gewährleistungen des Art. 41 GRCh, die keineswegs eine abschließende Konkretisierung darstellen, sind keine neue Errungenschaft der Grundrechtecharta, sondern stellen eine Kodifizierung der Rechtsprechung des *EuGH* dar, der in seiner Rechtsprechung schon seit jeher den Verfahrensrechten des Bürgers im Verhältnis zur Union ein großes Gewicht beimisst.[1236] Solange der Anwendungsbereich und der Status der Grundrechtecharta im Rechtsgefüge der Europäischen Union noch nicht endgültig durch Ratifizierung des Verfassungsvertrages klargestellt ist, können daher aus Art. 41 GRCh für die Pflicht zur Begründung von Verwaltungsentscheidungen keine über die Gewährleistungen des Art. 253 EGV hinausgehenden Erkenntnisse oder Verpflichtungen gewonnen werden. Mit Inkrafttreten des Europäischen Verfassungsvertrages und der damit verbundenen Aufhebung der Regelungen des EGV bekäme die Begründungspflicht allerdings Verfassungsrang. Auf die Begründungspraxis der Europäischen Verwaltung wird diese „Aufwertung“ wohl keine Auswirkungen haben, denn Inhalt und Umfang der Begründung sind auch unter dem Regime des EGV Gegenstand der Rechtsprechung des *EuGH* und des *EuG*, Konkretisierungen der Begründungspflicht sucht man auch im EGV vergeblich.

Auch eine grundrechtliche Begründungspflicht lässt weite Spielräume für eine Entwicklung des Grundsatzes entsprechend der Fortentwicklung des europäischen Rechts.[1237] Ein wichtiger Zweck der grundrechtlichen Gewährleistung be-

---

[1233] *Mombaur*, DÖV 2001, 595; *Calliess*, in: *Ehlers*, EuGR, § 19 Rn. 28; *Biber/Epiney/Haag*, Europäische Union, § 2 Rn. 14.

[1234] *Bauer*, Das Recht auf eine gute Verwaltung, S. 141; *Hector*, FS Ress, S. 180, 200; *Bullinger*, FS Brohm, S. 25; *Magiera*, in: *Meyer*, Charta der Grundrechte der Europäischen Union, Art. 41 Rn. 5.

[1235] *Bullinger*, FS Brohm, S. 25, 29.

[1236] *Grabenwarter*, DVBl. 2001, 1, 6; *Bauer*, Das Recht auf eine gute Verwaltung, S. 138; *Hector*, FS Ress, S. 180, 200.

[1237] *Magiera*, in: *Meyer*, Charta der Grundrechte der Europäischen Union, Art. 41 Rn. 7.

steht darin, die Bedeutung der Entscheidungsbegründung für ein rechtsstaatliches Verwaltungsverfahren hervorzuheben und der Begründungspflicht damit gleichzeitig ein sicheres Fundament zu verschaffen.

II. Funktionen der Begründung

Auch die gemeinschaftsrechtliche Begründungspflicht sieht den Schwerpunkt ihrer Funktionen im Schutz des Interesses des Adressaten an einer Kenntnis von den Beweggründen der Verwaltung.[1238] Daneben stehen wie schon für das deutsche und das englische Recht vorgestellt auch hier die Ermöglichung effektiven Rechtsschutzes und eine sorgfältige Selbstkontrolle der Verwaltung im Vordergrund.[1239] Wird die Verwaltung gerade im Bereich der Ermessensentscheidungen zu sorgfältigem Handeln gewissermaßen gezwungen, hat dies allerdings Folgen über die reine Selbstkontrolle hinaus, es verbessert sich die Position des Adressaten im Rahmen des Rechtsschutzes.[1240]

Die gemeinschaftsrechtliche Begründungsfunktion weist aber noch einen über die Funktionen des deutschen und des englischen Verwaltungsrechts hinausgehenden Gesichtspunkt auf, welcher unmittelbar aus dem besonderen Verhältnis zwischen dem Gemeinschaftsrecht und dem mitgliedstaatlichen Recht folgt. Die Kontrollfunktion der Begründung beschränkt sich nicht allein auf den Aspekt der Selbstkontrolle der Verwaltung, bzw. einer Kontrolle der Verwaltung durch den Adressaten der Entscheidung, sondern zielt auch auf die Ermöglichung einer effektiven Kontrolle des Gemeinschaftshandelns durch die Mitgliedstaaten ab.[1241] Auch nicht unmittelbar als Adressaten betroffenen Mitgliedstaaten räumt der *EuGH* ein Interesse an der Kontrolle der Vertragsanwendung durch die Mitgliedstaaten ein und erkennt diese Fremdkontrolle als einen wichtigen Zweck der Begründung an.[1242]

[1238] *Scheffler*, Pflicht zur Begründung, S. 53; *Schwarze*, Europäisches Verwaltungsrecht, Band II, S. 1349; *Müller-Ibold*, Begründungspflicht, S. 13; *Nehl*, Europäisches Verwaltungsverfahren und Gemeinschaftsverfassung, S. 391.

[1239] S.o.: Erster Teil, B; S. 11; Zweiter Teil, C; S. 121; *EuGH* Rs. 158/80, Slg. 1981, 1805, Rn. 25 – Rewe; *Le Tallec/Ehlermann*, AWD 1966, 149, 151; *Bebr*, Judicial Control, S. 95; *Bleckmann*, Europarecht, Rn. 493; *Müller-Ibold*, Begründungspflicht, S. 14; *Grabitz* in: *Grabitz/Hilf*, EUV/EGV Art. 190 EGV Rn. 3 (Archivband); *Calliess*, in: *Calliess/Ruffert*, EGV Art. 253 Rn. 4; *Schmidt*, in: *von der Groeben/Schwarze*, EUV/EGV Art. 253 EGV, Rn. 4.

[1240] *Bebr*, Judicial Control, 95.

[1241] *Grabitz* in: *Grabitz/Hilf*, EUV/EGV Art. 190 EGV Rn. 3; *Calliess* in: *Calliess/Ruffert*, EGV Art. 253 Rn. 4.

[1242] *EuGH* Rs. 24/62, Slg. 1963, 141,145 – Branntwein-Urteil; *EuGH* Rs. 158/80, Slg. 1981, 1805, 1833 – Rewe; *Scheffler*, Pflicht zur Begründung, S. 66.

III. Inhalt und Umfang der Begründungspflicht

Detaillierte primär- oder sekundärrechtliche Regelungen zu Inhalt und Umfang der Begründungspflicht sucht man auch im Gemeinschaftsrecht vergebens. Inhalt und Umfang der Begründung sind jedoch Gegenstand der Rechtsprechung des *EuGH*, der bei seinen Entscheidungen seit jeher sowohl die Natur des Rechtsaktes als auch den Adressaten berücksichtigt und danach insbesondere den erforderlichen Umfang der Begründung bestimmt.[1243]

1. Nach Art. 253 EGV zu begründende Maßnahmen

Für den Anwendungsbereich des EG-Vertrages sind die zu begründenden Maßnahmen durch Art. 253 EGV, welcher auf die verbindlichen Handlungsformen des Art. 249 EGV verweist, bereits abschließend festgelegt. Verordnungen, Richtlinien und Entscheidungen müssen begründet werden.

a) Die Entscheidung

Die Entscheidung nach Art. 249 IV EGV entfaltet für den in ihr bezeichneten Adressaten unmittelbar verbindliche Wirkung.[1244] Sie ist der typische Rechtsakt für Einzelfallentscheidungen, wobei sie nicht auf den Bürger als Adressaten beschränkt ist, sondern auch an die Mitgliedstaaten gerichtet sein kann.[1245] Um die unmittelbare verbindliche Wirkung zu erzeugen, muss die Entscheidung die Verpflichtung des Adressaten eindeutig bezeichnen und darf ihm keinen Ermessensspielraum bei der Umsetzung offen lassen.[1246]

b) Die Verordnung

Die Verordnungen der Gemeinschaft entfalten gemäß Art. 249 II EGV als abstrakt-generelle Rechtssätze der Gemeinschaft unmittelbare Wirkung, die grundsätzlich gegenüber allen Mitgliedstaaten gilt.[1247] Sie gelten allgemein für eine unbestimmte Anzahl von Sachverhalten und einem unbestimmten Personenkreis gegenüber.[1248] Ein Umsetzungsakt ist nicht mehr erforderlich, Verordnungen können automatisch sowohl den Mitgliedstaat als auch Einzelpersonen berechti-

---

1243 *EuGH*, Rs. 18/62, Slg. 1963, 563, 602 –Barge gegen Hohe Behörde; *EuGH* 292/81, Slg. 1982, 3909, Rn. 18 – Lion; *EuGH* 311/81, Slg. 1983, 1549, Rn. 32 – Klöckner; *Le Tallec/Ehlermann*, AWD 1966, 149; *Müller-Ibold*, Begründungspflicht, S. 90.

1244 *Bleckmann*, Europarecht, Rn. 457.

1245 *Streinz*, Europarecht, Rn. 415; *Weber*, in: *Schweitzer*, Europäisches Verwaltungsrecht, S. 58; *Junker*, Der Verwaltungsakt im deutschen und französischem Recht und die Entscheidung im Recht der Europäischen Gemeinschaften, S. 158; *Magiera*, Jura 1989, 595, 600.

1246 *Magiera*, Jura 1989, 595, 601.

1247 *Ruffert*, in: *Calliess/Ruffert*, in: EGV Art. 249, Rn. 41; *Oppermann*, Europarecht, Rn. 544.

1248 *Oppermann*, Europarecht, Rn. 544.

gen und verpflichten.[1249] Die Bindung der Mitgliedstaaten an die Verordnung schließt somit den Erlass von Durchführungsmaßnahmen aus, mit Hilfe derer eine Verordnung ergänzt oder verändert werden könnte.[1250]

Trotz ihres auf den ersten Blick gesetzgeberischen Charakters dient die Verordnung der Wahrnehmung exekutiver Aufgaben.[1251]

c) Die Richtlinie

Der größte Handlungsspielraum im Rahmen des Gemeinschaftsrechts wird den Mitgliedstaaten mit Hilfe der Richtlinien nach Art. 249 III EGV eingeräumt. Während das von der Richtlinie vorgegebene Ziel für den Mitgliedstaat an den die Richtlinie gerichtet ist, verbindlich ist, verbleibt ein Spielraum des Mitgliedstaates hinsichtlich Form und Mittel der Umsetzung.[1252]

2. Begründungspflichtige Maßnahmen außerhalb des EGV

Zusätzlich zu der primärrechtlichen Begründungspflicht nach Art. 253 EGV und ihrer Beschränkung auf die dort genannten gemeinschaftsrechtlichen Verwaltungsmaßnahmen, gibt es auch im sekundären Gemeinschaftsrecht Regelungen für Begründungspflichten. Neben der primärrechtlichen Begründungspflicht stehen sie jedoch gewissermaßen im Schatten und finden außerhalb ihres eingeschränkten Anwendungsbereiches nur wenig Aufmerksamkeit. So enthält zum Beispiel das Beamtenrecht[1253] eine eigene Begründungspflicht.

Im Unterschied zu dem eher grundsätzlichen Charakter der Begründungspflicht nach Art. 253 EGV sind die sekundärrechtlichen Begründungspflichten weniger auf die Art der Maßnahme, als auf die Konkretisierung von Inhalt und Umfang der erforderlichen Begründung gerichtet.

Die Regelung des Beamtenstatuts erweitert den Anwendungsbereich der primärrechtlichen Begründungspflicht, indem sie über die Regelung des Art. 253 EGV hinaus die Pflicht zur Begründung neben den nach Art. 253 EGV der Begründungspflicht unterliegenden Organen jedem Dienstherren auferlegt, schränkt aber die Begründungspflicht insofern ein, als sie nur für belastende Verfügungen gilt.

[1249] *EuGH* Rs. 272/83, Slg. 1985, S. 1057 f. – Kommission/Italien; *Bieber/Epiney/Haag*, Die Europäische Union, § 6 Rn. 30; *Oppermann*, Europarecht, Rn. 544.

[1250] *Bieber/Epiney/Haag*, Die Europäische Union, § 6 Rn. 30.

[1251] *Scheffler*, Pflicht zur Begründung, S. 176.

[1252] *Oppermann*, Europarecht, Rn. 547; vgl. zur Richtlinie auch oben, Dritter Teil, C.I.3.c); S. 176.

[1253] Art. 25 I 2 des Beamtenstatuts.

3. Ausgestaltung der Begründung

Mangels gemeinschaftsrechtlicher Regelung hinsichtlich Inhalt und Umfang der Begründung kommt der Rechtsprechung des *EuGH* eine wichtige Rolle bei der Konkretisierung der Begründungspflicht zu.[1254] Seiner Rechtsprechung zufolge muss eine Begründung grundsätzlich vollständig, darf aber knapp formuliert sein. Sie muss die wichtigsten rechtlichen und tatsächlichen Erwägungen enthalten, auf denen die Maßnahme beruht und die erforderlich sind, um den der Entscheidung zugrunde liegenden Gedankengang zu verstehen.[1255] Da die Begründung der Bekräftigung der Verwaltungsentscheidung und damit auch ihrer Akzeptanz dient, muss sie schlüssig und logisch sein.[1256] Maßstab sind also im konkreten Einzelfall allein die Bedürfnisse des Adressaten, die Auffassung des Urhebers der Maßnahme verstehen und nachvollziehen zu können.[1257]

Neben generell geltenden und an Effektivitätsgesichtspunkten orientierten Anforderungen an die Begründung einer gemeinschaftsrechtlichen Verwaltungsentscheidung orientieren sich Inhalt und Umfang der Begründung an der Rechtsnatur der zu begründenden Maßnahme:[1258] Ist eine Entscheidung Einzelakt, so gilt ein anderer Maßstab für die Ausgestaltung der Begründung als bei Normativakten. Auch bei Ermessensentscheidungen sind die Anforderungen an die Begründung anzupassen.

a) Effektivitätsgesichtspunkte

Ein wichtiges Kriterium zur Bestimmung des Umfangs und der genauen Ausgestaltung der Begründung ist immer auch die tatsächliche Möglichkeit der Begründung. Der Begründungszwang darf der Verwaltung nicht tatsächlich Unmögliches abverlangen oder die Effizienz der Verwaltung nachhaltig stören. An diesen Vorgaben orientiert sich auch die Rechtsprechung des *EuGH* zu nachträglich erteilten Begründungen. Vom Wortlaut des Art. 253 EGV betrachtet scheint eine nachträgliche Begründung nicht den Anforderungen zu entsprechen,

---

[1254] *Bebr,* Judicial Control, S. 96.

[1255] *EuGH* Rs. 24/62, Slg. 1963, 143 ff. – Deutschland/Kommission; *Bebr,* Judicial Control, S. 96.

[1256] *EuGH* Rs. 24/62, Slg. 1963, 143 ff. – Deutschland/Kommission; *Schott,* Begründungszwang, S. 157; *Bebr,* Judicial Control, S. 97.

[1257] *EuGH* Rs. C-48/96, Slg. 1998, I-2873, Rn. 34 f. – Windpark Groothusen/Kommission; *Schmidt.* in: *von der Groeben/Schwarze,*EUV/EGV, Art. 253 EGV, Rn. 7; *Nehl,* Europäisches Verwaltungsverfahren und Gemeinschaftsverfassung, S. 395.

[1258] *EuGH* Rs. 18/62, Slg. 1963, 563 – Barge gegen Hohe Behörde; *Le Tallec/Ehlermann,* AWD 1966, 149; *Schott,* Begründungszwang, S. 106; *Hartley,* Foundations of the European Community, S. 129; *Schmidt,* in: *von der Groeben/Schwarze,* EUV/EGV, Art. 253 EGV, Rn. 8.

wird doch verlangt, dass die Maßnahme selbst mit Gründen versehen wird.[1259] Eine Ausnahme hierzu erkannte der *EuGH* für den Fall an, dass eine besonders hohe Zahl (in diesem Fall insg. 1455) von Adressaten einzeln zu bescheiden ist. In einer derartigen Konstellation müsse die Begründung erst auf besondere Anforderung durch einen der Adressaten an diesen übersendet werden.[1260]

Ebenfalls aufgrund von Zweckmäßigkeitserwägungen wird der Verwaltung die Möglichkeit zugestanden, auf bereits erfolgte Verwaltungsmaßnahmen und ihre Begründung Bezug zu nehmen.[1261] Zunächst vom *EuGH* grundsätzlich abgelehnt,[1262] hat er dann enge Voraussetzungen geschaffen, unter denen sich die Verwaltung im Rahmen der Begründung auf vorangegangene Maßnahmen und darin enthaltene Begründungen beziehen kann.[1263] So ist eine Bezugnahme nur auf öffentlich zugängliche Materialien möglich,[1264] und wenn sowohl die zugrunde liegenden Vorschriften als auch der Zweck der Maßnahmen identisch sind.[1265] Insbesondere, wenn mehrere Verwaltungsentscheidungen zeitlich unmittelbar aufeinander folgen und dergestalt sachlich miteinander verbunden sind, dass sie jeweils eine Berichtigung oder Widerruf der vorangegangenen Verwaltungsentscheidung darstellen, ist die Bezugnahme auf die Gründe der ursprünglichen Entscheidung zulässig.[1266] Geht aber die neu zu treffende Verwaltungsentscheidung über die früheren Entscheidungen hinaus, so ist eine ausführliche Begründung erforderlich.[1267]

Der Grundsatz der Effektivität hat auch Auswirkungen auf die Begründung bei eilbedürftigen Maßnahmen, die Begründungspflicht ist in diesen Fällen weit weniger umfangreich.[1268] Der *EuGH* eröffnet bei eilbedürftigen Maßnahmen der Verwaltung die Möglichkeit, die Begründung an die tatsächlichen technischen und zeitlichen Bedingungen anzupassen, denen sie sich gegenübergestellt sieht. Der für eine ausführliche Begründung erforderliche Zeiteinsatz darf gerade bei

---

[1259] *Müller-Ibold,* Begründungspflicht, S. 76; *Hartley,* Foundations of the European Community, S. 132.
[1260] *EuGH* Rs. 195/80 Slg. 1981, 2861 – Michel gegen Europäisches Parlament.
[1261] *Le Tallec/Ehlermann,* AWD 1966, 149, 152; *Schmidt,* in: *von der Groeben/Schwarze,* EUV/EGV, Art. 253 EGV, Rn. 11.
[1262] *EuGH* Rs. 1/63 Slg. IX S. 653 ff – San Michele u.a. gegen Hohe Behörde.
[1263] *Schott,* Begründungszwang, S. 175; *Bebr,* Judicial Control, S. 102; *Hartley,* Foundations of the European Community, S. 132.
[1264] *EuGH* Rs. 16/65, Slg. 1965, S. 1152 – Schwarze; *Hartley,*Foundations of the European Community, S. 132.
[1265] *EuGH* Rs. 67/63, Slg. 1963, 373 – Sorema gegen Hohe Behörde.
[1266] *Schott,* Begründungszwang, S: 175; *Ipsen,* Europäisches Gemeinschaftsrecht, S. 518.
[1267] *EuGH* Rs. 73/74, Slg. 1975, S. 1491 ff, Lts. 3 – Papier Peints; *EuGH* Rs. 350/88, Slg. 1990 I-395 ff., – Delacre u.a./Kommission.
[1268] *Müller-Ibold,* Begründungspflicht, S. 106.

eilbedürftigen Maßnahmen nicht dazu führen, dass die Maßnahmen bei ihrem Erlass bereits wieder überholt sind.[1269]

b) Art der Maßnahme

Ein wichtiges Kriterium zur Bestimmung von Inhalt und Umfang der Begründung ist die Art der Maßnahme. Die Anforderungen an die Begründung einer Maßnahme der Verwaltung variieren, je nachdem ob es sich um eine Maßnahme mit Einzelaktscharakter oder einen Normativakt mit abstrakt-generellem Charakter handelt.

Der EGV nennt die Entscheidung (Art. 249 IV EGV) als eine der Begründungspflicht unterliegende Maßnahme. Ihr Einzelaktscharakter verlangt eine Begründung, die detailliert auf die Bedürfnisse des konkret bestimmten Adressaten eingeht.[1270] Insbesondere im Bereich des Beihilferechts, des Wettbewerbsrechts und des Beamtenrechts sind Entscheidungen von Bedeutung.[1271] Für die Begründung einer Entscheidung ist wichtig, dass sie zunächst allgemein den Anforderungen genügt, wie sie an alle Verwaltungsmaßnahmen gestellt werden,[1272] darüber hinaus aber die besonderen Bedürfnisse des Adressaten berücksichtigt. So richtet sich zum Beispiel bei Entscheidungen der Detailgrad der Begründung danach, inwieweit der Adressat der Entscheidung in das Verfahren und die Entscheidungsfindung eingebunden war und über die tatsächlichen und rechtlichen Vorgänge bereits informiert ist.[1273]

Für Normativakte, also Verordnungen und Richtlinien sind die Anforderungen, welche von der Rechtsprechung an Inhalt und Umfang der Begründung gestellt werden, weniger streng.[1274] Es ist ausreichend, wenn die Begründung die Gesamtlage beschreibt, die zum Erlass der Maßnahme geführt hat, und darüber hinaus die allgemeinen Ziele bezeichnet, die mit ihr erreicht werden sollen.[1275] Eine Verordnung, deren Bestimmungen „klar sind und sich ohne Schwierigkeiten in das Gesamtsystem einfügen", bedürfe keiner besonderen Begründung.[1276] Sie kann darauf beschränkt werden, die allgemeinen Ziele zu bezeichnen, die

---

[1269] *EuGH* Rs. 16/65, Slg. 1965, S. 1152 – Schwarze.

[1270] *Bebr,* Judicial Control, S. 99.

[1271] *Schwarze,* Europäisches Verwaltungsrecht, Band II, S. 1356; *Schmidt,* in: *von der Groeben/Schwarze,* EGV, Art. 253 EGV, Rn. 10.

[1272] S.o.: Dritter Teil, D.III.1.a); S. 194.

[1273] *EuGH* Rs. 275/80 und 24/81, Slg. 1981, 2489 ff, Rn. 10 – Krupp/Kommission; *EuGH* Rs. C-478/93, Slg. 1995, I-3081 – Niederlande/Kommission; *EuGH* Rs. C-242/97, Slg. 2000, I-3421 –Rechnungsabschluss; *Schmidt,* in: *von der Groeben/Schwarze,* EGV, Art. 253, Rn. 12.

[1274] *Le Tallec/Ehlermann,* AWD 1966, S. 149; *Schwarze,* Europäisches Verwaltungsrecht, Band II, S. 1359; *Müller-Ibold,* Begründungspflicht, S. 89; *Nicolaysen,* Europarecht I, S. 358.

[1275] *EuGH* Rs. 5/67, Slg. 1968, 127, 144 – Beus/Hauptzollamt München.

[1276] *EuGH* Rs. 18/62, Slg. 1963, 563 – Barge gegen Hohe Behörde.

durch die Verordnung erreicht werden sollen. Die Nennung aller tatsächlichen Umstände, die eine Darlegung zahlreicher und komplexer Einzelheiten bedeuten würde auf deren Grundlage die Verordnung ergangen ist, kann nicht verlangt werden.[1277] Richtet sich eine Verordnung jedoch nur an einen bestimmten Adressaten und dient sie der Regelung eines Einzelfalls, so sind die Anforderungen an den Umfang der Begründung hieran anzupassen.[1278]

c) Ausgestaltung der Begründung bei Ermessensspielraum

Steht der Verwaltung bei Erlass der Maßnahme ein Ermessensspielraum zu, hat dies Auswirkungen auf die Ausgestaltung der Begründung. Der Freiheit der Verwaltung, einen Ermessensspielraum unabhängig und ohne rechtliche Kontrolle ausfüllen zu können, steht das Bedürfnis einer intensiven formellen Kontrolle gegenüber. Die Aufgabe der Begründung eines auf Ermessen beruhenden Aktes ist es, die Gerichte in die Lage zu versetzen, eine Ermessensausübung zu erkennen und gleichzeitig beurteilen zu können, ob die Ausübung des Ermessens innerhalb des durch den EGV gesetzten Rahmens erfolgte.[1279] Dementsprechend ist es erforderlich, die Anforderungen an den Umfang der Begründung proportional dem Ermessensspielraum anzupassen und so eine effektive Kontrolle zu ermöglichen.[1280]

d) Zusammenfassung

Die Anforderungen, die im Gemeinschaftsrecht an den Inhalt und Umfang der Begründung gestellt werden, sind nicht verallgemeinerbar, und lassen sich nicht in einer „Formel“ zusammenfassen. Die in Rechtsprechung und Literatur anerkannten Kriterien stützen sich ausschließlich auf die Rechtsprechung des *EuGH,* was deutlich zeigt, wie sehr Inhalt und Umfang der Begründung einer Verwaltungsmaßnahme in den besonderen Umständen des Einzelfalls wurzeln. Die Berücksichtigung der Effektivität des Verwaltungshandelns, die Unterscheidung nach der Art der Maßnahme oder des Spielraums der Verwaltung sind im konkreten Fall lediglich Anhaltspunkte, und obwohl sie nicht geeignet sind, eine verallgemeinerbare Regel aufzustellen, sind sie immerhin eine gewisse Richtschnur für die Verwaltung, im konkreten Fall den Inhalt und den Umfang der Begründung am Zweck der jeweiligen Verwaltungsmaßnahme entsprechend auszurichten.

[1277] *EuGH* Rs. 5/67; *EuGH,* Rs. 311/81, Slg. 1983, 1549, 1571 – Klöckner-Werke AG.

[1278] *Müller-Ibold,* Begründungspflicht, S. 91.

[1279] *Bebr,* Judicial Control, S. 104.

[1280] *Bebr,* Judicial Control, S. 104; *Müler-Ibold,* Begründungspflicht, S. 102; *Calliess,* in: *Calliess/Ruffert,* EGV Art. 253, Rn. 23.

4. Die Folgen fehlerhafter Begründung

Eine Begründung, die nicht den dargestellten Anforderungen genügt, führt zur Anfechtbarkeit der Verwaltungsmaßnahme wegen der Verletzung wesentlicher Formvorschriften i.S.d. Art. 230 II EGV.[1281] Unschwer als fehlerhaft einzustufen ist eine gänzlich fehlende, bzw. eine lückenhafte Begründung. Aber auch eine Begründung die unklar, unvollständig oder widersprüchlich ist, ist fehlerhaft.[1282]

Kann der Fehler nicht durch einfaches Ergänzen oder Nachschieben geheilt werden, so muss die Verwaltungsmaßnahme vom *EuGH* aufgehoben werden.[1283] In der Regel erfolgt die Aufhebung ohne zusätzliche Anträge der Parteien von Amts wegen.[1284] Haben die Begründungsmängel hingegen keinen Einfluss auf den Inhalt der Entscheidung, und würde sie mit gleichem Inhalt erneut ergehen, so ist eine Aufhebung nicht erforderlich.[1285] Der Zweck der Begründung gibt hier im Einzelfall Anhaltspunkte, ob eine Aufhebung zweckmäßig ist oder nicht.[1286]

IV. Generelle Begründungspflicht

Die Regelung des Art. 253 EGV ist aufgrund ihres eindeutigen Wortlauts grundsätzlich nicht geeignet, eine generelle Begründungspflicht für jegliches gemeinschaftsrechtliches Verwaltungshandeln zu begründen. Ihr Anwendungsbereich ist beschränkt auf die verbindlichen Rechtsakte des Art. 249 EGV.[1287] Der EG-Vertrag stellt jedoch nicht die einzige Rechtsgrundlage für eine Begründungspflicht dar, so dass seine Beschränkung auf die Rechtsakte des Art. 249 EGV keine Einschränkung bedeutet. Sekundärrechtliche Begründungspflichten ergänzen die vertragliche Bestimmung ebenso wie der allgemeine Rechtsgrundsatz

---

[1281] *EuGH* Rs. C-137/92 P Slg. 1994, I-2555 – BASF u.a./Kommission; *Le Tallec/Ehlermann*, AWD 1966, 149, 153; *Nicolaysen*, Europarecht I, S. 349.

[1282] *Le Tallec/Ehlermann*, AWD 1966, 149, 151; *Daig*, Nichtigkeits- und Untätigkeitsklage, S. 132, Rn. 170; *Nicolaysen*, Europarecht I, S. 349; *Calliess*, in: *Calliess/Ruffert*, EGV Art. 253 Rn. 25.

[1283] *Müller-Ibold*, Begründungspflicht, S. 124; *Nicolaysen*, Europarecht I, S. 349; *Calliess*, in: *Calliess/Ruffert*, EGV Art. 253, Rn. 25.

[1284] *EuGH* Rs. 18/57, Slg. 1959, S. 116 – Nold gegen Hohe Behörde; Rs. 158/80, Slg. 1981, S. 1805, Rn. 19, 26, 27 – Rewe.

[1285] *EuGH* Rs. 9/76, Slg. 1976, 1415, 1422 – Morello/Kommission; *EuGH* Rs. 117/81, Slg. 1983, S. 2191, 2207 – Geist/Kommission; *Daig*, Nichtigkeits- und Untätigkeitsklagen, S. 129 Rn. 167; *Lindemann*, Allgemeine Rechtsgrundsätze, S. 162; *Schwarze*, Europäisches Verwaltungsrecht, Band II, S. 1373; *Calliess*, in: *Calliess/Ruffert*, EGV Art. 253, Rn. 26.

[1286] *Daig*, Nichtgkeits- und Untätigkeitsklage, S. 133, Rn. 172; *Calliess*, in: *Calliess/Ruffert*, EGV Art. 253 Rn. 26.

[1287] *Calliess*, in: *Calliess/Ruffert*, EGV Art. 253, Rn. 1.

der Begründungspflicht, welcher über den Anwendungsbereich des Art. 253 EGV hinaus für die Gemeinschaftsorgane verbindlich ist.[1288]

Im Europäischen Verwaltungsrecht stellt sich die Lage demnach dergestalt dar, dass vielfältige Anknüpfungspunkte für eine Begründungspflicht existieren, und somit faktisch zu einer generellen Begründungspflicht führen, ohne dass eine solche festgeschrieben oder zumindest benannt ist.

E. Folgen der Europäisierung der Begründungspflicht

Im Bereich des Verwaltungsverfahrensrechts hat bereits eine starke Europäisierung zu weitgehender Einheit der Rechtsordnungen geführt. Die Pflicht der Verwaltung zur Begründung von Verwaltungsentscheidungen ist nicht nur ein grundlegendes Prinzip des gemeinschaftsrechtlichen Verfahrensrechts, auch im deutschen und englischen Verwaltungsrecht hat sie große Bedeutung für die Rechtsstaatlichkeit der Verwaltungsverfahren. Dennoch bestehen Unterschiede zwischen den Rechtsordnungen, die möglicherweise im Wege der Europäisierung bereits überwunden wurden, oder aber zumindest einer langsamen Vereinheitlichung entgegensehen.

I. Die Europäisierung der Begründungspflicht in Deutschland

Stellt man die gemeinschaftsrechtliche Begründungspflicht der im deutschen Recht insbesondere in § 39 VwVfG verankerten Begründungspflicht gegenüber, so zeigt sich, dass große Unterschiede im Zweckverständnis wie auch im Umgang mit der in beiden Fällen die Begründungspflicht prägenden ausfüllungsbedürftigen gesetzlichen Ausgestaltung nicht bestehen. Der Sinn und Zweck der Begründung dient sowohl im Gemeinschaftsrecht als auch im deutschen Verwaltungsrecht im Zusammenspiel mit der Art der zu begründenden Maßnahme zur Bestimmung des gesetzlich nur rudimentär ausgeführten Inhalts und Umfangs der Begründung.

In der Rechtsprechung der europäischen Gerichte als „europäisierendem" Faktor finden sich keine Entscheidungen, welche sich im Rahmen des indirekten Vollzuges von Gemeinschaftsrecht mit der Begründungspflicht nach § 39 VwVfG und ihrer Anwendung auf gemeinschaftsrechtliche Sachverhalte befassen mussten. Die gemeinschaftsrechtliche Begründungspflicht und die Begründungs-

---

[1288] *EuGH* Rs. 43/59, Slg. 1960, 965, 989 – von Lachmüller; *EuGH* Rs. 44/59, Slg. 1960, 1119, 1139 – Fiddelaar; *EuGH* Rs. 131/79, Slg. 1980, 1585, 1601; *EuGH* Rs. 115/81, Slg. 1982, 1665, 1729 – Adoui; *EuGH,* Rs. 191/82, Slg. 1981, 637, 652 – Chris International Foods/Kommission; *Lindemann,* Allgemeine Rechtsgrundsätze, S. 164; *Müller-Ibold,* Begründungspflicht, S. 36 f.; *Calliess* in: *Calliess/Ruffert,* EGV Art. 253, Rn. 2; s.o.: Dritter Teil, D.III.2; S. 195.

pflicht des deutschen Verwaltungsrechts haben sich unabhängig voneinander, und ohne, dass konkrete Berührungspunkte bestanden hätten, im Gleichschritt entwickelt und setzen in der Rechtsanwendung die gleichen Schwerpunkte. Dass andere Bereiche des deutschen Verwaltungsverfahrensrechts sich sehr wohl einer Kontrolle durch den *EuGH* unterziehen mussten und daraus Konsequenzen für die mitgliedstaatliche Rechtsanwendung entstanden sind, ist bereits dargelegt worden.[1289] Für die Begründungspflicht gilt das jedoch nicht.

Auch eine historische Betrachtungsweise führt nicht zu dem Ergebnis, die gemeinschaftsrechtliche Begründungspflicht hätte uneingeschränkt Vorbildcharakter für die Begründungspflicht im deutschen Verwaltungsrecht gehabt. Geht man ausschließlich vom Zeitpunkt der Kodifizierung der Begründungspflicht aus, so ist zwar das Gemeinschaftsrecht gegenüber dem deutschen Verwaltungsrecht Vorreiter gewesen, denn bereits in den Gründungsverträgen der Gemeinschaft von 1957 (EWG – Vertrag) wurde die Begründungspflicht für Verordnungen, Richtlinien und Entscheidungen in Art. 190 EWGV als primärrechtliche Regelung eingeführt. Die Kodifizierung des § 39 VwVfG als der zentralen Norm für Begründungen von Verwaltungsentscheidungen im deutschen Verwaltungsrecht erfolgte hingegen erst 1976 mit der Kodifizierung des Verwaltungsverfahrensgesetzes. Dennoch war die Begründungspflicht als Prinzip auch im deutschen Recht schon vor 1957 durch ihre Verwurzelung in den verschiedenen, das Verwaltungsverfahren stützenden Gewährleistungen des Grundgesetzes als fester Bestandteil der Rechtsordnung anerkannt.[1290]

Der große Unterschied zwischen den Begründungspflichten im Gemeinschaftsrecht und dem deutschen Recht besteht darin, dass das Gemeinschaftsrecht eine Begründungspflicht auch für Normativakte der Verwaltung vorsieht. Das Europarecht ist in diesem Bereich weiter fortgeschritten als das deutsche Recht, dem eine Begründungspflicht für Normativakte grundsätzlich fremd ist.[1291] Dennoch beruft sich das deutsche Recht bei der Möglichkeit einer Pflicht zur Begründung von Rechtsverordnungen, die im deutschen Recht anerkannt ist, auf die Aufnahme der Verordnung in den Katalog der nach Art. 253 EGV im Gemeinschaftsrecht begründungsbedürftigen Verwaltungsentscheidungen.[1292]

Ein weiterer Unterschied wird deutlich, wenn man mit Blick auf die Pflicht zur Begründung einer Ermessensentscheidung das Wechselspiel zwischen dem der

---

[1289] S.o.: Dritter Teil, C.I.3.a)aa); S. 171.

[1290] S.o.: Erster Teil, A.V; S. 10.

[1291] Vgl. *Lücke*, Begründungszwang und Verfassung, S. 11, der eine Begründungspflicht für Parlamentsgesetze jedoch für erforderlich hält (S. 225); *Bebr*, Judicial Control, S. 94; *Hartley*, Foundations of European Community Law, S. 128; s.o.: Erster Teil, E.II.4.a); S. 103; Dritter Teil, D.III.1; S. 194.

[1292] S.o.: Erster Teil, E.II.4.b); S. 105.

Verwaltung eingeräumten Entscheidungsspielraum und der Kontrolldichte durch die Gerichte betrachtet. Für das deutsche Recht ist im ersten Teil dargelegt worden, dass bei einem weiten Spielraum der Verwaltung, die gerichtliche Kontrolle weniger intensiv ist. Das Gericht setzt sich nicht inhaltlich mit den Ermessenserwägungen der Verwaltung auseinander. Für die Begründung einer Ermessensentscheidung hat dies zur Folge, dass sie aus Gründen der Rechtsstaatlichkeit hohen Anforderungen an Inhalt und Umfang genügen muss.[1293] Im Gemeinschaftsrecht hingegen ist auch bei Ermessensentscheidungen die gerichtliche Kontrolle umfassend und bezieht auch die Kontrolle der Tatsachenwürdigung mit ein.[1294] Auch die Begründung der Entscheidung wird in diesem Sinne überprüft, ob sie den Anforderungen genügt.[1295] Ist das nicht der Fall, so kann die Verwaltungsentscheidung bereits ohne Berücksichtigung ihres materiellen Inhalts aufgehoben werden.[1296]

Impulse im Sinne einer „messbaren" Europäisierung sind jedoch auch für die Zukunft unwahrscheinlich. Die Bereiche im deutschen Recht, in denen sich Europäisierung insbesondere durch die Rechtsprechung des *EuGH* nachweisen lässt,[1297] sind im indirekten Vollzug des Gemeinschaftsrechts durch die Mitgliedstaaten angesiedelt, betreffen also die Ausführung von mitgliedstaatlichen Gesetzen. Insbesondere das Beispiel der Kollision zwischen § 48 VwVfG und der Rückzahlungspflicht gemeinschaftsrechtswidriger Beihilfen hat gezeigt, dass der *EuGH* überwiegend die konkrete Anwendung des Rechts in den Blick nimmt und beeinflusst. Die Frage einer Begründungspflicht für Normativakte der Exekutive fällt jedoch nicht in diesem Maße in den Bereich der Rechtsanwendung, betrifft folglich nicht den Jurisdiktionsbereich des *EuGH*. Sie bleibt ein Problem des nationalen Verwaltungsrechts in Deutschland, das sich – falls überhaupt – weitestgehend unabhängig vom Gemeinschaftsrecht entwickeln wird.

II. Die Europäisierung der Begründungspflicht in England

Das englische Verwaltungsrecht ist bisher wesentlich auf dem Gebiet des Rechtsschutzes vom Gemeinschaftsrecht beeinflusst worden.[1298]

Mit Blick auf das Gemeinschaftsrecht ist zunächst das Bewusstsein gestärkt worden, das englische Verwaltungsrecht leide an einem Mangel.[1299] Dieser

---

[1293] S.o.: Erster Teil, D.I.5.b)bb); S. 30.

[1294] *Rausch*, Kontrolle von Tatsachenfeststellungen und –würdigungen, S. 278; *Kadelbach*, EuR Beiheft 2/2002, S. 7, 20.

[1295] *Skouris*, EuR Beiheft 2/2002, S. 71, 77.

[1296] *Kadelbach*, EuR Beiheft 2/2002, S. 7, 20.

[1297] S.o.: Dritter Teil, C.I.3.a)aa); S. 171.

[1298] S.o.: Dritter Teil, C.I.3.a)bb); S. 172.

Mangel führt dazu, dass zwischen dem mitgliedstaatlichen Recht Englands und dem Gemeinschaftsrecht ein Widerspruch besteht, welchen es möglichst auszuräumen gilt.[1300] Der Rechtsprechung des *EuGH,* aber auch dem Einfluss durch die EMRK und den *EGMR* wird hierbei eine wichtige Rolle zukommen.[1301]

Die Bereitschaft der Gerichte, in nationalen Sachverhalten Rechtsgrundsätzen des Gemeinschaftsrechts zur Geltung zu verhelfen, war lange Zeit nur gering.[1302] Die Haltung der Gerichte war von der Einstellung geprägt, nur im Rahmen einer direkten Anwendung von Gemeinschaftsrecht oder in Fällen des indirekten Vollzuges bei Unklarheiten der nationalen Bestimmungen zur Durchführung des Gemeinschaftsrechts auf die allgemeinen Grundsätze des Gemeinschaftsrechts zurückzugreifen und eine europarechtskonforme Anwendung ermöglichen zu müssen.[1303]

Die Entwicklung der Rechtsprechung hin zu einer Begründungspflicht im englischen Recht ist daher vordergründig auch nicht durch das Europarecht beeinflusst worden. Die für die Entwicklung des englischen Rechts bedeutenden Entscheidungen *Doody v. Secretary of State for the Home Department*[1304] und *R v Civil Service Appeal Bord, ex p. Cunningham*[1305] betrafen rein nationale Sachverhalte, konkrete Berührungspunkte mit dem Gemeinschaftsrecht sind daher nicht zu identifizieren.[1306] Dennoch wird in Zukunft im Rahmen des indirekten Vollzuges von Gemeinschaftsrecht die Begründungspflicht des englischen Verwaltungsrechts, wie sie sich für das *Common Law,* aber auch in den vereinzelten gesetzlichen Ausprägungen bereits entwickelt hat, eine Bedeutung erlangen, die in das Europarecht hineinreicht und sich an den dort geltenden Anforderungen[1307] messen lassen muss.

Die Ausgangslage des englischen Rechts hierfür ist viel versprechend. Zunächst einmal müssen sowohl bei einer Begründungspflicht nach dem *Common Law* als auch der gesetzlichen Begründungspflicht nach dem *Tribunals and Inquiries Act 1992* die Gründe für eine Entscheidung für den Adressaten verständlich und vollständig sein. Auch das *Common Law* berücksichtigt zur Bestimmung dieser Begriffe sowohl die besonderen Umstände des Einzelfalls als auch die Anforde-

---

1299 *Laws,* [1993] P.L. S. 59, 75; *Jowell/Birkinshaw,* in: *Schwarze,* Das Verwaltungsrecht unter europäischem Einfluss, S. 273, 299; *Longley/James,* Administrative Justice, S. 209.
1300 *Robertshaw,* [1998] 27 A.A.L.R. 29, 62.
1301 *Neill,* in: *Forsyth/Hare,* The Golden Metwand and the Crooked Cord, S. 161, 184.
1302 *Williams,* in: *Richardson/Genn,* Administrative Law and Government Action, S. 233, 244.
1303 *Alder,* Constitutional and Administrative Law, S. 202.
1304 [1993] 3 All ER 92.
1305 [1991] 4 All ER 310.
1306 Vgl. oben Zweiter Teil, E.I; S. 129.
1307 S.o.: Dritter Teil, D.II; S. 193; Dritter Teil, D.III; S. 194.

rungen, die an den Entscheidungsfindungsprozess und den im konkreten Fall entscheidenden Beamten gestellt werden können.[1308] Dabei muss jede Begründung grundsätzlich zunächst einmal im Einklang mit dem Zweck und den Funktionen der Begründung erfolgen. Das englische Verwaltungsrecht befindet sich in diesem Punkt folglich auf Augenhöhe mit den Anforderungen, welche im Gemeinschaftsrecht für eine angemessene Begründung aufgestellt worden sind. Nachholbedarf besteht allenfalls bei der Konkretisierung des Anwendungsbereiches einer Begründungspflicht. Aufgrund der besonderen Situation des englischen Verwaltungsrechts, geprägt von der langen Negierung einer eigenen Rechtsmaterie dieses Inhalts und einer fehlenden Systematisierung der Entscheidungsarten, ist der Anwendungsbereich der Begründungspflicht nicht in mit der gemeinschaftsrechtlichen Begründungspflicht vergleichbaren Weise bestimmbar. Im Rahmen der gesetzlichen Begründungspflicht nach dem *Tribunals and Inquiries Act 1992* wird der Anwendungsbereich dadurch bestimmt, dass die Entscheidung belastende Wirkung für den Adressaten entfaltet. Im Bereich der Begründungspflicht nach *Common Law* fehlt es an einer solchen deutlichen Zuordnung des Anwendungsbereichs, durch die Anknüpfung der Begründungspflicht an die Grundsätze der *fairness* und der *natural justice* ist es praktisch jedoch so, dass insbesondere belastende Entscheidungen begründet werden müssen. Der Anwendungsbereich der Begründungspflicht ist dadurch nicht ohne jegliche Kontur.

Deutlicher ist der Einfluss, den Art. 6 I EMRK auf die Begründungspflicht im englischen Verwaltungsrecht hat. Art. 6 I EMRK gewährleistetet ein faires Verfahren und setzt voraus, dass Gerichte ihre Entscheidungen begründen.[1309] Nach seinem Wortlaut ist Art. 6 EMRK zwar auf Gerichtsverfahren und nicht das Verwaltungsverfahren gerichtet, dennoch sieht *Lord Clyde* in *Stefan v General Medical Council*[1310] Parallelen zum Verfahren vor *Administrative Tribunals* und stellt einen langsamen Paradigmenwechsel im Regel-Ausnahme-Verhältnis der Begründungspflicht im englischen Verwaltungsrecht fest. Einflussmöglichkeiten schreibt *Lord Clyde* dem *Human Rights Act 1998* zu, welcher durch die Ermöglichung der direkten Anwendbarkeit von Gewährleistungen der *EMRK* auch die Regelung des Art. 6 I EMRK in den Fokus der nationalen Gerichte bringe.[1311] Seine Gewährleistungen können zumindest im Bereich der Bürgerrechte eine wichtige Rolle bei der Bestimmung des Umfangs einer Begründung spielen.

1308 S.o. zweiter Teil.

1309 *Neill*, in: *Forsyth/Hare*, The Golden Metwand and the Crooked Cord, S. 161, 172; *Peukert*, in: *Frowein/Peukert*, EMRK Art. 6 Rn. 114.

1310 2000, H.R.L.R. 1.

1311 *Vernon*, Tribunals 1999, 15, 16.

Die Anerkennung des Wertes einer Entscheidungsbegründung für die Interessen des Adressaten und die Interessen der Verwaltung ist ein wichtiger Schritt zur weiteren Ausprägung des Verwaltungsrechts und erfolgte (bewusst oder unbewusst) bereits im Einklang mit den Grundsätzen des Gemeinschaftsrechts. Über die bestehende Praxis des englischen Verwaltungsrechts hinaus lassen sich dem Gemeinschaftsrecht keine weitergehenden Anforderungen entnehmen, die umzusetzen das englische Recht verpflichtet werden könnte.

Schluss

So unterschiedlich sich die verfassungsrechtlichen Grundlagen des Verwaltungsrechts im Allgemeinen, aber auch der Begründungspflicht im Besonderen aufgrund der Eigenheiten der untersuchten Rechtsordnungen darstellen, hat sich doch sehr deutlich ein gemeinsames Fundament herauskristallisiert: In allen untersuchten Rechtsordnungen werden mit der Begründungspflicht für Entscheidungen der Verwaltung die gleichen Zwecke verfolgt und jeweils mit vergleichbaren verfassungsrechtlichen Garantien begründet. Die Begründungspflicht ist wichtiger Bestandteil der Gewährung effektiven Rechtsschutzes, sie ermöglicht der Verwaltung eine für fehlerfreies Verwaltungshandeln unentbehrliche Selbstkontrolle und befähigt darüber hinaus den Adressaten der Verwaltungsentscheidung zur Kontrolle des Verwaltungshandelns.

Im deutschen Recht kann die Begründungspflicht für Verwaltungsakte auf eine lange verfassungsrechtliche Tradition zurückblicken. Vor Inkrafttreten des VwVfG war die Notwendigkeit einer Begründungspflicht bereits anerkannt, die Gewährleistungen des Grundgesetzes boten das erforderliche normative Fundament. Mit der Regelung des § 39 VwVfG wurde dies für Verwaltungsakte auch einfachgesetzlich umgesetzt. Sofern – etwa für Prüfungsentscheidungen und Rechtsverordnungen – eine einfachgesetzliche Regelung der Begründungspflicht fehlt, wird nach wie vor auf das Verfassungsrecht zurückgegriffen. Es bildet somit den gemeinsamen Nenner für die Begründungspflicht bei unterschiedlichen Handlungsformen der Verwaltung.

Die Pflicht zur Begründung von Verwaltungsentscheidungen im englischen Recht unterscheidet sich vom deutschen Recht insofern, als ihre grundsätzliche Notwendigkeit in der Rechtswissenschaft zwar weitgehend anerkannt, jedoch noch nicht unumstößlicher Grundsatz des *Common Law* geworden ist. Die Rechtsprechung beschränkt sich bislang darauf, die Regel, dass eine Begründungspflicht nicht bestehe, durch eine Vielzahl von Ausnahmetatbeständen zu schwächen, und damit die Notwendigkeit einer Begründungspflicht letztlich zu bekräftigen. Eine generelle Pflicht zur Begründung von Verwaltungsentscheidungen besteht hingegen nicht, und es bleibt abzuwarten, ob sich der Gesetzgeber oder die Rechtsprechung – wie von der rechtswissenschaftlichen Literatur gefordert – der Aufgabe annehmen, dieses Regel-Ausnahme-Verhältnis umzukehren.

Das Gemeinschaftsrecht regelt die Pflicht der Verwaltung zur Begründung von Verwaltungsentscheidungen als einzigen Verfahrensgrundsatz des europäischen Verwaltungsrechts auf der Ebene des Primärrechts und unterstreicht damit die Bedeutung der Begründung für ein rechtsstaatliches Verfahren. Der EGV bestimmt in Art. 253 welche Maßnahmen der Gemeinschaft begründet werden müssen, während die Rechtsprechung des *EuGH* maßgebend für die Bestimmung der konkreten Ausgestaltung der Begründung ist.

Die zunächst von der Begründungspflicht unabhängig erfolgte Betrachtung der unterschiedlichen europäisierenden Faktoren hat gezeigt, dass die Europäisierung die mitgliedstaatlichen Rechtsordnungen auf ganz unterschiedliche Weise trifft. Im deutschen Verwaltungsrecht führte die Rechtsprechung des *EuGH* zum Beispiel zu einer Verpflichtung der Verwaltung, nationales Recht gemeinschaftsrechtskonform auszulegen oder bestehende Handlungsformen an die besonderen Bedingungen des Gemeinschaftsrechts anzupassen. Im englischen Recht führte die Europäisierung zu der Verpflichtung, einstweiligen Rechtsschutz zu ermöglichen, also ein bis dahin unbekanntes Rechtsmittel einzuführen. Diese in unterschiedlicher Intensität auf die mitgliedstaatliche Rechtsordnung wirkende Europäisierung und die zwischen dem deutschen und dem englischen Recht im Hinblick auf die Begründungspflicht herausgearbeiteten Unterschiede führen dazu, dass die Möglichkeiten des Gemeinschaftsrechts, auf diese harmonisierend Einfluss zu nehmen, ebenfalls von ganz unterschiedlicher Intensität sind.

Hinsichtlich der Begründungspflicht im deutschen Recht zeigen sich lediglich bei der Pflicht zur Begründung von Rechtsverordnungen Einflüsse des Gemeinschaftsrechts; letzteres sieht seit jeher eine Begründungspflicht auch für Verordnungen vor. Die eine solche verfassungsrechtlich gebotene Begründungspflicht bislang weitgehend ignorierende Verwaltungspraxis bislang wird sich hier dem gemeinschaftsrechtlichen Vorbild anpassen müssen. Im Übrigen entwickelten sich die Begründungspflicht im deutschen Recht und im Gemeinschaftsrecht zwar parallel, Verbindungen oder Beeinflussungen sind jedoch nicht erkennbar.

Im englischen Recht ist die Ausgangslage insofern anders, als der umfassenden Begründungspflicht des Gemeinschaftsrechts im englischen Verwaltungsrecht eine nur punktuell ausgeprägte Begründungspflicht gegenübersteht; die Diskussion um eine generelle Begründungspflicht ist weiterhin in vollem Gange. Deutlichen Einfluss auf die Entwicklung des englischen Rechts hat jedoch Art. 6 I EMRK ausgeübt, der zwar keinen eigentlichen „Europäisierungsfaktor" darstellt, aber dennoch ein wichtiges Indiz dafür ist, dass auch das englische Recht, der weit verbreiteten Europa-Skepsis zum Trotz, gegenüber Einflüssen von außen grundsätzlich offen ist.

Aufgrund der eingehenden Befassung mit der Ausgestaltung der Begründungspflicht im deutschen und englischen Recht zeigen sich große Unterschiede in der dogmatischen Tiefe. So ist im deutschen Verwaltungsrecht die Bestimmung von Inhalt und Umfang der Begründung abhängig vom Wechselspiel zwischen dem der Verwaltung eingeräumten Spielraum und der gerichtlichen Kontrolle: Steht einem großen Spielraum der Verwaltung eine nur eingeschränkte Überprüfungsbefugnis der Rechtsprechung gegenüber, so ist die Verwaltungsentscheidung ausführlicher zu begründen als im umgekehrten Fall. Die Bestimmung von Inhalt und Umfang der Begründung im englischen Recht hingegen orientiert sich im Wesentlichen allein an den Funktionen der Begründung, eine tiefer gehende Konkretisierung ist dem englischen Recht fremd.

Dennoch bewegt sich sowohl im deutschen als auch im englischen Recht die Ausgestaltung der Begründungspflicht im Rahmen der Vorgaben und Maßstäbe des Gemeinschaftsrechts. Es stellt keine Anforderungen an die Begründung, die über das hinausgehen würde, was die mitgliedstaatlichen Regelungen zu gewährleisten in der Lage sind. Die Regelungen sehen sich daher keinem besonderen Europäisierungsdruck gegenüber. Im Hinblick auf die Begründungspflicht nach dem deutschen Recht mag diese Erkenntnis weniger verwundern als hinsichtlich des englischen Rechts, welches in dieser – wie dargestellt – national stark diskutierten Frage dennoch aus gemeinschaftsrechtlicher Perspektive keine Mängel aufweist, die eine Anpassung an die gemeinschaftsrechtlichen Maßstäbe erfordert.

Literaturverzeichnis

Achterberg, Norbert / Krawietz, Werner / Wyduckel, Dieter (Hrsg.), Recht und Staat im sozialen Wandel, Festschrift für Hans Ulrich Scupin, Berlin, 1983, zit.: *Bearbeiter,* FS Scupin, S.

Achterberg, Norbert, Allgemeines Verwaltungsrecht, Ein Lehrbuch, 2. Auflage, Heidelberg, 1986, zit.: *Achterberg,* Allgemeines Verwaltungsrecht, § Rn.

Akehurst, Michael, Statements of Reasons for Judicial and Administrative Decisions, in: [1970] 33 M.L.R. 154

Alder, John, Constitutional and Administrative Law, 4. Auflage, London, 2002, zit.: *Alder*, Constitutional and Administrative Law, S.

Alexy, Robert, Ermessensfehler, in: JZ 1986, 701

Allan, T.R.S., The Rule of Law as the Rule of Reason, in: 115 (1999) L.Q.R. 221

Allesch, Erwin, Die Anwendbarkeit der Verwaltungsverfahrensgesetze auf das Widerspruchsverfahren nach der VwGO, Diss. Passau, 1983, zit.: *Allesch,* Anwendbarkeit der Verwaltungsverfahrensgesetze, S.

Andenas, Mads, English Public Law and the Common Law of Europe, London 1998, zit.: *Bearbeiter* in: *Andenas*, English Public Law and the Common Law of Europe, S.

Arnim, Hans Herbert v., Staatslehre der Bundesrepublik Deutschland, München, 1984, zit.: *v. Arnim,* Staatslehre, S.

Arnull, Arthur, Interpretation and Precedent in English and Community Law: Evidence of Cross-Fertilisation?, in: *Andenas*, English Public Law and the Common Law of Europe, S. 93

Axmann, Martin, Das Nachschieben von Gründen im Verwaltungsrechtsstreit, Diss. Würzburg, 2000, zit.: *Axmann*, Nachschieben von Gründen, S.

Bachof, Otto, Beurteilungsspielraum, Ermessen und unbestimmter Rechtsbegriff im Verwaltungsrecht, in: JZ 1955, 97

Bachof, Otto / Drath, Martin / Gönnenwein, Otto / Walz, Ernst, Forschungen und Berichte aus dem öffentlichen Recht, GS für Walter Jellinek, München, 1955, zit.: *Bearbeiter,* GS Jellinek, S.

Bachof, Otto, Die Dogmatik des Verwaltungsrechts vor den Gegenwartsaufgaben der Verwaltung, in: VVDStRL 30 (1971), 193

Bachof, Otto, Neue Tendenzen in der Rechtsprechung zum Ermessen und zum Beurteilungsspielraum, in: JZ 1972, 641

Bachof, Otto / Heigl, Ludwig / Redeker, Konrad, Verwaltungsrecht zwischen Freiheit, Teilhabe und Bindung, Festgabe aus Anlass des 25jährigen Bestehens des BVerwG, München, 1978, zit.: *Bearbeiter,* FS BVerwG S.

Bader, Johann / Funke-Kaiser, Michael / Kuntze, Stefan / Albedyll, Jörg von, Verwaltungsgerichtsordnung, Kommentar anhand der höchstrichterlichen Rechtsprechung, 2. Auflage, Heidelberg 2003 , zit.: *Bearbeiter,* in: *Bader,* VwGO, § Rn.

Badura, Peter, Das Planungsermessen und die rechtsstaatliche Funktion des Allgemeinen Verwaltungsrechts, in: *Domcke,* Verfassung und Verfassungsrechtsprechung, Festschrift zum 25-jährigen Bestehen des Bayerischen Verfassungsgerichtshofs, S. 157, zit.: *Badura,* FS BayVerfGH, S.

Badura, Peter, Wege und Verfahren des Verfassungslebens, Festschrift Peter Lerche, München 1993, zit.: *Bearbeiter*, FS Lerche, S.

Barnett, Hilaire, Constitutional and Administrative Law, 4. Auflage, London, 2002, zit.: *Barnett*, Constitutional and Administrative Law, S.

Battis, Ulrich / Krautzberger, Michael / Löhr, Rolf-Peter, Baugesetzbuch, -BauGB-, 8. Auflage, München 2002, zit.: *Bearbeiter,* in: *Battis/Krautzberger/Löhr,* BauGB, § Rn.

Bauer, Ralf, Das Recht auf eine gute Verwaltung im Europäischen Gemeinschaftsrecht, Diss. Frankfurt 2000, zit.: *Bauer*, Das Recht auf eine gute Verwaltung, S.

Beatson, Jack / Tridimas, Takis, New Directions in European Public Law, Oxford 1998, zit.: *Bearbeiter*, in: *Beatson/Tridimas*, New Directions in European Public Law, S.

Beaucamp, Guy, Fallgruppen des Beurteilungsspielraums, in: JA 2002, 314

Bebr, Gerhard, Development of Judicial Control of the European Communities, Den Haag, Boston, London 1981, zit.: *Bebr*, Judicial Control, S.

Becker, Bernd / Krause, Peter, Festschrift für Werner Thieme, Köln, 1993, zit.: *Bearbeiter,* FS Thieme, S.

Becker, Franz, Das allgemeine Verwaltungsverfahren in Theorie und Gesetzgebung, Eine rechtsvergleichende Untersuchung, Stuttgart, 1960, zit.: *Becker,* Verwaltungsverfahren in Theorie und Gesetzgebung, S.

Becker, Franz, Die Entscheidungsbegründung im deutschen Verwaltungs- und verwaltungsgerichtlichen und verfassungsgerichtlichen Verfahren, in: *Sprung,* Die Entscheidungsbegründung in europäischen Verfahrensrechten und im Verfahren vor internationalen Gerichten, S. 101 ff., zit.: *Becker,* in: *Sprung,* Entscheidungsbegründung, S.

Becker, Joachim, Internes Verwaltungshandeln, in: LKV 1991, 100

Becker, Peter, Prüfungsrecht, Eine konstruktive Kritik seiner Rituale, 1. Auflage, Baden-Baden, 1988

Becker-Schwarze, Kathrin (Hrsg.), Wandel der Handlungsformen im öffentlichen Recht, 31. Tagung der Wissenschaftlichen Mitarbeiterinnen und Mitarbeiter der Fachrichtung „Öffentliches Recht", Stuttgart, München, Hannover, Berlin, 1991, zit.: *Bearbeiter,* in: *Becker-Schwarze,* Wandel der Handlungsformen, S.

Beljin, Saša, Die Zusammenhänge zwischen dem Vorrang, den Instituten der innerstaatlichen Beachtlichkeit und der Durchführung des Gemeinschaftsrechts, in: EuR 2002, 351

Bell, John, Mechanisms for Cross-fertilisation of Administrative Law in Europe, in: *Beatson/Tridimas,* New Directions in European Public Law, S. 147

Bellgardt, Peter, Die Konkurrentenklage des Beamtenrechts, Der Rechtsschutz des unterlegenen Bewerbers auf Einstellung und Beförderung, Diss. Frankfurt/Main, 1980, zit.: *Bellgardt,* Konkurrentenklage, S.

Beloff, Michael, Judicial Review in England and Wales – The State of the Art, in: [2003] Jersey Law Report, 29

Benda, Ernst / Klein, Eckart, Verfassungsprozessrecht, 2. Auflage, Heidelberg, 2001, zit.: *Benda/Klein,* Verfassungsprozessrecht, Rn.

Berberich, Thomas / Holl, Wolfgang / Maaß, Kurt-Jürgen, Neue Entwicklungen im öffentlichen Recht, Beiträge zum Verhältnis von Bürger und Staat aus Völkerrecht, Verfassungsrecht und Verwaltungsrecht, Stuttgart, Berlin, Köln, Mainz, 1979, zit.: *Bearbeiter,* in: *Berberich (Hrsg.),* Neue Entwicklungen im öffentlichen Recht, S.

Berggreen, Ingeborg, Die „dissenting opinion" in der Verwaltung, Zum Problem der Öffentlichkeit staatlicher Entscheidungsvorgänge, Diss. München, 1971, zit.: *Berggreen,* Die „dissenting opinion", S.

Bergmann, Jan / Kenntner, Markus, Deutsches Verwaltungsrecht unter europäischem Einfluss, Handbuch für Justiz, Anwaltschaft und Verwaltung, Stuttgart, München, Hannover, Berlin, Weimar, Dresden 2002, zit.: *Bearbeiter,* in: *Bergmann/Kenntner,* Deutsches Verwaltungsrecht unter europäischem Einfluss, S.

Berkemann, Jörg (Hrsg.), Planung und Plankontrolle, Festschrift Otto Schlichter, Köln, Berlin, Bonn, München 1995, zit.: *Bearbeiter,* FS Schlichter, S.

Bernhardt, Rudolf, Eigenheiten und Ziele der Rechtsvergleichung im öffentlichen Recht, in: ZaöRV 24 (1964), 431

Bernhardt, Rudolf, Einwirkungen der Entscheidungen internationaler Menschenrechtsinstitutionen auf das nationale Recht, in: *Hailbronner/Ress/Stein*, Staat und Völkerrechtsordnung, Festschrift für Karl Doehring, S. 23, zit.: *Bernhardt*, FS Doehring, S.

Bernstein, Herbert / Drobnig, Ulrich / Kötz, Hein, Festschrift für Konrad Zweigert, Tübingen 1981, zit.: *Bearbeiter*, FS Zweigert, S.

Bettermann, Karl August, Über die Rechtswidrigkeit von Staatsakten, in: *Müller,* Recht als Prozess und Gefüge Festschrift Hans Huber, S. 25, zit.: *Bettermann,* FS Huber, S.

Beuermann, Jasmin, Intendiertes Ermessen, Diss. Göttingen, 2001, zit.: *Beuermann,* Intendiertes Ermessen, S.

Beyerlin, Ulrich, Umsetzung von EG-Richtlinien durch Verwaltungsvorschriften?, in: EuR 1987, 126

Bieber, Roland / Epiney, Astrid / Haag, Marcel, Die Europäische Union, 6. Auflage, Baden-Baden 2004, zit.: *Bieber/Epiney/Haag*, Europäische Union, §, Rn.

Bielefeld, Franz, Das soziale Verfahrensrecht des SGB X, Zum Verhältnis von SGB X und VwVfG, Diss. Göttingen, 1997, zit.: *Bielefeld,* Verfahrensrecht, S.

Birkinshaw, Patrick, European Public Law, London, Edinburgh 2003, zit.: *Birkinshaw*, European Public Law, S.

Bleckmann, Albert, Zum Begriff der „Civil Rights" in Art. 6 der Europäischen Menschenrechtskonvention, in: *Ress*, Entwicklungstendenzen im Verwaltungsverfahrensrecht und in der Verwaltungsgerichtsbarkeit, Wien, New York, 1990, zit.: *Bleckmann*, in: *Ress*, Entwicklungstendenzen im Verwaltungsverfahrensrecht und in der Verwaltungsgerichtsbarkeit, S.

Bleckmann, Albert, Methoden der Bildung europäischen Verwaltungsrechts, in: DÖV 1993, 837

Blümel, Willi (Hrsg.), Verkehrswegeplanung in Deutschland, Speyerer Forschungsberichte 105, 2. Auflage, Speyer 1992, zit.: *Bearbeiter,* in: *Blümel,* Verkehrswegeplanung, S.

Blümel, Willi / Pitschas, Rainer, Reform des Verwaltungsverfahrens, Vorträge und Diskussionsbeiträge des Forschungsseminars am Forschungsinstitut für Öffentliche Verwaltung bei der Hochschule für Verwaltungswissenschaften Speyer vom 3. bis 5. März 1993, Berlin, 1994, zit.: *Bearbeiter,* in: *Blümel/Pitschas* Reform des Verwaltungsverfahrens, S.

Bogdanor, Vernon, Britain and the European Community, in: *Jowell/Oliver*, The Changing Constitution, 3. Auflage, S. 3, zit.: *Bogdanor*, in: *Jowell/Oliver*, The Changing Constitution, 3. Auflage, S.

Bonk, Heinz Joachim, 25 Jahre Verwaltungsverfahrensgesetz, in: NVwZ 2001, 636

Bönker, Christian, Umweltstandards in Verwaltungsvorschriften, Diss. Münster 1992, zit.: *Bönker*, Umweltstandards in Verwaltungsvorschriften, S.

Börger, Michael, Genehmigungs- und Planungsentscheidungen unter dem Gesichtspunkt des Gesetzesvorbehalts, Münster, 1987, zit.: *Börger,* Genehmigungs- und Planungsentscheidungen, S.

Borowski, Martin, Intendiertes Ermessen, in: DVBl. 2000, 149

Bradley, Anthony, Tell us why, in: [1994] S.J. 88

Bradley, Anthony / Ewing, Keith D., Constitutional and Administrative law, 12. Auflage, London, New York 1998, zit.: *Bradley/Ewing*, Constitutional and Administrative law, S.

Brandt, Kerstin, Der Europäische Gerichtshof (EuGH) und das Europäische Gericht erster Instanz – Aufbau, Funktionen und Befugnisse, in: JuS 1994, 300

Brenner, Michael / Huber, Peter M., Europarecht und Europäisierung in den Jahren 1998/1999, in: DVBl. 1999, 1559

Brenner, Michael / Huber, Peter M., Europarecht und Europäisierung in den Jahren 2000/2001, in: DVBl. 2001, 1013

Brenner, Michael / Huber, Peter M., Europarecht und Europäisierung in den Jahren 2001-2003, in: DVBl. 2004, 863

Bridge, J.W., The Duty to Give Reasons for Decisions as an Aspect of Natural Justice, in: *Lasok/Jaffey/Perrott/Sachs,* Fundamental Duties, S. 81, zit.: *Bridge*, in: *Lasok*, Fundamental Duties, S.

Brinktrine, Ralf, Verwaltungsermessen in Deutschland und England, Eine rechtsvergleichende Untersuchung von Entscheidungsspielräumen der Verwaltung im deutschen und englischen Verwaltungsrecht, Diss. Münster, 1997, zit.: *Brinktrine,* Verwaltungsermessen, S.

Brischke, Hans-Jürgen, Heilung fehlerhafter Verwaltungsakte im verwaltungsgerichtlichen Verfahren, in: DVBl. 2002, 429

Britz, Gabriele, Bedeutung der EMRK für nationale Verwaltungsgerichte und Behörden, in: NVwZ 2004, 173

Brohm, Winfried, Rechtsschutz im Bauplanungsrecht, Stuttgart, 1959, zit.: *Brohm,* Rechtsschutz im Bauplanungsrecht, S.

Brohm, Winfried, Öffentliches Baurecht, 4. Auflage, München 2003, zit.: *Brohm,* Öffentliches Baurecht, § Rn.

Broß, Siegfried, Zur (fern)straßenrechtlichen Planfeststellung, in: VerwArch 75 (1984), 425

Brügelmann, Hermann, Baugesetzbuch, Kommentar, Stand: März 2003, zit.: *Bearbeiter,* in: *Brügelmann,* BauGB, § Rn.

Brühl, Raimund, Sachbericht, Gutachten und Bescheid im Widerspruchsverfahren, in: JuS 1994, 420

Buck, Waltraud, Die Europäisierung des verwaltungsgerichtlichen vorläufigen Rechtsschutzes, Diss. Freiburg 1999, zit.: *Buck*, Europäisierung des verwaltungsgerichtlichen vorläufigen Rechtssschutzes, S.

Büdenbender, Martin, Das Verhältnis des Europäischen Gerichtshofs zum Bundesverfassungsgericht, Zugleich eine Betrachtung des Verhältnisses des Europäischen Gerichtshofs zu den Verfassungsgerichten ausgewählter Mitgliedstaaten der Europäischen Union, Diss. Münster 2004, zit.: *Büdenbender*, Das Verhältnis des Europäischen Gerichtshofs zum Bundesverfassungsgericht, S.

Bullinger, Martin, Das Ermessen der öffentlichen Verwaltung, in: JZ 1984, 1001

Bullinger, Martin , Das Recht auf eine gute Verwaltung nach der Grundrechtecharta der EU, in: *Eberle/Ibler/Lorenz*, Der Wandel des Staates vor den Herausforerungen der Gegenwart, Festschrift für Winfried Brohm, S. 25, zit.: *Bullinger*, FS Brohm, S.

Bund-Länderausschuss zur Erarbeitung des Musterentwurfs eines Verwaltungsverfahrensgesetzes (Hrsg.) Musterentwurf eines Verwaltungsverfahrensgesetzes (EVwVerfG 1963), mit Anhang „Münchener Fassung", 2. Auflage, Köln, Berlin 1968, zit.: Musterentwurf, S.

Burmeister, Joachim (Hrsg.), Die verfassungsrechtliche Stellung der Verwaltung in Frankreich und in der Bundesrepublik Deutschland, Köln, 1991, zit.: *Bearbeiter*, in: *Burmeister*, Die verfassungsrechtliche Stellung der Verwaltung in Frankreich und in der Bundesrepublik Deutschland, S.

Burmeister, Joachim, Verfassungsstaatlichkeit, Festschrift Klaus Stern, München 1997, zit.: *Bearbeiter,* FS Stern, S.

Calliess, Christian, Rechtsstaat und Umweltstaat, zugleich ein Beitrag zur Grundrechtsdogmatik im Rahmen mehrpoliger Verwaltungsrechtsverhältnisse, Tübingen, 2001, zit.: *Calliess,* Rechtsstaat und Umweltstaat, S.

Calliess, Christian / Ruffert, Matthias, Kommentar des Vertrages über die Europäische Union und des Vertrages zur Gründung der Europäischen Gemeinschaft, EUV/EGV, 2. Auflage, Neuwied 2002, zit.: *Bearbeiter*, in: *Calliess/Ruffert*, EGV, Art. Rn.

Campbell, N.R., The duty to give reasons in administrative law, in: [1994] P.L. 184

Cananea, Giacinto della, Beyond the State: the Europeanization and Globalization of Procedural Administrative Law, in: E.P.L. 2003, 563

Cane, Peter, An Introduction to Administrative Law, 3. Auflage, Oxford 1996, zit.: *Cane*, Introduction to Administrative Law, S.

Carroll, Alex J., The Right to Reasons in Administrative and Judicial Decision Making, in: [1994] J.P. 315

Cassese, Sabino, Toward a European Model of Public Administration, in: *Clark, David S.* (Hrsg.), Comparative and Private International Law, Festschrift J.H. Merryman, S. 351, zit.: *Cassese*, FS Merryman, S.

Cattepoel, Jan, Ermessen und Beurteilungsspielraum, in: VerwArch 71 (1980), 140

Clark, David S., Comparative and Private International Law, Festschrift J.H. Merryman, Berlin 1990, zit.: *Bearbeiter*, FS Merryman, S.

Classen, Claus Dieter, Die Europäisierung des Verwaltungsrechts, in: *Kreuzer/Scheuing/Sieber*, Die Europäisierung der mitgliedstaatlichen Rechtsordnungen in der Europäischen Union, S. 107, zit.: *Classen*, in: *Kreuzer/Scheuing/Sieber*, Europäisierung der mitgliedstaatlichen Rechtsordnungen in der Europäischen Union, S.

Collins, Lawrence, European Community Law in the United Kingdom, 4. Auflage, London, Dublin, Edinburgh, 1990, zit.: *Collins*, European Community Law in the United Kingdom, S.

Committee on Administrative Tribunals and Enquiries, Report of the Committee on Administrative Tribunals and Enquiries, Cmnd. 218, London 1957, zit.: Report of the Committee on Administrative Tribunals and Enquiries, Cmnd, 218 (1957), para

Cragg, Stephen / Ashiagbor, Diamond, A duty to give reasons?, in: [1994] N.L.J. 291

Craig, Paul P., Legitimate Expectations: A Conceptual Analysis, in: [1992] L.Q.R. 79

Craig, Paul P., Reasons and Administrative Justice, in: [1994] L.Q.R. 12

Craig, Paul P., The Common Law, Reasons and Administrative Justice, in: [1994] 53 C.L.J. 282

Craig, Paul P., The Impact of Community Law on Domestic Public Law, in: *Leyland/Woods*, Administrative Law Facing the Future, S. 271

Craig, Paul P., Britain in the European Union, in: *Jowell/Oliver,* The Changing Constitution, 4. Auflage, S. 61, zit.: *Craig*, in: *Jowell/Oliver*, The Changing Constitution, 4. Auflage, S.

Craig, Paul P., Administrative Law, 5. Auflage, London 2003, zit.: *Craig*, Administrative Law, S.

Craig, Paul P. / Búrca, Gráinee de, EU Law, Text, Cases and Materials, 3. Auflage, Oxford 2003, zit.: *Craig/de Búrca*, EU Law, S.

Dagtoglu, Prodromos, Kollegialorgane und Kollegialakte der Verwaltung, Diss. Heidelberg 1960, zit.: *Dagtoglu,* Kollegialorgane, S.

Daig, Hans-Wolfram, Zu Rechtsvergleichung und Methodenlehre im Europäischen Gemeinschaftsrecht, in: *Bernstein/Drobnig/Kötz*, Festschrift Zweigert, S. 395, zit.: *Daig,* FS Zweigert, S.

Daig, Hans-Wolfram, Nichtigkeits- und Untätigkeitsklagen im Recht der Europäischen Gemeinschaften: unter besonderer Berücksichtigung der Rechtsprechung des Gerichtshofs der Europäischen Gemeinschaften und Schlussanträge der Generalanwälte, Baden-Baden 1985, zit.: *Daig*, Nichtigkeits- und Untätigkeitsklagen, S. Rn.

Danwitz, v. Thomas, Die Gestaltungsfreiheit des Verordnungsgebers, Diss. Bonn 1988, zit.: *v. Danwitz,* Gestaltungsfreiheit, S.

Danwitz, v. Thomas, Fünfzehn Jahre Verwaltungsverfahrensgesetz – Erwartungen und Erfahrungen, in: Jura 1994, 281

Danwitz v. Thomas u.a. (Hrsg.), Auf dem Wege zu einer europäischen Staatlichkeit, Stuttgart, München, Hannover, Berlin, Weimar 1993, zit.: *Bearbeiter,* in: *v. Danwitz u.a. (Hrsg.)* Europäische Staatlichkeit, S.

Davis, Stuart, Theorie und Praxis der Bewältigung des Verhältnisses zwischen EG-Recht und englischer Rechtsordnung (unter Einbezug der EMRK), in: Vorträge, Reden und Berichte aus dem Europa-Institut, Nr. 235, Saarbrücken 1990, zit,: *Davis*, Theorie und Praxis der Bewältigung des Verhältnisses zwischen EG-Recht und englischer Rechtsordnung, S.

de Búrca, Gráinne, Proportionality and Wednesbury Unreasonableness: The Influence of European Legal Concepts on UK Law, in: E.P.L. 1997, 561

de la Mare, Thomas, Reasons Update 1996, in: [1996] J.R. 88

Demeter, Wolfgang, Die Begründungspflicht für Verwaltungsentscheidungen im deutschen, französischen und europäischen Recht, Diss. München, 1974, zit.: *Demeter,* Begründungspflicht, S.

DeSmith, Stanley / Brazier, Rodney, Constitutional and Administrative Law, 7. Auflage, London, 1994, zit.: *de Smith/Brazier,* Constitutional and Administrative Law, S.

DeSmith, Stanley / Woolf, Harry / Jowell, Jeffrey, Judicial Review of Administrative Action, 5. Auflage, London 1995, zit.: *de Smith/Woolf/Jowell*, Judicial Review, Rn.

Di Fabio, Udo, System der Handlungsformen und Fehlerfolgenlehre, in: *Becker-Schwarze (Hrsg),* Wandel der Handlungsformen im öffentlichen Recht, S. 47, zit.: *Di Fabio,* in: *Becker-Schwarze,* Wandel der Handlungsformen, S.

Di Fabio, Udo, Die Ermessensreduzierung, in: VerwArch 86 (1995), 214

Di Fabio, Udo, Information als hoheitliches Gestaltungsmittel, in: JuS 1997, 1

Dicey, Albert Venn, Introduction to the Study of the Law of the Constitution, 10. Auflage, New York, London, 1959, zit.: *Dicey*, Introduction, S.

Diekötter, Ulrich, Die Auswirkung von Verfahrensfehlern auf die Rechtsbeständigkeit von Ermessensentscheidungen, Diss. München, 1997, zit.: *Diekötter,* Verfahrensfehler, S.

Diemert, Dörte, Der Innenrechtsstreit im öffentlichen Recht und im Zivilrecht, Diss. Münster, 2002, zit.: *Diemert,* Innenrechtsstreit, S.

Doerfert, Carsten, Der Europäische Gerichtshof, die TA Luft und das deutsche Verwaltungsrecht, in: JA 1999, 949

Dolzer, Rudolf, Zum Begründungsgebot im geltenden Verwaltungsrecht, in: DÖV 1985, 9

Domcke, Hans, Verfassung und Verfassungsrechtsprechung, Festschrift zum 25jährigen Bestehen des Bayer. Verfassungsgerichtshof, München 1972, zit.: *Bearbeiter,* FS BayVerfGH, S.

Dreier, Horst, Grundgesetz, Kommentar, Band II, Art. 20 – 82, Tübingen, 1998, zit.: *Bearbeiter,* in: *Dreier,* GG, Art. Rn.

Drews, Bill / Wacke, Gerhard / Vogel, Klaus / Martens, Wolfgang, Gefahrenabwehr, 9. Auflage, Köln, Berlin, Bonn, München 1986, zit. *Drews/Wacke/Vogel/Martens,* § Rn.

Duffy, Peter, The Judicial Control of Administrative Acts and the European Convention on Human Rights, in: *Andenas*, English Public Law and the Common Law of Europe, S. 175

Dünchheim, Thomas, Die Europäisierung der Verwaltungsrechtsordnung und die „Hydra des Europäischen Rechts“, in: VR 1996, 181

Dürig, Günter, Der Grundrechtssatz von der Menschenwürde, in: AöR 81 (1956), 117

Eberle, Carl E. / Ibler, Martin / Lorenz, Dieter, Der Wandel des Staates vor den Herausforderungen der Gegenwart, Festschrift Winfried Brohm, München 2002, zit.: *Bearbeiter,* FS Brohm, S.

Ehlers, Dirk, Rechtsstaatliche und prozessuale Probleme des Verwaltungsprivatrechts, in: DVBl. 1983, 422

Ehlers, Dirk, Verwaltung in Privatrechtsform, Berlin, 1984, zit.: *Ehlers,* Verwaltung in Privatrechtsform, S.

Ehlers, Dirk (Hrsg.), Europäische Grundrechte und Grundfreiheiten, Berlin, 2003, zit.: *Bearbeiter*, in: *Ehlers*, EuGR, § Rn.

Eichenhofer, Eberhard, Sozialrecht, 4. Auflage, Tübingen 2003, zit.: *Eichenhofer,* Sozialrecht, Rn.

Eisenberg, Ewald, Die Anhörung des Bürgers im Verwaltungsverfahren und die Begründungspflicht für Verwaltungsakte: Rechtsvergleichende Untersuchung zweier zentraler Grundsätze des Verwaltungsverfahrens in Deutschland und Frankreich, Diss. Strasbourg, 1995, zit.: *Eisenberg,* Anhörung, S.

Eisvogel, Alexander, Die Auswirkungen der neuen Bundesverfassungsgerichtsrechtsprechung zum Prüfungsrecht auf die gerichtliche Kontrolle von Prüfungsentscheidungen und die künftige Ausgestaltung von Prüfungsverfahren unter besonderer Berücksichtigung juristischer Staatsprüfungen, Diss. Bonn, 1994, zit.: *Eisvogel,* Bundesverfassungsgerichtsrechtsprechung zum Prüfungsrecht, S.

Elias, Patrick, Legitimate Expectations and Judicial Review, in: *Jowell/Oliver*, New Directions in Judicial Review, S. 37, zit.: *Elias*, in: *Jowell/Oliver*, New Directions in Judicial Review, S.

Ellwein, Thomas, Verwaltung und Verwaltungsvorschriften – Notwendigkeit und Chance der Vorschriftenvereinfachung, Opladen, 1989, zit.: *Ellwein,* Verwaltungsvorschriften

Engel, Christoph, Die Einwirkung des Europäischen Gemeinschaftsrechts auf das Deutsche Verwaltungsrecht, in: Die Verwaltung 25 (1992), 437

Engelhardt, Hanns / Schlicht, Johannes, Bundes-Immissionsschutzgesetz – BImSchG, 4. Auflage, Köln, Berlin, Bonn, München, 1997, zit.: *Engelhardt/Schlicht,* BImSchG, § Rn.

Epping, Volker, Die Willensbildung von Kollegialorganen, in: DÖV 1995, 719

Erath, Franz, Förmliche Verwaltungsverfahren und gerichtliche Kontrolle, Diss. Jena. 1995, zit.: *Erath,* Förmliche Verwaltungsverfahren, S.

Erbguth, Wilfried, Rücknahmefrist und „intendiertes" Ermessen: Vertrauensschutz im (bayerischen) Abwind – VGH München, NVwZ 2001, 931, in: JuS 2002, 333

Erichsen, Hans-Uwe, Der Innenrechtsstreit, in: *Erichsen/Hoppe/v. Mutius,* System des verwaltungsgerichtlichen Rechtsschutzes, Festschrift Menger, S. 211, zit.: *Erichsen,* FS Menger, S.

Erichsen, Hans-Uwe / Hoppe, Werner / Mutius, v. Albert, System des verwaltungsgerichtlichen Rechtsschutzes, Festschrift für Christian-Friedrich Menger, Köln, Berlin, Bonn, München, 1985, zit.: *Bearbeiter,* in: FS Menger, S.

Erichsen, Hans-Uwe / Klüsche, Charlotte, Verwaltungsvorschriften, in: Jura 2000, 540

Erichsen, Hans-Uwe / Ehlers, Dirk (Hrsg.), Allgemeines Verwaltungsrecht, 12. Auflage, Berlin 2002, zit.: *Bearbeiter,* in: *Erichsen/Ehlers,* Allgemeines Verwaltungsrecht § Rn.

Ernst, Werner / Hoppe, Werner, Das öffentliche Bau- und Bodenrecht, Raumplanungsrecht, 2. Auflage, München 1981, zit.: *Bearbeiter,* in: *Ernst/Hoppe,* Bau- und Bodenrecht, S.

Ernst, Werner / Zinkahn, Willy / Bielenberg, Walter , Baugesetzbuch, Kommentar, Stand: 1. Mai 2003 , zit.: *Bearbeiter,* in: *Ernst/Zinkahn/Bielenberg,* BauGB, § Rn.

Everling, Ulrich, Auf dem Wege zu einem europäischen Verwaltungsrecht, in: BDVR 1986, 17

Everling, Ulrich, Zur Funktion des Gerichtshofs der EG als Verwaltungsgericht, in: *Bender/Breuer/Ossenbühl/Sendler (Hrsg.),* Rechtsstaat zwischen Sozialgestaltung und Rechtsschutz, Festschrift für Konrad Redeker S. 293, München, 1993, zit.: *Everling,* FS Redeker, S.

Everling, Ulrich, Durchführung und Umsetzung des Europäischen Gemeinschaftsrechts im Bereich des Umweltschutzes unter Berücksichtigung der Rechtsprechung des EuGH, in: NVwZ 1993, 209

Eyermann, Erich / Fröhler, Ludwig, Verwaltungsgerichtsordnung, Kommentar, 11. Auflage, München 2000, zit.: *Bearbeiter,* in: *Eyermann/Fröhler,* VwGO, § Rn.

Farmer, James A., Tribunals and Government, London, 1974, zit.: *Farmer,* Tribunals and Government, S.

Feldhaus, Gerhard, Bundesimmissionsschutzrecht, Band 1, 2. Auflage, Stand Juli 2003, Heidelberg, 2003 , zit.: *Bearbeiter,* in: *Feldhaus,* BImSchR, § Rn.

Friesecke, Albrecht, Bundeswasserstraßengesetz, Kommentar, 4. Auflage, Köln, Berlin, Bonn, München 1999, zit.: *Friesecke,* WaStrG, § Rn.

Fritz, Roland, Verfahrensrechtliche Anforderungen für das behördliche und gerichtliche Verfahren bei offensichtlich unbegründetem Asylantrag, in: NVwZ 1984, 697

Frowein, Jochen Abr. / Peukert, Wolfgang, Europäische Menschenrechtskonvention, 2. Auflage, Kehl, Straßburg, Arlington 1996, zit.: *Bearbeiter,* in: *Frowein/Peukert,* EMRK, Art., Rn.

Fürst, Walter / Herzog, Roman / Umbach, Dieter C., Festschrift für Wolfgang Zeidler , Band I, Berlin, New York 1987, zit.: *Bearbeiter,* FS Zeidler, Band, S.

Gaentzsch, Günter, Baugesetzbuch – BauGB, mit BauGB-MaßnG, Köln, 1991, zit.: *Gaentzsch,* BauGB, § Rn.

Ganz, Gabriele, Legitimate Expectation, in: Harlow, Public Law and Politics, S. 145, zit.: *Ganz,* in: *Harlow,* Public Law and Politics, S.

Geiger, Willi, Gegenwartsprobleme der Verfassungsgerichtsbarkeit aus deutscher Sicht, in: *Berberich (Hrsg.),* Neue Entwicklungen im öffentlichen Recht, S. 131

Geiger, Rudolf, EUV/EGV, Vertrag über die Europäische Union und Vertrag zur Gründung der Europäischen Gemeinschaft, 4. Auflage, München, 2004, zit.: *Geiger,* EUV/EGV, Art., Rn.

Gellermann, Martin, Beeinflussung des bundesdeutschen Rechts durch Richtlinien der EG, Diss. Osnabrück, 1994, zit.: *Gellermann,* Beeinflussung des bundesdeutschen Rechts durch Richtlinien der EG, S.

Gelzer, Konrad / Bracher, Christian-Dietrich / Reidt, Olaf, Bauplanungsrecht, 6. Auflage, Köln 2001, zit.: *Bearbeiter,* in *Gelzer/Bracher/Reidt,* Bauplanungsrecht, Rn.

Gern, Alfons / Schönhoff, Horst, Begründungspflicht kommunaler Kollegialentscheidungen, in: VBlBW 1985, 43

Gern, Alfons, Die Ermessensreduzierung auf Null, in: DVBl. 1987, 1194

Gordon, Richard / Barlow, Craig, Reasons for life: solving the Sphinx's riddle, in: [1993] N.L.J. 1005

Götz, Volkmar, Über die „Gleichheit im Unrecht", in: *Bachof/Heigl/Redeker,* Verwaltungsrecht zwischen Freiheit, Teilhabe und Bindung, Festschrift BVerwG, S. 245, zit.: *Götz,* FS BVerwG, S.

Götz, Volkmar / Klein, Hans Hugo / Starck, Christian (Hrsg.), Die öffentliche Verwaltung zwischen Gesetzgebung und richterlicher Kontrolle, Göttinger

Symposion 1985, München, 1985, zit.: *Bearbeiter,* in: *Götz/Klein/Starck,* Die öffentliche Verwaltung, S.

Grabenwarter, Christoph, Die Charta der Grundrechte für die Europäische Union, in: DVBl. 2001, 1

Grabenwarter, Christoph, Europäische Menschenrechtskonvention, München, Wien 2003, zit.: *Grabenwarter*, Europäische Menschenrechtskonvention, S.

Grabitz/Hilf, Das Recht der Europäischen Union, EUV/EGV, Archivband I, zit.: *Bearbeiter,* in: *Grabitz/Hilf,* EUV/EGV Art., Rn. (Archivband)

Gronemeyer, Steffen, Der Geltungsverlust von Bebauungsplänen infolge normwidersprechender Fakten, in: DVBl. 1977, 756

Grooterhorst, Ursula, Der Geltungsverlust von Bebauungsplänen durch die nachträgliche Veränderung der tatsächlichen Verhältnisse, Diss. Münster, 1988, zit.: *Grooterhorst,* Geltungsverlust von Bebauungsplänen, S.

Groß, Thomas, Das Kollegialprinzip in der Verwaltungsorganisation, Tübingen, 1999, zit.: *Groß,* Kollegialprinzip, S.

Grupp, Klaus, Behördliche Beurteilungsspielräume im „schlanken Staat“, in: *Grupp/Ronellenfitsch,* Planung – Recht – Rechtsschutz, Festschrift Blümel, S. 139, zit.: *Grupp,* FS Blümel, S.

Grupp, Klaus / Ronellenfitsch, Michael, Planung – Recht – Rechtsschutz, Festschrift für Willi Blümel, Berlin, 1999, zit.: *Bearbeiter,* FS Blümel, S.

Gubelt, Manfred, Begründungsfehler des Bebauungsplans, in: NVwZ 1982, 176

Guckelberger, Annette, Zum methodischen Umgang mit Verwaltungsvorschriften, in: Die Verwaltung 35 (2002), 61

Guhl, Peter, Prüfungen im Rechtsstaat, Rechtsstaatliche Anforderungen an Prüfungsverfahren, Bad Honnef, 1978, zit.: *Guhl,* Prüfungen im Rechtsstaat, S.

Günther, Hellmuth, § 39 Abs. 1 Satz 3 VwVfG und die Begründung von Entscheidungen mit Beurteilungsspielraum, in: NWVBL 1991, 181

Gusy, Christoph, Probleme der Verrechtlichung technischer Standards, in: NVwZ 1995, 105

Häberle, Peter, Verfassungsprinzipien „im“ Verwaltungsverfahrensgesetz, in: *Schmitt Glaeser (Hrsg.),* Festschrift Boorberg Verlag, S. 47, zit.: *Häberle,* FS Boorberg Verlag, S.

Häberle, Peter, Grundrechtsgeltung und Grundrechtsinterpretation im Verfassungsstaat, – zugleich zur Rechtsvergleichung als „fünfter“ Auslegungsmethode –, in: JZ 1989, 913

Hailbronner, Kay, Ausländerrecht, Kommentar, Stand: Oktober 2005, Heidelberg, zit.: *Bearbeiter,* in: *Hailbronner,* AuslR, B 2, § Rn.

Hailbronner, Kay / Ress, Georg / Stein, Torsten, Staat und Völkerrechtsordnung, Festschrift für Karl Doehring, Berlin 1989, zit.: *Bearbeiter*, FS Doehring, S.

Hain, Karl-Eberhard / Schlette, Volker / Schmitz, Thomas, Ermessen und Ermessensreduktion – ein Problem im Schnittpunkt von Verfassungs- und Verwaltungsrecht, in: AöR 122 (1997), 32

Hamann, Andreas, Rechtsfragen zu ermessenslenkenden Verwaltungsvorschriften, in: VerwArch 73 (1982), 28

Harlow, Carol, Public Law and Politics, London, 1986, zit.: *Bearbeiter*, in: *Harlow*, Public Law and Politics, S.

Harlow, Carol / Rawlings, Richard, Law and Administration, 2. Auflage, London, 1997, zit.: *Harlow/Rawlings*, Law and Administration, S.

Harris, Phil, An Introduction to Law, 6. Auflage, London 2002, zit.: *Harris*, Introduction to Law, S.

Hartley, Trevor Clayton, The Foundations of European Community Law, 5. Auflage, Oxford 2003, zit.: *Hartley*, European Community Law, S.

Hector, Pascal, Die Charta der Grundrechte der Europäischen Union, in: *Bröhmer* (Hrsg.), Der Grundrechtsschutz in Europa – Wissenschaftliches Kolloquium aus Anlass des 65. Geburtstages von Prof. Dr. Dr. Dr. h.c. mult. Georg Ress, S. 180, Baden-Baden 2002, zit.: *Hector*, FS Ress, S.

Heintzen, Markus, Staatliche Warnungen als Grundrechtsproblem, in: VerwArch 81 (1990), 532

Henke, Jörg, EuGH und Umweltschutz, Diss. Bayreuth, 1992, zit.: *Henke*, EuGH und Umweltschutz, S.

Herberg, Javan, The Right to Reasons: Palm Trees in Retreat?, in: [1991] P.L. 340

Herdegen, Matthias, Beurteilungsspielraum und Ermessen im strukturellen Vergleich, in: JZ 1991, 747

Herdegen, Matthias, Europarecht, 5. Auflage, München, 2003, zit.: *Herdegen*, Europarecht, Rn.

Herzog, Roman / Kunst, Hermann / Schlaich, Klaus / Schneemelcher, Wilhelm (Hrsg.), Evangelisches Staatslexikon, Band I A – M, 3. Auflage, Stuttgart, 1987, zit.: *Bearbeiter,* in: EvStL, *Stichwort*

Hesse, Konrad, Grundzüge des Verfassungsrechts der Bundesrepublik Deutschland, 20. Auflage, Heidelberg, 1995, zit.: *Hesse,* Verfassungsrecht, S.

Hilf, Meinhard, Möglichkeiten und Grenzen des Rückgriffes auf nationale verwaltungsrechtliche Regeln bei der Durchführung von Gemeinschaftsrecht, in: *Schwarze,* Europäisches Verwaltungsrecht im Werden, S. 67

Hill, Hermann, Verfahrensermessen der Verwaltung, in: NVwZ 1985, 449

Hill, Hermann, Das fehlerhafte Verfahren und seine Folgen im Verwaltungsrecht, Heidelberg, 1986, zit.: *Hill,* Fehlerhaftes Verfahren, S.

Hill, Hermann, Rechtsstaatliche Bestimmtheit oder situationsgerechte Flexibilität des Verwaltungshandelns, in: DÖV 1987, 885

Hill, Hermann, Normkonkretisierende Verwaltungsvorschriften, in: NVwZ 1989, 401

Hilson, Chris, The Europeanization of English Administrative Law: Judicial Review and Convergence, in: E.P.L. 2003, 125

Hirsch, Günter, Europäischer Gerichtshof und Bundesverfassungsgericht – Kooperation oder Konfrontation?, in: NJW 1996, 2457

Hoffmann-Riem, Wolfgang / Schmidt-Aßmann, Eberhard / Schuppert, Gunnar Folke, Reform des allgemeinen Verwaltungsrechts, Baden-Baden 1993, zit.: *Bearbeiter,* in: *Hoffmann-Riem/Schmidt-Aßmann/Schuppert,* Reform des allgemeinen Verwaltungsrechts, S.

Hoffmann-Riem, Wolfgang/Schmidt-Aßmann, Eberhard, Innovation und Flexibilität des Verwaltungshandelns, Schriften zur Reform des Verwaltungsrechts, Bd. 2, Baden-Baden 1994, zit.: *Bearbeiter,* in: *Hoffmann-Riem/Schmidt-Aßmann,* Innovation, S.

Hofmann, Christian, Der Beitrag der neueren Rechtsprechung des BVerfG zur Dogmatik des Beurteilungsspielraums, in: NVwZ 1995, 740

Hofmann, Rainer, Rechtsstaatsprinzip und Europäisches Gemeinschaftsrecht, in: *Hofmann/Marko/Merli/Wiederin,* Rechtsstaatlichkeit in Europa, S. 321

Hofmann, Rainer / Marko, Joseph / Merli, Franz / Wiederin, Ewald, Rechtstaatlichkeit in Europa, Heidelberg 1996, zit.: *Bearbeiter,* in: *Hofmann/Marko/Merli/Wiederin,* Rechtsstaatlichkeit in Europa, S.

Hölscheidt, Sven / Putz, Iris, Die Konventsverfassung, in: JA 2004, 262

Hoppe, Werner, Zur Struktur von Normen des Planungsrechts, in: DVBl. 1974, 641

Hoppe, Werner, Planung und Pläne in der verfassungsgerichtlichen Kontrolle, in: *Starck,* Bundesverfassungsgericht und Grundgesetz, Erster Band, Tübingen, 1976, zit.: *Hoppe,* FS BVerfG I, S.

Hoppe, Werner / Otting, Olaf, Verwaltungsvorschriften als ausreichende Umsetzung von rechtlichen und technischen Vorgaben der Europäischen Union?, in: NuR 1998, 61

Hoppe, Werner / Schlarmann, Hans / Buchner, Reimar, Rechtsschutz bei der Planung von Straßen und anderen Verkehrswegen, 3. Auflage, München 2001, zit.: *Hoppe/Schlarmann/Buchner,* Rechtsschutz, Rn.

Hoppe, Werner / Bönker, Christian / Grotefels, Susan, Öffentliches Baurecht, 2. Auflage, München 2002, zit.: *Bearbeiter,* in: *Hoppe/Bönker/Grotefels,* Öffentliches Baurecht, § Rn.

Horn, Hans-Detlef, Das Nachschieben von Gründen und die Rechtmäßigkeit von Verwaltungsakten, in: Die Verwaltung 25 (1992), 203

Hübschmann, Walter (Begr.), Abgabenordnung – Finanzgerichtsordnung, Kommentar, 10. Auflage, Köln 1995, zit.: *Bearbeiter,* in: *Hübschmann/Hepp/Spitaler,* AO/FGO § Rn.

Hufen, Friedhelm, Fehler im Verwaltungsverfahren, 4. Auflage, Baden-Baden 2002, zit.: *Hufen,* Fehler im Verwaltungsverfahren, Rn.

Hunt, Murray, Using Human Rights Law in English Courts, Oxford, 1998, zit.: *Hunt*, Human Rights Law in English Courts, S.

Ibler, Martin, Die Schranken planerischer Gestaltungsfreiheit im Planfeststellungsrecht, Diss. Göttingen, 1987, zit.: *Ibler,* Schranken, S.

Ibler, Martin, Die behördlichen Abwägungsspielräume bei Bauleitplanung und Planfeststellung, in: JuS 1990, 7

Imboden, Max, Der Plan als verwaltungsrechtliches Institut, in: VVDStRL 18 (1960), 113

Ingman, Terence, The English Legal Process, Oxford, 2002, zit.: *Ingman*, Legal Process, S.

Ipsen, Hans Peter, Europäisches Gemeinschaftsrecht, Tübingen, 1972, zit.: *Ipsen*, Gemeinschaftsrecht, S.

Irvine, D., The Development of Human Rights in Britain under an incorporated Convention on Human Rights, in: [1998] P.L. 221

Irvine, D., The Impact of the Human Rights Act: Parliament, the Courts and the Executive, in: [2003] P.L. 308

Isensee, Josef / Kirchhof, Paul , Handbuch des Staatsrechts der Bundesrepublik Deutschland Band I, Heidelberg, 1987, zit.: *Bearbeiter,* in: *Isensee/Kirchhof,* HStR, Bd., §, Rn.

Isensee, Josef / Kirchhof, Paul, Handbuch des Staatsrechts der Bundesrepublik Deutschland Band VII, Heidelberg, 1992, zit.: *Bearbeiter,* in: *Isensee/Kirchhof,* HStR, Bd. §, Rn.

Isensee, Josef / Kirchhof, Paul , Handbuch des Staatsrechts der Bundesrepublik Deutschland Band III, 2. Auflage, Heidelberg 1996, zit.: *Bearbeiter,* in: *Isensee/Kirchhof,* HStR, Bd., §, Rn.

Isensee, Josef, Vorrang des Europarechts und deutsche Verfassungsvorbehalte – offener Dissens, in: *Burmeister, Joachim (Hrsg.),* Verfassungsstaatlichkeit, Festschrift Klaus Stern, München 1997, S. 1239, zit.: *Isensee*, FS Stern, S.

Jackson, Paul, Natural Justice, 2. Auflage, London 1979, zit.: *Jackson*, Natural Justice, S.

Jacobs, F. G., Public Law – The Impact of Europe, in: [1991] P.L. 232

Jäde, Henning, „Schwarzbau“ und Bauaufsicht, Grundprobleme von Beseitigungsanordnung, Nutzungsuntersagung und Baueinstellung, in: ThürVBl. 1993, 82

Jäde, Henning, Verwaltungsverfahren, Widerspruchsverfahren, Verwaltungsprozess: Problemschwerpunkte der Vorbereitung auf die Zweite Juristische Staatsprüfung, 4. Auflage, Stuttgart, München, Hannover, Berlin, Weimar, Dresden, 2001, zit. *Jäde,* Verwaltungsverfahren, Rn.

Jakob, Wolfgang, Abgabenordnung, 2. Auflage, München 1996, zit.: *Jakob,* Abgabenordnung, § Rn.

Jarass, Hans D., Umweltverträglichkeitsprüfung bei Industrievorhaben, Köln, Berlin, Bonn, München, 1987, zit.: *Jarass,* Umweltverträglichkeitsprüfung, S.

Jarass, Hans D., Bindungswirkung von Verwaltungsvorschriften, in: JuS 1999, 105

Jarass, Hans D. , Bundes-Immissionsschutzgesetz, Kommentar, 5. Auflage, München 2002, zit.: *Jarass,* BImSchG, § Rn.

Jarass, Hans D. / Beljin, Saša, Die Bedeutung von Vorrang und Durchführung des EG-Rechts für die nationale Rechtsetzung und Rechtsanwendung, in: NVwZ 2004, 1

Jellinek, Walter, Gesetz, Gesetzesanwendung und Zweckmäßigkeitserwägung, Tübingen, 1913, zit.: *Jellinek,* Gesetz, Gesetzesanwendung und Zweckmäßigkeitserwägung

Joerges, Christian / Dehousse, Renaud, Good Governance in Europe's integrated market, Oxford 2002, zit.: *Bearbeiter,* in: *Joerges/Dehousse,* Good Governance, S.

Jowell, Jeffrey L. / McAuslan, Patrick, Lord Denning: The Judge and the Law, London, 1984, zit.: *Jowell/McAuslan*, The Judge and the Law, S.

Jowell, Jeffrey L. / Oliver, Dawn, New Directions in Judicial Review, London 1988, zit.: *Bearbeiter*, in: *Jowell/Oliver*, New Directions in Judicial Review, S.

Jowell, Jeffrey / Oliver, Dawn, The Changing Constitution, 3. Auflage, Oxford 1994, zit.: *Bearbeiter*, in: *Jowell/Oliver*, The Changing Constitution, 3. Auflage, S.

Jowell, Jeffrey / Birkinshaw, Patrick, English Report, in: *Schwarze*, Das Verwaltungsrecht unter europäischem Einfluss, S. 273, 299

Jowell, Jeffrey L. / Oliver, Dawn, The Changing Constitution, 4. Auflage, Oxford 2000, zit.: *Bearbeiter*, in: *Jowell/Oliver*, The Changing Constitution, 4. Auflage, S.

Junker, Carolin, Der Verwaltungsakt im deutschen und französischem Recht und die Entscheidung im Recht der Europäischen Gemeinschaften, Diss. Münster, 1990

JUSTICE-All Souls Committee, Administrative Justice, Some Necessary Reforms, Oxford, 1988, zit.: JUSTICE-All Souls Report, Administrative Justice, Some Necessary Reforms, S.

Kadelbach, Stefan, Der Einfluss des EG-Rechts auf das nationale Allgemeine Verwaltungsrecht, in: *v. Danwitz u.a. (Hrsg.),* Auf dem Wege zu einer Europäischen Staatlichkeit, S. 131, Stuttgart, München, Hannover, Berlin, Weimar 1993, zit.: *Kadelbach*, in: *v. Danwitz u. a. (Hrsg.),* Europäische Staatlichkeit, S.

Kadelbach, Stefan, Allgemeines Verwaltungsrecht unter europäischem Einfluss, Tübingen, 1999, zit.: *Kadelbach*, Allgemeines Verwaltungsrecht unter europäischem Einfluss, S.

Kadelbach, Stefan, Die rechtsstaatliche Einbindung der europäischen Wirtschaftsverwaltung, in: EuR 2002, Beiheft 2, S. 7

Kadelbach, Stefan, European Administrative Law and the Law of a Europeanized Administration, in: *Joerges/Dehousse (Hrsg.),* Good Governance in Europe's integrated market, Oxford 2002, zit.: *Kadelbach,* in: *Joerges/Dehousse,* Good Governance, S.

Kahl, Wolfgang, Hat die EG die Kompetenz zur Regelung des Allgemeinen Verwaltungsrechts?, in: NVwZ 1996, 865

Kamphausen, Peter / Kampmann, Bernd, Bestimmtheit und Begründung von Verwaltungsakten, insbesondere der Bauverwaltung, in: BauR 1986, 403

Kautz, Steffen, Verhaltenslenkende Verwaltungsvorschriften und ihre unterschiedliche Bindungswirkung, in: GewArch 2000, 230

Keenan, Denis, Smith & Keenan's English Law, 13. Auflage, Edinburgh 2001, zit.: *Keenan*, English Law, S.

Kellner, Hugo, Neue Erkenntnisse zum sogenannten Beurteilungsspielraum, in: DÖV 1972, 801

Kischel, Uwe, Der unabdingbare Grundrechtliche Mindeststandard in der Europäischen Union, Zur Auslegung des Art. 23 I 1 GG, in: Der Staat 2000 (39) 523

Kischel, Uwe, Die Begründung, Zur Erläuterung staatlicher Entscheidungen gegenüber dem Bürger, Tübingen, 2003, zit.: *Kischel,* Die Begründung, S.

Klein, Eckart, Vereinheitlichung des Verwaltungsrechts im europäischen Integrationsprozess, in: *Starck*, Rechtsvereinheitlichung durch Gesetze, Göttingen 1992, zit.: *Klein*, in: *Starck*, Rechtsvereinheitlichung durch Gesetze, S.

Klein, Franz, Abgabenordnung, — einschließlich Steuerstrafrecht —, 7. Auflage, München 2000, zit.: *Bearbeiter,* in: *Klein,* AO, § Rn.

Knack, Hans Joachim, Verwaltungsverfahrensgesetz Kommentar, 8. Auflage, Köln, Berlin, Bonn, München 2003, zit.: *Bearbeiter,* in: *Knack,* VwVfG, § Rn.

Knauff, Matthias, Integration durch Richterrecht: Zur Rolle des Europäischen Gerichtshofes im europäischen Einigungsprozess, in: JA 2002, 719

Koch, Hans-Joachim, Unbestimmte Rechtsbegriffe und Ermessensermächtigungen im Verwaltungsrecht, Frankfurt, 1979, zit.: *Koch,* Unbestimmte Rechtsbegriffe, S.

Koch, Hans-Joachim / Hendler, Reinhard, Baurecht, Raumordnungs- und Landesplanungsrecht, 3. Auflage, Stuttgart, München, Hannover, Berlin, Weimar, Dresden, 2001, zit.: *Koch/Hendler,* Baurecht, § Rn.

Koch, Hans-Joachim / Rüßmann, Helmut, Juristische Begründungslehre, München, 1982, zit.: *Koch/Rüßmann,* Begründungslehre, S.

Koch, Karl / Scholtz, Rolf-Detlev, Abgabenordnung, 5. Auflage, Köln, Berlin, Bonn, München, 1996, zit.: *Bearbeiter,* in: *Koch/Scholtz,* AO, § Rn.

Koehler, Alexander, Musterentwurf eines Verwaltungsverfahrensgesetzes, in: MDR 1964, 274.

Koenig, Christian, Zur gerichtlichen Kontrolle sogenannter Beurteilungsspielräume im Prüfungsrecht, in: VerwArch 83 (1992), 351

Koenig, Christian, Der Begründungszwang in mehrpoligen Verwaltungsrechtsverhältnissen am Beispiel umweltrelevanter Entscheidungen, in: AöR 117 (1992), 513

Koenig, Christian / Haratsch, Andreas, Europarecht, 4. Auflage, Tübingen 2004, zit.: *Koenig/Haratsch*, Europarecht, Rn.

König, Klaus / Merten, Detlef (Hrsg.), Verfahrensrecht in Verwaltung und Verwaltungsgerichtsbarkeit, Symposium zum Gedächtnis an Carl Hermann Ule, Berlin, 2000, zit.: *Bearbeiter,* in: *König/Merten,* Verfahrensrecht in Verwaltung und Verwaltungsgerichtsbarkeit, S.

Konrad, Hans-Joachim (Hrsg.), Grundrechtsschutz und Verwaltungsverfahren, Internationaler Menschenrechtsschutz, Referate der 23. Tagung der wissenschaftlichen Mitarbeiter der Fachrichtung „Öffentliches Recht“., Berlin, 1985, zit.: *Bearbeiter,* in: *Konrad,* Grundrechtsschutz und Verwaltungsverfahren, Internationaler Menschenrechtsschutz, S.

Koopmans, Thijmen, European Public Law: Reality and Prospects, in: [1991] P.L. 53

Kopp, Ferdinand O., Verfassungsrecht und Verwaltungsverfahrensrecht, München, 1971, zit.: *Kopp*, Verfassungsrecht, S.

Kopp, Ferdinand O., Handlungsspielräume der Verwaltung und Kontrolldichte des gerichtlichen Rechtsschutzes, in: *Götz/Klein/Starck,* Die öffentliche Verwaltung zwischen Gesetzgebung und richterlicher Kontrolle, S. 146f., zit.: *Kopp,* in: *Götz/Klein/Starck,* Die öffentliche Verwaltung, S.

Kopp, Ferdinand O. / Ramsauer, Ulrich, Verwaltungsverfahrensgesetz, 7. Auflage, München 2000, zit.: *Kopp/Ramsauer,* VwVfG, § Rn.

Kopp, Ferdinand O. / Schenke, Wolf-Rüdiger, Verwaltungsgerichtsordnung, 12. Auflage, München, 2000, zit.: *Kopp/Schenke,* VwGO, § Rn.

Kratzer, Jakob, Nochmals zum Musterentwurf eines Verwaltungsverfahrensgesetzes, in: BayVBl. 1965, 15

Krause, Peter, Das neue Sozialgesetzbuch: Verwaltungsverfahren, in: NJW 1981, 81

Krause, Peter / Mutius, Albert v. / Schnapp, Friedrich E. / Siewert, Joachim, Gemeinschaftskommentar zum Sozialgesetzbuch – Verwaltungsverfahren, GK-SGB X 1, Neuwied, 1991, zit.: *Bearbeiter,* in: *Krause/v. Mutius/ Schnapp/Siewert,* GK-SGB X 1, § Rn.

Kreuzer, Karl F. / Scheuing, Dieter H. / Sieber, Ulrich, Die Europäisierung der mitgliedstaatlichen Rechtsordnungen in der Europäischen Union, Baden-Baden, 1997, zit.: *Bearbeiter*, in: *Kreuzer/Scheuing/Sieber*, Europäisierung der mitgliedstaatlichen Rechtsordnungen in der Europäischen Union, S.

Kröpil, Karl, Einige wichtige Anforderungen der Rechtsprechung an die Prüfertätigkeit in den juristischen Staatsprüfungen und Rechtsschutzgewährung, in: JuS 1989, 243

Kügel, J. Wilfried, Der Planfeststellungsbeschluss und seine Anfechtbarkeit, Zugleich ein Beitrag zu Auslegung der §§ 74, 75 VwVfG, Diss. Münster, 1985, zit.: *Kügel,* Planfeststellungsbeschluss S.

Kühling, Jürgen / Herrmann, Nikolaus, Fachplanungsrecht, 2. Auflage, Düsseldorf, 2000, zit.: *Kühling/Herrmann,* Fachplanungsrecht, Rn.

Kunig, Philip, Das Rechtsstaatsprinzip, Tübingen, 1986, zit.: *Kunig,* Rechtsstaatsprinzip, S.

Kunig, Philip, Einzelfallentscheidungen durch Gesetz, in: Jura 1993, 308

Lampert, Stephen, Die Pflicht zur Begründung von Verwaltungsakten gem. § 39 I VwVfG und die Folgen ihrer Verletzung, in: DVP 2000, 390

Landmann, v. Robert / Rohmer, Gustav , Umweltrecht, Kommentar, Stand: 1. April 2005 zit.: *Bearbeiter,* in: *Landmann/Rohmer,* BImSchG, § Rn.

Lange, Klaus, Ermessens- und Beurteilungsspielräume als Transformatoren von Innen- und Außenrecht, in: NJW 1992, 1193

Lange, Klaus, Innenrecht und Außenrecht, in: *Hoffmann-Riem/Schmidt-Aßmann/Schuppert,* Reform des allgemeinen Verwaltungsrechts, S. 307

Lasok, D. / Jaffey, A.J.E. / Perrott, David L. / Sachs, Christina, Fundamental Duties, Oxford, 1980, zit.: *Bearbeiter*, in: *Lasok*, Fundamental Duties, S.

Laubinger, Hans-Werner, Grundrechtsschutz durch Gestaltung des Verwaltungsverfahrens, in: VerwArch 73 (1982), 60

Laubinger, Hans-Werner, Der Verfahrensgedanke im Verwaltungsrecht, in: *König/Merten,* Verfahrensrecht in Verwaltung und Verwaltungsgerichtsbarkeit – Symposium zum Gedächtnis an Carl Hermann Ule, Berlin, 2000, zit.: *Laubinger,* in: *König/Merten,* Verfahrensrecht in Verwaltung und Verwaltungsgerichtsbarkeit, S.

Laws, John, Is the High Court the Guardian of Fundamental Constitutional Rights?, in: [1993] P.L. 59

Le Sueur, Andrew, Taking the soft option? The duty to give reasons in the draft Freedom of Information Bill, in: [1999] P.L. 419

Le Sueur, Andrew, Legal Duties to give Reasons, in: [1999] 52 C.L.P. 150

Le Tallec, Georges / Ehlermann, Claus-Dieter, Die Begründungspflicht für Rechtsakte der Europäischen Gemeinschaften, in: AWD 1966, 149

Lecheler, Helmut, Zum Bananenmarkt-Beschluss des BVerfG, NJW 2000, 3124, in: JuS 2001, 120

Leisner, Anna, Verwaltungsvorschriften im Beamtenrecht, in: *Franke,* Öffentliches Dienstrecht im Wandel, Festschrift Fürst, S. 185, zit.: *Leisner*, FS Fürst, S.

Lenaerts, Koen / Vanhamme, Jan, Procedural Rights of Private Parties in the Community Administrative Process, in: CML Rev. 1997, 531

Lenz, Carl Otto, Die Rolle des EuGH im Prozess der Europäisierung der mitgliedstaatlichen Rechtsordnungen, in: *Kreuzer/Scheuing/Sieber*, Die Europäisierung der mitgliedstaatlichen Rechtsordnungen in der Europäischen Union, Baden-Baden 1997, zit.: *Bearbeiter*, in: *Kreuzer/Scheuing/Sieber*, Die Europäisierung der mitgliedstaatlichen Rechtsordnungen in der Europäischen Union, S.

Leyland, Peter / Woods, Terry, Administrative Law Facing the Future, old constraints and new horizons, London 1997, zit.: *Bearbeiter*, in: *Leyland/Woods,* Administrative Law Facing the Future, S.

Liebert, Jens, Europäische Integration und nationales Recht am Beispiel des englischen und irischen Fischereistreits, Diss. Münster, 1995, zit.: *Liebert*, Europäische Integration, S.

Lindemann, Hans-Heinrich, Allgemeine Rechtsgrundsätze und europäischer öffentlicher Dienst, Diss. Bielefeld 1986, zit.: *Lindemann*, Allgemeine Rechtsgrundsätze, S.

Linke, Christine E., Europäisches Internationales Verwaltungsrecht, Diss. Freiburg, 2001, zit.: *Linke*, Europäisches Internationales Verwaltungsrecht, S.

Lisken, Hans / Denninger, Erhard, Handbuch des Polizeirechts, 3. Auflage, München 2001, zit.: *Bearbeiter,* in: *Lisken/Denninger,* Polizeirecht

Longley, Diane / James, Rhoda, Administrative Justice: Central Issues in UK and European Administrative Law, London 1999, zit.: *Longley/James*, Administrative Justice, S.

Lübbe-Wolf, Gertrude, Stufen des Grundrechtsschutzes gegen Verfahrensverstöße, in: *Schwarze u. Graf Vitzthum (Hrsg.),* Festschrift Werner von Simson, S. 137 ff., zit.: *Lübbe-Wolf,* FS Simson, S.

Lücke, Jörg, Begründungszwang und Verfassung, Tübingen, 1987, zit.: *Lücke,* Begründungszwang und Verfassung, S.

Magiera, Siegfried, Die Rechtsakte der EG-Organe, in: Jura 1989, 595

Malorny, Michael, Die Pflicht zur Begründung von Verwaltungsakten, Diss. Speyer 1981, zit.: *Malorny,* Begründungspflicht, S.

Mandelartz, Herbert, Anhörung, Absehen von der Anhörung, Nachholen der unterbliebenen Anhörung – Zur Relativierung eines Verfahrensrechts, in: DVBl. 1983, 112

Mangoldt, v. Hermann / Klein, Friedrich / Starck, Christian, Kommentar zum Grundgesetz, Band 2: Artikel 20 bis 82, 5. Auflage, München 2005, zit.: *Bearbeiter,* in: *v. Mangoldt/Klein/Starck,* GG, Art. Rn.

Manner, Reinhard, Die rechtsstaatlichen Grundlagen des Planfeststellungsverfahrens, Diss. München, 1976, zit.: *Manner,* Planfeststellungsverfahren, S.

Marschall, Ernst A., Bundesfernstraßengesetz, Kommentar, 5. Auflage. Köln, Berlin, Bonn, München 1998, zit.: *Bearbeiter,* in: *Marschall/Schroeter/Kastner,* FStrG, § Rn.

Marshall, H.H., Natural Justice, London 1959, zit.: *Marshall,* Natural Justice S.

Martens, Joachim, Die Praxis des Verwaltungsverfahrens, München, 1985, zit.: *Martens,* Verwaltungsverfahren, Rn.

Martens, Wolfgang, Zum Rechtsanspruch auf polizeiliches Handeln, in: JuS 1962, 245

Masuch, Thorsten, Zur fallübergreifenden Bindungswirkung von Urteilen des EGMR, in: NVwZ 2000, 1266

Maunz, Theodor / Dürig, Günter (Hrsg.), Grundgesetz, Kommentar, Band II Lieferungen 1 bis 41, Band III Lieferungen 1 bis 43 , zit.: *Bearbeiter,* in: *Maunz/Dürig,* GG, Art. Rn.

Maurer, Hartmut, Das Verwaltungsverfahrensgesetz des Bundes, in: JuS 1976, 485

Maurer, Hartmut, Allgemeines Verwaltungsrecht, 14. Auflage, München 2004, zit.: *Maurer,* Allgemeines Verwaltungsrecht, § Rn.

McEldowney, John F., Public Law, 3. Auflage, London, 2002, zit.: *McEldowney,* Public Law, Rn.

Menger, Christian-Friedrich / Erichsen, Hans-Uwe, Höchstrichterliche Rechtsprechung zum Verwaltungsrecht, in: VerwArch 58 (1967), 171

Meyer, Hans / Borgs-Maciejewski, Hermann, Verwaltungsverfahrensgesetz, 2. Auflage, Frankfurt/Main, 1982, zit.: *Bearbeiter,* in: *Meyer/Borgs,* VwVfG, § Rn.

Meyer, Jürgen, Kommentar zur Charta der Grundrechte der Europäischen Union, Baden-Baden 2003, zit.: *Bearbeiter*, in: *Meyer*, Charta der Grundrechte der Europäischen Union, Art. Rn.

Meyer-Ladewig, Jens, EMRK, Handkommentar, Baden-Baden 2003, zit.: *Meyer-Ladewig*, HK-EMRK, Art. Rn.

Michaelis, Jens, Kontrolldichte im Prüfungsrecht, in: VBlBW 1997, 441

Mombaur, Peter M., Die Charta der Grundrechte der Europäischen Union, in: DÖV 2001, 595

Morris, P.E. / Reeves, T.J., Judicial Review and Reasons: Some Recent Developments, in: [1994] J.P. 641

Muckel, Stefan, Die Kontrolle von Prüfungsentscheidungen in der Rechtsprechung des Bundesverwaltungsgerichts, in: RdJB 1995, 398

Muckel, Stefan, Zur Begründungspflicht der Prüfungsbehörden bei mündlichen Prüfungen, in: RdJB 1997, 190

Müller, Jörg Paul (Hrsg.), Recht als Prozess und Gefüge, Festschrift für Hans Huber, Bern, 1981, zit.: *Bearbeiter,* FS Huber, S.

Müller-Ibold, Till, Die Begründungspflicht im europäischen Gemeinschaftsrecht und im deutschen Recht, Diss. Hamburg 1990, zit.: *Müller-Ibold*, Begründungspflicht, S.

Munro, Colin R., The Duty to Give Reasons for Decisions, in: [1995] S.L.T. 5

Musso, Arne, Zur Begründung von Baunormen, Berlin, 1985, zit.: *Musso,* Begründung von Baunormen

Mutius, v. Albert, Grundrechtsschutz contra Verwaltungseffizienz im Verwaltungsverfahren?, in: NJW 1982, 2150

Mutius, v. Albert, Unbestimmter Rechtsbegriff und Ermessen im Verwaltungsrecht, in: Jura 1987, 92

Mutius, v. Albert, Gerichtsverfahren und Verwaltungsverfahren, in: *Erichsen/Hoppe/v. Mutius (Hrsg.),* System des verwaltungsgerichtlichen Rechtsschutzes, Festschrift Menger, S. 575, zit.: *v. Mutius,* FS Menger, S.

Nehl, Hanns Peter, Principles of Administrative Procedure in EC Law, Oxford, 1999, zit.: *Nehl*, Principles of Administrative Procedure, S.

Nehl, Hanns Peter, Europäisches Verwaltungsverfahren und Gemeinschaftsverfassung, Diss. Hamburg 2002, zit.: *Nehl*, Europäisches Verwaltungsverfahren und Gemeinschaftsverfassung, S.

Neill, Patrick, The Duty to Give Reasons: The Openness of Decision-Making, in: *Forsyth/Hare*, The Golden Metwand and the Crooked Cord, S. 161

Neßler, Volker, Europäisches Richtlinienrecht wandelt deutsches Verwaltungsrecht, Ein Beitrag zur Europäisierung des deutschen Rechts, Diss. Heidelberg, 1994, zit.: *Neßler*, Europäisches Richtlinienrecht wandelt deutsches Verwaltungsrecht, S.

Nettesheim, Martin, Die Bananenmarkt-Entscheidung des BVerfG: Europarecht und nationaler Mindestgrundrechtsstandard, in: Jura 2001, 686

Neufelder, Martin, Umfang der Bewertungsbegründung bei Prüfungsarbeiten, in: BayVBl. 1974, 335

Nicolaysen, Gert / Nowak, Carsten, Teilrückzug des BVerfG aus der Kontrolle der Rechtmäßigkeit gemeinschaftlicher Rechtsakte: Neuere Entwicklungen und Perspektiven, in: NJW 2001, 1233

Nicolaysen, Gert, Europarecht I, 2. Auflage, Baden-Baden 2002, zit.: *Nicolaysen*, Europarecht I, S.

Niehues, Norbert, Die Bekanntgabe dinglicher Verwaltungsakte, in: DVBl. 1982, 317

Niehues, Norbert, Schul- und Prüfungsrecht, Band 2: Prüfungsrecht, 3. Auflage, München, 1994, zit.: *Niehues,* Schul- und Prüfungsrecht, Bd. 2, Rn.

Nüßgens, Karl / Boujong, Karlheinz, Eigentum, Sozialbindung, Enteignung, München, 1987, zit.: *Nüßgens/Boujong,* Eigentum, Sozialbindung, Enteignung, Rn.

Obermayer, Klaus, Kommentar zum Verwaltungsverfahrensgesetz, 3. Auflage, Neuwied 1999, zit.: *Bearbeiter,* in: *Obermayer,* VwVfG, § Rn.

Oppermann, Thomas, Europarecht, 2. Auflage, München 1999, zit.: *Oppermann*, Europarecht, Rn.

Ossenbühl, Fritz, Der Musterentwurf eines Verwaltungsverfahrensgesetzes, in: SKV 1966, 297

Ossenbühl, Fritz, Die Handlungsformen der Verwaltung, in: JuS 1979, 681

Ossenbühl, Fritz, Verwaltungsvorschriften und Grundgesetz, Bad Homburg v.d.H., 1968, zit.: *Ossenbühl*, Verwaltungsvorschriften, S.

Ossenbühl, Fritz, Welche normativen Anforderungen stellt der Verfassungsgrundsatz des demokratischen Rechtsstaates an die planende staatliche Tätigkeit?, Gutachten für den 50. Deutschen Juristentag, München, 1974, zit.: *Ossenbühl,* Gutachten, S.

Ossenbühl, Fritz, Verwaltungsverfahren zwischen Verwaltungseffizienz und Rechtsschutzauftrag, in: NVwZ 1982, 465 ff.

Ossenbühl, Fritz, Eine Fehlerlehre für untergesetzliche Normen, in: NJW 1986, 2805

Ossenbühl, Fritz, 40 Jahre Bundesverwaltungsgericht, Bewahrung und Fortentwicklung des Rechtsstaates, in: DVBl. 1993, 753

Pache, Eckhard, Die Europäische Menschenrechtskonvention und die deutsche Rechtsordnung, in: EuR 2004, 939

Peine, Franz-Joseph, Öffentliches Baurecht, 4. Auflage, Tübingen 2003, zit.: *Peine,* Öffentliches Baurecht, Rn.

Pernice, Ingolf, Kriterien der normativen Umsetzung von Umweltrichtlinien der EG im Lichte der Rechtsprechung des EuGH, in: EuR 1994, 325

Pernice, Ingolf / Kadelbach, Stefan, Verfahren und Sanktionen im Wirtschaftsverwaltungsrecht, in: DVBl. 1996, 1100

Pestalozza, Christian, Gesetzgebung im Rechtsstaat, in: NJW 1981, 2081

Pickel, Harald, Lehrbuch des sozialrechtlichen Verwaltungsverfahrens, Allgemeiner Teil, Wiesbaden, 1982, zit.: *Pickel,* Allgemeiner Teil, S.

Pieroth, Bodo / Kemm, Siegmar, Beurteilungsspielraum und verwaltungsgerichtliche Kontrolldichte bei der Anerkennung eines besonderen pädagogischen Interesses an privaten Grundschulen – BVerfGE 88, 40, in: JuS 1995, 780

Pietzcker, Jost, Der Anspruch auf ermessensfehlerfreie Entscheidung, in: JuS 1982, 106

Pietzcker, Jost, Anmerkung zu BVerfGE 84, 59, in: JZ 1991, 1084

Pietzner, Rainer / Ronellenfitsch, Michael, Das Assessorexamen im Öffentlichen Recht, 10. Auflage, Düsseldorf 2000, zit.: *Pietzner/Ronellenfitsch,* Assessorexamen, § Rn.

Pitschas, Rainer, Das Verwaltungsverfahren nach dem Sozialgesetzbuch, in: JuS 1983, 434

Pitschas, Rainer, Der Verwaltungsstaat in der Krise: Vom Wandel des Verwaltungsverfahrens, in: *Konrad,* Grundrechtsschutz und Verwaltungsverfahren, Internationaler Menschenrechtsschutz, S. 24 ff., zit.: *Pitschas,* in: *Konrad,* Grundrechtsschutz und Verwaltungsverfahren, Internationaler Menschenrechtsschutz, S.

Prophet, John, Statutory Appeals against Local Authority Decisions, in: [1971] P.L. 162

Püttner, Günter, Handlungsspielräume der Verwaltung und Kontrolldichte gerichtlichen Rechtsschutzes, in: *Götz/Klein/Starck,* Die öffentliche Verwaltung zwischen Gesetzgebung und richterlicher Kontrolle, S. 131f., zit.: *Püttner,* in: *Götz/Klein/Starck,* Die öffentliche Verwaltung, S.

Rausch, Rolf, Die Kontrolle von Tatsachenfestellungen und –würdigungen durch den Gerichtshof der Europäischen Gemeinschaften: Zur gerichtlichen Nachprüfung von Kommissionsentscheidungen im Vergleich zum deutschen und französischen Recht, Diss. Bonn, 1994, zit.: *Rausch,* Kontrolle von Tatsachenfeststellungen und –würdigungen, S.

Redeker, Konrad, Entwicklungen und Probleme verwaltungsgerichtlicher Rechtsprechung, in: *Achterberg/Krawietz/Wyduckel,* Recht und Staat im sozialen Wandel, Festschrift Scupin, S. 861, zit.: *Redeker,* FS Scupin, S.

Redeker, Konrad / Karpenstein, Ulrich, Über Nutzen und Notwendigkeiten Gesetze zu begründen, in: NJW 2001, 2825

Redeker, Konrad / Oertzen, Hans-Joachim v., Verwaltungsgerichtsordnung, Kommentar, 13. Auflage, Stuttgart, Berlin, Köln, 2000, zit.: *Redeker/v. Oertzen,* VwGO, § Rn.

Reinhardt, Michael, Abschied von der Verwaltungsvorschrift im Wasserecht, in: DÖV 1992, 102

Rengeling, Hans-Werner, Rechtsgrundsätze beim Verwaltungsvollzug des Europäischen Gemeinschaftsrechts, in: KSE 27, Köln, Berlin, Bonn, München, 1977

Rengeling, Hans-Werner / Middeke, Andreas / Gellermann, Martin, Handbuch des Rechtsschutzes in der Europäischen Union, 2. Auflage, München 2003, zit.: *Bearbeiter*, in: *Rengeling/Middeke/Gellermann*, Rechtsschutz in der EU, §, Rn.

Renner, Günter, Ausländerrecht, Ausländergesetz und Asylverfahrensgesetz mit Artikel 16a GG und materiellem Asylrecht sowie arbeits- und sozialrechtlichen Vorschriften, 7. Auflage, München, 2001, zit.: *Renner,* AsylVfG, § Rn.

Ress, Georg, Entwicklungstendenzen im Verwaltungsverfahrensrecht und in der Verwaltungsgerichtsbarkeit, Wien, New York 1990, zit.: *Bearbeiter*, in: *Ress*, Entwicklungstendenzen im Verwaltungsverfahrensrecht und in der Verwaltungsgerichtsbarkeit, S.

Ress, Georg, Verwaltung und Verwaltungsrecht in der Bundesrepublik Deutschland unter dem Einfluss des europäischen Rechts und der europäischen Gerichtsbarkeit, in: *Burmeister*, Die verfassungsrechtliche Stellung der Verwaltung in Frankreich und in der Bundesrepublik Deutschland, S. 199

Ress, Georg, Wirkung und Beachtung der Urteile und Entscheidungen der Straßburger Konventionsorgane, in: EuGRZ 1996, 350

Richardson, Genevra, The Duty to give Reasons: Potential and Practice, in: [1986] P.L. 437

Richardson, Genevra / Genn, Hazel, Administrative Law and Government Action, The Courts and Alternative Mechanisms of Review, Oxford, 1994, zit.: *Bearbeiter*, in: *Richardson/Genn,* Administrative Law and Government Action, S.

Riedel, Eibe H., Kontrolle der Verwaltung im englischen Rechtssystem, Diss. Kiel, 1976, zit.: *Riedel,* Kontrolle der Verwaltung, S.

Rieger, Reinhard, Ermessen und innerdienstliche Weisung, Diss. Köln, 1991, zit.: *Rieger,* Ermessen und innerdienstliche Weisung, S.

Robertshaw, Paul, Administrative Decisions, in: [1998] 27 A.A.L.R. 29

Rogmann, Achim, Die Bindungswirkung von Verwaltungsvorschriften, Diss. Hamburg 1998, zit.: *Rogmann,* Bindungswirkung von Verwaltungsvorschriften, S.

Ronellenfitsch, Michael, Die Planfeststellung, in: VerwArch 80 (1989), 92

Ronellenfitsch, Michael, Neues Verkehrswegeplanungsrecht, in: DVBl. 1994, 441

Roth, Wolfgang, Verwaltungsrechtliche Organstreitigkeiten, Das subjektive Recht im innerorganisatorischen Verwaltungsrechtskreis und seine verwaltungsgerichtliche Geltendmachung, Berlin 2001, zit.: *Roth,* Organstreitigkeit, S.

Rothkegel, Ralf, Anmerkung zum Urteil des VGH Mannheim vom 21. 10. 1981 (DÖV 1981, 971), in: DÖV 1982, 511

Rozek, Jochen, Neubestimmung der Justitiabilität von Prüfungsentscheidungen, Der prüfungsrechtliche Bewertungsspielraum in der Rechtsprechung des BVerfG, in: NVwZ 1992, 343

Rubel, Rüdiger, Planungsermessen, Norm- und Begründungsstruktur, Frankfurt/Main, 1982, zit.: *Rubel,* Planungsermessen, S.

Ruffert, Matthias, Schlüsselfragen der Europäischen Verfassung der Zukunft, Grundrechte – Institutionen – Kompetenzen – Ratifizierung, in: EuR 2004, 165

Rüfner, Wolfgang, Einführung in das Sozialrecht, 2. Auflage, München, 1991, zit.: *Rüfner,* Sozialrecht, S.

Rupp, Hans Heinrich, Nochmals: Zur Begründung von Ermessensentscheidungen nach dem Entwurf des Verwaltungsverfahrensgesetzes des Bundes, in: ZRP 1971, 233

Rupp, Hans Heinrich, Grundfragen der heutigen Verwaltungsrechtslehre, 2. Auflage, Tübingen 1991, zit.: *Rupp,* Verwaltungsrechtslehre, S.

Rupp, Jürgen-Johann, Nachschieben von Gründen im verwaltungsgerichtlichen Verfahren, Diss. Mannheim, 1987, zit.: *Rupp,* Nachschieben von Gründen, S.

Sachs, Michael, Grundgesetz, Kommentar, 3. Auflage, München, 2003, zit.: *Bearbeiter,* in: *Sachs,* GG, Art., Rn.

Scheffler, Hans-Hermann, Die Pflicht zur Begründung von Maßnahmen nach den europäischen Gemeinschaftsverträgen, Berlin, 1974, zit.: *Scheffler,* Pflicht zur Begründung, S.

Scheffler, Hans-Hermann, Die allgemeine Pflicht zur Begründung von Verwaltungsakten, in: DÖV 1977, 767

Schenke, Ralf Peter, Das Nachschieben von Ermessenserwägungen – BVerwGE 106, 351, in: JuS 2000, 230

Schenke, Wolf-Rüdiger, Das Verwaltungsverfahren zwischen Verwaltungseffizienz und Rechtsschutzauftrag, VBlBW 1982, 313

Schenke, Wolf-Rüdiger, Das Nachschieben von Gründen im Rahmen der Anfechtungsklage, in: NVwZ 1988, 1

Schick, Walter, Notwendigkeit und Funktion der Begründung bei Verwaltungsakten, in: JuS 1971, 1

Schmalz, Dieter, Methodenlehre für das juristische Studium, 4. Auflage, Baden-Baden 1998, zit.: *Schmalz,* Methodenlehre, Rn.

Schmalz, Dieter, Allgemeines Verwaltungsrecht und Grundlagen des Verwaltungsrechtsschutzes, 3. Auflage, Baden-Baden 1998, zit.: *Schmalz,* Allgemeines Verwaltungsrecht, Rn.

Schmel, Walter Christian, Massenverfahren vor den Verwaltungsbehörden und den Verwaltungsgerichten, Diss. Münster, 1982, zit.: *Schmel,* Massenverfahren, S.

Schmidt-Aßmann, Eberhard, Deutsches und Europäisches Verwaltungsrecht, in: DVBl. 1993, 924

Schmidt-Aßmann, Eberhard, Zur Europäisierung des allgemeinen Verwaltungsrechts, in: *Badura,* Wege und Verfahren des Verfassungslebens, Festschrift Peter Lerche, zit.: *Schmidt-Aßmann,* FS Lerche, S. 513

Schmidt-Aßmann, Eberhard, Planung als administrative Handlungsform und Rechtsinstitut, in: *Berkemann,* Planung und Plankontrolle, Festschrift Schlichter, Köln, Berlin, Bonn, München 1995, zit.: *Schmidt-Aßmann,* FS Schlichter, S.

Schmidt-Aßmann, Eberhard, Das allgemeine Verwaltungsrecht als Ordnungsidee, Grundlagen und Aufgaben der verwaltungsrechtlichen Systembildung, Berlin 1998, zit.: *Schmidt-Aßmann*, Verwaltungsrecht als Ordnungsidee, S.

Schmidt-Aßmann, Eberhard / Groß, Thomas, Zur verwaltungsgerichtlichen Kontrolldichte nach der Privatgrundschul-Entscheidung des BVerfG, in: NVwZ 1993, 617

Schmidt-Steinhauser, Burkhard, Geltung und Anwendung von Europäischem Gemeinschaftsrecht im Vereinigten Königreich, Diss. Marburg, 1993, zit.: *Schmidt-Steinhauser,* Geltung und Anwendung von Europäischem Gemeinschaftsrecht, S.

Schmitt Glaeser, Walter (Hrsg.), Verwaltungsverfahren, Festschrift für den Richard Boorberg Verlag, Stuttgart, München, Hannover, 1977, zit.: *Bearbeiter,* FS Boorberg Verlag, S.

Schmitt Glaeser, Walter, Grundfragen des Planungsrechts, Eine Einführung (1.Teil), in: JA 1980, 321

Schmitz, Heribert / Wessendorf, Franz, Das Genehmigungsverfahrensbeschleunigungsgesetz – Neue Regelungen im Verwaltungsverfahrensgesetz und der Wirtschaftsstandort Deutschland, in: NVwZ 1996, 955

Schmitz, Thomas, Die Grundrechtecharta als Teil der Verfassung der Europäischen Union, in: EuR 2004, 691

Schnapp, Friedrich E. / Henkenötter, Sandra, Muss die Vergabe sog. „Sozialpunkte“ im Juristischen Staatsexamen begründet werden?, in: NWVBl. 1998, 41

Schneider, Michael, Die Beschlussfähigkeit und Beschlussfassung von Kollegialorganen, Diss. Bochum, 2000, zit.: *Schneider,* Beschlussfähigkeit und Beschlussfassung von Kollegialorganen, S.

Schoch, Friedrich, Nachholen der Begründung und Nachschieben von Gründen, in: DÖV 1984, 401

Schoch, Friedrich, Vorläufiger Rechtsschutz und Risikoverteilung im Verwaltungsrecht, Heidelberg 1988, zit.: *Schoch,* Vorläufiger Rechtsschutz, S.

Schoch, Friedrich, Der Verfahrensgedanke im allgemeinen Verwaltungsrecht, in: Die Verwaltung 25 (1992), 21

Schoch, Friedrich, Die Europäisierung des Allgemeinen Verwaltungsrechts, in: JZ 1995, 109

Schoch, Friedrich, Europäisierung des Allgemeinen Verwaltungsrecht und des Verwaltungsprozessrechts, in: NordÖR 2002, 1

Schoch, Friedrich / Schmidt-Aßmann, Eberhard / Pietzner, Rainer, Verwaltungsgerichtsordnung, Kommentar, Band II, Stand Januar 2002, München, 2002, zit.: *Bearbeiter,* in: *Schoch/Schmidt-Aßmann/Pietzner,* VwGO, § Rn.

Scholz, Rupert, Europäische Union und deutscher Bundesstaat, in: NVwZ 1993, 817

Schott, Ekkehart, Der Begründungszwang für Akte der Exekutiven der Europäischen Gemeinschaft, Diss. Saarbrücken, 1971, zit.: *Schott,* Begründungszwang, S.

Schroeder-Printzen, Günther (Begr.) / Lohaus, Hubert / Loytved, Helge (Bearb.), Allgemeines Verwaltungsrecht in Leitsätzen, mit Berücksichtigung des Sozialrechts, 3. Auflage, Köln, Berlin, Bonn, München. 1986, zit.: *Schroeder-Printzen,* Leitsätze, Rn.

Schroeder-Printzen, Jörn, Sozialrecht für die kommunale Praxis, 2. Auflage, Berlin, 1993, zit.: *Schroeder-Printzen,* Sozialrecht, Rn.

Schulte, Martin, Schlichtes Verwaltungshandeln, Tübingen, 1995, zit.: *Schulte,* Schlichtes Verwaltungshandeln, S.

Schuppert, Gunnar Folke, Verwaltungswissenschaft, 1. Auflage, Baden-Baden 2000, zit.: *Schuppert,* Verwaltungswissenschaft, S.

Schwab, Siegfried, Die Begründungspflicht nach § 39 VwVfG, Diss. Heidelberg, 1991, zit.: *Schwab,* Begründungspflicht, S.

Schwab, Siegfried, Die Begründung bei Ermessens- und Beurteilungsentscheidungen, in: DÖD 1994, 80

Schwabe, Jürgen, Anmerkung zum Urteil des Bundesverwaltungsgerichts vom 16. Juni 1997 (DVBL. 1998, 145), in: DVBl. 1998, 147

Schwarz, Klaus-Dieter, Englands Probleme mit Europa, Baden-Baden 1997, zit.: *Schwarz*, Englands Probleme mit Europa, S.

Schwarz, Kyrill-Alexander, Vertrauensschutz im Spannungsfeld von Europäischem Gerichtshof und Bundesverfassungsgericht, in: Die Verwaltung 34 (2001), 397

Schwarze, Jürgen, Die Befugnis zur Abstraktion im europäischen Gemeinschaftsrecht: eine Untersuchung zur Rechtsprechung des Europäischen Gerichtshofes, Baden-Baden 1976, zit.: *Schwarze,* Die Befugnis zur Abstraktion

Schwarze, Jürgen, Europäisches Verwaltungsrecht im Werden, Baden-Baden 1982, zit.: Bearbeiter, in: Schwarze, Europäisches Verwaltungsrecht im Werden, S.

Schwarze, Jürgen, Europäisches Verwaltungsrecht: Entstehung und Entwicklung im Rahmen der Europäischen Gemeinschaft , Band I und II., Baden-Baden 1988, zit.: *Schwarze*, Europäisches Verwaltungsrecht Band, S.

Schwarze, Jürgen, Das Verwaltungsrecht unter europäischem Einfluss, Baden-Baden 1996, zit.: *Bearbeiter*, in: *Schwarze*, Verwaltungsrecht unter europäischem Einfluss, S.

Schwarze, Jürgen, Die gerichtliche Kontrolle der Verwaltung in England, in: DÖV 1996, 771

Schwarze, Jürgen, Der Beitrag des Europäischen Gerichtshofs zur Europäisierung des Verwaltungsrechts, in: EuR 1997, 419

Schwarze, Jürgen / Graf Vitzthum, Wolfgang (Hrsg.), Grundrechtsschutz im nationalen und internationalen Recht, Festschrift für Werner von Simson, Baden-Baden, 1983, zit.: *Bearbeiter,* FS Simson, S.

Schweitzer, Michael (Hrsg.), Europäisches Verwaltungsrecht, Wien, 1991, zit.: *Bearbeiter*, in: *Schweitzer*, Europäisches Verwaltungsrecht, S.

Schweitzer, Michael, Staatsrecht III, 8. Auflage, Heidelberg 2004, zit.: *Schweitzer*, Staatsrecht III, Rn.

Seebass, Friedrich, Eine Wende im Prüfungsrecht?, in: NVwZ 1992, 609

Seehusen, August-Wilhelm/Schwede, Thomas Claus, Flurbereinigungsgesetz, Kommentar, 7. Auflage, Münster 1997, zit.: *Seehusen/Schwede,* FlurbG, § Rn.

Sendler, Horst, Normkonkretisierende Verwaltungsvorschriften im Umweltrecht, in: UPR 1993, 321

Shears, Peter / Stephenson, Graham, James' Introduction to English Law, 13. Auflage, London, Dublin, Edinburgh 1996, zit.: *Shears/Stephenson*, Introduction to English Law, S.

Slynn, Gordon, "But in England there is no…", in: *Fürst/Herzog/Umbach*, Festschrift für Wolfgang Zeidler Band I S. 397, zit.: *Slynn*, FS Zeidler, Band, S.

Sobota, Katharina, Das Prinzip Rechtsstaat, Verfassungs- und verwaltungsrechtliche Aspekte, Tübingen, 1997, zit.: *Sobota,* Rechtsstaat, S.

Sodan, Helge, Unbeachtlichkeit und Heilung von Verfahrens- und Formfehlern, in: DVBl. 1999, 729

Spanner, Hans, Der Regierungsentwurf des Verwaltungsverfahrensgesetzes, in: JZ 1970, 671

Spoerr, Wolfgang, Verwaltungsrechtsschutz in Großbritannien, – Entwicklung und Reform –, in: VerwArch 82 (1991) 25

Sprung, Rainer (Hrsg.), Die Entscheidungsbegründung in europäischen Verfahrensrechten und im Verfahren vor internationalen Gerichten, Wien, New York 1974, zit.: *Bearbeiter,* in: *Sprung,* Entscheidungsbegründung, S.

Starck, Christian, Bundesverfassungsgericht und Grundgesetz, Festgabe aus Anlass des 25jährigen Bestehens des Bundesverfassungsgerichts, Erster Band, Tübingen 1976, zit.: *Bearbeiter,* FS BVerfG I, S.

Starck, Christian, Das Verwaltungsermessen und dessen gerichtliche Kontrolle, in: *Franßen/Redeker/Schlichter/Wilke,* Bürger – Richter – Staat Festschrift Sendler, München, 1991, zit.: *Starck,* FS Sendler, S.

Steding, Rolf, Grundzüge der Flurbereinigung und ihrer rechtlichen Gestaltung in den neuen Bundesländern., in: LKV 1992, 350

Steinberg, Rudolf, Grundfragen des öffentlichen Nachbarrechts, in: NJW 1984, 457

Steinberg, Rudolf, Neue Entwicklungen in der Dogmatik des Planfeststellungsrechts, in: DVBl. 1992, 1501

Steinberg, Rudolf / Berg, Thomas / Wickel, Martin, Fachplanung, 3. Auflage, Baden-Baden 2000, zit.: *Steinberg,* Fachplanung, S.

Stelkens, Paul, Arten des Verwaltungsverfahrens, in: LKV 1991, 409

Stelkens, Paul, Verwaltungsverfahren, München, 1991, zit.: *Stelkens,* Verwaltungsverfahren, Rn.

Stelkens, Paul / Bonk, Heinz-Joachim / Sachs, Michael, Verwaltungsverfahrensgesetz, 6. Auflage, München 2001, zit.: *Bearbeiter*, in: *Stelkens/Bonk/Sachs* VwVfG, § Rn.

Stern, Klaus, Das Staatsrecht der Bundesrepublik Deutschland Band I, 2. Auflage, München, 1984, zit.: *Stern,* Staatsrecht I, §, Abschnitt.

Stevens, Irving, Constitutional & Administrative Law, 3. Auflage, London 1996, zit.: *Stevens*, Constitutional and Administrative Law, S.

Stober, Rolf, Gebotene Einheit und bestehende Differenzen des Verwaltungsverfahrensrechts im SGB, in: SGb 1990, 225

Stoye, Katrin, Die Entwicklung des europäischen Verwaltungsrechts durch das Gericht erster Instanz, Diss. Freiburg 2004, zit.: *Stoye*, Entwicklung des europäischen Verwaltungsrechts durch das Gericht erster Instanz, S.

Straub, Hartmut, Sozialverwaltungsverfahren, Sankt Augustin, 1991, zit.: *Straub,* Sozialverwaltungsverfahren, S.

Streinz, Rudolf, Bundesverfassungsgerichtlicher Grundrechtsschutz und Europäisches Gemeinschaftsrecht, Baden-Baden, 1989, zit.: *Streinz*, Grundrechtsschutz und Gemeinschaftsrecht, S.

Streinz, Rudolf, Der Einfluss des Europäischen Verwaltungsrechts auf das Verwaltungsrecht der Mitgliedstaaten, in: *Schweitzer*, Europäisches Verwaltungsrecht, Wien 1991, S. 241, zit.: *Streinz*, in: *Schweitzer*, Europäisches Verwaltungsrecht, S.

Streinz, Rudolf, EUV/EGV, München, 2003, zit.: Bearbeiter, in: *Streinz*, EUV/EGV, Art. Rn.

Streinz, Rudolf, Europarecht, 6. Auflage, Heidelberg 2003, zit.: *Streinz*, Europarecht, Rn.

Stüer, Bernhard, Investitionsmaßnahmegesetze als Verfassungsproblem, in: *Blümel,* Verkehrswegeplanung in Deutschland, S. 21, zit.: *Stüer,* in: *Blümel,* Verkehrswegeplanung, S.

Stüer, Bernhard, Der Bebauungsplan, 2. Auflage, München 2001, zit.: *Stüer,* Der Bebauungsplan, Rn.

Suerbaum, Joachim, Die Europäisierung des nationalen Verwaltungsverfahrensrechts am Beispiel der Rückabwicklung gemeinschaftsrechtswidriger staatlicher Beihilfen, in: VerwArch 91 (2000), 169

Supperstone, Michael / Goudie, James, Judicial Review, 2. Auflage, London, Dublin, Edinburgh 1997, zit.: *Supperstone/Goudie*, Judicial Review, S.

Toube, David, Requiring Reasons at Common Law, in: [1997] JR 68

Ukrow, Jörg, Richterliche Rechtsfortbildung durch den EuGH, Diss. Saarbrücken, 1995, zit.: *Ukrow*, Richterliche Rechtsfortbildung, S.

Ule, Carl Hermann, Zur Anwendung unbestimmter Rechtsbegriffe im Verwaltungsrecht, in: *Bachof/Drath/Gönnenwein/Walz,* Forschungen und Berichte aus dem öffentlichen Recht, Gedächtnisschrift Jellinek, S. 309, zit.: *Ule,* GS Jellinek, S.

Ule, Carl Hermann, Zur Bedeutung des Rechtstaatsbegriffs in der Rechtsprechung des Bundesverwaltungsgerichts, in: DVBl. 1963, 475

Ule, Carl Hermann, Das allgemeine Verwaltungsrecht im Deutschen Verwaltungsblatt, in: DVBl. 1968, 781

Ule, Carl Hermann, Das Verwaltungsverfahrensgesetz, in: DVBl. 1976, 421

Ule, Carl Hermann, Rechtsstaat und Verwaltung, in: VerwArch 76 (1985), 1

Ule, Carl Hermann / Becker, Franz, Verwaltungsverfahren im Rechtsstaat, Bemerkungen zum Musterentwurf eines Verwaltungsverfahrensgesetzes, Köln, Berlin 1964, zit.: *Ule/Becker,* Verwaltungsverfahren im Rechtsstaat, S.

Ule, Carl Hermann / Laubinger, Hans-Werner, Verwaltungsverfahrensrecht, 4. Auflage, Köln/Berlin/Bonn/München 1995, zit.: *Ule/Laubinger,* Verwaltungsverfahrensrecht, § Rn.

Unkel, Wiebke, Berücksichtigung der Europäischen Menschenrechtskonvention in der neueren Rechtsprechung der bundesdeutschen Verwaltungsgerichte, Eine Untersuchung am Beispiel des Urteils des Bundesverwaltungsgerichts vom 16.12.1999 – CN 9.98 – zu Art. 6 Abs. 1 S. 1 EMRK und der verwaltungsgerichtlichen Rechtsprechung zu Art. 3 EMRK, Diss. Münster 2004, zit.: *Unkel*, Berücksichtigung der Europäischen Menschenrechtskonvention in der neueren Rechtsprechung der bundesdeutschen Verwaltungsgerichte, S.

Usher, John, The Indirect Influence of Principles of European Community Law in the United Kingdom, in: Vorträge, Reden und Berichte aus dem Europa-Institut, Nr. 124, Saarbrücken 1988, zit.: *Usher*, The Indirect Influence of Principles of European Community Law in the United Kingdom, S.

Varadinek, Brigitta, Ermessen und gerichtliche Nachprüfbarkeit im französischen und deutschen Verwaltungsrecht und im Recht der Europäischen Gemeinschaft, Diss. Berlin, 1993, zit.: *Varadinek,* Ermessen, S.

Vedder, Christoph, (Teil)Kodifikation des Verwaltungsverfahrensrechts der EG?, in: EuR Beiheft 1/1995, 75

Vernon, Stuart, Reasons for Decisions, in: Tribunals, 1999, 15

Villiger, Mark E., Handbuch der Europäischen Menschenrechtskonvention (EMRK), 2. Auflage, Zürich 1999, zit.: *Villiger*, Handbuch der Europäischen Menschenrechtskonvention, Rn.

Vogel, Klaus, Verwaltungsvorschriften zur Vereinfachung der Sachverhaltsermittlung und „normkonkretisierende“ Verwaltungsvorschriften, in: *Becker/Krause,* Festschrift für Werner Thieme, zit.: *Vogel,* FS Thieme, S.

Volkmann, Uwe, Das „intendierte“ Verwaltungsermessen, in: DÖV 1996, 282

von der Groeben, Hans / Schwarze, Jürgen (Hrsg.), Kommentar zum Vertrag über die Europäische Union und zur Gründung der Europäischen Gemeinschaft, Band 4, 6. Auflage, Baden-Baden 2004, zit.: *Bearbeiter*, in: *von der Groeben/Schwarze*, EUV/EGV Art. Rn.

Voth, Wilfried, Zu den Anforderungen an Begründung und Gestaltung des Steuerbescheids, in: DStR 1981, 291

Voucko, Manfred, Die Pflicht zur Begründung von Verwaltungsakten, Diss. Frankfurt, 1967, zit.: *Voucko,* Begründungspflicht, S..

Wade, William / Forsyth, Christopher, Administrative Law, 8. Auflage, Oxford, 2000, zit.: *Wade/Forsyth,* Administrative Law, S.

Waechter, Kay, Polizeiliches Ermessen zwischen Planungsermessen und Auswahlermessen, in: VerwArch 88 (1997), 298

Wahl, Rainer, Genehmigung und Planungsentscheidung, Überlegungen zu zwei Grundmodellen des Verwaltungsrechts und zu ihrer Kombination, in: DVBl. 1982, 51

Wahl, Rainer, Entwicklung des Fachplanungsrechts, in: NVwZ 1990, 426

Wahl, Rainer, Die zweite Phase des öffentlichen Rechts in Deutschland, Die Europäisierung des Öffentlichen Rechts, in: Der Staat 1999, 495

Wahl, Rainer / Pietzcker, Jost, Verwaltungsverfahren zwischen Verwaltungseffizienz und Rechtsschutzauftrag, in: VVdStRL 41 (1983), 151 ff.

Walcke-Wulffen v., Dirk-Joachim, Begründungszwang bei Verwaltungsakten, Diss. München, 1974, zit.: *v. Walcke-Wulffen,* Begründungszwang, S.

Wallerath, Maximilian, Die Selbstbindung der Verwaltung – Freiheit und Gebundenheit durch den Gleichheitssatz, Berlin, 1968, zit.: *Wallerath,* Selbstbindung, S.

Waltermann, Raimund, Sozialrecht, 3. Auflage, Heidelberg 2002, zit.: *Waltermann,* Sozialrecht, Rn.

Weides, Peter, Die Anhörung der Beteiligten im Verwaltungsverfahren, in: JA 1984, 648

Welck, Stephan v., Die Begründung von Ermessensentscheidungen nach dem Entwurf des Verwaltungsverfahrensgesetzes des Bundes, in: ZRP 1971, 124

Wendt, Rudolf, Zustandekommen, Inhalt und Fehlerhaftigkeit von Verwaltungsakten, in: JA 1980, 25

Werner, Fritz, Verwaltungsrecht als konkretisiertes Verfassungsrecht, in: DVBl. 1959, 527 ff.

Widmann, Josef, Abgrenzung zwischen Verwaltungsakt und eingreifendem Realakt, Diss. München, 1996, zit.: *Widmann,* Realakt, S.

Wirth, Willibald / Schulze, Hans-Otto, Bundeswasserstraßengesetz (WaStrG), nebst ergänzenden Vorschriften, Handkommentar, 2. Auflage, Berlin, 1998, zit.: *Wirth/Schulze,* WaStrG, § Anmerkung

Wolf, Bernhard, Zur Anwendung des § 24 Abs. 3 Satz 2 BauGB und der landesverwaltungsverfahrensrechtlichen Begründungsgebote bei der Ausübung eines Vorkaufsrechts nach dem Baugesetzbuch, in: BauR 1991, 164

Wolf, Joachim, Die Kompetenz der Verwaltung zur „Normsetzung" durch Verwaltungsvorschriften, in: DÖV 1992, 849

Wolff, Hans J. / Bachof, Otto / Stober, Rolf, Verwaltungsrecht, Band 1, 11. Auflage, München 1999, Band 2, 6. Auflage, München 2000, zit.: *Wolff/Bachof/Stober,* Verwaltungsrecht, Band, § Rn.

Woolf, Harry, Protection of the Public – A new Challenge, London, 1990, zit.: *Woolf,* Protection of the Public, S.

Wraith, Ronald E. / Hutchesson, P.G., Administrative Tribunals, London, 1973, zit.: *Wraith/Hutchesson,* Administrative Tribunals S.

Wulffen, Matthias von, Sozialgesetzbuch, Zehntes Sozialgesetzbuch – Sozialverwaltungsverfahren und Sozialdatenschutz – , 4. Auflage, München 2001, zit.: *Bearbeiter,* in: *v. Wulffen,* SGB X § Rn.

Zezschwitz, Friedrich v., Rechtsstaatliche und prozessuale Probleme des Verwaltungsprivatrechts, in: NJW 1983, 1872

Zimmerling, Wolfgang / Brehm, Robert, Die Entwicklung des Prüfungsverfahrensrechts seit 1991, in: NVwZ 1997, 451

Zimmerling, Wolfgang / Brehm, Robert G., Prüfungsrecht, 2. Auflage, Köln, Berlin, Bonn, München 2001, zit.: *Zimmerling/Brehm,* Prüfungsrecht, Rn.

Zschacke, Rudolf, Die Begründung des Verwaltungsakts und ihre Bedeutung im Verwaltungsstreitverfahren, in: NJW 1954, 413

Zuleeg, Manfred, Das Recht der europäischen Gemeinschaften im innerstaatlichen Bereich, in: KSE 9, Köln, Berlin, Bonn, München 1969

Abkürzungsverzeichnis

Wegen der im Text und in den Fußnoten verwandten Abkürzungen wird, soweit diese nicht nachfolgend erläutert werden, auf *Kirchner, Hildebert / Butz, Cornelie*, Abkürzungsverzeichnis der Rechtssprache, 5. Auflage 2003, verwiesen.

A.A.L.R.	Anglo American Law Review
AC	Law Reports, Appeal Cases
All ER	All England Law Reports
C.H.R.L.D.	Commonwealth Human Rights Law Digest
C.L.J.	Cambridge Law Journal
C.L.P.	Current Legal Problems
C.O.D.	Crown Office Digest
CML Rev.	Common Market Law Review
Cmnd.	Command Papers (HMSO)
EGKS	Vertrag über die Gründung der Europäischen Gemeinschaft für Kohle und Stahl
EGV	Vertrag über die Gründung der Europäischen Gemeinschaft
E.H.R.L.R.	European Human Rights Law Report
E.P.L.	European Public Law
E.R.P.L.	European Review of Public Law
EuG	Gericht erster Instanz der Europäischen Gemeinschaften
EUV	Vertrag über die Gründung der Europäischen Union
HLR	Housing Law Reports
I.C.R.	Industrial Cases Reports
I.R.L.R.	Industrial Relations Law Reports
J.L.G.L.	Journal of Local Government Law
J.P.	Justice of the Peace & Local Government Law
J.P.L.	Journal of Planning and Environmental Law
J.R.	Judicial Review

L.A.L.	Local Authority Law
L.Q.R.	Law Quarterly Review
L.S.	Legal Studies
LRC (Const)	Law Reports of the Commonwealth, Constitutional and Administrative Law Reports
M.J.	Maastricht Journal of European and Comparative Law
M.L.R.	Modern Law Review
N.L.J.	New Law Journal
P & CR	Planning & Compensation Report
P.L.	Public Law
Q.B.	Queens Bench Law Reports
S.J.	Solicitors Journal
S.L.T.	Scots Law Times
W.L.R.	Weekly Law Reports

FSC
www.fsc.org
MIX
Papier | Fördert gute Waldnutzung
FSC® C083411

Kolibri 360 GmbH
Ferdinand-Jühlke-Straße 7
99095 Erfurt, Deutschland
produktsicherheit@kolibri360.de

Druck:
CPI Druckdienstleistungen GmbH
im Auftrag der
Kolibri 360 GmbH
Ferdinand-Jühlke-Str. 7
99095 Erfurt